Wie Sie mit diesem Buch arbeiten

Liebe Schülerinnen und Schüler,
Ihr Sozialkundebuch trägt den Titel „Anstöße". Es möchte Sie anstoßen, über Fragen und Probleme nachzudenken, für die Sie politische Kenntnisse brauchen. Die Denk- und Handlungsanstöße dieses Arbeitsbuches stecken in interessanten Texten und anschaulichen Bildern, Grafiken und Karikaturen. Diese können Sie selbst erschließen; das Material hilft, das gesellschaftliche Leben besser zu verstehen. Sie lernen, soziale Zusammenhänge zu erkennen, politische Entscheidungen nachzuvollziehen und selbst aktiv zu werden. Dabei können Sie unterschiedliche Arbeitsmethoden anwenden und Ihre Ergebnisse reflektieren. So bilden Sie ein eigenes politisches Urteil und entwickeln dabei auch Ihre Konfliktfähigkeit weiter.
Die gelb unterlegten Begriffe und Verfassertexte sowie die blau unterlegte Abschlussseite „Wiederholen und Anwenden" bieten Ihnen zusammen mit den Methodenseiten das Grundgerüst für das Fach Sozialkunde auch zur Prüfungs- und Abiturvorbereitung.
Viel Spaß beim Lernen wünschen Ihnen der Herausgeber, die Autoren und die Redaktion.

Für die Erarbeitung von politischen und wirtschaftlichen Themen eignen sich bestimmte Methoden, die Sie auf den **Methodendoppelseiten** des Buches kennen lernen. Die Methoden sind auf die jeweiligen Kapitelthemen gut anwendbar. Sie können diese im Unterricht aber ebenso immer wieder neu an anderen Themen erproben.

Die **Wiederholen und Anwenden-Seiten** am Ende jedes Kapitels fassen das Basiswissen des Kapitels zusammen. Ein kleiner Anstoß zum Schluss, ein **Check it**, ermöglicht Ihnen, das Gelernte abschließend anzuwenden. Sie werden feststellen: Es ist spannend, sich mit sozialen und politischen Fragen zu beschäftigen.

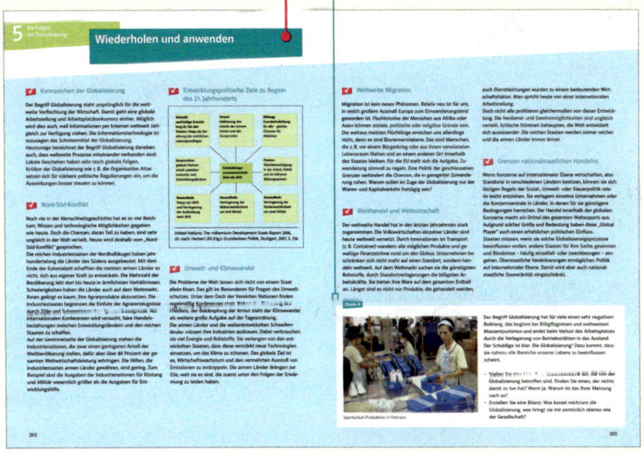

Im Mittelpunkt des Unterrichts stehen die verschiedenen Materialien **M5**, auf die sich die **Aufgaben** der Doppelseite beziehen.
Wenn Sie sich die unterschiedlichen Bilder, Texte, Karikaturen und Diagramme der Seite mithilfe dieser Aufgaben **Aufgaben** erarbeitet haben, wissen Sie auch die zweigliedrige **Überschrift** auf der linken Seite zu deuten: Sie stößt ein Problem an und ordnet es in den entsprechenden Sachbereich ein.
Weiterführende Arbeitsaufträge erfordern einen größeren Zeit- und Arbeitsaufwand und sind deshalb besonders gekennzeichnet. Diese greifen an passender Stelle Fragestellungen auf, die eine fächerübergreifende **Projektarbeit** ermöglichen.

Themeneinheiten und Aufgaben, die zur Zusammenarbeit mit dem Fach Geschichte anregen, sind mit einem **G** gekennzeichnet.

Inhalt

■ = Lerneinheiten, die über den Lehrplan für den einstündigen Sozialkundeunterricht hinausgehen.

G = Lerneinheiten, die sich besonders für die Zusammenarbeit mit dem Fach Geschichte eignen.

1 Grundlagen internationaler Politik
Wie viel Kooperation ist möglich?

„… wir leben heute in einer Welt, die immer schneller zusammenwächst und gleichzeitig immer weiter zerfällt."

Heidemarie Wieczorek-Zeul, frühere Bundesministerin für wirtschaftliche Zusammenarbeit und Entwicklung. In: Bundesministerium für wirtschaftliche Zusammenarbeit und Entwicklung (Hg.): „Globalisierung gestalten – Entwicklungspolitik konkret", Bonn 2004, S. 5

„Auch Staaten sind Pharisäer: Sie sehen den Balken nur im Auge der anderen. Das werden die sich langfristig aber nicht leisten können."

Heribert Prantl (deutscher Journalist bei der Süddeutschen Zeitung) in einem Interview mit Oliver Gehrs, fluter, Nr. 29, 2008

Non-Violence: Skulptur des schwedischen Künstlers Carl Fredrik Reuterswärd vor dem Hauptquartier der Vereinten Nationen in New York

Online-Link
065620-0101

Wer hat die Macht, die Völkergemeinschaft zur Begrenzung der Klimaerwärmung zu zwingen?

Entscheidend im Umgang der Staaten miteinander ist nicht nur das Völkerrecht, wie man es optimistischerweise annehmen könnte. Mindestens ebenso bedeutend ist, wie viel militärische oder wirtschaftliche Macht ein Staat hat oder ihm zugesprochen wird. Und neben historischen Aspekten spielt so etwas wie Moral trotz allem noch immer eine Rolle: Wenn Mitmenschen in Not sind, helfen Menschen und wenn nötig sogar Staaten:

- Welche Instrumentarien stehen Staaten zur Verfügung, wenn sie international Politik betreiben wollen?
- Muss im Notfall immer das Militär eingreifen oder gibt es nicht viele alternative und friedlichere Wege, die zum Ziel führen?
- Wie kann man geschichtlich gewachsene Beziehungen zu anderen Ländern oder besondere Verantwortung gegenüber einzelnen Staaten diplomatisch geschickt nutzen?

Klima- und Friedenspolitik
Welche Bedeutung haben diese Handlungsfelder?

Miniglossar

Kerala
indischer Bundesstaat an der Südwestküste des Subkontinents

Inuit
Eigenbezeichnung der Ureinwohner der arktischen Gebiete („Eskimos"); wörtliche Übersetzung: Mensch

M1 Die großen Themen internationaler Konferenzen

Weltkonferenzen von 2001 bis 2005	Jahr	Teilnehmerstaaten
Dritte UN-Konferenz zur Lage der am wenigsten entwickelten Länder	2001	159
UN-Konferenz über alle Aspekte des illegalen Handels mit Kleinwaffen und leichten Waffen	2001	171
Weltkonferenz gegen Rassismus, Rassendiskriminierung und Fremdenfeindlichkeit und damit zusammenhängende Intoleranz	2001	170
4. Ministerkonferenz der Welthandelsorganisation	2001	142 (39 Beobachterstaaten)
Internationale Konferenz über Finanzierung von Entwicklung	2002	190
Zweite UN-Weltversammlung über das Altern	2002	188
Weltgipfel über nachhaltige Entwicklung – Rio+10	2002	160
Weltgipfel zur Informationsgesellschaft (Teil 1)	2003	194
5. Ministerkonferenz der Welthandelsorganisation	2003	146 (35 Beobachterstaaten
Weltkonferenz für Katastrophenvorbeugung	2005	168
UN-Konferenz zu Biodiversität: Wissenschaft und Governance	2005	?
Millennium+5-Gipfel	2005	191
Weltgipfel zur Informationsgesellschaft (Teil 2)	2005	194
6. Ministerkonferenz der Welthandelsorganisation	2005	148 (41 Beobachterstaaten)

Stiftung Entwicklung und Frieden/Institut für Entwicklung und Frieden: Globale Trends 2007. Frieden Entwicklung Umwelt, Frankfurt a.M., S. 381

Begriff

Die großen Themen, die **Handlungsfelder**, der internationalen Politik werden gemeinhin mit dem Handeln von Staaten oder Staatengruppen in Verbindung gebracht. Die Vereinten Nationen nennen folgende aktuelle Handlungsfelder:
- Konflikte zwischen Staaten
- Bürgerkriege und gewaltsame Konflikte innerhalb von Staaten
- Entwicklung und Verbreitung biologischer, chemischer oder atomarer Massenvernichtungswaffen
- Armut, wirtschaftliche und politische Krisen in der Dritten Welt
- weltweite Umweltzerstörungen
- zunehmende Naturkatastrophen und Infektionskrankheiten
- grenzüberschreitende und global organisierte Kriminalität
- Terrorismus und die Gewalt religiöser und politischer Fundamentalisten

VT

Am „Ende der Geschichte" (wie Fukuyama 1990 sein bekanntes Werk betitelte) war die weitverbreitete Annahme, dass die Welt sich nach dem Ende des Kalten Krieges in der internationalen Politik auf wenige, eher angenehme Handlungsfelder konzentrieren könnte. Umso überraschender dürfte für viele gewesen sein, dass diese Einschätzung inzwischen als optimistischer Irrtum gelten kann. Die Auseinandersetzung um Ressourcen (etwa Wasser und Öl), die neue Migrationswelle oder die technische Entwicklung der Kommunikations- und Informationstechniken erzeugen großen internationalen Handlungsdruck. Gleichzeitig sind die „traditionellen" Handlungsfelder (z.B. geopolitische Machtansprüche oder das Ringen um ökonomischen Einfluss) von den neuen nicht als getrennt zu betrachten. Es hat sich vielmehr ein Flechtwerk aus Alt und Neu geformt. Die internationale Kooperation, aber auch das Ringen um Macht findet nach wie vor auf konventionellen Plattformen statt, auf den großen Konferenzen der Vereinten Nationen oder auf den bilateralen Treffen der Regierungen, die den diplomatischen Boden für internationales Handeln bieten.

M2 Der Anstieg des Meeres

Der Anstieg des Meeresspiegels wird am stärksten die kleinen Inselstaaten treffen, etwa die unzähligen Eilande im Pazifik, oder auch Städte wie Mogadischu, Venedig oder New Orleans, die auf Meeresspiegelniveau liegen. Reichen Ländern wie den Niederlanden wird es im Vergleich leichter fallen, ihren Deichschutz zu verbessern; [...]. Diese relative Ungerechtigkeit übersetzt sich dann in eine absolute, in dem ganze Bevölkerungsgruppen ihre Lebensgrundlage verlieren, weil aufgrund des Klimawandels Inselgruppen wie Tuvalu überflutet werden oder das Land verschwindet, auf dem die Inuit leben. Die Regierung von Tuvalu hat für ihre Bewohner Asyl in Australien und Neuseeland beantragt; die Inuit wollen, unterstützt von Menschenrechtsorganisationen, einen Prozess gegen die USA als Hauptproduzenten von Treibhausgasen führen. Gegenwärtig gibt es kaum Aussichten, internationalen Disparitäten wirksam zu begegnen; ein Umweltvölkerrecht befindet sich erst in der Entstehungsphase und hat gegenwärtig weder verbindlichen noch verpflichtenden Status. Internationale Gerichtshöfe, mit deren Hilfe Verstöße gegen Prinzipien nachhaltiger Entwicklung oder Umweltrücksichten geahndet werden könnten, gibt es nicht. International verbindliche Maßnahmen, etwa gegen eine weitere Erhöhung der Emissionen von Treibhausgasen, bedürfen daher der komplizierten Aushandlung von Verträgen und Abkommen.

Harald Welzer: Klimakriege, Frankfurt a.M. 2008, S. 117f.

M3 Biodiversität

Heute ist die Biodiversität massiv gefährdet. Die reichste Artenvielfalt finden wir im feuchtheißen Tropengürtel. Die dortigen Länder sind zumeist wirtschaftlich unterentwickelt. Die reichen Länder ermahnen sie jedoch, die biologische Vielfalt zu schützen, zumal darin große Potentiale für zukünftige Medikamente und für Pflanzenkreuzungen liegen. Der Norden hatte in der Vergangenheit kostenfreien Zugang zu diesen genetischen Ressourcen. Die UN-Konvention zum Schutz der biologischen Vielfalt (CBD) ließ sich der „Süden" jedoch nur unter der Bedingung abtrotzen, dass ein Artikel über die Nutzenteilung bei der Ausnutzung von biologischer Vielfalt aufgenommen wurde. Ebendieser Artikel ist jedoch einer der stärksten Hinderungsgründe für das mächtigste Land der Erde, die Vereinigten Staaten, die Konvention zu ratifizieren. Ärgerlicherweise hat die Nichtratifizierung zur Folge, dass die USA zu keinem Vorteilsausgleich mit den Ländern des Südens gezwungen werden können, aus welchem sie die biologischen Schätze entnommen haben. Der Süden spricht deshalb von Biopiraterie. Dabei wäre die CBD an sich, ihrem Wortlaut nach, ein Instrument zur Konfliktregulierung und zur fairen Verteilung des Nutzens. Aber eben nur, wenn alle mitmachen.

Ernst Ulrich von Weizsäcker: Klima, Ressourcen und Krieg. In: Blätter für deutsche und internationale Politik 2/2008, S. 47

M4 Frieden in der internationalen Politik

Fünf dünne Schraffuren markieren die Stellungen von Rebellengruppen im Ostkongo. Kiwanja, Kibumba oder Sake heißen die Orte, aus denen Massaker, Vergewaltigungen und Flüchtlingsströme gemeldet werden. UN-Vertreter sprechen von Kriegsverbrechen, begangen von allen Kampfparteien, und der Chefankläger des Internationalen Strafgerichtshofs, Luis Moreno-Ocampo, hat bereits Ermittlungen gegen Rebellen- und Milizenführer angekündigt. Das klingt ebenso folgerichtig wie absurd: Die Strafverfolgung der Täter wird vorbereitet, noch während sie die Verbrechen begehen, die niemand verhindern kann oder will.

Jedenfalls bislang nicht. Die Vermittlungsversuche afrikanischer Regierungschefs, UN- und EU-Gesandter zeitigten bis Anfang dieser Woche keine Erfolge. Der UN-Sicherheitsrat hat trotz dringender Appelle von UN-Generalsekretär Ban Ki-Moon keine zusätzlichen Blauhelme für den Kongo bewilligt. Die Entsendung europäischer Soldaten, vor einigen Wochen vom französischen Außenminister Kouchner vorschnell in Aussicht gestellt, ist vorerst vom Tisch. Und fraglich ist, ob die angekündigten Truppen aus Ländern des südlichen Afrikas tatsächlich und schnell genug eintreffen können, um die Versorgung Hunderttausender Flüchtlinge zu gewährleisten.

Andrea Böhme: Der afrikanische Weltkrieg, Die Zeit, Nr. 47, 13.11.2008, S. 23

Arbeitsvorschläge

1. Zeigen Sie anhand des Textes M2, inwiefern der Anstieg des Meeresspiegels in unterschiedlicher Weise zu einem Gegenstand internationalen Handelns wird.

2. Erarbeiten Sie am Beispiel der Biodiversität (M3), in welcher Weise ein internationales Handlungsfeld Chancen der Zusammenarbeit, aber auch Schwierigkeiten in der Umsetzung birgt.

3. Analysieren Sie die Handlungsfelder (Begriff) und diskutieren Sie, ob diese Auswahl die tatsächlichen Probleme der Gegenwart darstellt.

4. Erläutern Sie, warum internationale Handlungsfelder (vgl. M1) auch im Zusammenwirken vieler Kräfte nicht einer einfachen Lösung zuträglich sind.

Weltordnungspolitik

Wie kann Politik global Ordnung schaffen?

Miniglossar

Inklusion/Exklusion
einschließende Handlung bzw. ausschließende Handlung

Dichotomie
hier: Hinweis auf die zwei einander feindlich gegenüberstehenden Machtblöcke unter der jeweiligen Führung der USA und der Sowjetunion

M1 Typen internationaler Ordnung

Ausrichtung zwischenstaatlicher Ordnung (unilateral ↕ multilateral) / Form zwischenstaatlicher Ordnung (regional ⟷ global / universal)	regional	global / universal
unilateral	Isolationismus Regionalblöcke	Imperialismus
multilateral	offener Regionalismus	Global Governance

Stiftung Entwicklung und Frieden/Institut für Entwicklung und Frieden: Globale Trends 2007, Frankfurt a. M. 2006, S. 63

Begriff

Wenn ein Staat politische Verhandlungen mit einem anderen Staat führt, sprechen wir von Außenpolitik (vgl. S. 142 ff.). Außenpolitik ist per se **internationale Politik.**
Bei der internationalen Politik geht es um die Beziehungen der Staaten untereinander. Akteure sind hier die Nationalstaaten und von ihnen gegründete internationale Organisationen. Mithilfe dieser Organisationen versuchen Staaten oder Staatengruppen, ihre Interessen friedlich untereinander zu regeln. Die internationale Politik berührt zahlreiche Themen, z.B.: Wirtschaft, Handel, Verteidigung, Umwelt, Klima, Bildung usw. In der internationalen Politik gibt es keine allgemein anerkannte oberste Instanz. Die Vereinten Nationen (→ S. 18 f.) füllen diese Rolle (noch) nicht aus. Es existiert keine demokratisch legitimierte Weltregierung.

Derzeit wird über die Ausrichtung der **Weltbank** verhandelt. Ihre Aufgabe besteht darin, Hilfe beim Aufbau und der Entwicklung der Wirtschaft vor allem ärmerer Länder zu leisten. Zusammen mit der Schwesterinstitution IWF (**Internationaler Währungsfonds**) soll im globalen Rahmen auch die Wirtschafts- und Finanzpolitik koordiniert und geleitet werden. Aufgrund ihrer Geldeinlagen bestimmen weitgehend die Industrieländer die Politik der beiden Organisationen. Jüngst forderten die Entwicklungsländer und auch China mehr Mitspracherechte.

VT

Globalisierung wird auch als Prozess der Beschleunigung von Handel, Finanzströmen, Information und Migration, von Entwicklungen in den Bereichen Umwelt oder Kultur verstanden. Sollen der globale Handel und ökonomische Bedingungen weltweit auf die gleiche Weise funktionieren, wie es für die westlich geprägte Wirtschaft erforderlich ist, werden globale Maßstäbe notwendig. Sie drücken sich in der Art und Weise aus, wie regiert wird. Die Globalisierung erzeugt dabei auch neue Begriffe: „Good Governance" lautet solch ein Terminus.
Westliche Regierungen aus den führenden Industrienationen bezeichnen damit den Prozess einer guten Regierungsführung. Besonders die Regime der so genannten Entwicklungsländer werden, wenn sie in den Genuss von finanzieller Unterstützung kommen wollen, mit der Aufforderung konfrontiert, sich einer „Good Governance" zu befleißigen. Sie gilt als Grundlage, um mit den westlichen Staaten Handel zu treiben und Zugang zu den Märkten der Industrieländer zu erhalten. „Good Governance" wird von der Weltbank nach den Managementqualitäten der Regierungen im Umgang mit knappen ökonomischen oder sozialen Ressourcen bewertet. Die EU wiederum stellt Menschenrechte bzw. demokratische und rechtsstaatliche Strukturen in den Vordergrund. Außerdem werden genannt: Partizipation der Zivilgesellschaft und Transparenz.
Indem die westlichen Geberländer zwar den Begriff prägen, sich jedoch selbst nur in seltenen Fällen an die Verpflichtung einer „Good global Governance" halten, muss auch die Frage zugelassen werden, inwiefern es sich hier nicht doch um einen modischen Begriff handelt. Genauso wenig thematisiert wird in diesem Zusammenhang der eigene Umgang etwa mit der Transparenz innerhalb der EU. Wie steht es also um die „gute Regierungsführung"?

M2 Good Governance

Seit die Weltbank vor rund zwanzig Jahren das Konzept der „Guten Regierungsführung" (Good Governance) erfunden hat, ist es zu einem festen Bestandteil internationaler Entwicklungsarbeit geworden. Obwohl das Konzept nicht explizit von Demokratie spricht, basiert Good Governance auf dem westlichen Demokratiemodell und einem marktwirtschaftlichen System. „Gute Regierungsführung" bedeutet, dass die Staatsbürger sich an der Formulierung von Politik beteiligen können, zum Beispiel mittels Parteiarbeit oder Wahlen. Die gewählten Amtsträger und der öffentliche Dienst handeln verantwortlich und transparent und sind dem Bürger gegenüber rechenschaftspflichtig. Weitere Kriterien sind die Stabilität des politischen Systems, das auf eine demokratische Verfassung gründet, eine effektive und effiziente Verwaltung sowie Rechtsstaatlichkeit und Kontrolle von Korruption.

Heiko Meinhardt: Gut geschmiert statt gut regiert. In: Weltsichten, Nr. 12/2008, S. 35

M3 Global Governance

Somit meint Global Governance verstanden im Sinne der deutschen Übersetzung als „Weltordnungspolitik":
Erstens die Neudefinition staatlicher Souveränität, mit der die Basisprinzipien des Souveränitätsprinzips (Unverletzbarkeit der Grenzen, Verbot der Einmischung in innere Angelegenheiten, alleinige Verfügungsgewalt des Staates über gesellschaftliche Verhältnisse) in Frage gestellt werden. Zweitens die Verdichtung und Verrechtlichung der internationalen Beziehungen durch internationale Organisationen und Regime, die als institutionalisierte Formen des norm- und regelgeleiteten Verhaltens bei der politischen Bearbeitung von Konflikten in unterschiedlichen Sachbereichen verstanden werden. [...] Drittens die Fokussierung auf die Erweiterung des Kreises der Akteure über die Staaten und klassischen internationalen Organisationen hinaus und die Entwicklung eines neuen Politikstils.

Johannes Varwick: Globalisierung. In: Handwörterbuch Internationale Politik, hg. v. Wichard Woyke, Opladen 2008, S. 175

M4 Geopolitik

[...] Die zentrale Fragestellung der kritischen Geopolitik lautet [...], welche Grenzen gezogen werden, wo dies geschieht, wie Aufteilungen legitimiert und naturalisiert werden und welche Maßnahmen von Exklusion und Inklusion buchstäblich zur Sprache kommen. Der Fokus auf geopolitischen Konstruktionen, Sprachspielen und rhetorischen Argumentationszusammenhängen verdeutlicht, wie politische Akteure mit vermeintlich objektiven und „richtigen" Fakten ihre eigenen Interessen durchzusetzen versuchen.
Einer der am meisten diskutierten Artikel der 1990er Jahre war *The clash of Civilizations?*, publiziert in der einflussreichen amerikanischen Zeitschrift Foreign Affairs. Dabei simplifiziert und homogenisiert [der Verfasser] Nationalstaaten, Regionen und Gesellschaften zu „Gebilden einheitlicher Kultur". Er schließt sich der klassischen geopolitischen Tradition an und führt die Dichotomie des Kalten Krieges auf anderer Ebene weiter. Das Beispiel des „Kampfs der Kulturen" verdeutlicht eingängig, welche prägende Wirkung pauschalisierende Slogans und geopolitische Leitbilder haben können.

Jan Helmig: Geopolitik – Annäherung an ein schwieriges Konzept. In: Aus Politik und Zeitgeschichte 20–21/2007, S. 31–37

M5 Multilateralismus

Als Konzept ist der Multilateralismus eindeutig westlich-liberalen Ursprungs. Aber seine Grundlagen und Grundsätze kommen den Interessen aller Staaten entgegen, weil und wenn sie auf die Zusammenarbeit untereinander angewiesen sind. Sie lauten:
- uneingeschränktes Verbot der Benutzung von Gewaltmittel für die Erreichung politischer Ziele
- nationale Interessen können am besten durch die zur Gewohnheit werdende Zusammenarbeit mit den Partnern verwirklicht werden
- Rechte und Pflichten werden (möglichst) gleich verteilt
- Solidarität zwischen den Mitgliedern der internationalen Gemeinschaft erwächst aus gemeinsamen Überzeugungen wie aus gemeinsamen Interessen.

Entscheidend für Multilaterlismus sind die gemeinsamen Interessen.

Ernst-Otto Czempiel: Kluge Macht. Außenpolitik für das 21. Jahrhundert, München 1999, 238 f.

Arbeitsvorschläge

1. Erarbeiten Sie aus M 2 und M 3 die gemeinsamen Grundlinien der beiden „Governance"-Konzepte und zeigen Sie ihre gegenseitige Bedingtheit auf.

2. Problematisieren Sie anhand von M 2, M 3 und M 5, inwieweit die im Rahmen der Internationalen Politik diskutierte Begrifflichkeit zu einseitig westliche Vorstellungen wiedergibt.

3. Erklären Sie mithilfe des VT den Begriff „Globalisierung" und erläutern Sie dessen weit verbreitete Verwendung anhand konkreter Beispiele.

4. Erörtern Sie unter Bezugnahme auf den Text M 4 die Bedeutung der Medien für die Wahrnehmung von internationaler Politik in der Bevölkerung und diskutieren Sie, ob die Politikforschung diesen Entwicklungen entgegensteuern kann.

5. Stellen Sie den Begriffen Multilateralismus (M 5) und Global Governance (M 3) die jeweils unbekannten Begriffe in M 1 gegenüber und erschließen Sie diese.

Internationale Akteure

Wer dominiert das internationale Geschehen?

Miniglossar

G7/G8
Gruppe der großen Industrieländer, die sich zunächst zu nichtöffentlichen Gesprächen über die Währungspolitik traf.

UNCTAD
UN-Organisation, die von dem Zusammenschluss 77 südlicher (Entwicklungs-)Länder, den G77, zur Beendigung des ungerechten Welthandelssystems gegründet wurde.

zentripetale Kraft
zu einem Mittelpunkt hin strebende Kraft, hier: Zielpunkt vieler internationaler Handlungen war bis 1990 der Ost-West-Konflikt.

M1 Treffen der G8-Staaten

G8-Gipfel 2009 in Aquila, Italien: die Regierungschefs von Japan (v. l.), Kanada, USA, Frankreich, Italien, Russland, Deutschland und Großbritannien

Begriff

Die Spielregeln der **formalen Politik** sehen vor, dass die Akteure der internationalen Politik sich gegenseitig anerkennen. Ohne eine solche Anerkennung kann es oftmals keine offiziellen Gespräche geben. Der erste Schritt auf die „internationale Bühne" ist daher in der Regel das Ringen um Anerkennung.

Informelle Politik, die für diese Anerkennung sorgen soll, ist somit mitunter eine Vorstufe der formalen Politik.

Andere Akteure, wie z. B. die **Nichtregierungsorganisationen** (NGOs) bringen ein anderes Verständnis von Politik mit und verzichten bewusst auf die Anerkennung durch etablierte Mächte, etwa die globalisierungskritische Plattform Attac. Medienaufmerksamkeit und öffentlichkeitswirksame Aktionen verhelfen solchen Gruppen dennoch zu Einfluss auf die internationale Politik. Daher werden in jüngerer Vergangenheit NGOs zu manchen Beratungen und Konferenzen eingeladen.

VT

Gipfeltreffen – dieser Begriff trifft bestimmt zu, wenn sich die sieben Staats- bzw. Regierungschefs der USA, Kanadas, Deutschlands, Italiens, Großbritanniens, Frankreichs und Japans treffen. Diese Treffen – G7 genannt – gehen auf das Jahr 1975 zurück. Im französischen Rambouillet trafen sich die damals mächtigsten westlichen Industrieländer. Eine Finanz- und Wirtschaftskrise war der Anlass, um die Zusammenarbeit und Abstimmungen zwischen den Staaten zu intensivieren. Entstanden aus nichtöffentlichen Gesprächen zur Bewältigung der Krise der 1970er-Jahre mussten bei weiteren G7-Treffen z. B. im deutschen Ostseebad Heiligendamm 2007 und auch auf den Folgetreffen in den Jahren 2008 und 2009 dieselben Themen behandelt werden.
Nach dem Zusammenbruch der Sowjetunion und dem Ende des Kalten Krieges wurde fallweise auch Russland zu Konsultationen herangezogen. Inzwischen werden bedeutende Schwellen- bzw. Entwicklungsländer zu den Beratungen eingeladen, etwa zum Thema Klimawandel. Man spricht dann von den „G20"-Staaten.
Die „Gruppe der Sieben" muss sich trotz dieser Umarmung, der noch kaum konkrete Taten gefolgt sind (zugesagt aber nicht ausgezahlt wurden massive Hilfen für die ärmsten Länder in Afrika), zunehmend Kritik gefallen lassen. Regelmäßig finden anlässlich der G7- oder G8-Treffen heftige Proteste so genannter „Gipfelgegner" statt.
Unter dem Namen „G172" wollen die bisher ausgeschlossenen Länder bei den nächsten Konferenzen zur Weltfinanzkrise mitreden, um ihre Interessen selbst zu vertreten. Mit einer weitgehend informellen Politik unter dem Ausschluss der Öffentlichkeit wäre damit freilich Schluss. Wird dann aber aus der Gruppe der 7, 8 oder 20 tatsächlich die „G200"? Oder sollten gleich die Vereinten Nationen das Krisenmanagement übernehmen?

M2 Alte und neue Akteure

Die Balance der Weltpolitik verändert sich. Bei Erdöl, Gas und Uran geht es längst nicht mehr nur um Preise: Die Rohstoffe sind weltwirtschaftlich entscheidende, geopolitisch bestimmende Faktoren. Und diese Macht wird in diesen Monaten umverteilt – weg von einer unipolaren Welt, hin zu einer hyperpolaren Welt, wie es der in Venezuela geborene US-Publizist und Ökonom Moisés Naim formuliert hat. Neben der Supermacht Vereinigte Staaten, die ihre Hegemonie längst verloren hat (so sie diese je absolut besaß), neben den aufstrebenden Mächten China und Indien, zusätzlich zu der Wiedergeburt der (Energie-) Großmacht Russland, sind eine Fülle kleinerer, staatlicher und nichtstaatlicher Akteure auf die Bühne getreten, die sich bekämpfen und koexistieren. Die Welt ist unübersichtlicher geworden, zersplittert, permanent in Bewegung; kontrolliert kann sie allenfalls durch Interessens-Bündnisse werden, aber Dauerturbulenzen sind nicht auszuschließen.

Erich Follath: Der neue Kalte Krieg. In: ders.: Der neue Kalte Krieg, München 2006, S. 18

M3 Ein komplexeres Weltsystem

Das internationale System, wie es im Gefolge des Zweiten Weltkriegs geschaffen wurde, wird im Jahr 2025 kaum noch wiederzuerkennen sein. Das liegt am Aufstieg neuer Mächte, an der Globalisierung der Wirtschaft, an einem historisch beispiellosen West-Ost-Transfer von wirtschaftlicher Macht und Reichtum sowie am wachsenden Einfluss nichtstaatlicher Akteure. 2025 wird das internationale System global und multipolar sein und das Machtgefälle zwischen entwickelten und weniger entwickelten Ländern sich fortlaufend weiter abflachen. Zugleich mit der Verschiebung zwischen den Nationalstaaten wird es zu einer Einflussnahme nichtstaatlicher Akteure – darunter privatwirtschaftliche und ethnische sowie religiöse Organisationen und kriminelle Netzwerke – kommen.
Es ist unwahrscheinlich, dass die aufsteigenden BRIC-Mächte (Brasilien, Russland, Indien, China) das internationale System herausfordern werden, wie es Deutschland und Japan im 19. und 20. Jahrhundert taten, aber aufgrund ihrer wachsenden geopolitischen und wirtschaftlichen Macht werden sie über mehr Spielraum verfügen, ihre eigenen politischen und wirtschaftlichen Ziele zu verfolgen, statt die westlichen Normen gänzlich zu übernehmen.
Die vorhandenen multilateralen Institutionen, die groß, schwerfällig und ursprünglich auf eine andere geopolitische Ordnung zugeschnitten sind, werden es schwer haben, sich schnell auf die Durchführung neuer Missionen einzustellen, dem Wandel ihrer Mitgliedschaft Rechnung zu tragen und ihre Ressourcen zu vermehren. Nichtregierungsorganisationen (NGOs), die sich auf spezifische Probleme konzentrieren, werden das Landschaftsbild zunehmend mitbestimmen.
[...] Die wachsende Komplexität der einander überschneidenden Rollen von Staaten, Institutionen und nichtstaatlichen Akteuren ist untrennbar mit der Vermehrung politischer Identitäten verbunden, die zur Etablierung neuer Netzwerke und wiederentdeckter Gemeinschaften führt. In den meisten Gesellschaften wird 2025 keine einzelne politische Identität vorherrschen. Religiös bestimmte Netzwerke könnten als Kern-Netzwerke fungieren und insgesamt bei vielen transnationalen Fragen wie Umwelt und Ungleichheit eine bedeutendere Rolle spielen als weltliche Gruppierungen. 2025 werden die Vereinigten Staaten sich als einer unter einer Mehrzahl wichtiger Akteure auf der Weltbühne wiederfinden, wenngleich immer noch als der mächtigste. [...]

Global Trends 2025 (Bericht des US-amerikanischen „National Intelligence Council" vom November 2008). In: Blätter für deutsche und internationale Politik 1/2009, S. 113, 118

M4 G7 bzw. G8

Die Weltwirtschaftsgipfel entwickelten sich zu einem Forum, in dem gemeinsame Interessen der großen Industriestaaten destilliert und gegebenenfalls öffentlich verteten werden konnten. Die G7 war damit über einen längeren Zeitraum erfolgreich und konnte einerseits die eigene Liberalisierungsagenda voranbringen, andererseits die UNCTAD weitestgehend marginalisieren.
Die Vervielfältigung der Themen geht einher mit einem Prozess der institutionellen Ausdifferenzierung. Zwar ist die G8 nach wie vor informell in dem Sinn, dass es keine rechtsverbindliche Grundlage für Struktur und Handlungsweise gibt. Von der Ursprungsidee des jährlichen Kamingesprächs hat sich die Gruppe allerdings so weit entfernt, dass von einem komplexen „G7/G8-System" gesprochen werden kann. Die Vorbereitung der Gipfel ist Aufgabe der sogenannten Sherpas, einem Netzwerk aus engen Vertrauten der Staats- und Regierungschefs sowie aus hohen Beamten aus den Finanz- und Außenministerien der beteiligten Staaten, das – unter Federführung des jeweils gastgebenden Landes – die Tagesordnung für die Gipfel vorbereitet und Entwürfe der Abschlusskommuniques diskutiert.
Die Rolle der jährlichen Gipfeltreffen besteht v.a. darin, wichtige Weichenstellungen in der Währungs- und Finanzpolitik, die auf den unteren Ebenen der zwischenstaatlichen Konsultationen vorbereitet worden sind, aufzugreifen und öffentlich zu beschließen.

Stefan Schoppengerd: Die G7/G8-Gipfel in der internationalen politischen Ökonomie. In: Prokla, Zeitschrift für kritische Sozialwissenschaft, 147 02.06.2007, S. 163

M5 Internationale Politik

Über internationale Politik lässt sich mit einer gewissen Verbindlichkeit zweierlei aussagen: Erstens: Internationale Politik ergibt sich aus der Interaktion der Akteure zum Zwecke der Konfliktbearbeitung. Zweitens: Die prinzipielle Offenheit des internationalen Systems, in dem die internationale Politik abläuft, enthält eine wichtige Bedingung für das Verhalten der Akteure. Um damit zu beginnen: Die durch diese Offenheit bewirkte prinzipielle Unsicherheit über das Verhalten anderer Akteure im internationalen System schafft das, was schon Immanuel Kant (und nach ihm manch anderer Autor) gesehen und John Herz mit dem vorzüglichen Begriffs des „Sicherheitsdilemmas" bezeichnet hat. Es bewirkt ein grundsätzlich nicht zu bewältigendes Misstrauen gegenüber der internationalen Umwelt.

Manfred Knapp/Gert Krell: Einführung in die Internationale Politik, München 1991, S. 11f.

M6 Zeitenwende in der internationalen Politik

1989/90 war eine Zeitenwende in der internationalen Politik. Die das internationale System von 1947 bis 1990 bestimmende Machtfigur des Ost-Westkonflikts – ausgetragen in der Form des Kalten Krieges und der Entspannungspolitik – wurde überwunden. Damit wurde die Ausrichtung fast aller internationalen Politik auf diesen Konflikt hin aufgehoben; seine zentripetale Kraft war erloschen. [...]

Die Widersprüchlichkeit des internationalen Systems zeigt sich in parallel zur Globalisierung verlaufenden Prozessen der Dezentralisierung, Regionalisierung und Multipolarisierung. Nicht mehr die Konfliktfigur Ost-West-Konflikt mit seiner Bipolarität ist für das internationale System strukturbestimmend. Es bilden sich zunehmend regionale Machtzentren heraus. Regionale Zusammenschlüsse wie die Europäische Union [...], multipolare Zusammenschlüsse wie die G7/G8 die Organisation erdölexportierender Staaten (OPEC) und weitere internationale Organisationen [...] werden neben den Nationalstaaten zu bedeutsamen Akteuren im internationalen System. [...]

Das internationale System wird zu Beginn des 21. Jahrhunderts durch widersprüchliche Entwicklungsprozesse gekennzeichnet. Widerstreitende Vorstellungen von Politik, Wirtschaft und Gesellschaft, fundamentalistische und pragmatische, regionale und globale, dialogische und konfliktive politische Ansätze konkurrieren miteinander.

Wichard Woyke: Das Internationale System zu Beginn des 21. Jahrhunderts. In: ders.: Handwörterbuch internationale Politik, Opladen 2008, S. IX, XV, XIX

M7 Internationale Beziehungen

Das Geflecht der politischen, wirtschaftlichen, kulturellen und militärischen Beziehungen, wie es in der Zusammenarbeit von Staaten, den staatlichen und nichtstaatlichen Akteuren geformt wird.

Klaus Schubert/Martina Klein: Das Politiklexikon, Bonn 2006, S. 245

M8 Internationale Organisationen

Neben den Nationalstaat und Territorialstaat traten im 19. Jahrhundert zunehmend internationale Organisationen mit dem Ziel, Rechts- und Arbeitsgrundlagen für die Zusammenarbeit der Staaten bzw. nationaler Akteure bei grenzüberschreitenden Aktionen zu gewährleisten. Bei den Internationalen Organisationen wird zwischen International Governmental Organisations (IGOs) und International Non-Governmental Organisations (INGOS) unterschieden. Inzwischen wird auch die Kategorie Business International Non-Governmental Organisation (BINGO) geführt, worunter die auf Erzielung ökonomischer Gewinne ausgerichteten Organisationen (transnationale Konzerne) zu verstehen sind. [...]

Unter einer IGO wird eine durch einen multilateralen Vertrag geschaffene Staatsverbindung mit eigenen Organen und Kompetenzen verstanden, die sich als Ziel die Zusammenarbeit von mindestens drei Staaten [...] gesetzt hat. [...]

IGOs sind Völkerrechtssubjekte wie die Staaten, d.h. sie haben die Organisationsgewalt nach innen und außen. [...] Sie sind von ihren Mitgliedsstaaten ermächtigt, in ihrem Namen in einem bestimmten Politikbereich aufzutreten. So ist z.B. die NATO die für die Sicherheitspolitik ihrer 28 Mitglieder zuständige IGO.

Wichard Woyke: Internationale Organisationen. In: ders.: Handwörterbuch der internationalen Politik, Opladen 2008, S. 203

M9 Außenpolitik

Mit und in Außenpolitik nimmt die im souveränen Nationalstaat organisierte Gesellschaft ihre allgemeinpolitischen, wirtschaftlichen, militärischen und soziokulturellen Interessen gegenüber ihrem internationalen Umfeld wahr. Dazu gehören sowohl die Reaktionen auf von außen kommende strukturelle Einflüsse und aktuelle Handlungen als auch die von machtpolitischen Interessen bestimmte Einwirkung auf die Umwelt bzw. deren Strukturierung. Außenpolitik erschöpft sich nicht in einzelnen Handlungen, sondern konstituiert ein Beziehungsmuster, dem eine mehr oder weniger deutlich gemachte Gesamtstrategie unterliegt.

So wie die einzelnen wirtschaftlichen, militärischen und politisch-diplomatischen Interessen auf den verschiedenen politischen Ebenen [...] verknüpft werden müssen, sind auch die einzelnen Machtmittel von Außenpolitik auf die jeweilige Interessenlage abzustimmen.

Reimund Seidelmann: Außenpolitik. In: Wichard Woyke (Hg.): Handwörterbuch der Internationalen Politik, Opladen 2008, S. 1

M10 Akteure und Strukturen internationaler Politik

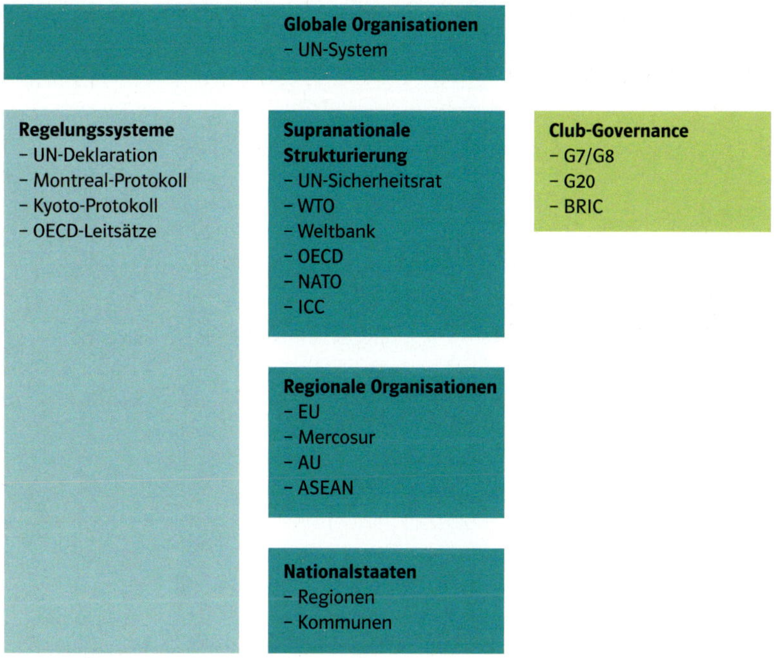

ASEAN: Verband südostasiatischer Staaten (z. B. China, Japan, Südkorea) in Anlehnung an die regionale Entwicklung in Europa
AU: Afrikanische Union; 53 afrikanische Staaten im Streben nach einem Staatenverbund nach dem Vorbild der EU
BRIC: Vierer-Club aus Brasilien, Russland, Indien und China. Die BRIC-Staaten repräsentieren mehr als 40 % der Weltbevölkerung.
G 8: Club der sieben großen westlich orientierten Industrienationen sowie Russland
G 20: Staats- und Regierungschefs der G8-Staaten sowie Argentinien, Australien, Brasilien, China, EU, Indien, Indonesien, Mexiko, Saudi-Arabien, Südafrika, Südkorea, Türkei
ICC: International Criminal Court (Internationaler Strafgerichtshof); gegr. 1998 zur Ahndung von Menschenrechtsverbrechen; tätig im Rahmen der UN
Kyoto-Protokoll: Verträge zum Klimaschutz (1997), Ziel: Verringerung des Treibhaus-Effekts
Mercosur: Wirtschaftsverbund in Südamerika, strebt wirtschaftliches Gleichgewicht zu dem Einfluss der USA an
Montreal-Protokoll: Übereinkunft zur Luftreinhaltung (1987), Reduzierungs-Vereinbarung zu FCKW-Emissionen
OECD-Leitsätze: Vorgaben der Organisation für wirtschaftliche Zusammenarbeit (OECD); ausgerichtet an den Vorstellungen der Industrieländer (Wettbewerbscharakter der Ökonomie)
WTO: World Trade Organisation (Welthandelsorganisation); Überwachung von Handelsverträgen mit der Möglichkeit zu Schiedssprüchen und Sanktionen
UN-System: UNO und Unterorganisationen; umfasst ca. 200 Staaten im Jahr 2009

Darstellung nach einer Idee von Tobias Debiel u. a.: Globale Trends, Bonn 2006, S. 9 (vereinfacht und ergänzt), Legende: Stefan Angstl

M11 Transnationale Organisationen

Die Praxis von Nichtregierungsorganisationen, in transnationalen Netzwerken zu arbeiten, prädestiniert sie für die „Einmischung" in multilaterale Prozesse und Institutionen. Anders als die Regierungen orientieren sich zahlreiche NGO's (Non Governmental Organizations) stärker an Werten und Normen und weniger an materiellen Interessen; freilich ist auch klar, dass sich in größeren transnationalen Organisationen auch die typischen Eigeninteressen einer Bürokratie an materiellem Wachstum entwickeln. [...] Die Rolle der NGO's hat sich mit der Zeit erweitert. Sie haben schon seit längerem große Bedeutung für das Agendasetting, d. h. sie identifizieren Themen und Ziele, die die Regierungen schließlich für die kooperative Bearbeitung aufgreifen. [...] Typischerweise machen sich NGO's dabei für die in ihren Augen unterrepräsentierte Belange – Arme, Frauen, Kinder, die natürliche Umwelt, Abrüstung – stark. Sie verhelfen internationalen Verhandlungen zu einer deutlich höheren Transparenz. [...]

Harald Müller: Internationale Regime. In: Karl Kaiser/Hans-Peter Schwarz (Hg.): Weltpolitik im neuen Jahrhundert, Bonn 2000, S. 458 – 473

Arbeitsvorschläge

1. Beschreiben Sie anhand des Textes M 2, wie sich das Feld der Akteure im internationalen System momentan entwickelt.

2.1 Erarbeiten Sie aus dem Text M 3 Gründe für den Wandel in der Struktur der Akteure.

G **2.2** Skizzieren Sie, inwiefern Deutschland und Japan im 19. und 20. Jahrhundert das internationale System herausgefordert haben (M 3).

3. Stellen Sie ausgehend von M 1 und M 4 die Struktur der G7/G8 dar und diskutieren Sie die Handlungsmöglichkeiten der G7/G8-Staaten.

4. Erarbeiten Sie anhand der Texte M 5 und M 6 den Begriff und die Begriffsgeschichte der internationalen Politik.

5. Stellen Sie die Beziehung der Begriffe „internationale Beziehungen" und „Außenpolitik" mithilfe von M 7 und M 9 dar und veranschaulichen Sie diese an je einem Beispiel.

6. Vergleichen Sie internationale (M 8) und transnationale Organisationen (M 11) und erklären Sie mögliche Überschneidungen.

7. Zeigen Sie die Position supranationaler Strukturen innerhalb der Akteursvielfalt auf und klären Sie dazu nötige Begriffe (M 10).

Die Vereinten Nationen

Was kann die Völkergemeinschaft leisten?

Miniglossar

Charta
Urkunde, Satzung internationaler Organisationen

ius ad bellum
Recht, Krieg zu führen

Internationaler Gerichtshof
→ S. 20

Sicherheitsrat
→ S. 118 f.

M1 Organisation und Organe der Vereinten Nationen

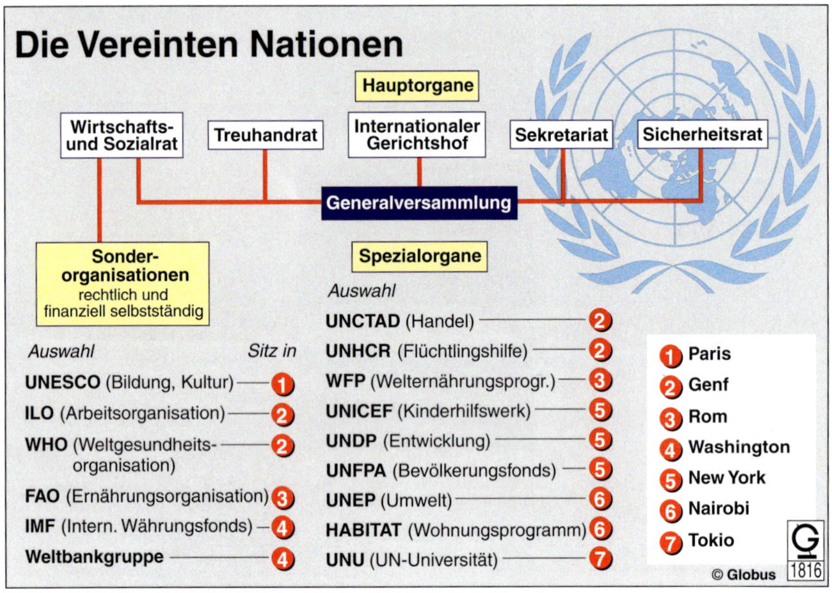

Begriff

Am 24. Oktober 1945 trat die Charta der **Vereinten Nationen** (VN) in Kraft. Ursprünglich gehörten den VN 51 Gründerstaaten an. Im Jahr 2009 zählten die VN mit Sitz in New York 192 Mitglieder. Sollten die VN ursprünglich den Krieg als Mittel der Politik ächten, so sind sie heute zu einem Forum geworden, in dem alle grundlegenden Probleme der Welt diskutiert werden. Die Vereinten Nationen sind die weltumspannende Organisation zur Sicherung des Friedens und zur Förderung der internationalen Zusammenarbeit. Erst 1973 traten die Bundesrepublik Deutschland und die Deutsche Demokratische Republik den VN bei.

VT

Schon Immanuel Kant hat in seiner Schrift „Zum ewigen Frieden" (1794) einen Bund gleichberechtigter Staaten zur Sicherung des Weltfriedens vorgeschlagen. Mit dem Völkerbund ist nach dem Ersten Weltkrieg auf amerikanische Initiative hin diese Vision auch in die Tat umgesetzt worden. Den Zweiten Weltkrieg hat er aber ebenso wenig verhindern können wie etwa den Spanischen Bürgerkrieg (1936–1939). Wieder auf amerikanische Initiative ist mit den Vereinten Nationen (VN; engl. UNO: United Nations Organization) 1945 der zweite Versuch einer weltweiten Friedensordnung verwirklicht worden. Mit der Unterzeichnung der Charta der Vereinten Nationen verzichten die Mitgliedstaaten auf ein Recht, das ehemals als Ausdruck ihrer Souveränität galt: das uneingeschränkte Recht, Krieg zu führen (ius ad bellum). Das von allen Mitgliedern prinzipiell anerkannte umfassende Gewaltverbot hat zwar nicht zu weltweitem Frieden geführt; die Friedenseinsätze der Vereinten Nationen zeigen aber, dass es in einigen Fällen doch gelungen ist, Gewalt zu unterbinden und Frieden wiederherzustellen.

Die insgesamt recht magere Erfolgsbilanz der Vereinten Nationen hat vor allem zwei Ursachen: eine problematische Konstruktion des wichtigsten Entscheidungsgremiums, des Sicherheitsrats, die immer wieder Entscheidungen verhindert hat, und den oft nur unzureichenden Willen der Mitglieder, diese Entscheidungen auch umzusetzen und die nötigen Mittel dafür zur Verfügung zu stellen.

M2 Charta der Vereinten Nationen

Artikel 1

Die Vereinten Nationen setzen sich folgende Ziele:

1. Den Weltfrieden und die internationale Sicherheit zu wahren und zu diesem Zweck wirksame Kollektivmaßnahmen zu treffen, um Bedrohungen des Friedens zu verhüten und zu beseitigen, Angriffshandlungen und andere Friedensbrüche zu unterdrücken und internationale Streitigkeiten oder Situationen, die zu einem Friedensbruch führen könnten, durch friedliche Mittel nach den Grundsätzen der Gerechtigkeit und des Völkerrechts zu bereinigen oder beizulegen;
2. Freundschaftliche, auf der Achtung vor dem Grundsatz der Gleichberechtigung und Selbstbestimmung der Völker beruhende Beziehungen zwischen den Nationen zu entwickeln und andere geeignete Maßnahmen zur Festigung des Weltfriedens zu treffen;

[...]

Artikel 2

Die Organisation und ihre Mitglieder handeln im Verfolg der in Artikel 1 dargelegten Ziele nach folgenden Grundsätzen:

1. Die Organisation beruht auf dem Grundsatz der souveränen Gleichheit aller ihrer Mitglieder. [...]
3. Alle Mitglieder legen ihre internationalen Streitigkeiten durch friedliche Mittel so bei, dass der Weltfriede, die internationale Sicherheit und die Gerechtigkeit nicht gefährdet werden.
4. Alle Mitglieder unterlassen in ihren internationalen Beziehungen jede gegen die territoriale Unversehrtheit oder die politische Unabhängigkeit eines Staates gerichtete oder sonst mit den Zielen der Vereinten Nationen unvereinbare Androhung oder Anwendung von Gewalt.
5. Alle Mitglieder leisten den Vereinten Nationen jeglichen Beistand bei jeder Maßnahme, welche die Organisation im Einklang mit dieser Charta ergreift; sie leisten einem Staat, gegen den die Organisation Vorbeugungs- oder Zwangsmaßnahmen ergreift, keinen Beistand. [...]

United Nations Regional Information Centre for Western Europe, Brüssel, zitiert nach: http://www.unric.org/index.php?option=com_content&task=view&lang=de&id=108&Itemid=196, Zugriff 14.06.2009

M3 Die Rolle der Vereinten Nationen im 21. Jahrhundert

Ziele und Grundsätze der Charta	Politische Realität
souveräne Gleichheit aller Mitgliedsstaaten	ausgeprägtes Machtgefälle zwischen Staaten und Regionen
Erfüllung der mit der VN-Charta übernommenen Verpflichtungen	Verweigerungen von Beiträgen und Leistungen je nach nationaler Interessenlage
Verpflichtung zur friedlichern Streitbeilegung	allgegenwärtige Gewalt im internationalen System
allgemeines Gewaltverbot	praktiziertes Recht einzelner Staaten auf unilaterale Gewaltanwendung
Weltfrieden und internationale Sicherheit als kollektive Aufgabe aller Mitgliedsstaaten	Interessendominanz der Industriestaaten und vergessene Konflikte in Entwicklungsländern
Verbot der Einmischung in innere Angelegenheiten der Mitgliedsstaaten	Globalisierung grundlegender Probleme erzwingt Erosion staatlicher Souveränität

Welche Rolle werden nun die Vereinten Nationen in der Welt des 21. Jahrhunderts spielen? Zunächst ist das Spannungsverhältnis zwischen den Zielen und Grundsätzen der VN-Charta auf der einen und der politischen Realität auf der anderen Seite offenkundig [...]

Wesentliche Grundsätze der Charta basieren mithin auf Regeln, die in der Praxis internationaler Politik immer aufs Neue relativiert, verändert oder schlichtweg systematisch missachtet werden: Der souveränen Gleichheit aller Staaten steht ein ausgeprägtes Machtgefälle, der Pflicht zur friedlichen Streitbeilegung allgegenwärtige Gewalt im internationalen System gegenüber und trotz des Allgemeinen Gewaltverbots nehmen sich Staaten immer wieder das Recht auf unilaterale Gewaltanwendung. Zudem erzwingt die Globalisierung grundlegender Problembereiche eine Erosion staatlicher Souveränität, die aber gemäß der Charta und dem festgeschriebenen Verbot der Einmischung in die inneren Angelegenheiten der Staaten untersagt ist.

Sven Gareis/Johannes Varwick: Die Vereinten Nationen. Aufgaben, Instrumente und Reformen; Bundeszentrale für politische Bildung, Schriftenreihe Bd. 403, Bonn 2003, S. 335

Arbeitsvorschläge

1.1 Stellen Sie dar, welche Ziele sich die Vereinten Nationen gemäß Art. 1 der Charta (M 2) setzen.

1.2 Arbeiten Sie heraus, wozu sich ihre Mitglieder gemäß Art. 2 verpflichten.

2. Untersuchen Sie, welche Bedeutung den in M1 aufgelisteten Sonderorganisationen der Vereinten Nationen für die in Art. 1 der Charta (M 2) genannten Ziele zukommt.

3. Obwohl nahezu alle Staaten der Erde Mitglied der Vereinten Nationen sind und damit dem Frieden verpflichtet, leben wir in keiner friedlichen Welt. Vergleichen Sie anhand von M 3 Ideal und Wirklichkeit und erläutern Sie diese Diskrepanzen.

Das Völkerrecht
Rechtsgrundlagen der internationalen Politik

Miniglossar

operativ
zum jetzigen Zeitpunkt in der konkreten Umsetzung begriffen, tatsächlich durchgeführt

Begriff

Es liegt an der historischen Verortung des ersten internationalen Gerichts im niederländischen Den Haag im Jahr 1899, dem „Ständigen Schiedsgerichtshof", dass das aktuelle Vorbild für alle **Internationale Gerichtsbarkeit**, der Internationale Gerichtshof (IGH), im Jahr 1945 hier angesiedelt wurde.
War der ursprüngliche Ständige Schiedsgerichtshof noch mit der Schlichtung von Streitigkeiten zwischen Staaten beschäftigt, kann der im Rahmen der UNO gegründete IGH nicht nur ein Urteil aussprechen; folgt die unterlegene Partei dem Schiedsspruch nicht, kann die sich im Recht befindliche Partei an den UN-Sicherheitsrat wenden. Dies sorgt für eine einseitige Bevorteilung der fünf mit Vetorecht ausgestatteten Mitglieder Russland, China, USA, Großbritannien und Frankreich.
Die Vorgängerorganisation der EU hat 1952 einen Europäischen Gerichtshof (EuGH) eingerichtet, der über die Einhaltung der Beschlüsse und bindenden Verträge durch die Mitgliedstaaten wacht und als Appellationsinstanz für die Mitgliedstaaten und deren Gerichtsbarkeit dient. → S. 50
Insofern ließe sich durchaus von einem neuen **Prinzip der Internationalen Gerichtsbarkeit** sprechen, das möglicherweise zu einem weiteren Ausbau des Völkerrechts bzw. des Internationalen Rechts führt, z. B. durch die Einrichtung eines Internationalen Strafgerichtshofs, auch mit mehreren Ablegern zu spezialisierten Gerichtshöfen für einzelne Staaten.

M1 Die internationalen Gerichtshöfe

VT

Nicht nur in den bekannten Diktaturen der Erde, wie etwa Birma, Nordkorea oder China, werden Menschenrechte massiv verletzt, auch die Diskussion um das Lager in Guantanamo und CIA-Folter-Gefängnisse auf dem Boden der EU zeigen den Bedarf an rechtsstaatlichen Regelungen, die noch deutlicher die Missachtung der UN-Menschenrechts-Charta sanktionieren.
Dass die USA jahrelang diese Prinzipien mit dem Argument des Präventivschlages gegen diktatorische Regime in Frage stellten, veranschaulicht die Notwendigkeit einer neuen Debatte um die Gültigkeit des Völkerrechts. Dieses muss global zur Anwendung kommen ohne Scheuklappen bei den Weltmächten. Denn wo die Interessen der westlichen Gemeinschaft noch zu sehr auf Märkte und Rohstoffe ausgerichtet sind, leiden die Folteropfer und Regimegegner. Inzwischen wird im Rahmen der Vereinten Nationen (VN) über das „R2P" diskutiert, das „Right to Protect". Gleichwohl leidet der Menschenrechtsrat der VN unter den gewählten Mitgliedern, die diktatorische Ziele verfolgen, wie zum Beispiel Syrien, mit dem jedoch auch die Bundesrepublik im Rahmen der Terrorbekämpfung bereits zusammenarbeitete, um durch den Bundesnachrichtendienst dort Verdächtige verhören zu lassen.
Gewiss ist in der Bundesrepublik Deutschland niemand in erster Linie auf das Völkerrecht oder das internationale Recht angewiesen. Für grundlegende Schutzfunktionen gibt es schließlich die Grundrechte im Grundgesetz. Dennoch: Die Globalisierung wirkt mittelbar und unmittelbar auf unser Leben. Das Warenangebot stammt aus aller Welt, Arbeitnehmer konkurrieren global um Jobs. Brauchen wir mehr oder andere Regeln für unsere vernetzte Welt?

M2 Völkerrecht

In einer globalisierten Welt mit einer radikal wachsenden Zahl an internationalen Verflechtungen vielschichtiger Art sowie ebenfalls zunehmenden internationalen Gemeinschaftsaufgaben steigt der Bedarf an Regelungen, die über die Grenzen des Nationalstaats hinaus wirksam sind. In diesem mühsamen Prozess der Weltordnungspolitik spielen völkerrechtliche Arrangements eine tragende Rolle. Völkerrecht kann dabei als Summe der Rechtsnormen verstanden werden, die die Beziehungen der Völkerrechtssubjekte untereinander regeln. Der Struktur- und Funktionswandel des internationalen Systems hat aber wiederum Rückwirkungen auf das Völkerrecht. Während es traditionell hauptsächlich um die Koordinierung zwischenstaatlicher Beziehungen ging („Koordinationsvölkerrecht"), entwickelte es sich in den vergangenen Jahren aus sachlogischen Gründen zunehmend zu einem „Kooperationsvölkerrecht". Der Bedeutungswandel des Staates in der internationalen Politik und die zunehmende transnationale Vernetzung verschiedenartiger Akteure werfen wiederum neue Fragen für das Völkerrecht auf. Möglicherweise wird nach „Koordinierung" und „Kooperation" eine dritte Etappe unter dem Zeichen der „Globalisierung" das Völkerrecht und die internationale Politik nachhaltig verändern.

Johannes Varwick: Völkerrecht/Internationales Recht. In: Wichard Woyke (Hg.): Handwörterbuch Internationale Politik, Opladen 2008, S. 541

M3 Internationales Recht

Es lassen sich als Gebiete des internationalen Rechts, die von besonderer Bedeutung sind, nennen: internationales Privatrecht bzw. internationales Gerichtsverfassungs- und Prozessrecht; internationales Verwaltungsrecht, internationales Verkehrsrecht, internationales Finanz- und Steuerrecht, internationales Arbeits- und Sozialrecht. Besondere Bedeutung haben zudem die internationale Strafgerichtsbarkeit, die Regelungen zum Gewaltverbot und im Bereich der internationalen Sicherheit (Vereinte Nationen) sowie die Bereiche internationales Umwelt- und Wirtschaftsrecht. Zu den zentralen völkerrechtlichen Grundsätzen gehören das Prinzip der friedlichen Beilegung von Streitigkeiten und das allgemeine Gewaltverbot, mit dem den Staaten das Recht zum Kriege (ius bellum) formal entzogen worden ist. Davon sind lediglich die vom Sicherheitsrat der Vereinten Nationen autorisierten Zwangsnahmen nach Kapitel VII der VN-Charta und die individuelle Selbstverteidigung gemäß Artikel 51 der VN-Charta ausgenommen. Auch wenn das Gewaltverbot in deutlich mehr als einhundert Fällen seit 1945 missachtet wurde und sich Staaten regelmäßig das Recht auf unilaterale Gewaltausübung vorbehalten, sind die Bestimmungen der Charta der Vereinten Nationen zu einem wichtigen Referenzpunkt geworden. Sie werden zwar nicht immer eingehalten, der Rechtfertigungsdruck im Fall der Regelverletzung hat aber enorm zugenommen.

Johannes Varwick: Völkerrecht, a. a. O., S. 542 f.

M4 Der Internationale Strafgerichtshof

[...] Nach Art. 5 des „Römischen Statuts" ist das Gericht nur für vier besonders schwere *„Kernverbrechen"* zuständig, die – in Übereinstimmung mit dem Weltrechtsprinzip – die gesamte Staatengemeinschaft betreffen, und zwar für *Völkermord, Verbrechen gegen die Menschlichkeit, Kriegsverbrechen* und *Verbrechen der Aggression*. Das Verbrechen der militärischen Aggression muss allerdings in einer späteren Phase noch tatbestandlich definiert und das Statut entsprechend ergänzt werden; dies kann erst sieben Jahre nach Inkrafttreten des Status erfolgen (im Jahr 2009, d. Verf.), da erst dann die Vertragsstaaten Änderungen zum Statut vorschlagen dürfen.

Die bereits jetzt operativen Verbrechenstatbestände müssen jeweils eine bestimmte Dimension erreicht oder eine bestimmte Schwelle überschritten haben. So ist der Internationale Strafgerichtshof etwa in Bezug auf Kriegsverbrechen nur dann zuständig, wenn diese Teil eines Plans oder einer Politik sind oder in großem Umfang begangen werden, was zugleich bedeutet, dass der Strafgerichtshof mit einem individuellen, vereinzelten Kriegsverbrechen eines einzelnen Soldaten nicht befasst werden kann.

Waldemar Hummer/Jelka Mayr-Singer: Internationale Strafgerichtsbarkeit. In: Handwörterbuch Internationale Politik, Opladen 2008, S. 221 f.

Arbeitsvorschläge

1. Beschreiben Sie anhand von M 1 die geographische Verteilung der verschiedenen Gerichtshöfe und recherchieren Sie in Gruppenarbeit zu den jeweiligen Schwerpunkten.

2. Erarbeiten Sie aus M 2 die Dimensionen des Völkerrechts und erörtern Sie anschließend, inwiefern die Globalisierung das Völkerrecht tatsächlich nachhaltig prägen kann.

3. Zeigen Sie anhand von M 3 auf, welche Rolle das internationale Recht im alltäglichen Austausch von Waren und Ideen spielen kann, und erläutern Sie die Wirkungsmächtigkeit der Grundsätze im 21. Jahrhundert.

G 4.1 Stellen Sie die Bedeutung der Nürnberger Prozesse nach 1945 für die Entwicklung der Internationalen Strafgerichtsbarkeit dar.
4.2 Diskutieren Sie anschließend, ob mit dem Internationalen Strafgerichtshof eine sinnvolle Einrichtung geschaffen wurde (M 4).

Herausforderungen für das Völkerrecht
Sind Recht und Gerechtigkeit universell gültig?

Miniglossar

IStGH
Internationaler Strafgerichtshof in Den Haag

Begriff

In erster Linie werden mit dem **Völkerrecht** diejenigen Rechtsbeziehungen erfasst, die über das Gebiet eines einzelnen Staates hinausgehen. Gleichzeitig werden damit die zwischenstaatlichen Beziehungen souveräner Staaten geregelt. Gemeint sind hier nicht nur Nationen wie etwa Deutschland, sondern auch supranationale Organisationen wie z. B. die EU. Insbesondere können heute internationale Organisationen und Institutionen sich auf diese Regeln berufen.

Zu den wichtigsten Grundlagen des Völkerrechts gehören Verträge und allgemeine Rechtsgrundsätze, darunter fällt auch das **Völkergewohnheitsrecht**. Dieses bezeichnet die freiwillige Praxis der Staaten, sich immer und aus eigener Überzeugung an rechtliche Verpflichtungen zu halten. Diese Freiwilligkeit ist notwendig, da die Strafverfolgungsmöglichkeit gegenüber verbrecherischen Staaten fehlen.

Immer mehr Staaten bekennen sich zu den Grundsätzen des Völkerrechts, so seit dem Jahr 2001 auch die **Afrikanische Union** (AU). In der AU haben sich 53 afrikanische Staaten zusammengeschlossen, die sich die EU als Vorbild ihrer Verbindung gewählt haben. Jedoch tut sich der Staatenbund mit der Verfolgung von Menschenrechtsverletzungen noch schwer.

M1 Bürgerkrieg im Kongo

Tausende Flüchtlinge warten im Ort Kibati, zwölf Kilometer von Goma entfernt, auf Lebensmittel. 250 000 Menschen waren Ende 2008 dort wegen Kämpfen auf der Flucht.

M2 Responsibility to protect

Unter der Bezeichnung „Responsibility to protect“ hat sich in den vergangenen Jahren ein Konzept entwickelt, das darauf abzielt, schwerste Menschenrechtsverletzungen zu unterbinden. Der Grundgedanke besteht darin, dass jeder Staat verpflichtet ist, seine Bevölkerung davor zu schützen. Darüber hinaus soll aber auch die internationale Gemeinschaft in der Verantwortung stehen. Ihr fällt die Aufgabe zu, die Staaten bei ihrer Wahrnehmung ihrer Schutzfunktion zu unterstützen, und gegebenenfalls kollektive Maßnahmen zu ergreifen, um Völkermord und vergleichbar schwere Verbrechen

VT

Man muss schon Idealist sein, um zu glauben, das Völkerrecht würde immer als von allen Staaten voll akzeptiertes Mittel zur Beendigung von Konflikten angewandt werden. Auf der anderen Seite werden in der Tat Streitigkeiten, z. B. beim Kampf um die knapper werdende Ressource Wasser, auf zwischenstaatlicher Ebene durch Verträge gelöst. Für viele Vertreter der internationalen Politik ist es schwierig, sich mit den weit gefassten Rechtsnormen zu arrangieren. Andernfalls aber wäre derzeit kein Minimalkonsens möglich, der nötig ist, um überhaupt einen Anfang zu machen und völkerrechtlichen Strukturen zum Durchbruch zu verhelfen.
Vor allem auf das Verhalten der einflussreichen Staaten wird es ankommen, die aber in der Vergangenheit häufig ihre Politik gerade durch die Ignoranz gegenüber dem Völkerrecht durchgesetzt haben.

zu verhindern. Die Aufnahme der „Responsibility to protect" in das Abschlussdokument des Weltgipfels der Vereinten Nationen (UN) im September 2005 hat eine erneute Diskussion über Inhalt und Umfang entfacht. Unklar scheint insbesondere, inwieweit die Idee einer Schutzverantwortung bereits verbindlich im Völkerrecht verankert ist bzw. zu einer Weiterentwicklung internationaler Rechtsnormen führen kann. Zu den tragenden Säulen der internationalen Ordnung und des Völkerrechts zählen neben dem Prinzip der souveränen Gleichheit aller Staaten auch das Interventionsverbot und das Gewaltverbot. Diese Normen haben allesamt im Artikel 2 der UN-Charta von 1945 ihren Niederschlag gefunden. Danach ist jeder Staat verpflichtet, Eingriffe in die inneren Angelegenheiten anderer Staaten zu unterlassen. Aber auch die Vereinten Nationen sind grundsätzlich an das Interventionsverbot gebunden. Ausgenommen sind lediglich Situationen, in denen der Sicherheitsrat nach Kapitel VII der Charta Zwangsmaßnahmen zur Wahrung oder Wiederherstellung des Weltfriedens und der internationalen Sicherheit beschließt (Art. 2 Ziffer 7).

Dass der Sicherheitsrat bei humanitären Krisen jederzeit eingreifen kann, um schwerste Menschenrechtsverletzungen zu verhindern, steht außer Zweifel. Die Annahme, dass er sich in diesem Bereich bestimmten Kriterien unterwerfen wird, scheint allerdings ebenso realitätsfern wie die Forderung, dass die fünf ständigen Mitglieder in bestimmten Fällen generell auf eine Ausübung ihres Vetorechts verzichten sollen.

Ebenso wenig bestehen derzeit Anzeichen für die Herausbildung einer völkerrechtlichen Norm, die es Staaten gestatten würde, in bestimmten Extremfällen humanitäre Militäreinsätze ohne Ermächtigung durch den Sicherheitsrat durchzuführen. Zwar hat sich die Afrikanische Union – ohne auf die Autorität des Sicherheitsrates zu verweisen – in ihrem Konstitutivakt von 2001 das Recht vorbehalten, in Fällen von Kriegsverbrechen, Völkermord und Verbrechen gegen die Menschlichkeit in Mitgliedsstaaten zu intervenieren. Zur Entstehung eines neuen Völkergewohnheitsrechts bedarf es jedoch einer einheitlichen Übung, die über einen gewissen Zeitraum praktiziert wird und von einer entsprechenden Rechtsüberzeugung der Staaten getragen wird.

Christian Schaller: Gibt es eine „Responsibility to protect"? In: Aus Politik und Zeitgeschichte 46/2008, S. 9 – 14

M3 Gerechtigkeit global oder afrikanisch?

100 000 Tote in Uganda gehen auf das Konto des mörderischen Sektengurus Joseph Kony und seiner Lord's Resistance Army (LRA). Die Täter der Lord's Resistance Army laufen frei herum, viele sind in ihre Dörfer zurückgekehrt, aus denen Kony sie einst als Kindersoldaten entführen ließ. Für sie hat die Regierung unter Präsident Yoweri Museveni eine wohl einzigartige Regelung geschaffen. Seit 2000 gewährt sie jedem, der seine Waffen niederlegt, Straffreiheit ohne Bedingungen. „Es ist die einzige Möglichkeit, sie aus dem Busch zu locken", sagt Bruhan Ganyana Miiro. „Wir haben allein 12 000 Kämpfer aus der LRA vergeben und sie ins Zivilleben zurückgebracht." Das muss Kony, der zu seinen besten Zeiten höchstens ein paar tausend Kämpfer unter Waffen hatte, enorm geschwächt haben.

Das Konzept Vergebung unterminiert den Anspruch des Weltgerichts, Recht und Gerechtigkeit als etwas Unausweichliches gerade in den verwüsteten Staaten der Dritten Welt zu installieren. Das Signal aus Den Haag, so drückt es der deutsche IStGH-Richter Hans-Peter Kaul aus, müsse eine „weltweit ständig sichtbare Leuchtreklame" gegen Gesetzeslosigkeit sein.

Besorgt beugen sich Völkerrechtler darum über die afrikanischen Riten des Schuldausgleichs. Der Kölner Rechtsprofessor Claus Kreß, einer der Berater des Haager Weltgerichts: „Politische Entscheidungsträger müssen von einem Vorrang des internationalen Strafrechts ausgehen. Das schließt Blanko-Amnestien zumindest für die Hauptverantwortlichen aus."

Doch was gilt das Völkerrecht im Herrschaftsbereich des Rebellenführers Joseph Kony?

Thomas Darnstädt u. a.: Ein gefährlicher Luxus. In: Der Spiegel 3/2009, S. 92 – 96

Arbeitsvorschläge

1.1 Stellen Sie anhand von M 2 das „Prinzip des Responsibility to Protect-Konzepts" dar.

1.2 Zeigen Sie daran anschließend Chancen und Probleme dieses Konzepts auf.

2. Erläutern Sie Chancen und Probleme des „Responsibility to Protect"-Ansatzes. Wählen Sie dazu einen aktuellen Konflikt z. B. aus Afrika aus.

3.1 Erläutern Sie ausgehend von Text M 3 die Unterschiede zwischen dem in Uganda praktizierten Weg und der Strafverfolgung durch den Internationalen Strafgerichtshof in Den Haag.

3.2 Diskutieren Sie darauf aufbauend, ob die EU oder USA mit ihren völkerrechtlichen Maßstäben zur allseits anerkannten Durchsetzung von Recht und Frieden beitragen können.

Methode

Arbeit mit Texten

Analysieren, Exzerpieren, Strukturieren

Texte analysieren

Die Analyse eines Textes geht über das Verständnis und die Wiedergabe hinaus und fragt nach der Art und Herkunft des Textes und seinen Adressaten sowie nach seinem speziellen Anlass. Die Position des Autors (Zeit- und Interessengebundenheit) soll, auch mit Bezug auf vorhandene Vorkenntnisse, möglichst genau bestimmt und der Text in seiner Intention und in seinem Informationsgehalt insgesamt kritisch gewürdigt werden. Die Textanalyse ist in diesem Sinn als Quellenarbeit bzw. Quelleninterpretation zu verstehen. [...]
Schriftliche, auditive (ebenso bildliche) Quellen besitzen eine spezifische Schwierigkeit für den Erkenntnisprozess: Sie sind nicht nur auf der Ebene wortwörtlicher Rezeption und Wiedergabe zu verstehen, sondern das geschriebene oder gesprochene Wort kann darüber hinaus einen ganz anderen intendierten Sinn enthalten, da ein Verfasser in seiner Standortgebundenheit formuliert, d.h. er ist in der Regel parteiisch und nimmt selektiv wahr (er ist zeitlich und räumlich in seine materiellen und politischen Lebensbedingungen eingebunden). Insofern ist Quellenkritik notwendig, denn Quellen enthalten nicht nur Tatsachen als Informationen, sondern bestimmte subjektiv-persönlich und objektiv-gesellschaftlich widergespiegelte Auffassungen, Deutungen oder Meinungen von Tatsachen oder dementsprechend geprägte Informationen.

Quellenkritische Fragen orientieren sich an Merkmalen wie:

- Entstehungszeit
- Art (des Textes)
- Herkunft (der Autorin oder des Autors)
- Anlass und Intention
- Abfassung und Wirkung (einer Rede)
- Übersetzung, Übersetzungsprobleme (Grenzen und Möglichkeiten ihrer Lösung)
- Sachkommentar
- Erläuterung aller im Text vorkommenden unbekannten Begriffe mithilfe von Handwörterbüchern und Nachschlagewerken
- Wiedergabe der Quelle (des Inhalts)
- kritische Würdigung (feststellen, ob das Erkannte vorhandene Sachergebnisse ergänzt, modifiziert oder korrigiert)

Texte exzerpieren

Diese Grundtechnik der „Textverarbeitung“ sollten Sie beherrschen. Sie ist die Voraussetzung für die selbstständige Informationsgewinnung und Basis für Klausuren, Referate, mündliche Prüfungen sowie für eine qualitative mündliche Mitarbeit.
Durch das die Übung abschließende gegenseitige Erklären des Textes wird Ihnen zum einen Rückmeldung über die Qualität ihres Exzerptes gegeben; zum anderen können Sie selbst erproben, ob Sie damit den Inhalt des Textes korrekt wiedergeben können. Der Erfolg hat zusätzlich motivierende Funktion.

Texte gliedern

Um längere Texte besser analysieren zu können, kann man den Text strukturieren und einzelnen Textabschnitten Überschriften zuordnen. Die Überschriften fassen in wenigen Worten zusammen, was eigentlich Inhalt des Textes ist, und zeigen, wie er aufgebaut ist. Der Text wird so „griffiger“, man kann besser mit ihm umgehen. Das Finden von Überschriften ist ein Bestandteil der Fünf-Schritt-Lesemethode (→ S. 25). Mit dieser Übung sollen Sie lernen, Textpassagen in ihrem wesentlichen Inhalt knapp und prägnant zusammenzufassen. Diese Fähigkeit ist wesentlich für das Verstehen schwieriger und längerer Texte und kann nicht oft genug geübt werden.

alle Texte zu diesen Methoden: Julia Haarmann/Matthias Noé/Wolfgang Sander: Methoden von T bis V; Projekt Wahlen 2009, Forschen mit GrafStat, Bundeszentrale für politische Bildung (Hg.), Bonn 2008, zitiert nach: http://www.bpb.de/methodik/6YM7G4,0,0,Methoden_von_T_bis_V.html#art0, Zugriff 26.04.2009 (gekürzt und leicht verändert)

Texte in ein Schaubild verwandeln

Einen Text in ein Schaubild umzuwandeln, soll in erster Linie das Textverständnis trainieren. Wer ein sinnvolles Schaubild erstellen kann, hat die logische Struktur eines Textes verstanden. Gleichzeitig ist das Denken in Strukturen, das „vernetzte Denken", eine Fähigkeit, die wesentlich ist für das Verstehen komplexer Zusammenhänge. Darüber hinaus wird mithilfe dieser Methode auch das kreativ-ganzheitliche Denken trainiert.
Das Umwandeln eines Textes in ein Schaubild ist außerdem eine Visualisierungstechnik, die hilfreich für Präsentationszwecke ist. Ein Referat von Ihnen, das durch ein sinnvolles Schaubild (z. B. als Folie) unterstützt wird, bleibt länger und besser in Erinnerung und ist schneller wieder abrufbar. Die Methode „Text in ein Schaubild verwandeln" ist eine motivierende Alternative zur gängigen Praxis des Tafelbilds, bei der Ihnen in der Regel die (schwierigste) Aufgabe der Strukturierung durch die Lehrerin oder den Lehrer abgenommen wird. Hier müssen oder dürfen Sie das selbst leisten!

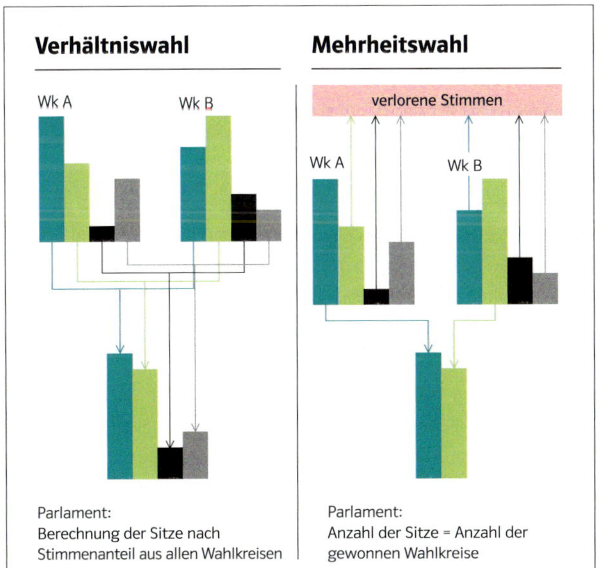

Haarmann/Noé/Sander: Methoden von T bis V; Projekt Wahlen 2009, a. a. O.

Fünf-Schritt-Lesemethode

Anfangs sollten Sie für jeden Schritt den Text erneut lesen. Wenn Sie geübt sind, geht es natürlich schneller.

1. Schritt: Übersicht verschaffen
Zuerst sollten Sie sich eine Übersicht verschaffen, worum es in dem Text oder dem Buch überhaupt geht. Dazu überfliegen Sie zuerst den Text und achten besonders auf die Überschrift und die Zwischenüberschriften und auf alles, was sonst irgendwie hervorgehoben ist. Handelt es sich um ein Buch, sehen Sie sich zuerst das Inhaltsverzeichnis an. Überlegen Sie sich jetzt schon, auf welche Fragen der Text Antworten gibt, und notieren Sie sie.

2. Schritt: Genaues Lesen
Lesen Sie den Text nun genau durch. Schreiben Sie unbekannte Wörter heraus und schlagen Sie sie anschließend in einem Fremdwörterlexikon nach. Textpassagen, die Sie nicht verstehen, versehen Sie mit einem Fragezeichen.

3. Schritt: Markieren und hervorheben
Markieren Sie (am besten mit einem Textmarker, ansonsten mit einem Stift und einem Lineal) die wichtigsten Aussagen des Textes. Nicht jeder Satz ist wichtig, unterstreichen Sie nur die Kernaussagen! Wichtige einzelne Begriffe (Schlüsselbegriffe) können Sie besonders hervorheben.

4. Schritt: Text in Abschnitte gliedern und zusammenfassen
Jeder Text besteht aus mehreren Abschnitten. Gliedern Sie beim genauen Lesen den Text in Sinnabschnitte und finden Sie für jeden Abschnitt eine Überschrift, in der Sie so knapp wie möglich den Inhalt wiedergeben.

5. Schritt: Hauptaussagen formulieren
Formulieren Sie nun in eigenen Worten die Hauptaussagen (auch Thesen genannt) des Textes und schreiben Sie sie auf.

Wiederholen und anwenden

Internationale Politik

Unübersichtlich und manchmal chaotisch erscheinen die Vorgänge der internationalen Politik. Im Gegensatz zur innerstaatlichen Politik gibt es hier kaum eine übergeordnete Instanz, deren Regeln oder Weisungen mittels schärferer Sanktionen durchgesetzt werden können. Internationale Politik beruht auf der Selbstverpflichtung der Staaten, sich freiwillig Normen zu unterwerfen.
Die Staaten, die sich bei unterschiedlichsten Anlässen begegnen, haben verschiedene Herrschaftsformen. Demokratien (z. B. die EU-Staaten, USA, Indien) treffen hier auf absolute Monarchien (z. B. Saudi-Arabien), Diktaturen (z. B. China oder Libyen) oder theokratisch-demokratische Systeme (z. B. Iran). Es besteht noch kein weltweiter Konsens über die Gültigkeit demokratischer Regeln, wie wir ihn aus Europa kennen.

Die Vereinten Nationen

Nach den Erfahrungen des Zweiten Weltkrieges versuchten zunächst 51 Staaten eine Instanz zu schaffen, die die zwischenstaatlichen Beziehungen besser regeln sollte. 1945 wurden zu diesem Zweck in San Francisco die Vereinten Nationen (engl. United Nations Organization, UNO oder UN) gegründet. Heute gehören fast alle Staaten der UNO an.
Als international anerkannte Grundlage des Völkerrechts gilt die Charta der Vereinten Nationen. Hier ist festgelegt, dass der Weltfrieden erhalten, die Menschenrechte geachtet und soziale und humanitäre Probleme gemeinsam gelöst werden sollen. Die Regelungen des Völkerrechts sind in die Verfassungen vieler Staaten übernommen worden. Aber: Sie werden zumeist von autoritären Regimen anders interpretiert. Trotz dieser Probleme versuchen die Vereinten Nationen, die großen Fragen der Menschheit zu thematisieren und auf Lösungen zu drängen.

Handlungsfelder internationaler Politik

Wo Menschenleben gefährdet sind oder sich die Lebenschancen der Menschen deutlich verschlechtern, muss internationale Politik aktiv werden. Aus den Themen internationaler Konferenzen lassen sich u. a. diese Handlungsfelder ableiten:
- Alterung der Gesellschaften
- Artenvielfalt bzw. Biodiversität
- Finanzierung von Entwicklung
- Informationsgesellschaft
- Katastrophenvorbeugung
- Nachhaltigkeit von Entwicklung
- Rassismus
- Waffenhandel (illegaler)
- Welthandel

Außerdem muss internationale Politik regelnd eingreifen, wenn Bürgerkriege, Kriege, die Verbreitung von ABC-Waffen, Armutskrisen, Terrorismus, grenzüberschreitende Kriminalität oder Seuchen drohen.

Interessen der Staaten

Nach unseren demokratischen Vorstellungen halten gut regierte Staaten die internationalen Regelungen und Abkommen ein. Aber selbst die USA unterwerfen sich nicht immer dem Regime der Vereinten Nationen und erkennen z. B. den Internationalen Strafgerichtshof mit Sitz in Den Haag nicht an. Solange große Demokratien Sonderrechte für sich verlangen, ist es schwer, andere Regime auf das Einhalten demokratischer Spielregeln festzulegen. Die Interessen der Staaten sind also verschieden. Wirtschaftlich starke Staaten interpretieren „Freihandel" oder „Klimaschutz" anders als Entwicklungsländer.
Nicht zuletzt aus diesem Spezialinteresse fand schon im Jahr 1975 der erste Weltwirtschaftsgipfel der damals sechs führenden Industriestaaten statt. Die Gruppe der 6 wurde erweitert zu G7, G8 und inzwischen zu G20-Treffen. In vielen Regionen der Welt gibt es inzwischen mehr oder weniger feste multilaterale Gesprächsrunden. Bei diesen Anlässen wird die Verhandlungsstrategie gegenüber anderen Staatengruppen abgestimmt.

Internationale Akteure

Handelnde auf dem internationalen Parket sind zuallererst die Staaten selbst. Sie treffen untereinander bilaterale oder multilaterale Abkommen. Zwei Beispiele: Wenn Deutschland und Frankreich gemeinsame Regelungen beschließen, ist dies ein bilaterales Abkommen. Treffen mehrere Nationen vertragliche Regelungen zum Schutz des Klimas, sind dies multilaterale Abkommen.
Neben den Staaten mischen sich auch Interessengruppen in die internationale Politik ein. Sie verfolgen wirtschaftliche, soziale/humanitäre oder ökologische Interessen. Dazu zählen Unternehmens- oder Gewerkschaftsverbände, internationale Partei-Organisationen usw.

Auch global agierende Nichtregierungsorganisationen (engl. Non Governmental Organizations, NGO) wie Greenpeace, Amnesty International oder das Internationale Rote Kreuz versuchen ihren Einfluss geltend zu machen. Sie treten im Namen einer Sache oder von Benachteiligten auf. Als gesellschaftliche Gruppe wollen sie jeweils in den Bereichen Einfluss ausüben, in denen sie aktiv sind. Ein Problem bei einflussreichen NGOs ist die mangelnde demokratische Legitimation, schließlich haben sie keinen Wählerauftrag wie ein frei gewähltes Parlament und sie unterliegen keiner demokratischen Kontrolle durch das Volk.

Check it

In Frankfurt protestieren Aktivisten des globalisierungskritischen Bündnisses Attac gegen den Finanzmarktkapitalismus.

Auf dem „Markt der internationalen Politik" tummeln sich recht viele Akteure. Das kann unübersichtlich sein und dazu führen, dass auch „schwarze Schafe" ein Betätigungsfeld finden.

Sollte Ihrer Meinung nach internationale Politik eher von NGOs oder von Staaten gemacht werden?

Unterscheiden Sie die unterschiedlichen Methoden und Motivationen für ihr jeweiliges Handeln.

Überlegen Sie sich dabei, wer für welche Aufgabenfelder besser geeignet zu sein scheint. Finden Sie auch konkrete Gründe für diese Zuordnung.

2

Die europäische Einigung

Wächst hier zusammen, was zusammengehört?

„Der Friede der Welt kann nicht gewahrt werden ohne schöpferische Anstrengungen, die der Größe der Bedrohung entsprechen. Der Beitrag, den ein organisiertes und lebendiges Europa für die Zivilisation leisten kann, ist unerlässlich für die Aufrechterhaltung friedlicher Beziehungen."

Robert Schuman in seiner Erklärung vom 9. Mai 1950, Europäische Kommission, http://europa.eu/abc/symbols/9-may/decl_de.htm, Zugriff 06.09.2009

„Denn die Europäische Union und die Mannschaftssportarten teilen das gleiche Erfolgsgeheimnis: Erfolg kann im Sport nur haben, wer solidarisch gemeinsam durch dick und dünn geht; wer durch gutes Zusammenspiel stark wird und den Wettbewerb mit anderen nicht scheut, sondern als Anreiz nutzt, um besser zu werden."

Frank-Walter-Steinmeier (*1956, deutscher Politiker, ehemaliger Bundesaußenminister), Auswärtiges Amt: www.auswaertiges-amt.de/diplo/de/Europa/Jugend/080506-europa-schule-steinmeier.html, Zugriff 06.09.2009

Zwei Mädchen feiern am 1. Mai 2004 in Warschau den Beitritt Polens zur EU.

Online-Link
065620-0201

Wer ist noch in der EU willkommen?

Wir erleben die EU und die europäischen Institutionen oftmals als bürokratische Gebilde, die scheinbar nur Probleme der Landwirtschaft bearbeiten oder bestenfalls für Reiseerleichterungen und den Euro gesorgt haben. In Wirklichkeit beeinflussen sie viel mehr in unserem Leben, als wir es oft denken.

- Welche Richtung nimmt die EU: Sollen sich die Beziehungen der Staaten untereinander vertiefen oder soll sich die Gemeinschaft erweitern?
- Was muss die Türkei leisten, damit sie – wie schon längst versprochen – beitreten kann, oder stehen staatliches Gebaren und kulturelle Hintergründe der Integration in die EU für immer im Wege?
- Wird es ein europäisches Bewusstsein geben? Werden wir oder unsere Kinder sich irgendwann nicht mehr als Franzosen, Deutsche, Polen usw. fühlen, sondern als Europäer?

Die EU der 27 Staaten

Wie wird der Prozess der Integration gestaltet?

Miniglossar

Effizienz
(von lat.: efficere „zustande bringen“) ist das Verhältnis vom Nutzen zum Aufwand, mit dem der Nutzen erzielt wird.

Transparenz
Durchschaubarkeit, Durchsichtigkeit (von lat.: trans „(hin)durch“ und parere: „sich zeigen, scheinen“)

Legitimität
(von lat.:. legitimus „gesetzmäßig“) bezeichnet den Glauben an bzw. das Vertrauen auf die Rechtmäßigkeit politischer Herrschaft.

Ochlokratie
(von griech.: óchlos „Menge, Pöbel“ und kratia „Herrschaft“), Herrschaft der auf Eigennutz bedachten Masse

M1 Europäische Zukunft?

Zwei blaue Augen, eine blutige Nase: die Posten- und Spesenhexe gibt nicht auf

Begriff

Integration (von lat.: integer „ganz, unberührt“) meint die Einbeziehung von Gruppierungen, die ursprünglich andere Werthaltungen vertreten. Damit beschreibt Integration einen oftmals schwierigen Prozess des Zusammenfügens und Zusammenwachsens.

Das Prinzip, das die Selbstbestimmung sowohl des Individuums als auch der Gemeinschaften (z. B. der Kommunen) fördern will, nennt sich **Subsidiarität**. Das **Subsidiaritätsprinzip** fordert, dass staatliche Eingriffe und öffentliche Leistungen grundsätzlich nur unterstützend und nur dann erfolgen sollen, wenn die jeweils tiefere hierarchische Ebene (Länder, Kommunen, Familien) nicht in der Lage ist, die erforderliche Eigenleistung zu erbringen. Das **Subsidiaritätsprinzip** ist damit ein wesentliches Element des europäischen Integrationsprozesses.

Die **Souveränität** eines Staates besteht darin, dass er selbst entscheiden kann, was im Staat nach innen sowie in den Beziehungen zu anderen Staaten geschehen soll. Der souveräne Staat hat die Macht, seine Gesetze und seine Regierungsform selbst zu bestimmen.

VT

Auf den ersten Blick erscheint die Einigung Europas in den Strukturen der Europäischen Union eine einzigartige Erfolgsgeschichte zu sein. War die Vorstellung von einem geeinten Europa anfangs nur ein Traum von Philosophen und Visionären, wurde daraus spätestens seit den schrecklichen Erfahrungen der zwei Weltkriege, die ihren Ursprung in Europa hatten, ein konkretes politisches Ziel. Es reifte die Überzeugung, dass der gegenseitige Hass und die Rivalität in Europa beendet und ein dauerhafter Frieden zwischen den ehemals verfeindeten Völkern erreicht werden muss. Es sollten Strukturen geschaffen werden, denen gemeinsame Interessen und Verträge zugrunde liegen, die Rechtsstaatlichkeit und Gleichberechtigung zwischen allen Ländern garantieren. Aus dieser Perspektive ist der Erfolg der EU unbestritten.
Andererseits steht die Europäische Union heute im Inneren vor elementaren Herausforderungen: Nach der größten Erweiterung ihrer Geschichte müssen 27 Mitglieder jetzt an der Integration ihrer Staaten und Bürger arbeiten. Es muss dabei entschieden werden, ob Integration weiter in die Tiefe gegen soll, d. h. ob die Mitgliedstaaten noch mehr Souveränitätsrechte an die EU abgeben, oder eine Integration in die Breite angestrebt wird, also die EU um weitere Staaten erweitert wird. Weitere Beitrittskandidaten bitten bereits um Einlass in das Europäische Haus. Die Regierbarkeit der Europäischen Union wird an Effizienz und Transparenz, aber ebenso an demokratischer Legitimität gemessen. In diesen drei Bereichen beklagen viele Bürgerinnen und Bürger der EU aber erhebliche Defizite. Zugleich erwarten sie aber von Europas Auftritt auf der weltpolitischen Bühne mehr. Letztlich mangelt es dieser erweiterten Union an gemeinsamer politischer Kultur und Identität, kurz: an Bürgersinn. Was ist also zu tun, um diesen Bürgersinn zum Leben zu erwecken bzw. mit Leben zu erfüllen?

M2 Chronik der europäischen Einigung

9. Mai 1950	Der französische Außenminister Robert Schuman stellt den von Jean Monnet entwickelten Plan vor, die Kohle- und Stahlproduktion Frankreichs und der Bundesrepublik Deutschland zusammenzulegen und eine Organisation zu gründen, die den anderen europäischen Ländern zum Beitritt offen stehen sollte. Da dieses Datum als Geburtstag der Europäischen Union angesehen werden kann, wird der 9. Mai jedes Jahr als „Europatag" gefeiert.
18. April 1951	In Paris unterzeichnen Belgien, die Bundesrepublik Deutschland, Frankreich, Italien, Luxemburg und die Niederlande den Vertrag zur Gründung der Europäischen Gemeinschaft für Kohle und Stahl (EGKS).
25. März 1957	In Rom unterzeichnen die sechs Länder die Verträge zur Gründung der Europäischen Wirtschaftsgemeinschaft (EWG) und der Europäischen Atomgemeinschaft (Euratom).
8. April 1965	Der Vertrag zur Fusion der Exekutiven der drei Gemeinschaften (EGKS, EWG und Euratom) und zur Einsetzung eines gemeinsamen Rates und einer gemeinsamen Kommission wird unterzeichnet.
1. Januar 1973	Dänemark, Irland und das Vereinigte Königreich treten den Europäischen Gemeinschaften bei. Norwegen lehnt die EU-Mitgliedschaft per Referendum ab.
7.–10. Juni 1979	Zum ersten Mal wählen die Bürger der Mitgliedstaaten das Europäische Parlament direkt.
1. Januar 1981	Griechenland tritt als zehnter Mitgliedstaat den Europäischen Gemeinschaften bei.
14. Juni 1985	Das Schengener Abkommen zur Abschaffung der Grenzkontrollen zwischen den Mitgliedstaaten der Europäischen Gemeinschaften wird unterzeichnet.
1. Januar 1986	Spanien und Portugal treten den Europäischen Gemeinschaften bei.
9./10. Dezember 1991	Der Europäische Rat von Maastricht verabschiedet den Vertrag über die Europäische Union.
1. Januar 1995	Österreich, Finnland und Schweden treten der EU bei. Norwegen lehnt erneut eine EU-Mitgliedschaft per Referendum ab.
1. Januar 2002	Einführung von Euro-Banknoten und -Münzen in den zwölf Ländern des Euro-Gebiets
10. Juli 2003	Der Konvent zur Zukunft der Europäischen Union schließt seine Arbeiten am Entwurf einer Europäischen Verfassung ab.
1. Mai 2004	Zypern, die Tschechische Republik, Estland, Ungarn, Lettland, Litauen, Malta, Polen, die Slowakei und Slowenien treten der Europäischen Union bei.
29. Oktober 2004	Die Europäische Verfassung wird (vorbehaltlich der Ratifizierung durch die Mitgliedstaaten) in Rom angenommen.
29. Mai und 1. Juni 2005	Die Verfassung wird bei einer Volksabstimmung in Frankreich und drei Tage später auch in den Niederlanden abgelehnt.
3. Oktober 2005	Aufnahme der Beitrittsverhandlungen mit der Türkei und Kroatien
1. Januar 2007	Bulgarien und Rumänien treten der Europäischen Union bei. Slowenien führt den Euro ein.
13. Dezember 2007	Unterzeichnung des Vertrags von Lissabon. Sobald der Vertrag von allen EU-Mitgliedstaaten ratifiziert ist, tritt er in Kraft.
1. Januar 2008	Zypern und Malta führen den Euro ein.
12. Juni 2008	Irland lehnt Vertrag von Lissabon in einem Referendum ab.
1. Januar 2009	Einführung des Euro in der Slowakei
30. Juni 2009	In Deutschland stellt das Bundesverfassungsgericht die grundsätzliche Vereinbarkeit des Lissabon-Vertrags mit dem Grundgesetz fest.
17. Juli 2009	Island reicht seinen Beitrittsantrag zur EU ein.
2. Oktober 2009	Irland stimmt in einem zweiten Referendum für den Vertrag von Lissabon.
1. Dezember 2009	Der Vertrag von Lissabon tritt in Kraft.

Harald Fischmann, 2009

M3 Reformbedarf einer wachsenden EU

Die EU-Organe haben bewiesen, wie wichtig sie sind, aber sie müssen angepasst werden, um die zunehmende Anzahl von Aufgaben, die von einer wachsenden Union zu bewältigen sind, wahrnehmen zu können. Je mehr Mitgliedstaaten die EU hat, umso größer werden die Zentrifugalkräfte, die sie auseinanderzureißen drohen. Die kurzsichtige Verfolgung nationaler Interessen kann allzu leicht die langfristigen Prioritäten der Union als Ganzes gefährden. Deshalb muss jeder, der sich an diesem einmaligen Unternehmen beteiligt, Verantwortung übernehmen und so handeln, dass das institutionelle System der EU weiterhin handlungsfähig bleibt. Bei jeder grundlegenden Änderung des gegenwärtigen Systems muss sichergestellt werden, dass die Pluralität in Europa gewahrt und die Vielfalt, die zu den kostbarsten Gütern der europäischen Völker gehört, respektiert wird. Auch der Entscheidungsfindungsprozess muss reformiert werden. Das Festhalten am Einstimmigkeitsprinzip in allen Fragen würde zu politischem Stillstand führen. Politisch und rechtlich funktioniert nur ein System auf der Grundlage von Mehrheitsentscheidungen mit eingebauten Sicherungen.

Die praktischen Änderungen zur Anpassung der Struktur der ursprünglich für sechs Mitgliedstaaten konzipierten EU, die nun aber 27 Mitgliedstaaten zählt, wurden im Vertrag von Lissabon verankert. Dieser Vertrag wurde zwar bereits 2007 geschlossen, tritt jedoch erst nach seiner Ratifizierung durch alle Mitgliedstaaten in Kraft. Er wird für mehr Demokratie und Transparenz in der EU sorgen, vereinfachte Arbeits- und Abstimmungsverfahren einführen, unsere Grundrechte in einer Charta verankern und es der EU ermöglichen, in globalen Fragen mit einer Stimme für zu sprechen.

EU-Kommission, http://europa.eu/abc/12lessons/lesson_12/index_de.htm, Zugriff 02.11.2008

M4 Der Vertrag von Lissabon: wichtigste Bestimmungen

- Das Europäische Parlament erhält größere Rechtsetzungs- und Haushaltsbefugnisse.
- Die nationalen Parlamente werden stärker in die Überwachung der Einhaltung des Subsidiaritätsprinzips durch die EU einbezogen.
- Die Beschlussfassung im Rat mit qualifizierter Mehrheit wird auf weitere Politikbereiche ausgedehnt.
- Die Befugnisse und Zuständigkeiten werden klarer zwischen der Union und ihren Mitgliedstaaten aufgeteilt.
- Die Grundrechtecharta, die den europäischen Bürgern Freiheiten und Rechte garantiert, wird rechtsverbindlich.
- Ein Präsident des Europäischen Rates wird für eine einmal verlängerbare Amtszeit von zweieinhalb Jahren gewählt.
- Es wird ein neuer Posten des Hohen Vertreters der Union für die Außen- und Sicherheitspolitik eingerichtet. Dadurch sollen das Durchsetzungsvermögen, die Stimmigkeit und die Sichtbarkeit der EU-Außenpolitik erhöht werden.

EU-Kommission, http://europa.eu/abc/12lessons/lesson_12/index_de.htm, Zugriff 02.11.2008

M5 Das Europa der 27

M6 Ein europäischer Albtraum

Das „No" der Iren ist der größte anzunehmende Unfall der Europa-Politik. Die Reform der Europäischen Union sollte eine Sternstunde der Demokratie werden. Daraus wurde eine Blamage – und ein Beweis für das Auseinanderdriften der EU.

[...] Das Nein der Iren zum Vertrag über die Reform der EU ist keiner jener kleinen, eher ungefährlichen Stiche, die Europa auf seinem Weg belästigen, wie die Fliegen die Kuh. Diese irische Ablehnung ist der größte anzunehmende Unfall der Europa-Politik, weil sie die Zustimmung der anderen Staaten aushebelt. Die Reform der Europäischen Union, ausgehandelt im Vertrag von Lissabon, ist faktisch gescheitert.

Es wird hektische Rettungsversuche geben, aber der Schaden ist zu groß, als dass ihn Mechaniker der Macht beheben könnten. Die EU hat schwer an Ansehen eingebüßt. Nur aus Ansehen aber entsteht Respekt, und Respekt münzt sich in Einfluss um. Einer dermaßen reformunfähigen EU wenden die Bürger den Rücken zu. Im Inneren droht nun die Lähmung, von der internationalen Bühne fällt die Gemeinschaft herunter, ehe sie noch richtig aufgetreten ist. [...]

Volksabstimmungen bieten den Stoff für Legenden. Die da unten gegen die da oben. An diesem 12. Juni [2008] aber hat nicht der irische, basisdemokratische David den Brüsseler Bürokraten-Goliath in die Knie gezwungen. Vielmehr wird hier in einer Mischung aus politischer Engstirnigkeit und Politikverdrossenheit so nebenbei die Demokratisierung der EU verhindert. Es wird nun keine stärkere Mitsprache des Europäischen Parlaments geben und auch keine europäischen Bürgerbegehren. Die nationalen Parlamente bekommen keine verstärkte Kontrolle über Brüssel, um politische Anmaßungen der EU-Zentrale rechtzeitig verhindern zu können. Und der europäische Bürger wird seine Grundrechte nun nicht gegen Entscheidungen der EU vor Gericht ins Feld führen können. Sternstunden der Demokratie sehen anders aus.

Nun wird die Europäische Union kaum auseinanderbrechen, wenn der Reformvertrag nicht zum 1. Januar 2009 in Kraft tritt. Die gegenwärtige Rechtsbasis, der Nizza-Vertrag, gilt ja weiter. Aber die Gefahr ist nur schwer zu bannen, dass die EU nun langsam auseinanderdriftet. Bundeskanzlerin Angela Merkel und Frankreichs Präsident Nicolas Sarkozy tun darum das einzig Richtige, wenn sie jetzt vor allem ihren britischen Kollegen Gordon Brown unter Druck setzen, das irische Nein nicht als Vorwand zu benutzen, den Beschluss über den Vertrag im eigenen Lande auszusetzen. [...]

Das aber sind technische Fragen. Tatsächlich starren die Europäer in einen Abgrund, der andere Antworten erzwingt. Ganz vorne steht die Frage: Was eigentlich können die Staaten Europas noch miteinander tun? Acht lange Jahre haben sie gerungen, um die EU zu modernisieren, damit die durch die Erweiterung sehr groß gewordene Union nicht wie ein tönerner Riese dasteht. Sie wollten eine supranationale Macht schaffen, die den Lauf der Welt beeinflussen kann. Erst haben die Europäer eine Verfassung geschrieben, die dann von den Wählern in Frankreich und in den Niederlanden verworfen wurde. Unter Aufbietung aller Restenergie und unter deutschem Vorsitz hat die EU dann eine abgespeckte, gleichwohl immer noch ausreichende Reform formuliert.

Nun wäre ein dritter Anlauf fällig, aber dazu fehlt die Kraft. Mehr noch: Eine dritte Reformanstrengung macht keinen Sinn. Denn wenn ein Volk wie die Iren, das wie kaum ein anderes von der EU profitiert, die Ergebnisse einer über Jahre offen geführten Reformdebatte zurückweist, dann gibt es nur einen Schluss: Die EU ist gegenwärtig unfähig, sich politisch neu zu organisieren.

Das muss Folgen haben. Europa wird eine Renationalisierung der Politik erleben. Die Probleme der internationalen Sicherheit, die global funktionierende Wirtschaft und die schwindenden Energiereserven lassen es nicht zu, politische Ruhepausen einzulegen. Wo also gemeinsame Politik jetzt nicht möglich ist, wird jede Nation zum eigenen Nutzen alleine handeln. Die Verlierer stehen dabei schon heute fest: Es sind die kleinen und mittelgroßen Länder in der EU. [...]

Deutschland und Frankreich bringen notfalls gemeinsam genug Gewicht auf die Waage, um sich etwa gegen russische Zumutungen bei Gas- und Öllieferungen zur Wehr zu setzen oder Einfluss auf den unruhigen Balkan zu nehmen. Die einzige Chance der kleinen und mittleren EU-Mitgliedsländer, beim Spiel der Großen nicht unter die Räder zu kommen, lag und liegt aber in der EU. [...]

Weil weder Paris, Berlin oder Madrid Lust verspüren dürften, auf eine Lösung des irischen Vertragsdilemmas zu warten, wird es bald eine Europäische Union der verschiedenen Intensitäten geben. [...]

Neben all den komplizierten Folgen für die innere Verfasstheit hat das irische Votum der EU auch einen erheblichen außenpolitischen Schaden zugefügt. In einer Zeit, in der sich die Krisen auf der Welt häufen, in der das Gewicht der USA schwindet, in der Russland robust seine Interessen durchsetzt und in der Chinas Dynamik das Tempo vorgibt – in dieser Zeit schwächt sich die EU selbst.

Es wird nun keinen muskelstarken Außenbeauftragten geben, keinen gemeinsamen diplomatischen Dienst und keine neuen Instrumente zur Krisenbewältigung.

Eine EU, in der ein einziges, kleines Land große Reformen scheitern lassen kann, solch eine EU wird nicht als zuverlässiger Partner wahr- und ernstgenommen.

Es war das gute Recht der Iren, den Lissabon-Vertrag abzulehnen. Nach den Motiven zu forschen, ist müßig. Mit dem gleichen Recht müssen sich die Iren jetzt aber die Frage gefallen lassen, was sie in der EU noch wollen. Die Union muss nun Vorsorge treffen, dass sie nicht in eine Dauerlähmung verfällt. Das Beste wäre, Sonderzonen für jene zu schaffen, die wirtschaftlich dabei sein wollen, politisch aber nicht. Denn die EU wird in Bedeutungslosigkeit versinken, wenn sie sich ihre Geschwindigkeit weiter von den Langsamen und Unwilligen diktieren lässt.

Martin Winter: EU-Referendum in Irland. Europäischer Albtraum, Süddeutsche Zeitung 14.06.2008, zitiert nach: www.sueddeutsche.de/ausland/artikel/855 /180302/4/,02.11.08, Zugriff 22.01.2009

Arbeitsvorschläge

1. Diskutieren Sie, welche der in M2 skizzierten Ereignisse den größten Einfluss auf Ihr persönliches Leben haben.

2. Erläutern Sie mithilfe von VT, M3, M4 und M5 Gründe für einen Reformbedarf in der EU.

3. Bewerten Sie die im Vertrag von Lissabon (vgl. M4) getroffenen Reformabsichten.

4.1 Arbeiten Sie aus M1 und M6 heraus, welche Probleme und Gefahren sich durch das Nein der Iren ergeben.

4.2 Entwickeln Sie ausgehend vom Text und der Karikatur M1 Ideen, wie die Reform der EU trotzdem zu bewerkstelligen ist.

G **5.** Stellen Sie dar, inwiefern der deutsch-französische Aussöhnungsprozess nach dem Zweiten Weltkrieg ein Vorbild in Bezug auf die Integrationspolitik der EU sein könnte.

Chancen der Erweiterung

Wie kann die EU ihr Potenzial nutzen?

Miniglossar

European Values Survey (Europaweite Werte-Umfrage, EVS), Projekt von Sozialforschern, um den Status von soziokulturellen, moralischen, religiösen und politischen Werten in verschiedenen Staaten bzw. Regionen Europas zu ermitteln

M1 Reicher Norden, reicher Westen, armer Osten

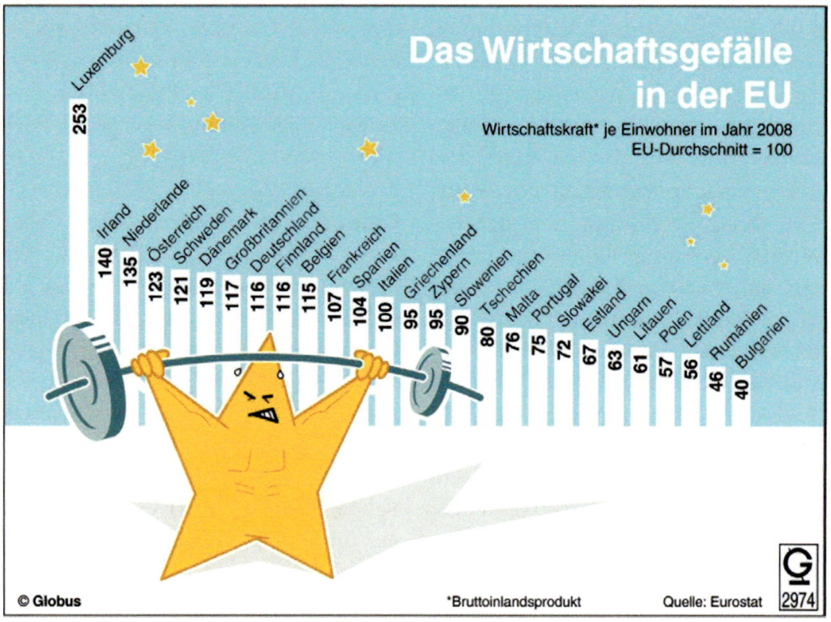

Begriff

Europa ist das westliche Fünftel Eurasiens, wird jedoch geschichtlich und kulturell begründet meist als eigenständiger Kontinent betrachtet. Der Begriff **„Europa"** bezieht folglich auch politische, wirtschaftliche, rechtliche und ideelle Aspekte mit ein. Europa hat im Osten gegenüber Asien keine eindeutige geographische Grenze. Seine Grenzen sind deshalb schon immer eine Frage gesellschaftlicher Übereinkunft. Gemeinhin bilden Uralgebirge und -fluss die Ostgrenze Europas. Zwischen dem Kaspischen Meer und dem Schwarzen Meer verläuft die Grenzlinie nördlich des Kaukasusgebirges. Damit umfasst Europa eine Fläche von etwa 10,5 Millionen Quadratkilometern, auf denen mehr als 680 Millionen Menschen leben. Es werden mehr als 60 Sprachen gesprochen, die überwiegend slawischen (ca 35 %), germanischen (ca. 30 %) und romanischen Ursprungs sind (ca. 27 %). Im Jahr 2008 gibt es 46 souveräne Staaten, die zumindest einen Teil ihres Territoriums in Europa haben, 26 davon sind Mitglied der Europäischen Union. Der 27. Mitgliedstaat der EU, die Republik Zypern, zählt geographisch schon zu Asien.

Den Prozess der zunehmenden internationalen Verflechtung in Bereichen wie Wirtschaft, Umwelt, Politik, Kultur, Kommunikation usw. nennt man **Globalisierung**.

VT

Die Welt steht heute mehr denn je vor großen Herausforderungen, die eine einzelne Nation alleine nicht erfolgreich bewältigen kann. Ob es um die Folgen demographischer Veränderungen, die Eindämmung des Klimawandels, die nachhaltige Versorgung mit Ressourcen, die Koordination von Einwanderung, die Bekämpfung des Terrorismus oder die globale Maßnahmen gegen Armut und Hunger geht – die Europäische Union bietet ein einzigartiges Potenzial für eine effektive Kooperation der Mitgliedstaaten.
Diese Effizienz gilt es in der Zukunft durch die Übertragung nationalstaatlicher Hoheitsrechte an die Organe der EU noch zu steigern. Doch Solidarität und Kooperation, die im Fall der EU auch Verzicht auf Souveränität bedeuten, gründen sich nicht nur auf der Macht des Faktischen, sondern leben von inneren Voraussetzungen, die weiter reichen. Auch 50 Jahre nach Unterzeichnung der Römischen Verträge stellt sich gerade im Zuge der Osterweiterung und der Diskussion um weitere Beitrittskandidaten die Frage nach der Identität Europas und seiner Bürgerinnen und Bürger.
Was ist Europa überhaupt? Hat es natürliche oder konstruierte geographische Grenzen? Definiert es sich exklusiv über sein christlich-abendländisches Erbe? Ist es ein Europa der Verwaltungen oder eines der Menschen? Ist Europa vielmehr schlichtweg das, was seine Bürgerinnen und Bürger daraus machen? Dann stellt sich die Frage: Was soll Europa sein? Wozu soll es den Bürgerinnen und Bürgern dienen? Wie können Unwissenheit, Ängste und Ressentiments gegenüber der Europäische Union abgebaut werden?

M2 Euphorie in Rumänien

Ausschnitte aus einem Interview, das Annett Müller von spiegel-online anlässlich des EU-Beitritts Rumäniens mit dessen Staatpräsidenten Trajan Basescu führte:

Spiegel Online: Die Deutschen sind äußerst skeptisch über den EU-Beitritt von Rumänien [...]

Basescu: Die Skepsis gilt zuallererst der EU-Struktur und nicht Rumänien. Ich finde diese Art von EU-Skepsis berechtigt. Die Europäische Union ist bürokratischer statt effizienter geworden. Auch waren die EU-Staaten nicht im Stande, den EU-Verfassungsvertrag einstimmig anzunehmen, und warum? Weil die Menschen skeptisch sind, wie die Zukunft der EU aussehen soll. Die Politiker stehen jetzt in der Pflicht, schnellstens eine EU zu formen, die von den Bürgern akzeptiert wird. Das bedeutet viel Arbeit.

Spiegel Online: Sollte künftig per Volksabstimmung über die neuen Beitritte entschieden werden?

Basescu: Das wäre eine begrüßenswerte Regelung, sie würde die Demokratie beflügeln. [...]

Spiegel Online: Bei der EU-Osterweiterung 2004 knallten die Sektkorken. Von solch einem Empfang kann Rumänien nur träumen. Fühlen Sie sich als geduldeter Gast, den man vor einer langen Erweiterungspause noch schnell in die Union geholt hat?

Basescu: Es existiert in manchen EU-Ländern die Vorstellung, die EU habe mit dem Beitritt Rumänien noch schnell einen Gefallen getan. Wir treten der EU bei, weil dies der sehnliche Wunsch von 22 Millionen Rumänen ist, und weil wir zur europäischen Gemeinschaft gehören. Es hat uns in der Vergangenheit niemand gefragt, ob wir vor oder hinter dem Eisernen Vorhang leben wollten. Unser Wunsch war es, nach Europa zurückzukehren, das tun wir hiermit. [...]

Spiegel Online: Sie haben in den vergangenen Wochen immer wieder öffentlich betont, dass es in Rumänien eine weit verbreitete EU-Euphorie gibt. Wollen Sie mit dieser Euphorie in der Europäischen Union gute Laune verbreiten?

Basescu: Wir wollen für andere Dinge zuständig sein. Wir unterstützen die Idee eines vereinten Europas, damit wir dem Globalisierungsprozess etwas entgegenzusetzen haben. Einzeln würden die EU-Länder die Lasten der Globalisierung nicht schultern können. Und wer gute Laune braucht, findet sie, indem er auf das eigene Land und seine positive Entwicklung schaut.

Spiegel Online: Euphorie bedeutet Hoffnungen. Was erwartet Ihr Land vom EU-Beitritt?

Basescu: Für uns ist der EU-Beitritt nur die erste Stufe. Das Fernziel der Rumänen ist viel ehrgeiziger. Wir wollen politische, wirtschaftliche und soziale Stabilität im Land, und wir wollen zu einer dauerhaften Wohlstandszone werden. Das wird lange dauern, aber in einem EU-Milieu können wir dieses Ziel tatsächlich erreichen.

Spiegel Online: Für Deutschland und Österreich gelten lange Übergangsfristen, bevor rumänische Arbeitnehmer hier selbstständig nach einem Job suchen dürfen. [...] Fördert das nicht die rumänische Schwarzarbeit?

Basescu: [...] Je höher die Löhne steigen, desto mehr rumänische Arbeitskräfte werden in die Heimat zurückkehren. Und ich versichere Ihnen, es gibt in Rumänien inzwischen so viel Arbeit, dass wir dringend nach Arbeitskräften suchen.

Spiegel Online: Empfehlen Sie etwa deutschen Arbeitslosen, sich für einen Job in Rumänien zu bewerben?

Basescu: Sie dürfen kommen, und sie werden mit Sicherheit angenehme Überraschungen erleben.

Spiegel Online: In den nächsten sieben Jahren erhält Rumänien 30 Milliarden Euro Fördergelder von der EU. Das sind rund elf Millionen Euro pro Tag. Die westlichen Zeitungen berichten immer wieder über Korruptionsfälle. Wie beugen Sie Missbrauch vor?

Basescu: Die EU- und die rumänischen Behörden werden die Ausgaben auf eine korrekte Nutzung hin prüfen. Und seien wir realistisch, das Geld fließt vor allem in die Taschen von Firmen aus dem alten Europa, die weitaus bessere Ausgangsbedingungen und Chancen auf einen Zuschlag von EU-Förderprojekten haben als die rumänischen Firmen. [...]

Annett Müller: Spiegel-Online, 26.12.2006, www.spiegel.de/politik/ausland/0,1518,455945,00.html, Zugriff 04.11.2008

M3 Billige Arbeitskräfte helfen der Wirtschaft

Die EU-Kommission [legte] die Ergebnisse einer Studie zu den Folgen der EU-Erweiterung vor, die mit einem weit verbreiteten Vorurteil Schluss machen soll: Demnach stellen billige Arbeitskräfte aus den neuen, osteuropäischen EU-Staaten keine Gefahr für die Arbeitsmärkte der alten Mitglieder dar. EU-Staaten wie Großbritannien und Schweden, die ihren Arbeitsmarkt geöffnet haben, hätten von ihrer Entscheidung profitiert, heißt es in dem Bericht.

Die Mobilitätsströme aus den neuen Staaten in die alten seien [...] aber nicht stark genug, um den Arbeitsmarkt der EU im Ganzen zu beeinflussen. Im Gegensatz zu den Erwartungen vieler Politiker seien Arbeitskräfte aus den neuen Mitgliedsstaaten nicht massenhaft in die anderen EU-Länder gewechselt. Es bestehe außerdem keine direkte Verbindung zwischen der Anzahl der Arbeitskräfte, die in ein Land strömen, und den Beschränkungen dieses Staates. Vielmehr sei die Bewegung auf dem Arbeitsmarkt von Angebot und Nachfrage abhängig.

Entgegen der Erwartungen verzichteten EU-Arbeitskommissar Vladimir Spidla und die Kommission allerdings darauf, ein Ende aller Einschränkungen zu fordern. Unter anderem hat sich Deutschland bei der Erweiterung vorbehalten, den Zugang zu seinem Arbeitsmarkt bis zu sieben Jahre einzuschränken.

Die Regierung in Berlin will die entsprechenden Regeln in Kürze für drei Jahre verlängern. [...]

ase/rtr: Billigarbeitskräfte helfen der Wirtschaft, Spiegel-Online, 08.02.06, www.spiegel.de/wirtschaft/0,1518,399804,00.html, Zugriff: 20.09.2008

M4 Türkei: Wie groß sind die kulturellen Differenzen?

Bankenviertel in Istanbul

Seit 1963 hat die Türkei den Status eines assoziierten Mitglieds der damaligen Europäischen Wirtschaftsgemeinschaft (EWG), und seither klopft das Land an die Tür der Europäischen Union (EU) und bittet um Mitgliedschaft. [...] Im Zentrum der politischen Debatte über eine EU-Mitgliedschaft der Türkei stehen dabei nicht so sehr die ökonomischen Unterschiede zwischen der EU und der Türkei, sondern mögliche kulturelle Differenzen. Kritiker eines Beitritts der Türkei machen geltend, dass sich die jetzigen Mitglieder der EU und die Türkei aufgrund einer ganz anderen Geschichte, unterschiedlicher geisteshistorischer Traditionen, vor allem aber aufgrund einer anderen Religionsorientierung fundamental voneinander unterscheiden, und die Türkei insofern keine hinreichenden kulturellen Gemeinsamkeiten mit den derzeitigen EU-Mitgliedsländern aufweist. Einige der Befürworter eines Beitritts der Türkei bezweifeln, dass die kulturellen Unterschiede zwischen der Türkei und Europa fundamentaler Natur sind; andere versprechen sich von der Mitgliedschaft der Türkei in der EU eine forcierte Anpassung der Türkei an die so genannten westlichen Werte; wiederum andere betonen die Bereicherung, die mit einer kulturellen Heterogenität verbunden sein kann. [...]

Die EU versteht sich als eine Wertegemeinschaft, die selbst keine spezifische religiöse Orientierung präferiert und entsprechend religiös ungebunden ist. [...] Die Union versteht sich als säkulare Wertegemeinschaft, die sich für eine Trennung der Sphären von Religion und Gesellschaft ausspricht. Sie weist der Religion ihren ausdifferenzierten Platz in der Gesellschaft zu und schützt diesen; sie erwartet zugleich von den Religionsgemeinschaften und den Bürgern wechselseitige religiöse Toleranz. Die Tatsache, dass die Bürgerinnen und Bürger der Türkei in erster Linie Muslime und jene der Mitglieds- und vieler Beitrittsländer hingegen in erster Linie Christen sind, ist also mit den normativen Grundlagen der EU gut vereinbar. [...]

In welchem Maße wird aber die Vorstellung der Trennung der Sphären und der Wert der religiösen Toleranz von den Bürgern in den verschiedenen Ländern unterstützt? [...] Während für die Bürgerinnen und Bürger der alten und neuen EU-Länder die Religion für die eigene Lebensführung keine sehr hohe Wichtigkeit hat, steigt deren Bedeutung für jene der zweiten Beitrittsrunde [...] und ist besonders bedeutsam für die Türken. Die Trennung von Religion und Lebensführung ist in diesen Fällen nicht sehr weit gediehen. Ähnlich sind die Ergebnisse im Hinblick auf die Idee der Trennung zwischen Religion und Politik. Während diese Trennung in den jetzigen Mitgliedsländern der EU eine von den Bürgerinnen und Bürgern deutlich akzeptierte Vorstellung ist, [wird sie] mehrheitlich von den Menschen in der Türkei abgelehnt. Diese sind mehrheitlich der Auffassung, dass politisches Handeln religiös angeleitet sein soll. [...]

Die Europäische Union versteht sich als ein Verband demokratischer Staaten und bezeichnet ihre eigene Institutionenordnung als eine demokratische Ordnung. [...]

Nun besteht kein Zweifel, dass die Türkei in den letzten Jahren erhebliche Anstrengungen unternommen hat, demokratische und rechtsstaatliche Prinzipien zu institutionalisieren: Die Minderheitenrechte wurden gestärkt, die Todesstrafe abgeschafft. Wie verhält es sich aber mit den demokratischen Einstellungen ihrer Bürgerinnen und Bürger? [...] Einerseits gilt, dass alle [...] mehrheitlich die Demokratie als die beste Staatsform ansehen. [...] Andererseits zeigen sich aber deutliche Unterschiede zwischen den Ländergruppen, wenn es um die Akzeptanz konkreter Merkmale einer repräsentativen Demokratie geht. Demokratie lebt u.a. von der Kontrolle der gewählten Vertreter durch das Parlament und die Bürger. Die Akzeptanz einer starken Führung, die unabhängig ist von Parlament und Wahlen, ist in den verschiedenen Ländern sehr unterschiedlich ausgeprägt. [...] Während der Anteil der Bürgerinnen und Bürger, die eine starke Führerschaft präferieren, in den alten und neuen Mitgliedsländern der EU bei ca. einem Viertel der Befragten liegt, beträgt dieser Anteil in den Ländern der zweiten Beitrittsrunde [Bulgarien und Rumänien] mehr als 50 Prozent und in der Türkei zwei Drittel der Befragten. Trotz einer generalisierten Zustimmung zur Demokratie als der besten Staatsform ist der Anteil derer, die sich für eine autoritäre Führung aussprechen, in der Türkei deutlich höher als in allen anderen Mitglieds- und Beitrittsländern. [...]

Die EU war und ist vor allem eine Wirtschaftsunion. [...] Da die politischen Regulierungen des Verhältnisses von Wirtschaft und Familie aber eine Rückwirkung auf das Binnenleben von Familien haben, betreibt die EU auf mittelbarem Wege auch Familienpolitik und versucht ihre Vorstellungen einer wünschenswerten Familie zu etablieren. Der zentrale Anker der Familienvorstellungen der EU ist die Idee der Gleichstellung von Mann und Frau im Erwerbsleben. [...] Zudem hat die EU die Vorstellungen der Gleichberechtigung zunehmend auf andere Gesellschaftsbereiche ausgedehnt. Mit dieser Politikorientierung unterstützt die EU das Leitbild einer egalitären Beziehung zwischen Mann und Frau, das Bild einer berufstätigen Frau, die sich qua Berufstätigkeit ihre Unabhängigkeit sichert. Diese Familienvorstellungen müssen nicht unbedingt von den Bürgerinnen und Bürgern in den Ländern akzeptiert werden; und in der Tat unterstützen diese die Gleichberechtigungsvorstellungen in einem recht unterschiedlichen Ausmaß. In der Wertestudie wurden die Menschen gefragt, ob sie der Meinung sind, dass Männer eher ein Recht auf Arbeit haben als Frauen, wenn Arbeitsplätze knapp sind [...]

Die Idee der Gleichberechtigung wird von mehr als zwei Dritteln der Bürgerinnen und Bürger der alten Mitgliedsländer und von über 60 Prozent jener in den neuen Mitgliedsländern unterstützt. Während die Idee doppelter Berufstätigkeit in den beiden [...] Mitgliedsländern [Rumänien und Bulgarien] noch bei ca. der Hälfte der Bürger Unterstützung findet, geben zwei Drittel der türkischen Befragten den Männern den Vorzug und lassen die Frauen hinten anstehen. [...]

Wir haben auf der Basis einer Auswertung des „European Value Survey" geprüft, ob die im Recht fixierten Werte der EU von den Menschen unterstützt werden und ob es zwischen den EU-Ländern, den Beitrittskandidaten und der Türkei signifikante Unterschiede gibt.

Bilanziert man die verschiedenen Teilergebnisse, so fügen sie sich zu einem Gesamtgemälde zusammen. Die von der Europäischen Union als wichtig erachteten Werte finden eine hohe Akzeptanz bei den Bürgerinnen und Bürgern der alten und neuen Mitgliedsländer der EU; sie erhalten eine geringere Unterstützung von jenen der beiden Länder der nächsten Beitrittsrunde. Vor allem aber zeigt sich, dass die Türkei in vielen Wertebereichen von den Wunschvorstellungen der EU abweicht. Der kulturelle Unterschied zwischen der Türkei und den anderen Ländern fällt zudem deswegen so schwer ins Gewicht, weil die Türkei ein bevölkerungsreiches Land ist und aufgrund der höheren Geburtenziffern wahrscheinlich das bevölkerungsreichste Land einer dann erweiterten EU wäre.

Das hier gezeichnete Bild der kulturellen Landkarte der Europäischen Union ist sicherlich mit grobem Pinsel gemalt. [...] Weiterhin ist zu bedenken, dass die Werteorientierungen der Bürger insofern keine statische Größe sind, als sie sich wandeln können. Gerade die Bundesrepublik nach dem Zweiten Weltkrieg ist ein gutes Beispiel dafür, wie sich die Werteorientierungen der Bürgerinnen und Bürger erst langsam an die von oben und außen oktroyierte demokratische Ordnung anpassen können. Und wie mehrere Studien gezeigt haben, werden die Wertorientierungen der Bürger im hohen Maße durch den Grad der ökonomischen Modernisierung bestimmt.

Ob die Türkei letztendlich Mitglied der EU wird oder nicht, ist keine wissenschaftliche, sondern eine allein politisch zu treffende normative Entscheidung, in die ganz andere Faktoren als die der kulturellen Unterschiede eingehen werden.

Jürgen Gerhards: Europäische Werte – Passt die Türkei kulturell zur EU? In: Aus Politik und Zeitgeschichte (B 38/2004), zitiert nach: www.bpb.de/publikationen/YQEK12,3,0,Europ%E4ische Werte_Passt_die_T%FCrkei_kulturell_zur_EU.html#art0-art3, Zugriff 30.10.2008

Arbeitsvorschläge

1. Diskutieren Sie ausgehend von M 1 und M 2, welche unterschiedlichen Hoffnungen und Ängste von EU-Bürgerinnen und -Bürgern angesichts der Wirtschaftsdaten gehegt werden.

2. Recherchieren Sie ausgehend von M 2 und M 3, welche wirtschaftlichen Probleme einer reibungslosen Integration von Neumitgliedern in die EU entgegenstehen (siehe Online-Link).

3. Diskutieren Sie ausgehend von M 4 den Sinn der Verhandlungen über die Aufnahme weiterer Mitglieder bzw. der Aufnahme selbst.

G **4.1** Skizzieren Sie die in M 4 beschworene Wertegemeinschaft der EU und beurteilen Sie die Relevanz dieser Werte für die Gesellschaft.

4.2 Erläutern Sie die unterschiedliche Akzeptanz dieser Wertvorstellungen in den unterschiedlichen Staaten Europas bzw. der Türkei (vgl. M 4). Welche Auswirkungen hat dies auf eine gemeinsame europäische Identität?

4.3 Diskutieren Sie, welchen Einfluss Entscheidungen auf EU-Ebene auf Veränderungen in der Türkei haben können, etwa durch eine Zustimmung zum Beitritt, eine Ablehnung oder ein Hinauszögern jeder Entscheidung.

Vom Volk gewählt und supranational

Welche Aufgaben hat das Europa-Parlament?

Miniglossar

Eintrag
(von lat.: visum „das Gesehene“) amtlicher Vermerk, der für das Überschreiten einer Grenze des ausstellenden Staates erforderlich ist

ambitioniert
mit einem höher gesteckten Ziel (Ambition) ausgestattet

Europahymne
Instrumentalversion nach Ludwig van Beethovens Vertonung von Friedrich Schillers „Ode an die Freude“

Budget
(frz.) staatlicher Haushaltsplan

protokollarisch
nach vorher festgelegten Regeln (Protokoll) ablaufend

M1 Die Zusammensetzung des EU-Parlaments

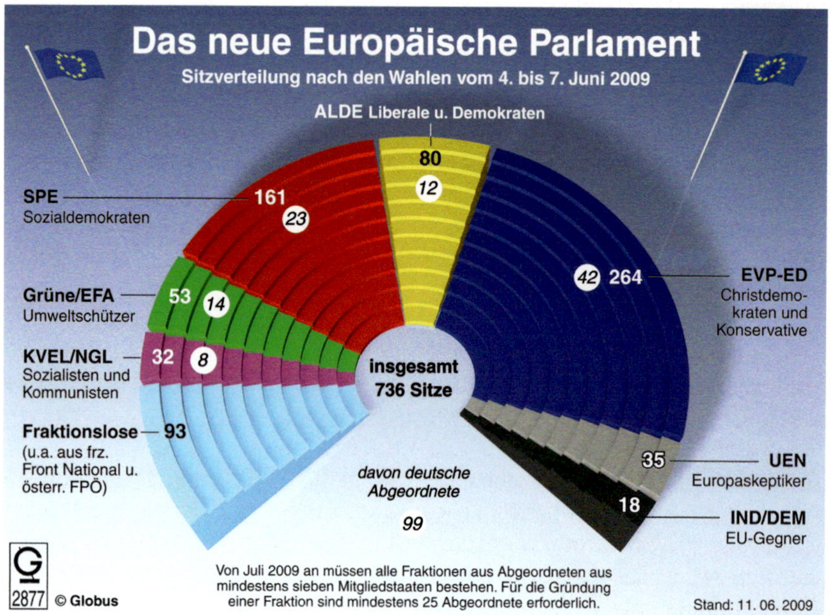

Begriff

Das **Europäische Parlament** ist das größte multinationale Parlament der Welt: Seine 736 Abgeordneten – rund ein Drittel davon sind Frauen – aus 27 Nationen vertreten rund 490 Millionen Bürgerinnen und Bürger. Die Arbeit wird in 23 Amtssprachen vollzogen.

Der **Untersuchungsausschuss** ist ein Parlamentsausschuss zur Untersuchung von Sachverhalten, deren Aufklärung im Interesse der Öffentlichkeit liegt. Durch ihn erhalten Parlamente die Möglichkeit, unabhängig und selbständig die Sachverhalte zu prüfen, die sie als Vertretung des Volkes für aufklärungsbedürftig halten, insbesondere in den Verantwortungsbereich der Exekutive fallende Vorgänge, die Missstände andeuten. Der Untersuchungsausschuss ist hierzu mit besonderen Rechten ausgestattet. Er kann Zeugen vernehmen und die Herausgabe von Akten verlangen.

VT

Die Funktion der EU wird durch das Ineinandergreifen verschiedener Organe gewährleistet. Eine zentrale Rolle für das demokratische Selbstverständnis der Gemeinschaft spielt dabei das Europäische Parlament. Es ist die Vertretung der Völker und Menschen in Europa. Die Bürgerinnen und Bürger wählen ihre Abgeordneten seit 1979 direkt für eine Amtszeit von fünf Jahren in allgemeinen, freien und geheimen Wahlen.
Wie viele Abgeordnete aus den einzelnen EU-Staaten kommen, ist vertraglich vereinbart und immer wieder Anlass für Streit zwischen den einzelnen EU-Mitgliedstaaten.
Die Arbeitsorte des Europäischen Parlaments sind Brüssel (Belgien), Luxemburg und Straßburg (Frankreich). Die monatlichen Plenartagungen, zu denen alle Abgeordneten zusammenkommen, finden in Straßburg (Frankreich) statt. Die parlamentarischen Ausschüsse tagen in Brüssel.
Im März 1958 versammelten sich zum ersten Mal die europäischen Abgeordneten in Straßburg. „Hast du einen Opa, schick ihn nach Europa“, hieß es noch in den 1970er-Jahren spöttisch, denn die Parlamentarier hatten kaum Mitspracherechte. Auch wenn das EU-Parlament an Bedeutung gewinnen konnte – durch den Vertrag von Amsterdam (1997) wurden die Rechte des Parlaments gestärkt, so ist der Rat der Europäischen Union (➔ S. 42) dennoch das wichtigste Entscheidungsgremium. Fällt vielleicht deshalb die Wahlbeteiligung bei der Europawahl in fast allen EU-Ländern weit niedriger aus als bei nationalen Parlamentswahlen? Wie lässt sich die enorme Wichtigkeit der Entscheidungen im EU-Parlament in Zukunft ins Bewusstsein der europäischen Wählerinnen und Wähler transportieren?

M2 Die Aufgaben des EU-Parlaments

1. Gesetzgebende Gewalt

Das Gesetzgebungsverfahren, das am häufigsten zur Anwendung gelangt, ist das „Mitentscheidungsverfahren". Dabei sind das Europäische Parlament und der Rat einander gleichgestellt. Dieses Verfahren kommt bei Rechtsvorschriften in einer großen Zahl von Bereichen zur Anwendung.

In einigen Bereichen (beispielsweise Landwirtschaft, Wirtschaftspolitik, Visa- und Einwanderungspolitik) verfügt der Rat über die alleinige Rechtsetzungsbefugnis, muss aber das Parlament anhören. Ferner ist die Zustimmung des Parlaments bei bestimmten wichtigen Entscheidungen wie dem Beitritt neuer Länder zur EU erforderlich.

Außerdem setzt das Parlament auch Impulse für neue Rechtsvorschriften, zumal es das jährliche Arbeitsprogramm der Kommission prüft, wobei es erörtert, welche neuen Rechtsvorschriften zweckmäßig wären, und von der Kommission die Vorlage von Vorschlägen verlangen kann.

Die Plenartagungen selbst, an denen alle Abgeordneten teilnehmen, finden normalerweise in Straßburg (einmal monatlich) und gelegentlich in Brüssel (an zwei Tagen) statt.

2. Demokratische Kontrolle

Das Parlament übt eine demokratische Kontrolle über die anderen europäischen Organe aus. Dafür gibt es mehrere Möglichkeiten.

Bei Amtsantritt einer neuen Kommission werden die Mitglieder von den Regierungen der EU-Mitgliedstaaten benannt, können jedoch nicht ohne die Zustimmung des Parlaments ernannt werden. Das Parlament führt Anhörungen aller künftigen neuen Mitglieder und des Präsidenten der Kommission durch und stimmt dann darüber ab, ob die Kommission als Ganzes gebilligt werden soll. Die Kommission ist während ihrer Amtszeit politisch rechenschaftspflichtig gegenüber dem Parlament, das die gesamte Kommission durch einen Misstrauensantrag zum Rücktritt zwingen kann.

Im Allgemeinen übt das Parlament seine Kontrolle durch regelmäßige Prüfung der Berichte aus, die ihm von der Kommission vorgelegt werden (Gesamtbericht, Berichte über die Ausführung des Haushaltsplans usw.). Darüber hinaus richten die Abgeordneten regelmäßig schriftliche oder mündliche Anfragen an die Kommission.

Die parlamentarische Kontrolle erstreckt sich auch auf den Rat: Die Abgeordneten richten regelmäßig schriftliche oder mündliche Anfragen an den Rat, dessen Präsident an den Plenartagungen und an wichtigen Debatten teilnimmt.

Die Prüfung der von Bürgern eingereichten Petitionen und die Einsetzung von Untersuchungsausschüssen bilden weitere Kontrollmöglichkeiten des Parlaments.

Schließlich leistet das Parlament Beiträge zu allen Gipfeltreffen der EU (den Tagungen des Europäischen Rates). Bei der Eröffnung jedes Gipfels wird der Präsident des Parlaments eingeladen, die Standpunkte und Anliegen des Parlaments in Bezug auf aktuelle Probleme und die Themen, die auf der Tagesordnung des Europäischen Rates stehen, zur Sprache zu bringen.

3. Haushaltsbehörde

Der Haushalt der EU wird jährlich von Parlament und Rat gemeinsam verabschiedet. Der Haushaltsplan wird vom Parlament in zwei aufeinanderfolgenden Lesungen erörtert und erst nach Unterzeichnung durch seinen Präsidenten wirksam.

Der Ausschuss des Parlaments für Haushaltskontrolle überwacht die Verwendung der Haushaltsmittel, und das Parlament stimmt jedes Jahr darüber ab, ob die Ausführung des Haushaltsplans im abgelaufenen Haushaltsjahr gebilligt werden soll. Dieser Prozess wird auch als „Entlastung der Kommission" bezeichnet.

EU-Kommission, http://europa.eu/institutions/inst/parliament/index_de.htm, Zugriff 09.11.2008

M3 Europawahlkampf auf nationaler Ebene

[...] [B]isher handelt es sich bei den [Wahlen zum EU-Parlament] eher um viele parallel stattfindende nationale Wahlen – deren Sieger sich dann irgendwie im Europäischen Parlament (EP) zusammenraufen und zu gemeinsamen politischen Gruppen finden müssen. An den etablierten Parteien ist die Integration weitgehend vorbeigegangen. Hier kochen die Parteien der Mitgliedstaaten weiter ihr nationales Süppchen.

Dabei sind die rechtlichen Rahmenbedingungen dafür lange geschaffen. Spätestens seit dem Maastrichter Vertrag von 1992 ist der Begriff Partei für Europa kein Fremdwort mehr. Dort gaben die Staats- und Regierungschefs im Artikel 138 a den europäischen Parteien eine vertraglich gesicherte Existenzgrundlage. Im Maastrichter Vertrag heißt es: „Politische Parteien auf europäischer Ebene sind wichtig als Faktor der Integration in der Union. Sie tragen dazu bei, ein europäisches Bewusstsein herauszubilden und den politischen Willen der Bürger der Union zum Ausdruck zu bringen."

Zwar schließen sich die Parteien im EP ähnlich ihrer Rolle im jeweiligen nationalen System in Fraktionen zusammen, wirklichen Parteiorganisationen entspricht das aber nicht. Allenfalls kann man von politischen Familien reden. Ein Grund dafür: Parteien ähnlicher Couleur vertreten unterschiedliche Politikansätze. Während etwa Frankreichs Sozialdemokraten traditionell klassische linke Positionen vertreten, nähern sich die deutsche SPD oder die britische Labour-Partei stärker der Mitte an. Britische Konservative würden die EU am liebsten abschaffen, deutsche Christdemokraten dagegen gelten als klare EU-Befürworter. [...]

Sven Prange: Parteien auf dem Weg nach Europa fast angekommen, europa einfach e.V., Witten, 23.06.2008, www.europa-digital.de/aktuell/dossier/parteien/intro.shtml, Zugriff 27.11.2009

M4 Sitzverteilung im EU-Parlament

Sitze	Sitze derzeit	Nizza-Plan (Änderung der Verteilung)	Lissabon-Plan (Änderung der Verteilung)
Deutschland	99	99 (±0)	96 (−3)
Frankreich	78	72 (−6)	74 (−4)
Großbritannien	78	72 (−6)	73 (−5)
Italien	78	72 (−6)	72 (−6)
Spanien	54	50 (−4)	54 (±0)
Polen	54	50 (−4)	51 (−3)
Rumänien	35	33 (−2)	33 (−2)
Niederlande	27	25 (−2)	26 (−1)
Griechenland	24	22 (−2)	22 (−2)
Portugal	24	22 (−2)	22 (−2)
Belgien	24	22 (−2)	22 (−2)
Tschechien	24	22 (−2)	22 (−2)
Ungarn	24	22 (−1)	22 (−2)
Schweden	19	18 (−1)	20 (+1)
Österreich	18	17 (−1)	19 (+1)
Bulgarien	18	17 (−1)	18 (±0)
Dänemark	14	13 (−1)	13 (−1)
Slowakei	14	13 (−1)	13 (−1)
Finnland	14	13 (−1)	13 (−1)
Irland	13	12 (−1)	12 (−1)
Litauen	13	12 (−1)	12 (−1)
Lettland	9	8 (−1)	9 (±0)
Slowenien	7	7 (±0)	8 (+1)
Estland	6	6 (±0)	6 (±0)
Zypern	6	6 (±0)	6 (±0)
Luxemburg	6	6 (±0)	6 (±0)
Malta	5	5 (±0)	6 (+1)
Gesamt	785	736	750

Nach: Der Standard. http://images.derstandard.at/20080616/eu.gif, Zugriff 11.11.2008

M5 Europawahl: Wahlbeteiligung in Deutschland

Jahr	Wahlbeteiligung in %
1979	65,7
1984	56,8
1989	62,3
1994	60,0
1999	45,2
2004	43,0
2009	43,3

Europäisches Parlament, http://www.europarl.europa.eu/parliament/archive/elections2009/de/turnout_de.html, Zugriff 25.07.2009

M6 Die Ausschüsse des EU-Parlaments

Die regelmäßig tagenden ständigen Ausschüsse bilden das Rückgrat der parlamentarischen Arbeit. [...] In der laufenden Wahlperiode [Stand 2008] existieren 20 ständige Ausschüsse:

1. Ausschuss für auswärtige Angelegenheiten (seit Juli 2004 zwei Unterausschüsse: Menschenrechtsausschuss und Ausschuss für Sicherheit und Verteidigung)
2. Entwicklungsausschuss
3. Ausschuss für internationalen Handel
4. Haushaltsausschuss
5. Ausschuss für Haushaltskontrolle
6. Ausschuss für Wirtschaft und Währung
7. Ausschuss für Beschäftigung und soziale Angelegenheiten
8. Ausschuss für Umweltfragen, Volksgesundheit und Lebensmittelsicherheit
9. Ausschuss für Industrie, Forschung und Energie
10. Ausschuss für Binnenmarkt und Verbraucherschutz
11. Ausschuss für Verkehr und Fremdenverkehr
12. Ausschuss für regionale Entwicklung
13. Ausschuss für Landwirtschaft und ländliche Entwicklung
14. Ausschuss für Fischerei
15. Ausschuss für Kultur und Bildung
16. Rechtsausschuss
17. Ausschuss für bürgerliche Freiheiten, Justiz und Inneres
18. Ausschuss für konstitutionelle Fragen
19. Ausschuss für die Rechte der Frau und die Gleichstellung der Geschlechter
20. Petitionsausschuss

Olaf Wittrock: europa einfach e. V., Witten, http://www.europa-digital.de/dschungelbuch/top3/parlament/ausschuesse.shtml, Zugriff 21.11.2008

M7 EU-Parlament gibt Autobauern Schonfrist

Im Ringen um die Klimaschutzvorgaben für Autos geht das EU-Parlament einen weiteren Schritt auf die Hersteller zu. Nach den Industriepolitikern des EU-Parlaments will auch der federführende Umweltausschuss den Autobauern mehr Zeit für die Umstellung auf klimafreundlichere Motoren geben.

Der Grenzwert von 130 Gramm Kohlendioxidausstoß pro Kilometer soll nicht ab 2012 gelten, sondern schrittweise bis 2015 für die gesamte Neuwagenflotte jedes Herstellers verbindlich werden. 2012 müssen erst 70 Prozent der Flotte das CO_2-Ziel erreichen. Bis 2020 aber muss der Ausstoß auf 95 Gramm pro Kilometer gesenkt werden. Das sieht ein Kompromiss zwischen Konservativen und Sozialisten vor, der am Donnerstag bei der Abstimmung im Umweltausschuss voraussichtlich eine Mehrheit finden wird.

Im Europaparlament verfestigt sich damit eine Linie, die ursprüngliche Pläne der EU-Kommission zugunsten der europäischen Autohersteller abmildert. Umweltkommissar Stavros Dimas hätte gern bereits für 2012 einen verbindlichen Grenzwert von 120 Gramm verfügt. Nun sollen Autohersteller durch bessere Motoren 130 Gramm erreichen, für die übrigen 10 Gramm sind „Öko-Innovationen“ wie sparsame Klimaanlagen, Solar-Sonnendächer und Gangwechsel-Anzeigen anrechenbar.

Eine Einigung mit den 27 EU-Mitgliedsstaaten steht noch aus. [...].

Umweltverbände und grüne Politiker kritisierten den sich abzeichnenden Kompromiss als „Lizenz zur Tatenlosigkeit“ für die Autoindustrie.

Reinhard Hönighaus: EU-Parlament gibt Autobauern Schonfrist, Financial Times Deutschland, 25.09.2008, S. 11

M8 Debattierclub oder Machtzentrum?

Das Europaparlament hat sich vom Debattierclub mit beratender Funktion zu einem Machtzentrum der EU gewandelt. Die Abgeordneten feiern heute diesen Aufstieg, der mit der ersten Sitzung vor 50 Jahren [im März 1958] begann. Einige wollen das Parlament lieber abschaffen, als es weiter zu stärken.

Eine große Torte soll es angeblich geben. Und die europäische Hymne. Und ein paar europäische Redner natürlich auch. Aber wenn sich die Parlamentarier am Nachmittag zum Jubiläum versammeln, dann werden die Geschichtsbewussten im Straßburger Plenum schon etwas Mühe haben, die Inszenierung nachzuvollziehen.

Denn was da vor 50 Jahren zusammentrat, war alles andere als ein gewähltes Abgeordnetenhaus. Die damalige Versammlung setzte sich aus Delegierten zusammen, die von den nationalen Regierungen ausgewählt und beauftragt waren, Stellungnahmen zu europäischen Fragen zu formulieren. Aber egal: Das vereinte Europa feiert die Feste, wie sie kommen.

Das richtige, das gewählte Parlament wurde erst 1979 gegründet. Klaus Hänsch, ein in Ehren und langen europäischen Debatten ergrauter Sozialdemokrat, war schon damals dabei. Er stand eine Zeitlang sogar als Präsident dem Europäischen Parlament vor und sieht mit spürbarem Stolz auf dessen Entwicklung zurück. Vom machtlosen Debattierclub ist es zum debattierenden Machtzentrum gereift, zu einer Institution, die in fast allen europäischen Fragen mitredet und mitentscheidet.

Weder die Brüsseler EU-Kommission noch der Ministerrat, der die 27 Regierungen der Union repräsentiert, kann das Parlament ignorieren. Der amtierende Parlamentsvorsitzende Hans-Gert Pöttering bewegt sich protokollarisch auf Augenhöhe mit dem Kommissionspräsidenten und dem Ratspräsidenten.

Als europäischer Bürger auf der Besuchertribüne zu sitzen und von oben herab auf den parlamentarischen Alltag zu blicken, ist dennoch irritierend. Denn dieser ist oft von leeren Abgeordnetenbänken gekennzeichnet und von Rednern, die vergeblich versuchen, irgendjemanden zu erreichen. Besucher bekommen nicht immer den besten Eindruck von der Gestaltungskraft des EU-Parlaments. Nur bei ganz wichtigen Themen ist das hohe Haus voll besetzt. Da bequemen sich dann sogar jene europafeindlichen Abgeordneten auf ihre Sitze, die gewählt worden sind, um das Parlament und damit auch sich selbst abzuschaffen.

Der Brite Tom Wise von der British Independent Party ist einer von ihnen. „Dieser Ort hier ist eine Schande, ein großer Betrug", schimpft er. „Ich kann in dieser EU überhaupt nichts beeinflussen. Irgendwann wird der ganze Laden explodieren, ich hoffe nur, dass wir Briten dann nicht mehr dabei sind." Aber auch Leute wie Tom Wise werden heute ein Stück vom Geburtstagskuchen bekommen. Das ist nicht weiter schlimm. Europas Parlament ist nach all den Jahren so demokratisch, dass es auch Leute wie ihn ganz gut verkraftet.

Martin Durm: Europaparlament wird 50 Jahre alt. Der Aufstieg der einst machtlosen Debattierer, NDR, www.tagesschau.de, 12.03.2008, www.tagesschau.de/ausland/euparlament12.html, Zugriff 19.11.2008

M9

Arbeitsvorschläge

G 1. Diskutieren Sie ausgehend von M1 und dem VT die Probleme eines multinationalen Parlaments wie dem der EU. Beziehen Sie auch historische Vorbehalte unter den Mitgliedern in Ihre Überlegungen ein.

2. Fassen Sie mithilfe von VT und M2 die wesentlichen Aufgaben des EU-Parlaments zusammen und vergleichen Sie seine Bedeutung mit der des Deutschen Bundestags.

3. Vergleichen Sie die Fraktionen im EU-Parlament und deren Kräfteverhältnis (vgl. M1) mit denen des Deutschen Bundestags.

4. Beurteilen Sie ausgehend von M4, ob der aktuelle bzw. geplante Schlüssel zur Sitzverteilung den Gleichheitsgrundsatz verletzt, indem Sie die Einwohnerzahl ausgewählter Staaten pro EU-Sitz recherchieren.

5. Diskutieren Sie ausgehend von M6 und M7, in welche Lebensbereiche die politischen Initiativen des EU-Parlaments eingreifen.

6. Skizzieren Sie mithilfe von M5 sichtbare Tendenzen in der Wahlbeteiligung bei der Europawahl in Deutschland und erläutern Sie ausgehend von den Einschätzungen in M8 und M9 deren Ursachen.

Die Machtzentralen der EU

Rat der Europäischen Union und Europäischer Rat

Miniglossar

Europäischer Rat
setzt sich aus den Staats- und Regierungschefs der Mitgliedstaaten der EU sowie dem Präsidenten der Kommission zusammen, oberstes Gremium der EU

Europarat
bereits 1949 gegründete und heute 47 Staaten umfassende Internationale Organisation, Forum für Debatten über allgemeine Fragen; kein Gremium der EU

Konjunktur
(lat.: coniungere = vereinigen, verbinden), ein über mehrere Jahre hinweg wiederkehrendes Grundmuster von Auf- und Abwärtsbewegungen der wirtschaftlichen Aktivität. Der wichtigste Indikator hierfür in einer Volkswirtschaft ist das BIP (Bruttoinlandsprodukt).

Rat der Europäischen Union
EU-Ministerrat, setzt sich zusammen aus Vertretern der Mitgliedstaaten auf Ministerebene

M1 Der Rat der Europäischen Union

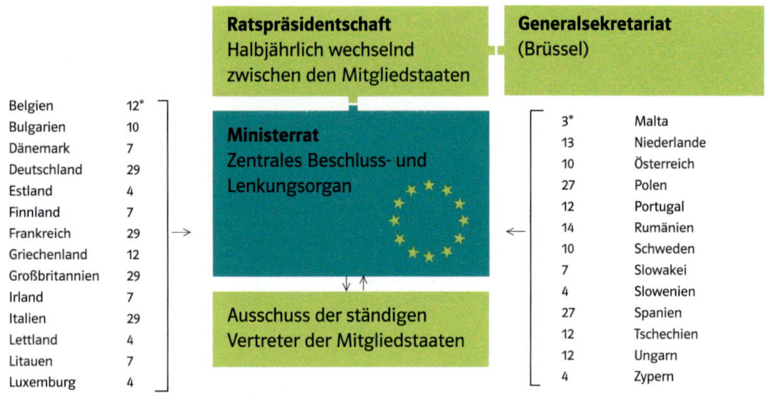

Qualifizierte Mehrheit = Mindestens 255 von 345 Stimmen und die einfache Mehrheit der Mitgliedstaaten *Gewichtung der Stimmen eines Mitgliedstaates

Europäisches Dokumentationszentrum, Universität Mannheim

Begriff

Die **Methode der offenen Koordinierung (MOK)** ist eine Handlungsform der EU, mit der sie außerhalb ihrer Kompetenzen zur Rechtsetzung politisch tätig werden kann. Wesentliche Instrumente der MOK sind unverbindliche Empfehlungen und Leitlinien des Rates und der Kommission an die Mitgliedstaaten. Die MOK wird fallweise angewandt. Diese Methode beruht auf einer regelmäßigen Überwachung der bei der Verwirklichung dieser Ziele erreichten Fortschritte. Ihre verblüffende Dynamik schöpft die MOK aus dem psychologischen Element der gegenseitigen Zielerreichungsüberprüfung durch die Ratsmitglieder. Den europäischen Partnern scheint es ganz einfach unangenehm, ihr Land beim Leistungsvergleich im unteren Drittel einer Rangliste zu sehen.

VT

Der Rat der Europäischen Union ist das wichtigste Entscheidungsgremium der EU. Wie das Europäische Parlament und die Kommission wurde der Rat in den 1950er-Jahren durch die Gründungsverträge eingesetzt. An seinen Tagungen nimmt je eine Ministerin bzw. ein Minister aus den nationalen Regierungen der EU-Staaten teil, womit jeweils alle Mitgliedstaaten auf jeder Sitzung vertreten sind. Die Minister sind befugt, für ihre Regierungen verbindlich zu handeln. Das bedeutet, dass ihre Unterschrift für die der gesamten Regierung steht. Die Zusammensetzung der Ratstagungen hängt von den zu behandelnden Themen ab. Wenn zum Beispiel Fragen zur Agrarpolitik auf der Tagesordnung stehen, nehmen die Landwirtschaftsminister aus allen EU-Staaten an der Tagung teil, die dann als Rat „Landwirtschaft und Fischerei“ bezeichnet wird.

Die Beziehungen der EU zu allen anderen Ländern werden vom Rat „Allgemeine Angelegenheiten und Außenbeziehungen“ behandelt. Der Rat in dieser Zusammensetzung hat aber auch weiter gehende Verantwortung für allgemeine politische Fragen, sodass jede Regierung frei wählen kann, welchen Minister oder Staatssekretär sie zu seinen Sitzungen entsendet.
Die Leitlinien der EU-Politik werden auf medienwirksamen Gipfeltreffen festgelegt. Bis zu viermal im Jahr treten die Staats- und Regierungschefs der Mitgliedstaaten mit dem Präsidenten der Europäischen Kommission als Europäischer Rat zusammen. Hier werden auch Fragen geregelt, die von den Ministern bei einer normalen Ministerratstagung nicht gelöst wurden.

M2 Der Europäische Rat

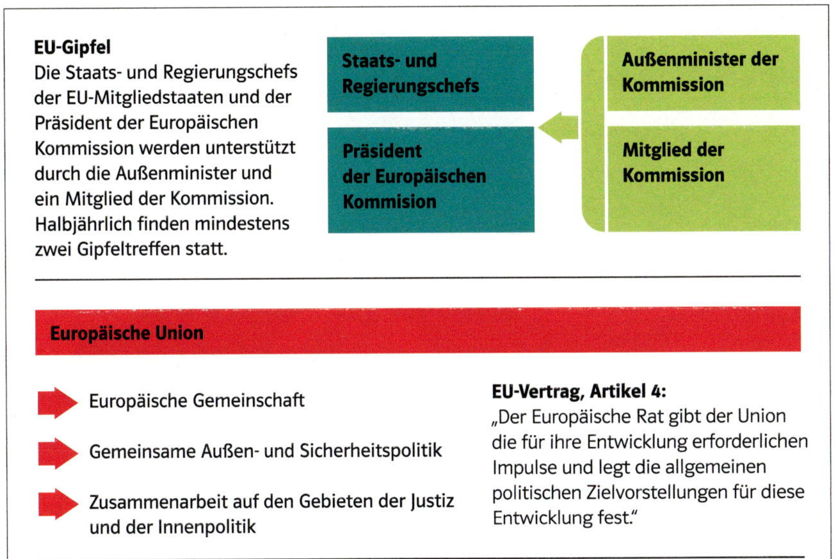

Nach: Erich Schmidt Verlag

M3 Die Aufgaben des Rates der EU

1. Rechtsvorschriften

Ein großer Teil der europäischen Rechtsvorschriften wird von Rat und Parlament gemeinsam verabschiedet [...]. In der Regel wird der Rat nur auf Vorschlag der Kommission tätig. Nach Annahme von europäischen Rechtsvorschriften ist normalerweise die Kommission dafür verantwortlich, dass sie korrekt angewandt werden.

2. Koordinierung der Politik

Die EU-Staaten haben sich für eine allgemeine Wirtschaftspolitik ausgesprochen, die auf einer guten Abstimmung ihrer nationalen Wirtschaftspolitik beruht. Diese Koordinierung erfolgt durch die Wirtschafts- und Finanzminister, die zusammen den Rat „Wirtschaft und Finanzen" (ECOFIN) bilden. Weitere Ziele sind die Schaffung von Arbeitsplätzen und die Verbesserung ihrer Bildungs-, Gesundheits- und Sozialsysteme. Obwohl jeder EU-Mitgliedstaat für seine eigene Politik in diesen Bereichen zuständig ist, können sie sich auf gemeinsame Ziele einigen und aus ihren jeweiligen Erfahrungen lernen. Dieser Prozess heißt „Methode der offenen Koordinierung" und findet innerhalb des Rates statt.

3. Internationale Übereinkünfte

Jedes Jahr unterzeichnet der Rat mehrere Übereinkünfte zwischen der Europäischen Union und Drittländern sowie internationalen Organisationen. Diese Übereinkünfte können sich auf große Bereiche wie Handel, Zusammenarbeit und Entwicklung erstrecken oder spezifische Themen betreffen wie Textilwaren, Fischerei, Wissenschaft und Technologie, Verkehr usw. Darüber hinaus kann der Rat Übereinkommen zwischen den Mitgliedstaaten der EU in Bereichen wie Besteuerung, Gesellschaftsrecht oder konsularischer Schutz abschließen. Außerdem kann die Zusammenarbeit im Bereich Freiheit, Sicherheit und Recht Gegenstand von Übereinkünften sein.

4. Annahme des EU-Haushalts

Der Haushaltsplan der EU wird jährlich vom Rat und vom Europäischen Parlament gemeinsam verabschiedet.

5. Außen- und Sicherheitspolitik

Die EU-Mitgliedstaaten arbeiten an der Entwicklung einer gemeinsamen Außen- und Sicherheitspolitik (GASP). Allerdings behalten die einzelnen Regierungen die Kontrolle über ihre Außenpolitik, Sicherheit und Verteidigung. [...]

Damit die EU effizienter auf internationale Krisen reagieren kann, hat die Europäische Union eine „Schnelleingreiftruppe" aufgestellt. Hierbei handelt es sich nicht um eine europäische Armee. Die Soldaten bleiben vielmehr Teil der nationalen Streitkräfte und stehen unter nationalem Kommando. Ihre Funktion beschränkt sich auf humanitäre Aufgaben und Rettungseinsätze, friedenserhaltende Maßnahmen und andere Aufgaben in der Krisenbewältigung [...]. Bei solchen Einsätzen wird der Rat unterstützt durch:

- das Politische und Sicherheitspolitische Komitee (PSK),
- den Militärausschuss der Europäischen Union (EUMC) und
- den Militärstab der Europäischen Union (EUMS), der aus Militärsachverständigen besteht, die von den Mitgliedstaaten in das Ratssekretariat abgeordnet werden.

6. Freiheit, Sicherheit und Recht

Die EU-Bürger können in jedem beliebigen EU-Land leben und arbeiten. Daher müssen sie auch gleichberechtigten Zugang zur Zivilgerichtsbarkeit in der gesamten Europäischen Union haben. [...] Die Bekämpfung der [...] Kriminalität erfordert die grenzübergreifende Zusammenarbeit der nationalen Gerichte, Polizeikräfte, Zollbeamten und Einwanderungsbehörden aller EU-Staaten. Sie müssen zum Beispiel sicherstellen, dass

- die Außengrenzen der EU wirkungsvoll gesichert werden;
- Zollbeamte und Polizisten Informationen über die Bewegungen mutmaßlicher Drogenhändler oder Schleuser austauschen;
- Asylbewerber in der ganzen EU gleich beurteilt und behandelt werden, um das „Asylhopping" zu verhindern.

Diese Fragen werden vom Rat „Justiz und Inneres", d.h. von den Justiz- und Innenministern, behandelt. Angestrebt wird die Errichtung eines „Raums der Freiheit, der Sicherheit und des Rechts" innerhalb der EU-Grenzen.

Europäische Kommission, Brüssel, http://europa.eu/institutions/inst/council/index_de.htm, Zugriff 06.11.2008

M4 Kompetenzverteilung in der Europäischen Union

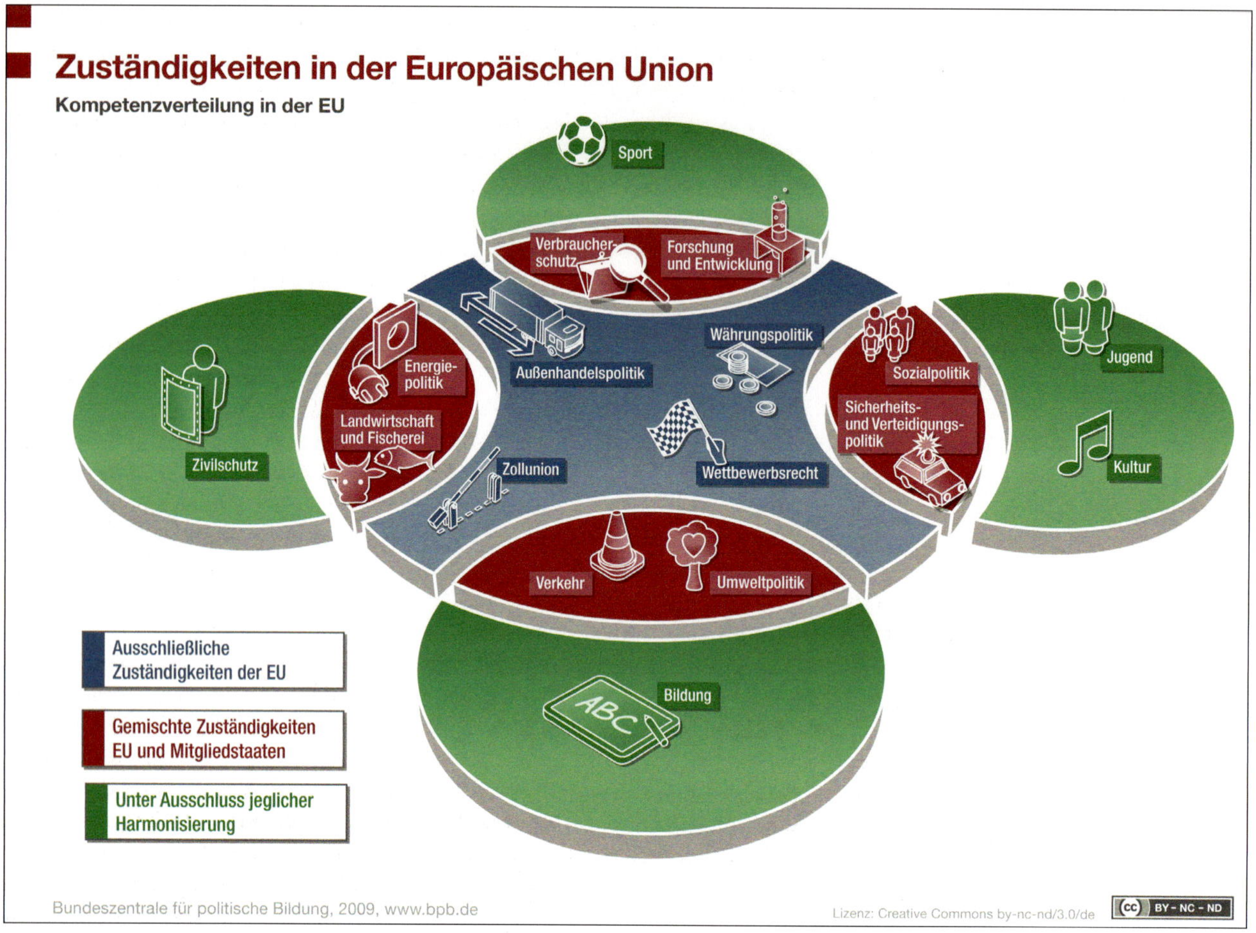

M5 Die möglichen Zusammensetzungen des Rates

1.	Allgemeine Angelegenheiten und Außenbeziehungen
2.	Wirtschaft und Finanzen
3.	Justiz und Inneres
4.	Beschäftigung, Sozialpolitik, Gesundheit und Verbraucherschutz
5.	Wettbewerbsfähigkeit
6.	Verkehr, Telekommunikation und Energie
7.	Landwirtschaft und Fischerei
8.	Umwelt
9.	Bildung, Jugend und Kultur

Europäische Kommission, Brüssel, http://europa.eu/institutions/inst/council/index_de.htm, Zugriff 08.11.2008

M6 Bericht aus dem Tollhaus: EU-Gipfel in Brüssel

In der Europäischen Union schwindet angesichts der schweren Wirtschaftskrise der Wille zu ehrgeizigen Klimaschutzzielen. Mit weitreichenden Zugeständnissen an die Industrie und Osteuropa will Frankreichs Staatspräsident Nicolas Sarkozy den Brüsseler EU-Gipfel heute und morgen [11. und 12. Dezember 2008] retten.

Im Kampf gegen die wahrscheinlich schlimmste Wirtschaftskrise der Nachkriegszeit stellte sich Sarkozy hinter den Vorschlag von Kommissionspräsident José Manuel Barroso für ein zwischen den 27 EU-Staaten abgestimmtes Konjunkturpaket im Wert von 200 Milliarden Euro. [...]

Merkel ohne „Wenn und Aber"

Bundeskanzlerin Angela Merkel hofft auf eine Einigung der EU-Regierungen zum Klimaschutz. Sie rechnet aber zuvor mit schwierigen Verhandlungen. „Ich bin guter Hoffnung, dass wir es schaffen können – auch wenn es noch sehr schwierige Verhandlungen geben wird", sagte sie unmittelbar vor Beginn der Beratungen. Deutschland müsse aufpassen, dass Klimaschutz und Arbeitsplätze zusammenpassten. „Aber wir werden vor allem darauf achten, dass wir die Klimaziele auch wirklich ohne Wenn und Aber erreichen."

Zur Wirtschaftskrise sagte sie, jedes Land müsse „seine Impulse geben". „Deutschland hat dies bereits in einem ersten Schritt getan", sagte sie. Weitere staatliche Hilfen gegen den Wirtschaftsabschwung seien möglich.

Deutschland werde „laufend auch schauen, was müssen wir eventuell noch tun", sagte die Bundeskanzlerin. Und mit Blick auch auf den wachsenden Druck auch aus dem Ausland: „Deutschland ist sich seiner Verantwortung als größte Wirtschaftsmacht Europas bewusst."

Berlusconi droht mit Veto

Italiens Ministerpräsident Silvio Berlusconi drohte mit einem Veto. „Wenn wir nicht das bekommen, was wir von Anfang an gefordert haben, dann müssen wir ein Veto einlegen", sagte Berlusconi. „Es ist absurd, in Zeiten der Krise über den Treibhausgas-Ausstoß zu reden, das ist, als ob jemand, der Lungenentzündung hat, über eine Dauerwelle nachdenken würde." Um ein Scheitern zu verhindern, legte Frankreichs Staatschef Nicolas Sarkozy einen Kompromiss vor. Damit will Sarkozy als EU-Ratspräsident der Industrie und Osteuropa entgegenkommen und ein Scheitern des Gipfels verhindern. Diplomaten erwarteten harte Verhandlungen bis in die Nacht hinein.

Deutliche Kritik an London

Bundesfinanzminister Peer Steinbrück (SPD) übte derweil deutliche Kritik an den britischen Maßnahmen im Kampf gegen die Wirtschafts- und Finanzkrise. Die Politik in London laufe auf eine Verschuldung hinaus, die von einer ganzen Generation abgetragen werden müsse, sagte Steinbrück dem US-Magazin „Newsweek". Der britische Premierminister Gordon Brown wies die Kritik zurück.

Browns Regierung gebe Milliarden für einen Plan aus, der durch zusätzliche Kredite und Steuererhöhungen nach 2011 finanziert werden müsse, sagte Steinbrück. Zu der im britischen Stützungspaket vorgesehenen Senkung der Mehrwertsteuer merkte der Bundesfinanzminister an, es sei die Frage, ob die Verbraucher einen DVD-Player kaufen würden, weil er statt 39,90 Pfund jetzt 39,10 Pfund koste. Brown wies Steinbrücks Kritik als Ausdruck der innenpolitischen Kontroverse in Deutschland zurück.

Er verteidigte seine Finanz- und Wirtschaftspolitik mit dem Hinweis, „dass fast jedes Land weltweit das tut, was wir getan haben". Die britische Regierung hatte Ende November ein Konjunkturpaket in Höhe von 20 Milliarden Pfund (24 Milliarden Euro) angekündigt. Die Mehrwertsteuer wurde ab Dezember bis Anfang 2010 vorübergehend gesenkt. Das Bundesfinanzministerium bemühte sich, die Wogen zu glätten.

„Das Klima ist okay"

Der tschechische Staatspräsident Vaclav Klaus bekräftigte unterdessen, dass sich sein Land während der im Januar [2009] beginnenden EU-Ratspräsidentschaft nicht besonders für den Klimaschutz einsetzen wolle. „Wir werden keine Vorkämpfer für das (EU)-Klimapaket werden", sagte Klaus bei einem privaten Besuch in Rumäniens Hauptstadt Bukarest vor Journalisten. Er äußerte zudem Befürchtungen, dass die globale Wirtschaftskrise als Vorwand zur Einschränkung der Freiheit der Finanzinstitutionen genutzt werden könnte.

„Das Klima ist okay", das Problem der Erderwärmung eine „Ideologie", sagte Klaus [...]. Auf der Welt herrsche „seit 10 000 Jahren dasselbe Klima". Eine Klimakatastrophe sei ausgeschlossen, deshalb sei er gegen „radikale Umweltschutzmaßnahmen".

Die globale Finanzkrise verglich Klaus mit einer „Grippe", deren Heilung „eine Woche dauert, wenn man zum Arzt geht, und sieben Tage, wenn man nichts tut". Die Weltwirtschaft werde sich erholen, „mit oder ohne Herrn Sarkozy, die G20-Gipfel oder die teuren Rettungspakete der Herren Paulson und Bernanke". Es sei zu befürchten, dass die Krise als Vorwand dienen werde, um „die fundamentalen Institutionen des Kapitalismus und der freien Märkte zu untergraben", sagte Klaus weiter.

n-tv.de: Bericht aus dem Tollhaus. EU-Gipfel in Brüssel, 11.12.2008, http://www.n-tv.de/politik/EU-Gipfel-in-Bruessel-article41219.html, Zugriff 06.01.2009

Arbeitsvorschläge

1.1 Fassen Sie mithilfe von VT und M 3 die wesentlichen Aufgaben des Europäischen Rates bzw. des Rates der Europäischen Union zusammen.

1.2 Erklären Sie die Unterschiede der beiden Organe bezüglich ihrer Zusammensetzung, Funktion und Entscheidungsfindung (vgl. auch M 1 und M 2).

2.1 Diskutieren Sie ausgehend von M 4 Chancen und Gefahren, wenn die Mitgliedstaaten der EU Hoheitsrechte an die EU abtreten.

2.2 Erörtern Sie anhand von M 5, welche Politikfelder unterrepräsentiert sind bzw. Ihrer Meinung nach nicht von der EU zentral geregelt werden müssten.

3.1 Erläutern Sie mithilfe von M 6 die Probleme, die ein Staatenbund wie die EU bei der Bewältigung internationaler Krisen hat.

3.2 Diskutieren Sie, welche Motive die in M 6 genannten Politikerinnen und Politiker zu ihren Äußerungen treiben.

Kommissare in Brüssel
Welche Funktion hat die Europäische Kommission?

Miniglossar

Komitologie
System der Verwaltungs- und Expertenausschüsse innerhalb der EU

Treibhausgase
Spurengase, die eine wichtige Rolle für das Erdklima spielen; die wichtigsten Treibhausgase sind Wasserdampf, Kohlendioxid (CO_2), Ozon (O_3), Distickstoffoxid (N_2O) und Methan (CH_4).

Begriff

Der **Kommissionspräsident** wird von den Regierungen der Mitgliedstaaten benannt und anschließend vom Europäischen Parlament bestätigt. Durch diese doppelte Legitimation erhält der Präsident eine politische Autorität, die er auf verschiedene Weise auszuüben hat.
Neben der Ernennung der Kommissionsmitglieder legt er die politischen Leitlinien für das gemeinsame Vorgehen der Kommission fest. Darüber hinaus organisiert er die Arbeit der Kommission, beruft die Sitzungen des Kollegiums ein und leitet sie, weist den einzelnen Kommissionsmitgliedern ihre Zuständigkeitsbereiche zu oder setzt Arbeitsgruppen ein. Der **Präsident** vertritt die Kommission und nimmt zu diesem Zweck an den Tagungen des Europäischen Rates und der Gruppe der sieben führenden Industrienationen plus Russland (G8), aber auch an den wichtigsten Sitzungen des Europäischen Parlaments und des EU-Ministerrates teil.

Rechtsetzungen innerhalb der EU werden als **Richtlinie** bezeichnet, wenn sie an die Mitgliedstaaten gerichtet sind und diese zur Verwirklichung bestimmter Ziele verpflichtet. Nach deutschem Recht ist zur Umsetzung in der Regel ein förmliches Gesetz oder eine Verordnung erforderlich. Im Gegensatz zur **Richtlinie** ist die **Verordnung** unmittelbar wirksam und verbindlich und benötigt keine Umsetzung auf nationaler Ebene.

M1 Das Gesicht der EU-Kommission

Einer der einflussreichsten Politiker Europas: EU-Kommissionspräsident José Manuel Barroso

VT

Die Europäische Kommission ist die Exekutive der EU. Sie ist für die Umsetzung der Beschlüsse des Parlaments und des Rates verantwortlich. Dies bedeutet, dass sie das Tagesgeschäft der Europäischen Union führt: Folglich ist sie für die Umsetzung der politischen Maßnahmen und Programme, aber auch für die Verwaltung der Haushaltsmittel verantwortlich. Die EU-Kommission wurde wie EU-Parlament und Europäischer Rat in den 1950er-Jahren durch die Gründungsverträge der EU eingerichtet.
Informell werden die ernannten Mitglieder der Kommission „Kommissare" genannt. Es handelt sich um Persönlichkeiten, die zuvor in ihrem Herkunftsland ein politisches Amt – oft auf Ministerebene – ausgeübt haben. Als Mitglieder der Kommission sind sie aber verpflichtet, im Interesse der gesamten Union zu handeln, und dürfen keine Anweisungen von nationalen Regierungen annehmen.
Die Kommission tritt einmal wöchentlich zusammen. Jeder Tagesordnungspunkt wird vom Kommissionsmitglied, das für das betreffende Politikfeld zuständig ist, erläutert. Danach fasst das gesamte Kollegium dazu einen gemeinsamen Beschluss. Die laufende Arbeit der Kommission wird von ihren Verwaltungsmitarbeitern, Experten, Übersetzern, Dolmetschern und Sekretariatskräften ausgeführt. Die Kommission hat ihren Sitz in Brüssel, aber sie verfügt auch über Büros in Luxemburg. Es gibt ungefähr 23 000 EU-Beamte. Diese Zahl erscheint auf den ersten Blick recht hoch zu sein, ist aber tatsächlich niedriger als der Personalstand der meisten mittelgroßen Städte in Europa. Ist der Vorwurf einer überbordenden Bürokratie in Europa also böse Verleumdung?

M2 Die Aufgaben der EU-Kommission

1. Vorschläge für neue Rechtsvorschriften

Die Kommission hat das „Initiativrecht". Mit anderen Worten ist die Kommission alleine für die Ausarbeitung von Vorschlägen für neue europäische Rechtsvorschriften verantwortlich, die sie dem Parlament und dem Rat vorlegt. Diese Vorschläge zielen auf die Wahrung der Interessen der Union und ihrer Bürger und nicht auf die Interessen bestimmter Länder oder Industriezweige ab.

Bevor die Kommission Vorschläge unterbreitet, muss sie sich mit neuen Gegebenheiten und Problemen, die sich in Europa entwickeln, vertraut machen und überlegen, ob diese am besten in EU-Vorschriften behandelt werden sollen. Aus diesem Grund ist die Kommission laufend in Kontakt mit einem breiten Spektrum an Interessengruppen und mit zwei beratenden Gremien – dem Europäischen Wirtschafts- und Sozialausschuss und dem Ausschuss der Regionen. Ferner holt sie Stellungnahmen von den nationalen Parlamenten und Regierungen ein.

Die Kommission schlägt nur dann Aktionen auf EU-Ebene vor, wenn sie der Ansicht ist, dass ein Problem dadurch wirksamer gelöst werden kann als durch nationale, regionale oder lokale Maßnahmen. Dieser Grundsatz, nach dem Angelegenheiten auf der niedrigsten möglichen Ebene behandelt werden sollen, wird als „Subsidiaritätsprinzip" bezeichnet.

Wenn die Kommission jedoch zu dem Schluss kommt, dass europäische Rechtsvorschriften notwendig sind, arbeitet sie einen Vorschlag aus, der ihrer Überzeugung nach das Problem wirkungsvoll löst und einem möglichst breiten Spektrum von Interessen entspricht. Zur richtigen Behandlung der fachlichen Einzelheiten zieht die Kommission die Experten aus ihren verschiedenen Ausschüssen und Arbeitsgruppen zu Rate.

2. Umsetzung der EU-Politik und des Haushalts

Als Exekutivorgan der EU ist die Kommission für die Verwaltung und Ausführung des EU-Haushalts zuständig. Der Großteil der tatsächlichen Ausgaben wird zwar von nationalen und lokalen Behörden getätigt, aber die Kommission ist für ihre Kontrolle verantwortlich, und zwar unter dem wachsamen Auge des Rechnungshofes. Beide Organe verfolgen dabei das Ziel, eine wirtschaftliche Haushaltsführung zu gewährleisten. Das Europäische Parlament erteilt der Kommission nur dann die Entlastung für die Durchführung des Haushaltsplans, wenn es mit dem Jahresbericht des Rechnungshofes zufrieden ist.

Die Kommission verwaltet auch die von Parlament und Rat verabschiedeten politischen Maßnahmen wie die Gemeinsame Agrarpolitik. Ein weiteres Beispiel ist die Wettbewerbspolitik, in deren Rahmen die Kommission befugt ist, Unternehmenszusammenschlüsse zu genehmigen oder zu unterbinden. Die Kommission hat ferner sicherzustellen, dass die EU-Mitgliedstaaten durch staatliche Beihilfen an ihre Unternehmen nicht den Wettbewerb verzerren.

Die Beispiele für EU-Programme, die von der Kommission umgesetzt werden, reichen von „Interreg" und „Urban" (zur Schaffung von grenzüberschreitenden Partnerschaften zwischen Regionen und zur Sanierung vernachlässigter Stadtviertel) bis zum Programm „Erasmus" zur Förderung des europaweiten Studentenaustauschs.

3. Durchsetzung des europäischen Rechts

Die Kommission fungiert als „Hüterin der Verträge". Das bedeutet, dass sie gemeinsam mit dem Gerichtshof über die ordnungsgemäße Anwendung des EU-Rechts in allen Mitgliedstaaten wacht. Wenn die Kommission feststellt, dass ein EU-Staat europäische Rechtsvorschriften nicht anwendet und somit seine rechtlichen Verpflichtungen nicht erfüllt, ergreift sie Schritte, um diesen Verstoß abzustellen.

Bayerns Ministerpräsident Horst Seehofer (l.) trifft den Präsidenten der EU-Kommission José Manuel Barroso in der EU-Hauptverwaltung in Brüssel.

Zuerst leitet sie ein Verfahren ein, das als „Vertragsverletzungsverfahren" bezeichnet wird. Dabei richtet die Kommission ein amtliches Schreiben an die betreffende Regierung, in dem sie erläutert, worin ihrer Ansicht nach der Verstoß gegen das EU-Recht besteht, und setzt eine Frist für die Übermittlung einer detaillierten Stellungnahme an die Kommission.

Wenn der Verstoß im Zuge dieses Verfahrens nicht abgestellt wird, muss die Kommission die Angelegenheit dem Gerichtshof übergeben, der Strafen verhängen kann. Die Urteile des Gerichtshofes sind für die Mitgliedstaaten und die Organe der EU bindend.

4. Vertretung der EU auf internationaler Ebene

Die Europäische Kommission ist eine wichtige Sprecherin der EU auf internationaler Ebene. Dadurch können die Mitgliedstaaten in internationalen Foren wie der Welthandelsorganisation „mit einer Stimme" sprechen.

Ferner ist die Kommission auch für das Aushandeln völkerrechtlicher Verträge im Namen der EU verantwortlich. Ein Beispiel dafür ist das Abkommen von Cotonou, in dem die Bedingungen für eine bedeutende Hilfs- und Handelspartnerschaft zwischen der EU und den Entwicklungsländern in Afrika, in der Karibik und im Pazifikraum festgelegt sind.

EU-Kommission, http://europa.eu/institutions/inst/comm/index_de.htm, Zugriff 09.11.2008

M3 Zusammensetzung der EU-Kommission

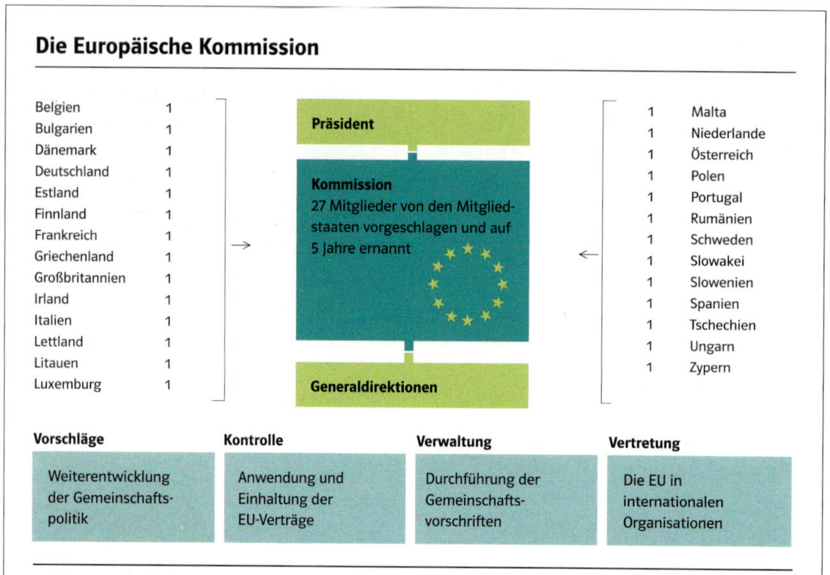

Nach: Erich Schmidt Verlag

M4 Die Besetzung der EU-Kommission

Die Neubesetzung der Kommission erfolgt alle fünf Jahre innerhalb von sechs Monaten nach der Wahl des Europäischen Parlaments. Dabei wird folgendermaßen vorgegangen:

- Die Regierungen der Mitgliedstaaten bestimmen gemeinsam den neuen Präsidenten der Kommission.
- Der designierte Kommissionspräsident wird anschließend vom Parlament bestätigt.
- Er wählt in Gesprächen mit den Regierungen der Mitgliedstaaten die anderen Mitglieder der Kommission aus.
- Der Rat verabschiedet die Vorschlagsliste mit qualifizierter Mehrheit und leitet sie an das Europäische Parlament zur Genehmigung weiter.
- Das Parlament befragt daraufhin jedes designierte Kommissionsmitglied und gibt seine Stellungnahme zum gesamten Kollegium ab.
- Nach Zustimmung des Parlaments wird die neue Kommission vom Rat mit qualifizierter Mehrheit offiziell ernannt.

EU-Kommission, http://europa.eu/institutions/inst/comm/index_de.htm, Zugriff 09.11.2008

M5 So entsteht EU-Recht

In der Praxis arbeiten die GDs [Generaldirektionen, die für einen bestimmten Politikbereich zuständig sind] die Vorschläge für Rechtsakte aus, aber diese erhalten erst nach „Annahme“ durch die Kommission auf ihrer wöchentlichen Sitzung offiziellen Status. [...] Nehmen wir zum Beispiel an, dass die Kommission Bedarf für europäische Rechtsvorschriften gegen die Verschmutzung der Flüsse in Europa sieht. Die Generaldirektion Umwelt arbeitet nun auf der Grundlage von umfassenden Konsultationen mit europäischen Unternehmen und Landwirten, mit Umweltministerien in den Mitgliedstaaten und Umweltschutzorganisationen einen Vorschlag aus. Der Entwurf wird dann mit den anderen Kommissionsdienststellen erörtert sowie vom juristischen Dienst und dem Generalsekretariat geprüft.

[...] Stimmen ihm mindestens 14 der 27 Kommissionsmitglieder zu, ist er von der Kommission angenommen [...]. Der Vorgang wird dann an den Rat und das Europäische Parlament zur Stellungnahme weitergeleitet.

EU-Kommission, http://europa.eu/institutions/inst/comm/index_de.htm, Zugriff 09.11.2008

M6 EU: Abschaffung klassischer Glühbirnen

Die Vertreter der EU-Länder haben gestern (8. Dezember 2008) dafür gestimmt, stromfressende Glühbirnen und ineffiziente Leuchten zwischen 2009 und 2012 schrittweise abzuschaffen. Damit sollen die Treibhausgasemissionen reduziert und die Energiesicherheit verbessert werden.

Im Oktober 2008 haben die EU-Energieminister die Europäische Kommission dazu eingeladen, eine Verordnung auszuarbeiten, um den Verkauf von Glühbirnen und der Leuchtmittel mit der schlechtesten Energieleistung bis 2010 auslaufen zu lassen. Dies sollte im Rahmen der Öko-Design-Richtlinie geschehen, die Leistungsanforderungen an energiebetriebene Produkte stellt.

Die Entscheidung über Maßnahmen, die im Rahmen der Richtlinie durchgeführt werden, wird von der Kommission von Produkt zu Produkt getroffen. Dabei kommt das Komitologie-Verfahren zum Tragen, bei dem die Kommission von einem Ausschuss nationaler Experten überwacht wird. [...]

Die Entscheidung, die von einem Ausschuss nationaler Experten getroffen wurde, bekräftigt einen Vorschlag der Europäischen Kommission, zu energieeffizienteren Leuchtmittel überzugehen. Die Kommission schätzt, dass die Haushalte in der EU dadurch ihren Stromverbrauch um 10 bis 15 % senken und 50 Euro im Jahr einsparen können. Das sei eine ausgewogene, realistische Zahl.

Es bestanden Bedenken bezüglich der höheren Kosten effizienterer Lampen, allerdings wird erwartet, dass die längere Lebenszeit und Preissenkungen, die voraussichtlich resultieren, wenn die Produktion gesteigert und die Verbrauchersteuer aufgehoben wird, diese Lampen wettbewerbsfähig machen werden.

Dieser Gesetzesentwurf sei wichtig, nicht nur aufgrund der möglichen Energieeinsparungen, sondern auch aufgrund seines symbolischen Charakters in den Augen der Bürger, sagte der

französische Staatssekretär für Verkehr Dominique Bussereau, der dem Treffen der europäischen Verkehrs-, Telekommunikations- und Energieminister am Montag vorsaß.
Bei der Entscheidung handelt es sich um eine Durchführungsmaßnahme im Rahmen der 2005 verabschiedeten Öko-Design-Richtlinie, die darauf abzielt, den Energieverbrauch von energiebetriebenen Konsumgütern zu reduzieren. Diese Entscheidungen würden die Führungsrolle der EU beim Übergang zu einer nachhaltigeren Zukunft im Energiebereich bekräftigen, meinte Bussereau. [...]. Die Anforderungen an das Öko-Design von energiebetriebenen Produkten werden aktualisiert, wenn die Europaabgeordneten dem in den ersten Monaten des Jahres 2009 zustimmen. Dann werden diese Anforderungen auch auf die neuen Produktgruppen angewendet. Die Kommission hat in ihrer im Juli 2008 veröffentlichten Strategie zu nachhaltigen Verbrauchs- und Produktionsmustern, die Teil einer breiter angelegten Strategie ist, um die Produkte in der EU umweltfreundlicher zu gestalten, empfohlen, den Anwendungsbereich der Richtlinie auszuweiten.
Die schrittweise Abschaffung betrifft nur Leuchtmittel, die in alle Richtungen gleichermaßen Licht aussenden. Außerdem sind einige Technologien ausgenommen, darunter Halogenleuchten mit speziellen Abdeckungen und Glühbirnen mit speziellen Aufgaben wie die in Verkehrsampeln oder Infrarotlampen. Damit sollte sichergestellt werden, dass die EU-Bürger Zugang zu den gewohnten Standards haben. Es soll außerdem verhindert werden, dass die EU-Bürger sich mit Lampen wieder finden, die nur mit bestimmten Glühbirnen funktionieren.

M7 Effizientere Lampen

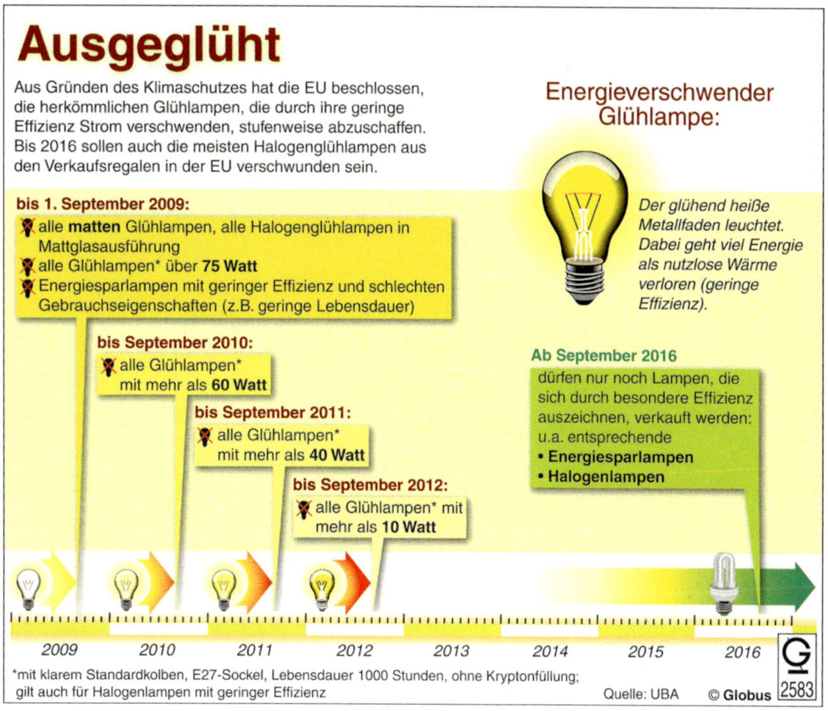

Die neue Richtlinie verbietet also nur Glühbirnen, Thomas Edisons Erfindung, die nun, aufgrund ihres großen Energieverbrauchs, als Technologie aus dem letzten Jahrhundert angesehen wird. Die Richtlinie führt Mindeststandards für die Energieeffizienz und Funktionalität ein. Das bietet den Verbrauchern die Möglichkeit, zwischen langlebigen Kompakt-Leuchtstofflampen, die einen bis zu 75 % niedrigeren Verbrauch als Glühlampen haben, oder effizienten Halogenlampen zu wählen, die bei Einsparungen zwischen 25 und 50 % den Glühlampen in Bezug auf die Lichtqualität absolut gleichwertig sind.
Die Abschaffung von Glühlampen wird wahrscheinlich zu einer Auslagerung der Glühbirnen-Produktion in Drittländer führen. Schätzungen zufolge werden zwischen 2 000 und 3 000 Stellen abgebaut, insbesondere in Osteuropa, mit großen Produktionsstätten in Ungarn und Polen. Die Kommission meint allerdings, dass einige dieser Beschäftigten in die Produktion von Halogenlampen wechseln könnten. Außerdem würden die Einsparungen von fünf bis zehn Milliarden Euro bei den Stromrechnungen in den Wirtschaftskreislauf der EU zurückfließen und für neue Jobs sorgen.
Aktuell sind 85 % der in europäischen Haushalten genutzten Lampen bezüglich ihres Energieverbrauchs ineffizient. Viele Länder planen, Glühbirnen zu verbieten. [...]

EMM Europäische Multiplikatoren-Medien GmbH, Berlin, http://www.euractiv.com/de/energieeffizienz/eu-beschliesst-abschaffung-klassischer-gluehbirnen-2012/article-177889, Zugriff 29.12.2008

Arbeitsvorschläge

1.1 Fassen Sie mithilfe von VT und M 2 die wesentlichen Aufgaben der EU-Kommission zusammen.
1.2 Diskutieren Sie ausgehend von M 1, M 3 und M 4 die Problematik der Zusammensetzung der EU-Kommission.

2.1 Erläutern Sie mithilfe von M 5 die Rolle der Kommission beim Gesetzgebungsverfahren innerhalb der EU.
2.2 Konkretisieren Sie Ihre Ergebnisse am Beispiel aus M 6.

G **3.** Diskutieren Sie an einem historischen oder aktuellen Beispiel (M 6, M 7) die Notwendigkeit einer einheitlichen Regelung in der gesamten EU.

EU-Recht gilt für alle

Welche Kompetenzen besitzt der Europäische Gerichtshof?

Miniglossar

Europäischer Gerichtshof (EuGH),
oberstes rechtsprechendes Organ der Europäischen Gemeinschaften mit Sitz in Luxemburg

Europäischer Gerichtshof für Menschenrechte (EGMR)
ein aufgrund der Europäischen Menschenrechtskonvention eingerichteter Gerichtshof mit Sitz in Straßburg

Internationale Gerichtshof (IGH)
Hauptrechtsprechungsorgan der Vereinten Nationen mit Sitz im Friedenspalast in Den Haag (Niederlande)

Internationale Strafgerichtshof (IStGH)
ständiges internationales Strafgericht. für die Delikte Völkermord, Verbrechen gegen die Menschlichkeit und Kriegsverbrechen mit Sitz in Den Haag

WTO
Welthandelsorganisation

M1 Zusammensetzung des Europäischen Gerichtshofs

Der Europäische Gerichtshof

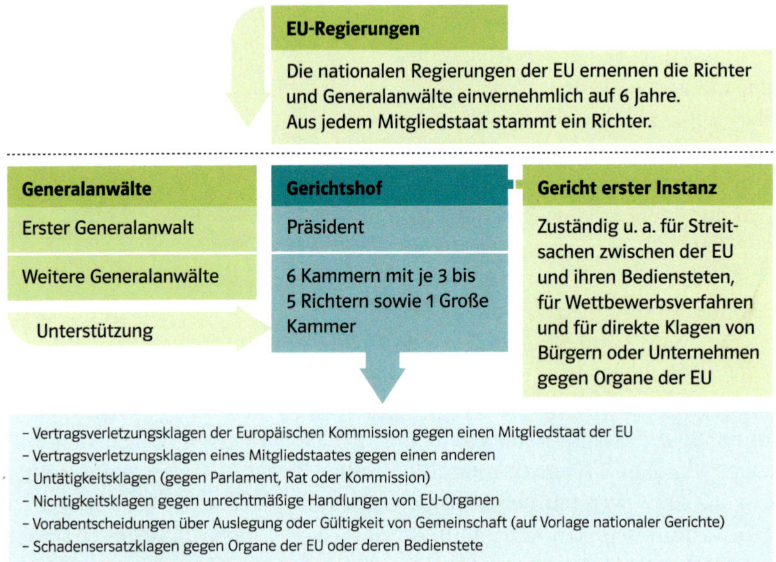

Harald Fischmann

Begriff

Experimente, bei denen Tiere eingesetzt werden, nennt man Tierversuche. (→ M 3, S. 51) Ihre Ziele bestehen in Erkenntnisgewinnen in der Grundlagenforschung und der Entwicklung und Erprobung neuer Medikamente bzw. Therapiemöglichkeiten in der Medizin. Besonders umstritten ist der Einsatz von Tieren bei der Erprobung von Kosmetika. Schätzungen zu Folge werden weltweit jedes Jahr über 100 Millionen Wirbeltiere bei oder nach **Tierversuchen** getötet.

VT

Der Europäische Gerichtshof mit Sitz in Luxemburg, amtlich Gerichtshof der Europäischen Gemeinschaften, wurde bereits 1952 eingerichtet. Sein Ziel ist, zu erreichen, dass das EU-Recht in allen EU-Mitgliedstaaten auf die gleiche Weise ausgelegt und angewendet wird. Der Gerichtshof gewährleistet ebenfalls, dass die EU-Mitgliedstaaten und die Organe sich an die Rechtsvorschriften halten.
Der Gerichtshof ist befugt, in Rechtsstreitigkeiten zwischen EU-Mitgliedstaaten, EU-Organen, Unternehmen und Privatpersonen zu entscheiden. Seit der bisher letzten Etappe der Osterweiterung besteht er aus 27 Richterinnen und Richtern. Folglich stellt auch hier jeder Mitgliedstaat einen qualifizierten und verdienten Juristen, sodass alle 27 nationalen Rechtsordnungen der EU vertreten sind. Sie werden von den Regierungen der Mitgliedstaaten in gegenseitigem Einvernehmen an den Gerichtshof entsandt. Ihre Amtszeit beträgt sechs Jahre, wonach eine Wiederernennung zulässig ist.
Zur Wahrung der Effizienz tagt der Gerichtshof jedoch selten als Plenum. In der Regel tritt er als „Große Kammer“ zusammen, die mit nur 13 Richterinnen und Richtern besetzt ist, oder in Kammern mit fünf bzw. drei Richtern. Der Gerichtshof wird von acht „Generalanwälten“ unterstützt. Ihre Aufgabe ist es, öffentlich Schlussanträge zu den Rechtssachen, mit denen der Gerichtshof befasst ist, zu stellen und zu begründen. Bei allen Verhandlungen müssen Richter und Generalanwälte zweifelsfrei unparteilich agieren.

M2 Die Aufgaben des Europäischen Gerichtshofs

Die fünf häufigsten Klagearten sind: [...]

1. Ersuchen um Vorabentscheidung
Die nationalen Gerichte jedes EU-Staats müssen für eine ordnungsgemäße Anwendung des EU-Rechts in ihrem Land sorgen. Es besteht aber die Gefahr, dass die Gerichte in den einzelnen Ländern die europäischen Rechtsvorschriften unterschiedlich auslegen.
Um dies zu verhindern, wurde das „Ersuchen um Vorabentscheidung" eingeführt. Wenn ein nationales Gericht Zweifel über die Auslegung oder Gültigkeit einer Rechtsvorschrift der EU hat, so kann es – und muss es in manchen Fällen – den Gerichtshof zurate ziehen. Dieser Rat wird in Form einer „Vorabentscheidung" erteilt.

2. Vertragsverletzungsklagen
Dieses Verfahren kann von der Kommission eingeleitet werden, wenn sie Grund zu der Annahme hat, dass ein Mitgliedstaat seinen Verpflichtungen gemäß dem EU-Recht nicht nachkommt. Ein solches Verfahren kann aber auch von einem anderen EU-Land eingeleitet werden.
In beiden Fällen prüft der Gerichtshof die Anschuldigungen und fällt das Urteil. Wenn der Gerichtshof feststellt, dass der Vertrag tatsächlich verletzt wurde, so muss der beschuldigte Mitgliedstaat diesen Verstoß sofort abstellen. Ist das Gericht der Ansicht, dass der Mitgliedstaat dem Urteil nicht nachgekommen ist, kann er ihm ein Bußgeld auferlegen.

3. Nichtigkeitsklagen
Wenn ein Mitgliedstaat, der Rat, die Kommission oder (unter bestimmten Umständen) das Parlament meinen, dass ein bestimmter Rechtsakt der EU rechtswidrig ist, können sie beantragen, dass der Gerichtshof ihn für nichtig erklärt.
Diese „Nichtigkeitsklage" kann auch von Privatpersonen eingebracht werden, um vom Gerichtshof die Aufhebung eines bestimmten Rechtsakts zu fordern, der ihre Situation unmittelbar und individuell beeinträchtigt.
Wenn der Gerichtshof feststellt, dass der betreffende Rechtsakt nicht korrekt verabschiedet wurde oder sich nicht auf die richtige Rechtsgrundlage in den Verträgen beruft, kann er ihn für null und nichtig erklären.

4. Untätigkeitsklagen
Das Europäische Parlament, der Rat und die Kommission sind durch den Vertrag verpflichtet, unter gewissen Umständen bestimmte Entscheidungen zu treffen. Wenn sie das unterlassen, können die Mitgliedstaaten, die anderen Gemeinschaftsorgane und (unter bestimmten Umständen) Einzelpersonen oder Unternehmen den Gerichtshof anrufen, um die Unrechtmäßigkeit dieser Untätigkeit feststellen zu lassen.

5. Schadenersatzklagen
Personen oder Unternehmen, die durch die Tätigkeit oder Untätigkeit der Gemeinschaft oder ihrer Bediensteten einen Schaden erlitten haben, können vor dem Gericht erster Instanz auf Schadenersatz klagen.

EU-Kommission, http://europa.eu/institutions/inst/justice/index_de.htm, Zugriff 26.11.2008

M3 Verfahren beim Europäischen Gerichtshof eröffnet

Frankreich will das bereits beschlossene EU-weite Verbot für Tierversuche in der Kosmetik rückgängig machen und reichte Klage ein. Anlässlich des gestrigen ersten Verhandlungstages [18. Januar 2005] demonstrierten Tierrechtler aus mehreren europäischen Ländern vor dem Europäischen Gerichtshof (EuGH) in Luxemburg.
Menschen für Tierrechte – Bundesverband der Tierversuchsgegner setzen sich dafür ein, dass das Ergebnis jahrelanger Verhandlungen nicht zerstört wird.
Im Januar 2003 beschloss die EU den Ausstieg aus dem Kosmetik-Tierversuch. Demnach dürfen ab 2009 für die Entwicklung von Kosmetika EU-weit keine Tierversuche durchgeführt werden. Ab 2013 ist auch jeglicher Verkauf von am Tier getesteten Schönheitsprodukten verboten. Frankreich, Heimat der weltgrößten Kosmetikhersteller, will das Übereinkommen, für das Tierrechtsverbände 13 Jahre lang gekämpft hatten, nicht akzeptieren. Die EU-Richtlinie sei nicht mit den Bestimmungen der Welthandelsorganisation (WTO) vereinbar. Mit einer Klage vor dem Europäischen Gerichtshof will das Land das bereits beschlossene Verbot aufheben. [...]

Corina Gericke: Verfahren beim Europäischen Gerichtshof eröffnet, Bundesverband der Tierversuchsgegner e. V., Aachen, 19.01.2005, http://tierrechte.de/p77001007x1178.html?highlight=tierrechte, Zugriff 24.07.2009

Arbeitsvorschläge

1. Fassen Sie mithilfe von VT, M1 und M2 die wesentlichen Aufgaben des Europäischen Gerichtshofes zusammen.

2. Ordnen Sie den in M3 beschriebenen Vorgang einer der in M2 beschriebenen Klagearten zu. Begründen Sie Ihren Vorschlag.

3. Bewerten Sie die Bedeutung des in M3 behandelten Urteils. Beziehen Sie dabei die in VT skizzierte Zielsetzung des EuGH in Ihre Überlegungen ein.

4. Recherchieren Sie und diskutieren Sie am Beispiel von M3 die Motive für das Vorgehen eines Einzelstaats gegen eine EU-Richtlinie.

Der Europäische Rechnungshof

Werden die EU-Milliarden korrekt verwendet?

Miniglossar

Ressource
(franz.) politisch-ökonomischer Begriff für die materiellen, finanziellen und personellen Mittel, die eingesetzt werden können oder müssen, um gesetzte Ziele zu erreichen

nachhaltig
den Bedürfnissen der aktuellen Generation entsprechend, ohne die Möglichkeiten künftiger Generationen zu gefährden, deren Bedürfnisse zu befriedigen

M1 EU-Haushalt 2009 in Zahlen

Ausgabenschätzung nach EU-Politikbereichen (in Mrd. EUR)	Haushaltsplan 2009	Veränderungen gegenüber 2008
Nachhaltiges Wachstum	**60,2**	**3,2%**
Wettbewerbsfähigkeit	11,8	6,2%
Kohäsion	48,4	2,5%
Natürliche Ressourcen	**56,1**	**1,0%**
Unionsbürgerschaft, Freiheit, Sicherheit und Recht	**1,5**	**12,3%** (1)
Freiheit, Sicherheit und Recht, einschließlich Grundrechte und Justiz, Sicherheit und Freiheitsrechte, Migrationsströme	0,9	18,1%
Unionsbürgerschaft, einschließlich Kultur, Medien, öffentliche Gesundheit, und Verbraucherschutz	0,6	5,4%
Die EU als globaler Partner	**8,1** (2)	**7,3%**
Verwaltung	**7,7**	**5,7%**
Ausgleichszahlungen zugunsten der neuen Mitgliedstaaten (3)	**0,2**	**1,2%**
Insgesamt	**133,8**	**2,5%**

(1) Die im Jahr 2008 aus dem Solidaritätsfonds gezahlten Beträge ausgenommen.
(2) Einschließlich der Soforthilfereserve.
(3) Beiträge gemäß dem Beitrittsverträgen.

Die Ausgaben für „Natürliche Ressourcen“ erstrecken sich v.a. auf die Bereiche Landwirtschaft und Entwicklung des ländlichen Raumes.

EU-Kommission, Brüssel, http://ec.europa.eu/budget/img/budget_detail/2009_figures_DE.gif, Zugriff 24.07.2009

Begriff

Für den Zusammenhalt zwischen einzelnen Staaten und Regionen wurde der politische Begriff der **Kohäsion** (von lat.: cohaerere „zusammenhängen“) entwickelt. Die **Kohäsionspolitik** ist seit der Einheitlichen Europäischen Akte (1986) ein wichtiges Element der EU-Politik. Sie geht davon aus, dass zwischen reicheren und ärmeren Regionen in der EU eine Umverteilung stattfinden soll, um die Folgewirkungen der ungleichen wirtschaftlichen Entwicklung auszugleichen. Vor der EU-Osterweiterung waren die Empfänger vor allem die südlichen EU-Regionen sowie Irland, ab der Wiedervereinigung 1990 auch die neuen deutschen Bundesländer. Nach der großen EU-Erweiterung 2004 und 2007 fließen die meisten **Kohäsionsmittel** nach Osteuropa.

VT

Der Europäische Rechnungshof soll gewährleisten, dass das Geld der europäischen Steuerzahler sinnvoll ausgegeben wird. Die 1975 eingerichtete Behörde mit Sitz in Luxemburg hat deshalb das Recht, alle Personen oder Organisationen, die EU-Mittel verwalten, zu überprüfen. Sie kontrolliert, ob die Mittel der EU ordnungsgemäß vereinnahmt und rechtmäßig, wirtschaftlich sinnvoll und zweckgebunden ausgegeben werden. Der Rechnungshof besteht aus einem Mitglied je EU-Staat, das vom Rat auf sechs Jahre ernannt wird. Die Mitglieder wählen aus ihrer Mitte den Präsidenten des Rechnungshofes für drei Jahre. Die Amtszeit kann verlängert werden. Dem Rechnungshof gehören rund 800 Mitarbeiter, u.a. Übersetzer, Verwaltungsbeamte und Rechnungsprüfer, an. Letztere führen häufig Prüfbesuche bei den anderen Organen der EU, in den Mitgliedstaaten und in allen anderen Ländern durch, die von der EU Hilfe erhalten. Der Rechnungshof kann selbst keine rechtlichen Schritte ergreifen. Wenn die Rechnungsprüfer Unregelmäßigkeiten aufdecken, unterrichten sie OLAF, das Europäische Amt für Betrugsbekämpfung. Ein Vorwurf an die EU lautet, dass viele Mittel nicht korrekt verwendet würden. Die Rechnungsprüfer erfüllen also eine wichtige Aufgabe, denn wir EU-Bürger wollen doch, dass das Geld sinnvoll verwendet wird. Steigt durch die Kontrolle letztlich die Akzeptanz für die EU-Politik?

M2 Hauptaufgaben des Europäischen Rechnungshofes

[...] Um seine Aufgabe wirkungsvoll erfüllen zu können, muss der Rechnungshof von allen anderen Organen völlig unabhängig sein, aber gleichzeitig in ständigem Kontakt zu ihnen stehen.

Eine seiner Hauptaufgaben besteht darin, das Europäische Parlament und den Rat durch Vorlage eines jährlichen Prüfberichts über das abgeschlossene Haushaltsjahr zu unterstützen. Das Parlament prüft den Bericht des Rechnungshofs eingehend, bevor es beschließt, die Verwendung der Haushaltsmittel durch die Kommission zu billigen. Wenn der Rechnungshof zu einem zufriedenstellenden Ergebnis gekommen ist, legt er dem Rat und dem Parlament auch eine Zuverlässigkeitserklärung vor, mit der eine allgemeine Gewähr für die ordnungsgemäße Verwendung des Geldes der europäischen Steuerzahler gegeben werden soll.

Schließlich nimmt der Rechnungshof Stellung zu Vorschlägen für EU-Finanzvorschriften und EU-Maßnahmen zur Betrugsbekämpfung. [...]

EU-Kommission, http://europa.eu/institutions/inst/auditors/index_de.htm, Zugriff 30.11.2008

M3 Milliarden-Betrug bei EU-Ausgaben

Der Europäische Rechnungshof hat die Subventionen des Jahres 2007 unter die Lupe genommen. Das Urteil ist erschreckend: Besonders in der Regionalförderung und der Landwirtschaft fließt viel Geld in falsche Kanäle.

EU-Zuschüsse in Milliardenhöhe sind laut Analyse des Europäischen Rechnungshofs 2007 in falsche Kanäle geflossen. Die Kontrolleure veröffentlichten am Montag (10.11.2008) in Brüssel ein „negatives Prüfungsurteil" zur EU-Finanzierung zahlreicher Politikfelder.

Allein in der Regional- und Sozialpolitik kommen die Prüfer auf fehlerhaft oder ordnungswidrig gezahlte Mittel in Höhe von rund 4,6 Milliarden Euro. Auch im Landbau stießen sie auf viele Mängel.

Rechnungshofpräsident Vítor Caldeira sagte bei der Vorstellung des 303 Seiten dicken Berichts im Europa-Parlament zu unkorrekten Ausgaben für die Struktur- und Sozialpolitik: „Der Hof nahm auf der Grundlage einer Stichprobe eine Schätzung vor, die ihn zu dem Schluss gelangen lässt, dass mindestens 11 Prozent des Gesamterstattungsbetrags in der EU-Regionalförderung nicht hätten ausgezahlt werden dürfen."

So kassierte der Besitzer eines Feriendorfes laut Bericht zwar mehr als 50 Prozent öffentliche Zuschüsse für seine Anlage, vergab Renovierungsaufträge aber regelwidrig ohne vorherige Ausschreibung. Eine Universität bekam EU-Unterstützung wegen ihrer Lage in einer benachteiligten Region, gab das Fördergeld aber rechtswidrig für Forschungsaufträge außerhalb dieses Zone-1-Gebietes aus. Und bei einem Sozialprojekt rechneten die Antragsteller die gesamten Personalkosten ab, obwohl die Mitarbeiter auch andere Aufgaben hatten.

Vom EU-Budget in Höhe von 114 Milliarden Euro ging der Löwenanteil von 44,8 Prozent an den Landbau – wo auch besonders viel falsch lief. „Der Bereich Entwicklung des ländlichen Raums ist am fehleranfälligsten, doch treten auch in anderen Bereichen Probleme auf", erklärten die Prüfer. [...]

Außerdem fehlten Verfahren, um die EU-Zahlungen an Bauern und Agrarindustrie überprüfen zu können. Der Rechnungshof schätzte, dass die Fehlerquote bei den Ausgaben des Garantiefonds für die Landwirtschaft knapp unter zwei Prozent liege. [...]

EU-Regionalkommissarin Danuta Hübner erklärte, Brüssel arbeite hart an einer Senkung der Fehlerquote. „In diesem Jahr haben wir bisher 843 Millionen Euro zurückgeholt – drei Mal mehr als 2007", sagte Hübner. Weitere „finanzielle Korrekturen" würden folgen. [...]

Kas: Milliarden-Betrug bei EU-Ausgaben, Deutsche Welle, 10.11.2008, www.dw-world.de/popups/popup_printcontent/0,,3779161,00.html, Zugriff 30.01.2009

M4 Subventionen

Zuckerrüben: Ein großer Teil der EU-Ausgaben sind Agrarsubventionen.

Arbeitsvorschläge

1. Fassen Sie mithilfe von VT und M 2 die wesentlichen Aufgaben des Europäischen Rechnungshofes zusammen.

2. Bewerten Sie ausgehend von M 1 und M 3 die Notwendigkeit und Effizienz des Rechnungshofes.

3. Recherchieren Sie im Internet große Einzelempfänger von Agrarsubventionen. Diskutieren Sie den Sinn solcher Förderungen.

Weiterführender Arbeitsauftrag

G 4. Stellen Sie sich vor, Sie seien Journalist und müssten eine historische Rückschau über die EU verfassen. Recherchieren Sie die Verwendung der Haushaltsmittel früherer Jahre und entwerfen Sie eine Reportage, in der Sie die Finanzpolitik der EU kritisch würdigen.

Die Machtbalance der EU-Organe

Wer entscheidet in der EU?

Miniglossar

Initiativmonopol
alleiniges Recht, Gesetze einzubringen

M1 Übersicht der EU-Organe

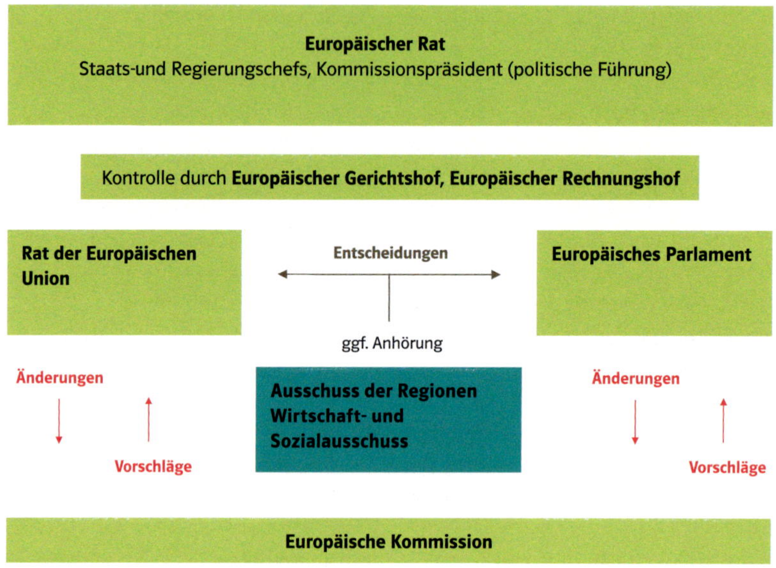

Harald Fischmann

Begriff

Als **supranational** (überstaatlich) wird ein Zusammenschluss von Staaten bezeichnet, die einige ihrer nationalen Souveränitätsrechte auf gemeinsame Institutionen übertragen haben. Diese vertreten nicht nur nationale, sondern gemeinsame Interessen und können selbstständig entscheiden und handeln. Der Begriff wird vorwiegend für die EU verwendet, weil sie zur Bewältigung grenzüberschreitender Herausforderungen eine supranationale Entscheidungsebene eingeführt hat: Ihr „institutionelles Dreieck" (Kommission, Rat, Parlament) entscheidet in bestimmten Politikbereichen – u. a. Binnenmarkt, Agrarpolitik, Währungsunion – rechtsverbindlich für alle Mitgliedstaaten (Gemeinschaftspolitik), teilweise auch nach dem Mehrheitsprinzip.

Als **intergouvernemental** bezeichnet man dagegen die begrenzte Zusammenarbeit zwischen Regierungen. Sie entspricht der klassischen Form internationaler Politik: In Verhandlungen zwischen den Staaten muss ein Konsens aller Beteiligten hergestellt werden. Nach dem **intergouvernementalen** Muster sind in der EU die Gemeinsame Außen- und Sicherheitspolitik (GASP) sowie die Zusammenarbeit in den Bereichen Justiz und Inneres (ZBJI) organisiert.

VT

Die Mitgliedstaaten der Europäischen Union haben einen wichtigen Teil ihrer Hoheitsrechte auf die europäische Ebene übertragen. Diese Rechte werden von den Organen der Europäischen Union wahrgenommen. Der Verwaltungsapparat der Europäischen Union ist nicht nur komplex, sondern auch auf den ersten Blick verwirrend. Trotzdem soll er einer der Garanten dafür sein, dass in der Europäischen Union die demokratischen Spielregeln eingehalten werden und kein Mitgliedstaat gegenüber einem anderen benachteiligt wird. Wie in den Kapiteln zuvor erwähnt existiert zum einen das Europäische Parlament, das die Bürgerinnen und Bürger der Union vertritt. Der Rat besteht aus den Vertretern der Mitgliedstaaten auf ministerialer Ebene und die Kommission setzt sich für das Gemeinschaftsinteresse ein. Dieses sogenannte „Entscheidungsdreieck" der EU wird durch den Europäischen Gerichtshof, den Rechnungshof und einige beratende Institutionen noch ergänzt. Ein Punkt ist besonders bedeutsam: Die Europäische Union hat keine europäische Regierung. Die Exekutive wird von der Kommission oder vom Rat der EU wahrgenommen. Sie vertreten die Europäische Union nach außen. Legislative und Budgetrecht teilen sich Rat und Parlament, wobei das größere Gewicht auf der Seite des Rates liegt. Wie sieht das Zusammenwirken der EU-Organe nun aber im Einzelnen aus? Wer entscheidet in der EU, wohin die Reise geht?

M2 Die Zusammenarbeit der EU-Organe

[...] Nach Artikel 4 des EU-Vertrages gibt der Europäische Rat „der Union die für ihre Entwicklung erforderlichen Impulse und legt die allgemeinen politischen Zielvorstellungen für diese Entwicklung fest". Da er oberhalb der EG steht, ist er sowohl für den supranational als auch den intergouvernemental organisierten Bereich der Union zuständig: Europäische Gemeinschaft mit Wirtschafts- und Währungsunion, Europäische Gemeinschaft für Kohle und Stahl und Europäische Atomgemeinschaft, Gemeinsame Außen- und Sicherheitspolitik und Zusammenarbeit in den Bereichen Justiz- und Innenpolitik. Der Europäische Rat befasst sich mit allen Themen der Union. Allerdings kann er bestimmte Fragen an die Organe der EG weiterleiten, um sich zu entlasten. In der Regel beschließt der Europäische Rat im Konsensverfahren. Er hat aber die Möglichkeit, in der Zusammensetzung des Ministerrates zu tagen. Dann stehen ihm die gleichen Abstimmungsverfahren wie dem Rat zu. Der Europäische Rat ist nicht mit dem Rat der Europäischen Union zu verwechseln.

[...] Der Rat hat exekutive und legislative Aufgaben. Er hat die Möglichkeit, die Kommission mit der Umsetzung der von ihr erlassenen Rechtsakte zu beauftragen. Die gesetzgebenden Funktionen teilt er sich mit dem Europäischen Parlament. Im Wesentlichen gibt es für den Rat drei Abstimmungsverfahren: Er kann mit Einstimmigkeit beschließen, mit einfacher oder qualifizierter Mehrheit. Vertragsartikel regeln, wann der Rat einstimmig oder mit qualifizierter Mehrheit abstimmen muss. Wenn die Verträge nichts anderes festgelegt haben, wird mit einfacher Mehrheit abgestimmt.

[...] Im Wesentlichen hat das Parlament drei Aufgaben: Es wirkt bei der Gesetzgebung mit und hat Haushalts- und Kontrollrechte. Letzteres äußert sich vor allem darin, dass das Parlament der Kommission als Ganzes zustimmen muss, bevor sie von den Regierungen der Mitgliedstaaten ernannt wird. Des Weiteren kann das Parlament ein Misstrauensvotum gegen die Kommission aussprechen, um sie zum Rücktritt zu zwingen. Budgetrecht und Gesetzgebungsbefugnis teilt sich das Parlament mit dem Rat.

[...] Die Europäische Kommission vertritt das Interesse der Europäischen Union und besitzt das Initiativmonopol bei der Gesetzgebung. Als Hüterin der Verträge hat sie darüber zu wachen, dass Organe und Mitgliedstaaten das Gemeinschaftsrecht einhalten und richtig anwenden.

[...] Der Gerichtshof ist für die einheitliche Auslegung des Gemeinschaftsrechts zuständig. Er ist die höchste richterliche Instanz und damit auch für die nationalen Gerichte bindend. [...] Wenn der Gerichtshof ein Urteil zu einer strittigen Frage fällt, so hat diese Handlung auch eine gesetzgebende Funktion.

[...] Nach Artikel 248 des EG-Vertrages prüft der Rechnungshof „die Rechtsmäßigkeit und Ordnungsmäßigkeit der Einnahmen und Ausgaben und überzeugt sich von der Wirtschaftlichkeit der Haushaltsführung".

Der Wirtschafts- und Sozialausschuss sowie der Ausschuss der Regionen [...] haben ausschließlich beratende Funktionen. Dabei muss der Wirtschafts- und Sozialausschuss von Rat und Kommission in wirtschaftlichen und sozialen Fragen gehört werden. Der Ausschuss der Regionen muss in Fragen der Struktur- und Regionalpolitik, der Kulturförderung und der Berufsbildung gehört werden.

Nora Kast: Organe der EU und Entscheidungsverfahren, http://www.europa-reden.de/info/organe.htm, Zugriff 05.02.2009

M3 Entscheidungsprozesse in der EU

Für das Europäische Parlament gibt es verschiedene Möglichkeiten, abhängig von der zu beschließenden Angelegenheit, seine Mitwirkungsrechte bei der Gesetzgebung wahrzunehmen: Unterrichtung und Anhörung, institutionelle Zusammenarbeit, Mitentscheidung und Zustimmung.

Das Europäische Parlament wird bei fast allen Fragen, die die drei Säulen der EU umfassen (Europäische Gemeinschaft, Gemeinsame Außen- und Sicherheitspolitik und Zusammenarbeit in den Bereichen Justiz- und Innenpolitik), unterrichtet und angehört. Bei dem Verfahren der Zustimmung entscheidet das Parlament über den Standpunkt des Rates. Lehnt das Parlament den Standpunkt ab, kann er nicht rechtskräftig werden. Dies gilt zum Beispiel für die Steuer- und Wettbewerbspolitik.

Das Verfahren der Institutionellen Zusammenarbeit wird bei Entscheidungen angewandt, die der Rat mit qualifizierter Mehrheit beschließen muss.

Auf Vorschlag der Kommission und nach Stellungnahme durch das Parlament legt der Rat mit qualifizierter Mehrheit einen gemeinsamen Standpunkt fest, der dann an das Europäische Parlament weitergeleitet wird. Wenn das Europäische Parlament den gemeinsamen Standpunkt des Rates annimmt oder sich innerhalb von drei Monaten nicht äußert, erlässt der Ministerrat den gemeinsamen Standpunkt mit qualifizierter Mehrheit. Lehnt das Europäische Parlament mit der absoluten Mehrheit seiner Mitglieder den gemeinsamen Standpunkt ab, kann der Rechtsakt nur erlassen werden, wenn der Rat mit Einstimmigkeit beschließt. Schlägt das Parlament Änderungen vor, prüft die Kommission den gemeinsamen Standpunkt. Übernimmt die Europäische Kommission die Abänderungen, wird der Rechtsakt erlassen, wenn der Rat mit qualifizierter Mehrheit abstimmt. Lehnt die Kommission die Abänderungen des Parlaments ab, muss der Rat mit Einstimmigkeit beschließen.

Dieses Verfahren unterstützt das Initiativmonopol der Kommission, denn Änderungswünsche des Europäischen Parlaments können ohne Zustimmung der Kommission nur noch schwer durchgebracht werden. Letztendlich liegt die Entscheidung allerdings beim Ministerrat.

Das Verfahren der Mitentscheidung, auch Kodezision genannt, wird bei Kultur, Bildung, Gesundheitswesen, Verbraucherschutz, Forschung, Technologie etc. angewandt.
Zunächst leitet die Kommission ihren Vorschlag an das Europäische Parlament und den Rat weiter. Nach der Stellungnahme durch das Parlament hat der Rat drei Möglichkeiten: Billigt er die Abänderungen der Europäische Parlaments mit qualifizierter Mehrheit, ist der Rechtsakt erlassen. Wenn das Parlament keine Änderungen vorgenommen hat, kann der Rat mit qualifizierter Mehrheit den Rechtsakt erlassen. Andernfalls legt der Rat mit qualifizierter Mehrheit einen gemeinsamen Standpunkt fest, den er an das Europäische Parlament mit einer ausführlichen Begründung weiterleitet. Auch die Kommission unterrichtet das Parlament über ihren Standpunkt. Nach einer Frist von drei Monaten gibt es folgende Möglichkeiten:
Das Parlament billigt den gemeinsamen Standpunkt oder nimmt keine Stellung. Wenn dies der Fall ist, gilt der Rechtsakt als erlassen. Außer die Kommission ist mit einigen Änderungen nicht einverstanden. Über diese Änderungen muss der Rat einstimmig entscheiden. Lehnt das Parlament mit absoluter Mehrheit den gemeinsamen Standpunkt ab, ist der Rechtsakt nicht erlassen. Nimmt das Europäische Parlament Änderungen am gemeinsamen Standpunkt mit der absoluten Mehrheit seiner Mitglieder vor, wird die veränderte Fassung des gemeinsamen Standpunktes an Rat und Kommission weitergeleitet.
Billigt der Rat innerhalb einer Frist von drei Monaten die Änderungen des Europäischen Parlaments mit qualifizierter Mehrheit, ist der Rechtsakt erlassen. Lehnt der Rat die Änderungen ab, beruft der Ratspräsident innerhalb von sechs Wochen im Einvernehmen mit dem Präsidenten des Europäischen Parlaments den Vermittlungsausschuss ein (Rat und Parlament sind gleichmäßig vertreten). Der Vermittlungsausschuss soll eine Einigung über einen gemeinsamen Entwurf zwischen Rat und Parlament erzielen. Auch die Kommission nimmt an den Arbeiten des Vermittlungsausschusses teil und ergreift die Initiative, um auf eine Annäherung zwischen den beiden Institutionen hinzuwirken. Grundlage ist der gemeinsame Standpunkt mit den Änderungsvorschlägen des Parlaments. Bewilligt der Vermittlungsausschuss keinen gemeinsamen Entwurf, ist der Rechtsakt nicht erlassen. Nimmt er mit qualifizierter Mehrheit seiner Mitglieder einen gemeinsamen Entwurf binnen sechs Wochen an, muss der Rat

M4 Das Zusammenspiel der EU-Organe

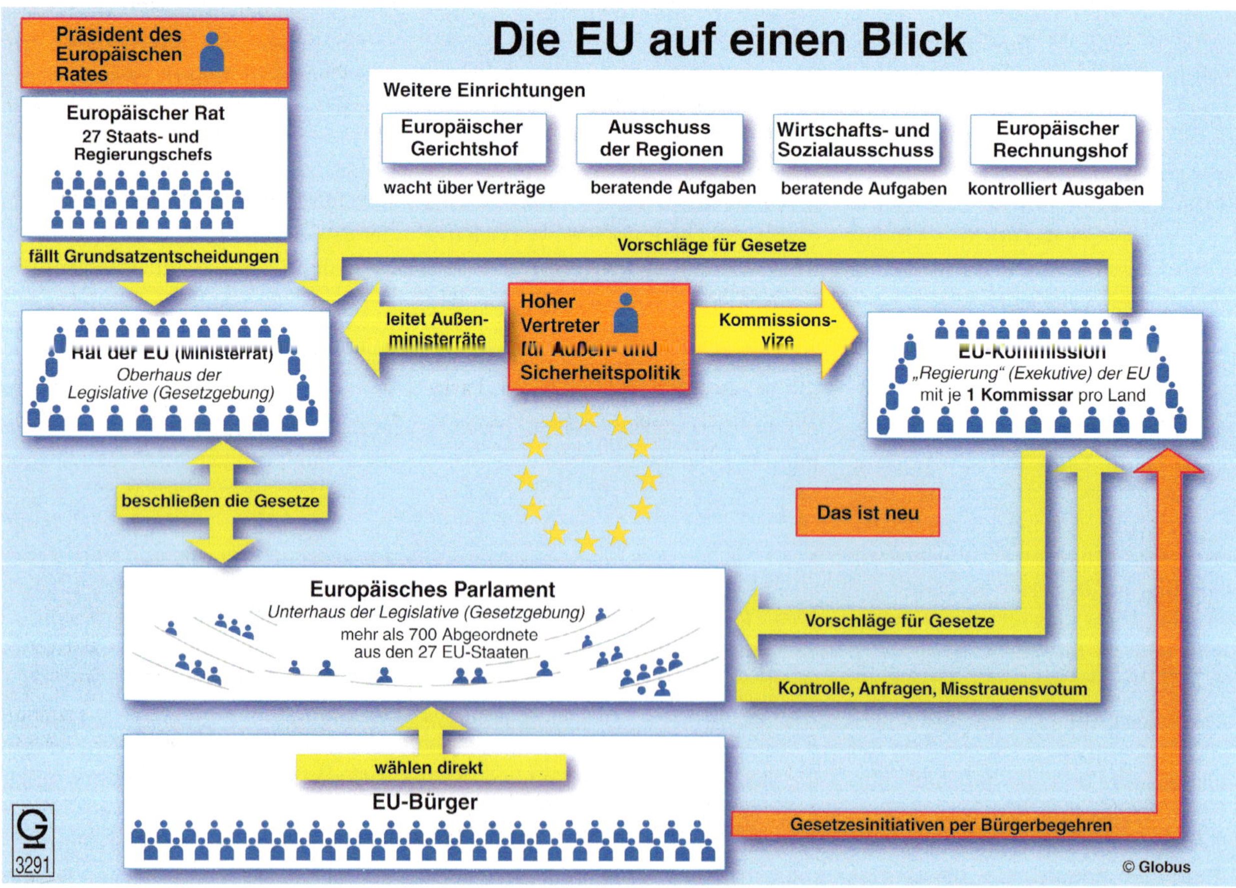

den Entwurf mit qualifizierter Mehrheit und das Europäische Parlament mit der absoluten Mehrheit der abgegebenen Stimmen annehmen, um den Rechtsakt zu erlassen. Stimmt nur eines der Organe gegen den Entwurf, ist der Rechtsakt nicht erlassen.
Bei diesem Verfahren haben Parlament und Rat etwa gleich großes Gewicht. In der zweiten und dritten Lesung hat das Parlament die Möglichkeit, das Zustandekommen des Rechtsaktes zu verhindern. Bedeutend ist hier der Vermittlungsausschuss, der aus Vertretern von Rat und Parlament besteht. Die Kommission ist auch beteiligt, hat aber kein Stimmrecht. [...]

Nora Kast: Organe der EU und Entscheidungsverfahren, http://www.europa-reden.de/info/organe.htm, Zugriff 05.02.2009

M5 Europäisches Klimaschutzpaket vorgelegt

Die EU-Kommission hat ein umfassendes Maßnahmenpaket zur Energie- und Klimapolitik vorgestellt. Es zeigt den Weg auf, wie die Beschlüsse des Europäischen Rats vom März 2007 umgesetzt werden können. Bundesumweltminister Sigmar Gabriel begrüßte die Vorschläge.
„Die EU-Komission hat ein gutes, ambitioniertes Paket vorgelegt", sagte Gabriel in Berlin. Deutschland unterstütze dieses Paket nachhaltig. Die Kommission habe wichtige deutsche Hinweise aufgenommen und umgesetzt. Beispiel hierfür sei die Berücksichtigung der Wettbewerbssituation der stromintensiven Industrie.
In einigen Punkten sehe Deutschland aber noch Nachbesserungsbedarf: etwa bei der Frage, wann die EU die Sonderregeln für die stromintensive Industrie im Emissionshandel festlegen wolle. Gesprochen werden müsse auch über die Gültigkeit der Nachhaltigkeitskriterien für alle Formen von Biomasse.
Das Klimapaket umfasst vier Entwürfe für Rechtsakte:

- Reduzierung der Treibhausgase in den einzelnen Mitgliedstaaten
- Maßgabe ist das im Frühjahr 2007 vereinbarte Ziel, EU-weit die Treibhausgas-Emissionen bis 2020 um 20 Prozent abzusenken. [...]
- Förderung der erneuerbaren Energien
- Im Frühjahr 2007 wurde verabredet, den Anteil von Wind-, Wasser- und anderen regenerativen Energien am Endenergieverbrauch in der EU bis 2020 auf insgesamt 20 Prozent zu erhöhen. [...] Für Deutschland heißt dies eine Steigerung von rund 6 auf 18 Prozent bis zum Jahr 2020. [...]
- Weiterentwicklung des Emissionshandels [...]
- CO_2 Abscheidung und Ablagerung
- Die EU-Kommission schreibt in ihrem Klimapaket Anforderungen an die Genehmigungen für Speicherung (Ablagerung) [...]. Außerdem fordert sie, dass bei großen Kraftwerkneubauten mit mehr als 300 MW Kapazität Speichermöglichkeiten vorzusehen sind.

Der Vorschlag der EU-Kommission wird gleichzeitig im Rat der Europäischen Union und im Europäischen Parlament erörtert. Bei dem Gesetzespaket greift das Mitentscheidungsverfahren. Das heißt: Das Europäische Parlament muss dem endgültigen Rechtsakt zustimmen. [...]

Regierung online, 23.01.2008, www.bundesregierung.de/Content/DE/Artikel/2008/01/2008-01-23-eu-gesetzespaket-klimaschutz.html, Zugriff 12.02.2008

M6 EU-Parlament verabschiedet Klimapaket

[...] Die Parlamentarier stimmten in Straßburg einer Richtlinie zu, wonach der Anteil der erneuerbaren Energien bei der Stromerzeugung in der EU bis zum Jahr 2020 auf mindestens 20 Prozent erhöht werden soll. Deutschland muss demnach seinen Anteil auf 18 Prozent steigern, [...]. Derzeit werden EU-weit rund sieben Prozent des Stroms mit erneuerbaren Energien, etwa aus Windparks oder Solaranlagen, produziert. [...].
Die Richtlinie zur erneuerbaren Energie ist Teil des Klimapakets, auf das sich die Staats- und Regierungschefs der EU vergangene Woche in Brüssel geeinigt hatten. Das Paket besteht aus insgesamt sechs Richtlinien, die dem Europaparlament am Mittwoch zur Abstimmung vorlagen. Anschließend muss das Paket formal noch vom Ministerrat abgesegnet werden.
Die Bundesregierung will Deutschland derweil auf die Folgen des Klimawandels vorbereiten. Am Mittwoch verabschiedete das Kabinett daher die „Deutsche Anpassungsstrategie an den Klimawandel". [...]

als/dpa/afp/reuters, SPIEGEL-Online, 17.12.2008, www.spiegel.de/politik/ausland/0,1518,596973,00.html, Zugriff 12.01.2009

Arbeitsvorschläge

1. Erläutern Sie ausgehend von VT, M1 und M2, in welchem Spannungsfeld sich Abstimmung und Zusamenarbeit der einzelnen EU-Organe bewegt.

2.1 Fassen Sie mithilfe von M3 die unterschiedlichen Mitwirkungsmöglichkeiten des EU-Parlaments mit eigenen Worten zusammen.

2.2 Beurteilen Sie, ob es notwendig ist, diese Befugnisse derart nach den verschiedenen Themenfeldern zu differenzieren.

3. Erläutern Sie am konkreten Beispiel des EU-Klimaschutzpakets mithilfe von M5 und M6 das Zusammenwirken der EU-Organe.

4.1 Vergleichen Sie M1, M3 und M4. Beschreiben Sie, welche Unterschiede im Zusammenspiel der einzelnen EU-Organe erkennbar sind.

G **4.2** Diskutieren Sie die Motive, die zu diesen Änderungsplänen bewogen haben könnten.

Europäisierung des Rechts

Wird EU-Recht in nationales Recht umgesetzt?

Miniglossar

Joint Venture
wörtlich: gemeinsames Wagnis; Fachbegriff für Gemeinschaftsunternehmen

EGV
Abkürzung für EG-Vertrag bzw. Vertrag der Europäischen Gemeinschaften

EuGH
Abkürzung für Europäischer Gerichtshof

M1 Umsetzung von EU-Recht

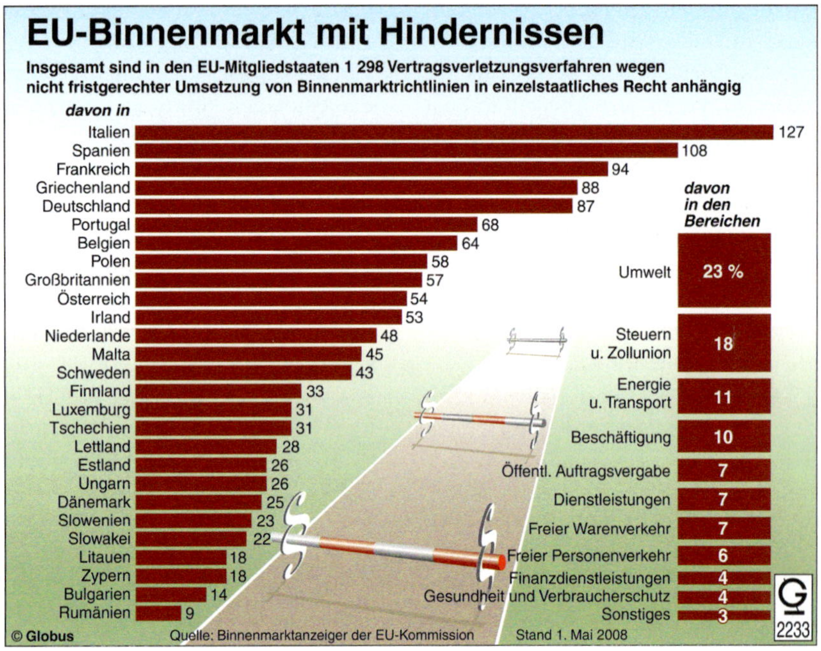

Begriff

Innerhalb der Politikfelder der EU unterscheidet man zwischen **vergemeinschaftete EU-Bereichen**, die in den EG-Vertrag aufgenommen wurden, und den „**nichtvergemeinschafteten**" Politikfeldern, die lediglich im EU-Vertrag genannt sind. Bei Letzteren handelt es sich um die Gemeinsame Außen- und Sicherheitspolitik (GASP) und um die polizeiliche und justizielle Zusammenarbeit in Strafsachen (PJZS), in denen der Rat jeweils einstimmig entscheidet und das Europäische Parlament keine eigenen Kompetenzen hat. Auch in den **vergemeinschafteten Politikbereichen** existieren jedoch je nach Politikfeld noch unterschiedliche Abstimmungsverfahren. Allgemein gilt, dass in den meisten Angelegenheiten der Rat nach dem Mehrheitsverfahren entscheidet und das Parlament gleichberechtigt an der Gesetzgebung beteiligt ist; in Politikbereichen, die von den Nationalstaaten als strategisch besonders wichtig angesehen werden (etwa Innen- und Justizpolitik, Agrarpolitik), sind die Mitspracherechte des Parlaments dagegen weniger ausgeprägt und der Rat beschließt häufig einstimmig.

VT

Durch die Mitgliedschaft in der EU gibt ein Staat seine unabhängige nationale Rechtssetzung, die sonst eigentlich nur durch die eigene Verfassung begrenzt wird, zu einem Teil auf. Darauf haben sich die EU-Mitglieder verständigt, damit die vergemeinschafteten EU-Bereiche, besonders der Binnenmarkt, gut funktionieren können. In vielen Feldern, wie z. B. der Außen- und Sicherheitspolitik, behält aber jedes Land seine volle Souveränität lieber für sich. Die mit der Abtretung von Souveränitätsrechten verbundenen Schwierigkeiten werden auch in Deutschland aktuell.
Hier hat das Bundesverfassungsgericht in seinem Urteil vom Juli 2009 den EU-Reformvertrag von Lissabon grundsätzlich zwar gebilligt, aber zugleich ein Begleitgesetz für verfassungswidrig erklärt, weil Bundestag und Bundesrat darin keine ausreichende Beteiligung eingeräumt würden.
Der Erlass einer EU-Richtlinie ist nur die erste Stufe hin zum fertigen Rechtsakt. Als zweite Stufe folgt die Umsetzung in jedem einzelnen Mitgliedstaat, die graduell recht unterschiedlich ausfallen kann. Den organisatorischen Rahmen für die Umsetzung geben die Umsetzungs-Pflichten (vgl. M 2) für die Mitgliedsländer vor. Ein Richtlinienvorschlag der EU-Kommission muss aber vorher sehr hohe und zahlreiche Hürden überwinden, bis aus ihm eine fertige Richtlinie wird. Erst wenn Kommission, Parlament und Rat sich geeinigt haben, wird diese Richtlinie im Europäischen Amtsblatt veröffentlicht. Aber wie geht es dann weiter?

M2 Die fünf Pflichten der Mitgliedsländer

1. Umsetzungspflicht

Die Mitgliedstaaten müssen die von der EU erlassene Richtlinie innerhalb einer vorgegebenen Zeit umsetzen. [...] Wie genau sie das machen, steht ihnen allerdings frei – die Mitgliedstaaten haben die Wahl der Form und der Mittel.

Das heißt also, dass die EU zwar die Ziele vorgibt, nicht jedoch, welche Gesetze und Maßnahmen erlassen werden müssen, damit diese Ziele erreicht werden. [...] Dadurch werden [...] die Struktur der nationalen Rechtsordnungen erhalten und die unterschiedlichen nationalen Gegebenheiten berücksichtigt. [...]

2. richtlinienkonforme Auslegung

[...] Auch wenn im nationalen Verfahren ein Gesetz geschaffen wird, das nicht im Wortlaut der Richtlinie entspricht, so muss das nationale Recht dennoch immer der Richtlinie entsprechend ausgelegt werden. Die Richtlinie steht über dem nationalen Gesetz, sie bestimmt seine Auslegung.

3. unmittelbare Wirkung

Wenn ein Mitgliedstaat die Frist zur Umsetzung einer Richtlinie nicht einhält, dann wirkt die entsprechende Richtlinie dennoch auch in diesem Land. Unter einer Bedingung: Sie muss in ihrem Inhalt schon so konkret formuliert sein, dass sie auf den Einzelfall anzuwenden ist. Das heißt, selbst wenn z. B. Deutschland eine EU-Richtlinie noch nicht fristgemäß umgesetzt wurde, kann ein deutscher Bürger sich ab dem Stichtag auf diese berufen, wenn sie detailliert genug ist, um daraus Rechte des Bürgers abzuleiten.

4. Haftung wegen unterlassener Richtlinienumsetzung

Wenn ein Mitgliedstaat nach Ablauf der Frist eine Richtlinie noch nicht umgesetzt hat, muss er als Staat dafür haften, wenn folgende Voraussetzungen gegeben sind:

- Die Frist zu der Umsetzung der Richtlinie wurde überschritten.
- Die Richtlinie soll Einzelnen Rechte verleihen.
- Der Inhalt der Richtlinie muss ausreichend konkretisiert sein, so dass man einschätzen kann, inwieweit Einzelne dadurch begünstigt werden.
- Die unterlassene Umsetzung der Richtlinie muss unmittelbar verantwortlich für die dadurch entstandene Benachteiligung des Einzelnen sein.

5. Haftung wegen fehlerhafter Richtlinienumsetzung

Weiterhin muss der Staat in einzelnen Fällen auch dann haften, wenn er Richtlinien fehlerhaft umgesetzt hat. [...] Der Europäische Gerichtshof (EuGH) achtet darauf, dass die Mitgliedstaaten alle diese Pflichten einhalten und greift mit Sanktionen ein, wenn die Regeln nicht eingehalten oder verletzt werden.

Christiane Ahumada-Contreras: Wie wird eine EU-Richtlinie in nationales Recht umgesetzt?, europa einfach e. V., Witten, 03.04.2006, www.europa-digital.de/dschungelbuch/entscheid/umsetzung/index.shtml, Zugriff 24.07.2009

M3 Grundsatzurteil: EU-Recht hat immer Vorrang

[...] Die Richter am Europäischen Gerichtshof (EuGH) in Luxemburg räumen in einer neuen Entscheidung dem EU-Recht jetzt den unbedingten Vorrang vor nationalem Recht zu. Ausnahmen, die sich aus der Belastung Privater ergeben, werden in dem Urteil nicht anerkannt.

[...] In dem Fall ging es um eine typische Nachbarklage. Ein Steinbruch wollte seine Betriebsart ändern. Dafür wäre nach den Vorschriften einer EU-Richtlinie eine aufwendige Umweltverträglichkeitsprüfung notwendig gewesen. Sowohl der Betreiber als auch der britische Staat übersahen das. Eine Nachbarin dagegen erkannte die Gunst der Stunde und verklagte den Staat. Ihre Forderung: Der Betrieb des lauten Steinbruchs solle so lange ausgesetzt werden, bis dessen Umwelttauglichkeit festgestellt worden sei. Der britische Staat wollte dem Betrieb die Einstellung nicht zumuten. [...]

Der EuGH hat die Gelegenheit der Klage ergriffen und seine früher nicht eindeutige Rechtsprechung jetzt präzisiert. Die Richter gestehen ein, dass der Vorrang des Gemeinschaftsrechts vor dem nationalen Recht dazu führen kann, dass Private belastet werden müssen. Andernfalls könne nicht sichergestellt werden, dass der Staat EU-Recht in jeder Beziehung beachte.

Seine Bedeutung erlangt das Urteil vor dem Hintergrund, dass die große Masse der vom Bundestag und den Länderparlamenten verabschiedeten Gesetze eigentlich aus Brüssel stammt. Manche Parlamentarier sprechen von einem 80-prozentigen Anteil von EU-Richtlinien an der gesamten deutschen Gesetzgebung. Sie müssen erst in nationales Recht umgewandelt werden. In der Praxis zeigen sich die Staaten dabei häufig nachlässig. [...]

Das Urteil klärt die unmittelbaren Wirkungen von EG-Richtlinien für zahlreiche weitere Rechtsgebiete, vom Recht der öffentlichen Auftragsvergabe bis hin zur Regulierung des Strom- und des Telekommunikationsmarktes.

alb: EU-Recht hat immer Vorrang, Handelsblatt, 02.02.2004, http://www.handelsblatt.com/unternehmen/strategie/eu-recht-hat-immer-vorrang;708624, Zugriff 28.11.2009

M4 Das Gemeinschaftsrecht der EU

[...] Das derzeit geltende Gemeinschaftsrecht der Europäischen Union besteht aus drei verschiedenen, aber miteinander verwobenen Arten von Rechtsakten:

Primärrecht: Die Gründungsverträge der europäischen Gemeinschaften, deren Ergänzungen und der Vertrag über die Europäische Union bilden das sogenannte Primärrecht. Sie sind mit nationalstaatlichem Verfassungsrecht vergleichbar. Es handelt sich dabei um den Vertrag zur Gründung der Europäischen Gemeinschaft (EG-Vertrag) und den Vertrag über die Europäische Union (EU-Vertrag).

Begonnen hat es mit den Römischen Verträgen (1958). Änderungen erfolgten mit der Einheitlichen Europäischen Akte (1987), dem Vertrag von Maastricht (1993), dem Vertrag von Amsterdam (1999) und dem Vertrag von Nizza (2003). Am 1. Dezember 2009 löste der Vertrag von Lissabon den Vertrag von Nizza ab.

Rechtsakte des Primärrechtes sind Vereinbarungen, die unmittelbar zwischen den Regierungen der Mitgliedstaaten ausgehandelt werden. [...]

Sekundärrecht: Auf der Basis des Primärrechts beschließen das Europäische Parlament und der EU-Ministerrat die europäischen Gesetze – das Sekundärrecht. Es baut auf den Verträgen auf und wird im Wege unterschiedlicher Verfahren, die in einzelnen Vertragsartikeln festgelegt sind, erlassen. Im Vertrag von Lissabon sind folgende Rechtsakte vorgesehen: Verordnungen [...], Richtlinien [...], Entscheidungen und Beschlüsse [...] [und nicht verbindliche] Empfehlungen und Stellungnahmen [...].

Rechtsprechung: Die Rechtsprechung umfasst Urteile des [EuGH] und des Gerichtes erster Instanz. Dabei handelt es sich um Streitsachen, die zum Beispiel von der Kommission, von innerstaatlichen Gerichten der Mitgliedstaaten oder Einzelpersonen vorgelegt werden.

www.bundesregierung.de/nn_103576/Content/DE/Artikel/2001-2006/2005/10/2005-10-31-europa-gemeinschaftsrecht-der-eu.html, Zugriff 18.11.2009

M5 Der lange Weg zum Glück

Dass ihr Leben einmal von einem Stapel Papier namens „Richtlinie 2005/36/EG" bestimmt werden würde, das hätte sich Marie nicht träumen lassen. [...] Marie ist 26 Jahre alt und kommt aus Utrecht in den Niederlanden. Vor zwei Jahren hat sie sich in (den zwei Jahre älteren Deutschen) Fabian verliebt. (Er) hat nach seinem Bühnenbildstudium einen Job am Passauer Theater gefunden. In einem Jahr ist auch Marie fertig mit der Uni. Dann hat sie 14 Semester Medizin gebüffelt, geforscht und praktiziert – und Deutsch gelernt. „Denn dann möchte ich endlich als Ärztin arbeiten – am liebsten in Passau, bei Fabian."

An dieser Stelle wird die Richtlinie 2005/36/EG in Maries Leben wichtig. Denn sie regelt künftig die Anerkennung von Berufsabschlüssen und -qualifikationen innerhalb Europas. Dank dieser Richtlinie soll also Maries Abschluss in „Geneeskunde" auch von einer deutschen Klinik wie ein Abschluss in Humanmedizin akzeptiert werden. [...]

Bisher werden zwar die Bachelor- und Masterabschlüsse aus anderen europäischen Ländern anerkannt, jedoch hat Deutschland etwa bei der Berufszulassung im Bereich Humanmedizin momentan noch weitere Bedingungen. Marie weiß, wie wichtig ihr deshalb diese Richtlinie werden kann: „Es klingt komisch, aber das Dokument 2005/36/EG ist der richtige Schlüssel zu Fabians und meiner gemeinsamen Zukunft."

Doch damit dieser Schlüssel irgendwann Türen öffnen kann, ist ein langer Weg mit Entscheidungen, Beschlüssen, Abstimmungen nötig. Die Richtlinie 2005/36/EG hat es fast hinter sich, das Gesetzgebungsverfahren in der Europäischen Union (EU). (Dabei) sind vor allem drei Institutionen beteiligt: die Europäische Kommission, das Europäische Parlament (EP) und der Rat der Europäischen Union (Rat). [...]

Am Anfang steht immer eine Idee. In Maries Fall die Idee, dass die Menschen in Europa auch in allen anderen Mitgliedsstaaten in ihrem Beruf arbeiten können. Diesen Einfall hatte die Europäische Kommission schon im Jahr 2000. Sie hat oft die Rolle des Impulsgebers und macht Vorschläge für neue europäische Gesetze. Sie wird deshalb auch „Motor der Gemeinschaft" genannt. Die Ideen für ein neues Gesetz schreibt die EU-Kommission meist in einem sogenannten Grünbuch auf. Auf dieser Grundlage werden erste Meinungen zu dem Vorschlag gesammelt.

Als Ergebnis dieser Stellungnahmen – meist von gesellschaftlichen Gruppen, Verbänden, Interessenvertretungen – gibt die Kommission ein sogenanntes Weißbuch heraus, in dem sie konkret erklärt, wie sie sich das neue Gesetz vorstellt. Dieses Weißbuch wird dann sowohl dem EP als auch dem Rat der Europäischen Union vorgelegt, damit sie darüber beraten können. Stimmen das Parlament und der Rat der Idee zu, schreibt die Kommission einen Vorschlag für eine Richtlinie oder eine Verordnung. So heißen Gesetze auf der europäischen Ebene. Verordnungen sind in den Mitgliedsstaaten unmittelbar verbindlich, das heißt, dieses Recht gilt, ohne dass die nationalen Parlamente noch extra etwas tun müssen. Bei Richtlinien, wie in Maries Fall, ist das anders. Hier müssen die Mitgliedsstaaten dafür sorgen, dass das Ziel der Richtlinie im eigenen Land innerhalb einer Frist umgesetzt wird, etwa durch ein neues Gesetz oder durch Gesetzesänderungen.

[...] Die Richtlinie 2005/36/EG über die Anerkennung von Berufsqualifikationen fällt unter das Thema Freizügigkeit der Arbeitnehmer, das in den Artikeln 39 und 40 EG-Vertrag geregelt ist. Dadurch ist klar, dass über diese Richtlinie im Mitentscheidungsverfahren zu beraten ist. Es gibt mehr als 20 andere mögliche Wege der Gesetzgebung, etwa das Zustimmungsverfahren oder das Anhörungsverfahren, aber rund drei Viertel aller Vorlagen werden im Mitentscheidungsverfahren behandelt. Sein Kennzeichen ist, dass sowohl der Rat als auch das EP gleiche gesetzgeberische Rechte haben und sich verständigen müssen. Können sich beide Organe nicht einigen, scheitert das Gesetz. Bei Maries Richtlinie 2005/36/EG war dies zum Glück nicht der Fall.

Im Europäischen Parlament beraten die Experten in den zuständigen Ausschüssen über die ausformulierte Richtlinie oder Verordnung. [...] Meistens hat (das EP) Änderungswünsche an dem Entwurf der Kommission. Diesen Prozess nennt man Erste Lesung. Auch andere Gremien werden zur Unterstützung um ihre Stellungnahme gebeten. Bei der Richtlinie 2005/36/EG etwa der Europäische Wirtschafts- und Sozialausschuss (EWSA) [...].

Im nächsten Schritt debattiert der Rat über die neuen Vorschläge des EP. [...] Über den Rat können außerdem die nationalen Parlamente in den Prozess einwirken. Denn die Kommission sendet ihnen ihre Dokumente direkt zu. Auch der Deutsche Bundestag kann sich so positionieren und die Bundesregierung auffordern, seine Meinung in ihre Entscheidung im Rat mit einfließen zu lassen.

Wenn der Rat mit den Verbesserungsvorschlägen des EP einverstanden ist, dann gilt der Gesetzesvorschlag als angenommen, wenn nicht, gibt es eine Zweite Lesung. Hier entscheidet das EP über den Standpunkt des Rates. Es kann den Entwurf des Rates mit absoluter Mehrheit der abgegebenen Stimmen annehmen oder ihn mit der absoluten Mehrheit der Abgeordneten ablehnen oder nochmals ändern. Das EP hat also in diesem Stadium die Möglichkeit, ein Gesetz zu verhindern, wenn es mit diesem nicht einverstanden ist.

Hat das EP Änderungswünsche, muss die Kommission sich wieder mit ihrem Gesetzesplan befassen. In vielen Fällen nimmt sie Rücksicht auf die Vorschläge des EP und schickt dem Rat dann einen geänderten Entwurf. Nimmt der Rat diesen Entwurf an, ist das neue EU-Gesetz fertig.

Kommt zwischen den Europaparlamentariern und dem Rat keine Einigung zustande, versucht ein Vermittlungsausschuss zu schlichten. Diesem gehören sowohl Mitglieder des Rates als auch des EP an. [...] Dessen Formulierung [...] muss das EP dann noch mal bestätigen. Das ist dann die Dritte – aber auch letzte – Lesung. Lehnen die Mitglieder des EP den Vermittlungsvorschlag trotzdem ab, ist das Gesetz endgültig gescheitert.

Die Gesetzgebungsprozesse innerhalb der EU sind manchmal ziemlich kompliziert. Grob kann man sich jedoch merken: Die Kommission schlägt vor, der Rat entscheidet unter Mitwirkung des Parlaments. Bei der Abstimmung über die für Marie und Fabian so wichtige Richtlinie ging alles gut. Am 20. Oktober 2005 trat die Richtlinie 2005/36/EG in Kraft. Alle Mitgliedsländer der EU haben nun die Aufgabe, sie bis zum 20. Oktober 2007 in ihr nationales Recht umzusetzen. [...] Zwei Jahre Zeit gibt es dafür, denn eine Richtlinie muss in Deutschland noch den kompletten Gesetzgebungsprozess durchlaufen. Zunächst wird geprüft, ob ein neues Gesetz für Deutschland geschrieben wird oder ob bestehende Regelungen aktualisiert werden. Bei Maries Richtlinie ist Letzteres der Fall. Hier müssen etwa 80 Änderungsgesetze geschrieben und zudem noch zahlreiche Rechtsverordnungen überarbeitet werden. [...] An der Richtlinie 2005/36/EG arbeiten gerade sechs Bundesministerien und jeweils drei bis fünf Ministerien in den Ländern.

Liegen die Kompetenzen beim Bund, legt die Bundesregierung einen Gesetzentwurf vor und schickt ihn vorab an den Bundesrat, damit er sich dazu eine Meinung bilden kann. Dann wird der Regierungsentwurf in den Deutschen Bundestag eingebracht, wo die Erste Lesung im Plenum stattfindet. Die eigentliche fachliche Detailberatung findet in den Ausschüssen des Bundestages statt. Der federführende Ausschuss legt seinen Standpunkt fest und schlägt ihn dem Plenum vor. Diese Empfehlung behandelt dann der Bundestag in der Zweiten Lesung. Die Dritte Lesung mit der Schlussabstimmung kommt direkt im Anschluss, sofern es keine Änderungswünsche gibt.

Ist ein Gesetz vom Bundestag verabschiedet, wird es sofort an den Bundesrat geschickt, über den die Länder an der Gesetzgebung des Bundes mitwirken. Je nachdem, ob ein Gesetz der Zustimmung oder ob er nur Einspruch erheben darf (Einspruchsgesetz), regelt sich das Verfahren. Ist der Bundesrat mit dem vom Bundestag verabschiedeten Entwurf nicht zufrieden, kommt auch hier ein Vermittlungsausschuss ins Spiel. [...] Im Falle von Einspruchsgesetzen kann der Bundestag den Bundesrat aber überstimmen, wenn es keine Einigung gibt. Dann kann das Gesetz in Kraft treten, ebenso wenn der Bundesrat nichts zu bemängeln hat oder eine Einigung im Vermittlungsausschuss erreicht wurde. Vorher muss es die Bundesregierung noch einmal gegenzeichnen und der Bundespräsident muss es unterschreiben. Dann wird das Gesetz im Bundesgesetzblatt verkündet. Wenn Marie in einem Jahr ihre Prüfungen abgeschlossen hat, hofft sie, dass in Deutschland die Richtlinie 2005/36/EG diesen langen Weg schon hinter sich hat. [...]

(Anm. der Red.: Die EU-Richtlinie wurde inzwischen durch das „Gesetz zur Umsetzung der Richtlinie 2005/36/EG ..." umgesetzt.)

Birte Betzendahl: Der lange Weg zum Glück. In: Glasklar, 22.03.2007, Deutscher Bundestag (Hg.), zitiert nach: http://www.bundestag.de/blickpunkt/108_Glasklar/030_informieren/05/0702020.html, Zugriff 25.07.2009 (gekürzt)

Arbeitsvorschläge

1.1 Diskutieren Sie ausgehend von M 1, M 2 und VT die Durchschaubarkeit der EU-Bürokratie im Bereich der Rechtsetzung.

1.2 Untersuchen Sie mithilfe von M 2 die Vor- und Nachteile des Zusammenwirkens von EU und Nationalsstaat.

2. Diskutieren Sie aus Ihrer Sicht die aus M 3 resultierenden Chancen und Gefahren.

3. Erörtern Sie ausgehend von M 4 die Notwendigkeit eines einheitlichen europäischen Rechts für das reibungslose Funktionieren der EU.

G **4.1** Fertigen Sie zu M 5 ein Strukturschema an, das den „langen Weg" (vgl. Titel) von der europäischen Idee zu einem nationalen Gesetz veranschaulicht.

4.2 Erörtern Sie quellenkritisch, ob der Text von dieser Homepage des Bundestages, die sich vor allem an Jugendliche wendet, Werbung für Europa macht.

Mitwirken in der EU

Wie europäisch handeln nationale Regierungen?

Miniglossar

Staatskanzlei
Sitz des Ministerpräsidenten und Behörde, die administrative Funktionen für den Regierungschef wahrnimmt

Staatenbund
v. a. außen- und sicherheitspolitisch begründeter Zusammenschluss souveräner Einzelstaaten

M1 Wohin bewegt sich Europa?

Begriff

Die **Berliner Erklärung** ist eine rechtlich unverbindliche Absichtserklärung. Sie wurde von der deutschen EU-Ratspräsidentschaft formuliert und am 25. März 2007 anlässlich des fünfzigsten Jahrestages des Abschlusses der Römischen Verträge auf einem informellen Gipfel der 27 Staats- und Regierungschefs in Berlin feierlich unterzeichnet.

Das Dokument behandelt neben den Errungenschaften der europäischen Integration seit der Unterzeichnung der Römischen Verträge auch die Notwendigkeit, die Europäische Union bis zu den Europawahlen 2009 auf eine verfassungsrechtliche Basis zu stellen. Der Text spricht dabei unter Vermeidung des Verfassungsbegriffs, dessen Erwähnung im Besonderen von Frankreich und den Niederlanden aufgrund der dort gescheiterten Verfassungsreferenden kritisch gesehen wurde, von einer „gemeinsamen Grundlage".

Der **Ausschuss der Regionen** (AdR) ist ein beratendes Organ, das aus Vertretern der regionalen und kommunalen Gebietskörperschaften Europas besteht. Er ist zuständig für die Bereiche Regionalpolitik, Umweltschutz, Bildung und Verkehr.

VT

Jeder Mitgliedstaat unterhält bei der EU eine Ständige Vertretung, die in Brüssel ansässig ist und von einem Diplomaten im Botschafterrang geleitet wird. Die Vertretung besteht aus Diplomaten und Beamten, die von den nationalen Ministerien entsandt wurden und alle Politikbereiche abdecken. Mitarbeiter nehmen entweder allein oder in Begleitung von Regierungsvertretern an Ratssitzungen teil. Jede Vertretung hat einen Sprecher, der über die Position seiner Regierung zu einem bestimmten Thema informieren kann. Damit ist bereits institutionell gewährleistet, dass Entscheidungen auf europäischer Ebene stets auch national interpretiert und kommentiert werden. Auch Bayern nimmt, wie die anderen Bundesländer auch, in Brüssel Einfluss. Bayern hat bereits 1988 ein „Brüsseler Informationsbüro" eingerichtet, um immer rechtzeitig über Vorhaben und Entwicklungen der EU informiert zu sein. Seit 1994 arbeitet diese Dienststelle als „Vertretung des Freistaates Bayern bei der Europäischen Union". Die 30 Mitarbeiter der Bayerischen Vertretung in Brüssel haben die Aufgabe, ein dichtes Informationsnetzwerk zu den europäischen Entscheidungsträgern zu schaffen. Einerseits wird die EU also zum Spielfeld nationaler und regionaler Interessen, was insofern problematisch ist, dass die hier getroffenen Entscheidungen das Wohl aller EU-Bürger im Auge haben sollten. Andererseits wünschen sich viele EU-Bürger eine starke Vertretung nationaler Interessen innerhalb der Organe der EU. Wie sollen die EU-Politiker den Spagat dieses Interessenkonflikts meistern?

M2 Europa denken

Einen neuen EU-Integrationsschub jenseits der schon bestehenden Unionskompetenzen wird es nur geben, wenn nationale Regierungen selbst europäisch denken und handeln. Manchmal muss man Abschied nehmen von liebgewordenen Vorstellungen. Nach dem irischen Nein zur Modernisierung der Union hat das Werkeln an institutionellen Verbesserungen der EU keine Zukunft mehr. Umso mehr wird es darauf ankommen, dass Regierungen in der Sache europäisch handeln. Daran kann sie kein Ire, nur der eigene Mangel an politischem Willen hindern.

Seit fast einem Jahrzehnt stand die Neuordnung der Brüsseler Organe und die Einhegung nationaler Veto-Möglichkeiten im Mittelpunkt, zuerst mit dem am Nein Frankreichs und der Niederlande gescheiterten Verfassungsvertrag, dann mit dem vom irischen Wähler verworfenen Lissaboner Abkommen. Die Kraftanstrengung zahlreicher Regierungschefs, Außenminister und unzähliger Parlamentarier in nationalen wie im Europäischen Parlament waren jedoch vergebens. Europa kann offenbar nicht mehr durch die bisher vertraute Methode, die Stärkung der Brüsseler Entscheidungsverfahren, vorangebracht werden. [...]

Ein Europa der zwei Geschwindigkeiten, in dem eine Kerngruppe sich schneller integriert als der langsamere, euro-skeptische Tross, wäre im Rahmen des heutigen EU-Vertrages nur sehr beschränkt und gegen den Willen auch nur eines einzigen Mitglieds gar nicht möglich. Der andere Ausweg, eine Absprache zwischen den EU-Organen, manche der in Lissabon vorgesehen, eigentlich unkontroversen Neuerungen stillschweigend zu praktizieren, ist, wie Angelsachsen sagen würden, too clever by half – eine Milchmädchenrechnung. Wenn nur eine der 27 Regierungen nicht mitmacht, fliegt der Trick rasch auf und die Regierungen sind als Sünder entlarvt, die den Willen der Bürger missachteten.

So bleibt Europa auf absehbare Zeit auf Verfahren festgenagelt, die ihre Handlungsfähigkeit einengen. Einen neuen Integrationsschub jenseits der schon bestehenden Unionskompetenzen wird es nur dann geben, wenn nationale Regierungen selbst europäisch denken und handeln.

Bisher konnten sie ihr europäisches Engagement durch die Unterstützung der Reformverträge demonstrieren. Jetzt müssen sie es durch substantielle Politik tun, wenn das irische Nein nicht zum Alibi werden soll. Gerade im Bereich der Außen- und Sicherheitspolitik hindert nichts außer nationaler Souveränitätssucht und vermeintlichen, oft konstruierten Interessengegensätzen einzelne EU-Staaten daran, sich zu gemeinsamem internationalem Auftreten zusammenzutun. Kein Referendum irgendwo könnte es blockieren, wenn etwa Frankreich und Deutschland beschließen wollten, die logistische Versorgung ihrer ohnehin nebeneinander agierenden Truppen im Kosovo oder in Afghanistan durch eine einzige Einrichtung zu betreiben. Die Europäische Verteidigungsagentur, von den EU-Regierungen seinerzeit aus dem Verfassungsvertrag vorweg gegründet, steht längst bereit, um gemeinsame Rüstungsprojekte zu koordinieren. Wenn auch die Bundesregierung bisher das Angebot kaum aufgegriffen hat, liegt das nicht an renitenten Iren, sondern an deutschem bürokratischem Nationalismus.

Gewiss, die irische Ablehnung des Vertrages von Lissabon ist ein Rückschlag für die Handlungsfähigkeit der Brüsseler Organe. Aber dahinter dürfen sich die Mitgliedsregierungen nicht verstecken. Ihre Fähigkeit zu europäischem Handeln ist nicht blockiert. Auf sie kommt es nun erst recht an.

Christoph Bertram: Irland als Alibi? In: ZEIT ONLINE, 04.08.2008, www.zeit.de/online/2008/32/nationale-regierungen-muessen-europaeisch-denken, Zugriff 09.02.2008

M3 Einfluss durch nationale Wahlen

[...] Der zweite Kanal demokratischer Einflussnahme in der EU verläuft über nationale Wahlen, nationale Parlamente und nationale Regierungen hin zum EU-Ministerrat, der als Entscheidungszentrum noch machtvoller ist als das Parlament. Dieser Mechanismus mitgliedstaatlicher Repräsentation ermöglicht die demokratische Einflussnahme der Bürgerinnen und Bürger über politische Prozesse in den Mitgliedstaaten, jenseits des Europäischen Parlaments.

Auch hier ergeben sich Probleme. Erstens spielen EU-bezogene Themen auch bei nationalen Wahlen keine wichtige Rolle, und sie werden in den Medien nicht mit größerer Breitenwirkung diskutiert. Zweitens haben mitgliedstaatliche Regierungen selbst bei Themen, die in der Öffentlichkeit Interesse erregen, einen großen Handlungsspielraum im Ministerrat. Denn nationale Parlamente, die Kerninstitutionen mitgliedstaatlicher Demokratie, haben oft Probleme, Entscheidungsverfahren auf EU-Ebene nachzuvollziehen, und schrecken zudem davor zurück, die eigene Regierung durch allzu detaillierte Vorgaben im Prozess der Aushandlung europäischer Rechtsnormen einzuschränken. Wenn das Verhandlungsergebnis den Wünschen wichtiger Wählergruppen nicht entspricht, kann die Schuld immer noch auf andere europäische Regierungen geschoben werden; schließlich werden Entscheidungen im Ministerrat meist mit qualifizierter Mehrheit getroffen. Auch der Kanal mitgliedstaatlicher Repräsentation stellt also nicht sicher, dass die Präferenzen der Bürgerinnen und Bürger tatsächlich Eingang in europäische Entscheidungen finden.

Achim Hurrelmann: Demokratie in der Europäischen Union: Eine Bestandsaufnahme. In: Aus Politik und Zeitgeschichte, Nr. 32/04.08.2008, zitiert nach: www.bundestag.de/dasparlament/2008/32/Beilage/001.html, Zugriff 09.02.2009

M4 Es wird frostig auf dem Gipfel

Auch ein erneutes Gespräch zwischen Bundeskanzlerin Angela Merkel und Polens Präsident Lech Kaczynski hat auf dem EU-Gipfel [21./22. Juni 2007] offenbar keine Annäherung gebracht. Polen fordert nach wie vor ein größeres Stimmengewicht in der Union. [...]
Luxemburgs Ministerpräsident Jean-Claude Juncker sagte, Polen könne eine Art Notbremse angeboten werden. Demnach könnte bei knappen Abstimmungen überprüft werden, ob sich mit der von Polen geforderten Stimmengewichtung oder dem bisherigen System ein anderes Ergebnis ergeben hätte. In diesem Fall sollten bei einer Abstimmung unterlegene Länder das Recht auf eine Fortsetzung der Beratungen um einige Monate haben.
Vor allem die Bedenken Polens und Großbritanniens blockieren eine Einigung auf einen EU-Reformvertrag, der zentrale Elemente der gescheiterten EU-Verfassung retten soll. Umstritten sind neben der Stimmgewichtung auch der Status der Grundrechtecharta und die Zusammenarbeit in der Außen- und Innenpolitik.
Polen hatte zuvor auf dem Brüsseler Krisengipfel vorgeschlagen, den Vertrag von Nizza bis 2020 gelten zu lassen. Diesen Vorschlag habe Staatspräsident Lech Kaczynski Bundeskanzlerin Angela Merkel und Frankreichs Staatspräsident Nicolas Sarkozy während eines nächtlichen Gesprächs gemacht, berichtete der polnische Rundfunk.
Das System der doppelten Mehrheit aus Mitgliedstaaten und Bevölkerungszahl, das von Polen abgelehnt wird, könnte erst danach in Kraft treten. Bei den bis dahin fälligen Haushaltsentscheidungen wären zudem einstimmige Entscheidungen notwendig.
Nach dem Vertrag von Nizza ist Polen im europäischen Rat überproportional stark vertreten.
Die polnische Außenministerin Anna Fotyga hatte in der Nacht zu Freitag gesagt, Polen seien eine Reihe von Vorschlägen gemacht worden, die nun analysiert würden. Aus Delegationskreisen hieß es, keiner dieser Vorschläge sei für Polen allerdings so günstig wie das Quadratwurzelsystem.
Polen will, dass das Stimmengewicht der EU-Staaten an der Quadratwurzel der Bevölkerungszahl berechnet wird. Das würde zu einer Verschiebung des Stimmengewichts zugunsten der kleinen und mittleren Mitgliedstaaten führen. [...]
Nach Angaben des tschechischen Regierungschefs Mirek Topolanek hat Kaczynski weitere Forderungen vorgelegt. Außer der Änderung des Stimmenverhältnisses verlange Warschau Verhandlungen über den rechtlichen Status der EU und die Außenpolitik des Bündnisses, sagte Topolanek in Brüssel der tschechischen Nachrichtenagentur CTK: „Der Auftritt sorgte für eine frostige Atmosphäre im Auditorium, weil durch ihn offensichtlich wurde, dass Polen nicht zu Kompromissen bereit ist.“
[...] Grundsätzlich unterstütze Tschechien Polen im Streit um das Stimmenverhältnis, unterstrich der Regierungschef. Topolanek hatte aber schon früher gesagt, dass Tschechien im Notfall kein Veto einlegen würde. [...]
Die Forderungen aus Warschau, Polen müsse als Wiedergutmachung für seine Kriegstoten mehr Einfluss in der EU erhalten, erntete auch heute Kritik von allen Seiten. Der österreichische Bundeskanzler Alfred Gusenbauer sagte im ZDF-Morgenmagazin, Kaczynskis Äußerungen zu den polnischen Kriegstoten hätten in Brüssel „Kopfschütteln auf allen Seiten“ ausgelöst. Es sei sinnlos, die Gräben der Geschichte wieder aufzureißen. Vielmehr sei die Europäische Union die Antwort Europas auf die tragischen Ereignisse seiner Geschichte, sagte Gusenbauer. [...] Neben seiner Kritik an Polens Haltung rief Österreichs Kanzler Gusenbauer allerdings auch die EU dazu auf, mit Zugeständnissen an Polen einen Kompromiss über einen Reformvertrag zu erreichen.
[...] Die meisten Polen lehnen nach einer Umfrage eine kompromisslose Haltung ihres Landes auf dem Brüsseler EU-Gipfel ebenso ab wie eine übermächtige Position Deutschlands. Das ist das Ergebnis einer Umfrage, die die liberale Zeitung Gazeta Wyborcza am Freitag veröffentlichte. Darin gaben 53 Prozent der 500 Befragten an, Staatspräsident Lech Kaczynski solle sich dem Willen der Gipfelteilnehmer beugen, wenn die polnische Forderung nach einem stärkeren Stimmengewicht abgelehnt werde. Nur 38 Prozent sprachen sich in diesem Fall für ein Veto aus.

afp/ap/dpa/reuters: Es wird frostig auf dem Gipfel, Sueddeutsche.de, 22.06.2007, www.sueddeutsche.de/politik/272/358098/text/, Zugriff 25.02.2009

M5 Drohende Hängepartie

Nach langen Verhandlungen konnte der sichtlich erleichterte Vorsitzende des Europäischen Rates, der tschechische Ministerpräsident Jan Fischer, verkünden, dass die Staats- und Regierungschefs den Präsidenten der einflussreichen EU-Kommission, José Barroso, für weitere fünf Jahre im Amt halten wollen. [...]
Das Parlament muss Barroso bestätigen. Die Konservativen verfügen im Parlament über keine eigene Mehrheit. Sozialisten und Grüne wollen Barroso nicht mitwählen, sondern die Abstimmung möglich weit hinauszögern. [...]
Der sozialdemokratische Bundesaußenminister und Kanzlerkandidat, Frank-Walter Steinmeier, sprach sich gegen Barroso aus. Er plädiert wie die Sozialisten im Parlament für eine spätere Wahl des Kommissionspräsidenten. Dann könnten die neuen Spitzenpositionen wie EU-Präsident und EU-Außenminister, die der neue EU-Vertrag von Lissabon vorsieht, im Paket vergeben werden.
Der Vertrag von Lissabon kann aber erst zum Ende des Jahres in Kraft treten. Zuvor müssen die irischen Wähler im Herbst zum zweiten Mal in einem Referendum über den neuen EU-Grundlagenvertrag befinden.
Das erste Referendum war vor einem Jahr gescheitert. Irland ist eines der letzten Mitgliedsländer, das seinen

Ratifikationsprozess noch nicht abgeschlossen hat. Die irische Regierung hat sich zusätzliche Klauseln zum Vertrag von Lissabon ausbedungen, die inhaltlich nicht umstritten sind. Die übrigen 26 EU-Mitglieder lehnen es aber ab, diese Klauseln zu völkerrechtlichen Vertragsbestandteilen zu machen, denn dann müssten diese Klauseln erneut von allen Staaten ratifiziert werden. Irland besteht auf dieser rechtlichen Garantie.

Der britische Premier Gordon Brown hatte zusätzliche Garantien für Irland daraufhin grundsätzlich in Frage gestellt. [...] EU-Juristen sind jetzt damit beschäftigt, eine Kompromissformel zu finden.

Der EU-skeptische tschechische Präsident Vaclav Klaus hat in Prag bereits angekündigt, dass er auf jeden Fall im tschechischen Parlament über die irischen Klauseln abstimmen lassen will. Klaus will den Lissabon-Vertrag so zu Fall bringen. [...]

Bernd Riegert: EU-Gipfel stärkt Barroso den Rücken, dw-world.de, 19.06.2009, www.dw-world.de/dw/article/0,,4406558,00.html?maca=de-rss-de-all-1119-rdf, Zugriff 26.06.2009

M6 Wer beeinflusst wen?

Als europarechtliches Alltagswissen gilt, dass rund 80 Prozent unserer Gesetze in Brüssel gemacht werden. Sowohl EU-Kritiker wie auch EU-Sympathisanten bringen dies immer dann ins Spiel, wenn sie belegen wollen, dass die Europäische Union schon jetzt unser Leben überwiegend bestimmt. Doch die Zahlen, auf die sie sich dabei stützen, sind hemmungslos übertrieben, ja einfach falsch. Es gibt einfach keine seriöse Studie, die dies auch nur im Ansatz belegt. Es wird einfach immer wieder eine Aussage des ehemaligen EU-Kommissionspräsidenten Jacques Delors zitiert oder auf eine angebliche Studie des deutschen Justizministeriums verwiesen. Bei näherer Betrachtung erweisen sich diese Belege jedoch als äußerst dürftig.

Jacques Delors hat 1988 prophezeit, dass innerhalb von zehn Jahren „80 Prozent der Wirtschaftsgesetzgebung, vielleicht auch der steuerlichen und sozialen, gemeinschaftlichen Ursprungs sein" werden. Diese schlichte Aussage hat seither ein immenses Eigenleben entwickelt. Die 80 Prozent sind fixer Bestandteil der europapolitischen Sonntagsredner und gern verwendeter Beleg für die „schleichende Zentralisierung in Brüssel" (Zitat des deutschen Ex-Bundespräsidenten Roman Herzog). Allzu dumm, dass es nicht stimmt. Auch eine immer wieder zitierte „Studie des deutschen Justizministeriums" existiert nicht.

Das Ministerium hat im Mai 2005 lediglich im Rahmen einer parlamentarischen Anfrage die Gesamtzahl der von 1998 bis 2004 auf der europäischen Ebene und der bundesdeutschen Ebene beschlossenen Rechtsvorschriften ermittelt. Die in der Beantwortung der parlamentarischen Anfrage genannten Zahlen taugen jedenfalls nicht für einen entsprechenden Vergleich. Denn sie unterscheiden weder zwischen verschiedenen Rechtsakten noch nach dem Umfang der einzelnen Regelungen.

Die Zahlen einfach gegeneinander aufzurechnen ist schlichter Unsinn, da ein erheblicher Teil der mitgezählten EU-Verordnungen beim besten Willen nicht den Charakter von Gesetzen hat, sondern etwa Detailregelungen im Rahmen der Agrarmarktordnung enthalten. Ebenso unberücksichtigt bleibt, dass ein bedeutender Teil des Rechts nicht auf Bundes-, sondern auf Landesebene verabschiedet wird. [...]

Es existieren jedoch durchaus Studien, die wesentlich differenzierter und seriöser den Einfluss der europäischen auf die jeweilige nationale Gesetzgebung untersuchen. Diese Studien kommen jedoch zu viel niedrigeren Zahlen und passen somit nicht in die hysterische Aufgeregtheit um den angeblichen Bedeutungsverlust der nationalen Politik. So ergab etwa eine holländische Untersuchung, dass lediglich 18 bis 27 Prozent aller verabschiedeten niederländischen Rechtsvorschriften auf EU-Richtlinien zurückzuführen sind. Die aktuellste Studie untersucht, wie hoch der „europäische Impuls" in den jeweiligen deutschen Ministerien ist. [...] Im Ressort Umwelt war der Anteil mit rund 81 Prozent am höchsten. In Forschung und Bildung gab es hingegen gar kein Gesetz, das auf Brüssel zurückgeht. Wobei die Studie auch gleich noch den Begriff „europäischen Impuls" klärt: In mehr als der Hälfte der Fälle mussten europäische Richtlinien umgesetzt werden. Gut 20 Prozent waren Verordnungen. Der Rest umfasst Entscheidungen von Rat, Kommission oder Europäischem Gerichtshof. Ergebnis dieser Studie: Nur knapp 40 Prozent der deutschen Gesetze sind auf Europa zurückzuführen. [...]

Stefan Brocza: Der 80-Prozent-Mythos: Einfluss des EU-Rechts überschätzt, Die Presse, 30.06.2008; http://diepresse.com/home/recht/rechtallgemein/394952/index.do?_vl_backlink=/home/recht/index.do, Zugriff 09.02.2009

Arbeitsvorschläge

1. Erläutern Sie mithilfe von M1 und VT, wie Nationalstaaten bzw. sogar einzelne ihrer Gebietskörperschaften versuchen, auf EU-Entscheidungen Einfluss zu nehmen.

2. Benennen und diskutieren Sie die Kritikpunkte, die in M2 und M3 an den nationalen Interessen innerhalb der EU geäußert werden.

G 3. Recherchieren Sie im Internet ausgehend von M4 und M5 aktuelle oder historische Differenzen zwischen den Mitgliedstaaten, die ihre Ursache im Bemühen um die Durchsetzung nationalstaatlicher Eigeninteressen haben.

4. Beurteilen Sie, ob der in M6 thematisierte „80-Prozent-Mythos" eher als Argument für oder gegen die Durchsetzung staatlicher Eigeninteressen innerhalb der EU gewertet werden muss.

Internationale Verantwortung
Wie gelingt eine gemeinsame Außenpolitik?

Miniglossar

GASP
Kürzel für die Gemeinsame Außen- und Sicherheitspolitik der EU

Human Rights Watch
nichtstaatliche Organisation, die sich um die Wahrung der Menschenrechte kümmert.

dysfunktional
in der Funktion gestört

Nahost-Quartett
seit April 2002 aus Vertretern der USA, Russlands, der EU und der UNO bestehendes internationales Gremium zur Abstimmung der Aktivitäten im Nahostkonflikt

M1 Der Hohe Vertreter der EU für Außen- und Sicherheitspolitik

Der Hohe Vertreter für Außen- und Sicherheitspolitik der EU ist zugleich Vizepräsident der EU-Kommission und leitet den Außenministerrat. Seit 2010 hat Catherine Ashton dieses Amt inne.

Begriff

Bei Verhandlungen auf internationaler Ebene tritt häufig die sogenannte **Troika** auf: Das vorsitzende Land repräsentiert die EU nicht allein, sondern holt sich zwei Unterstützer an die Seite. In Frage kommen dafür der EU-Außenbeauftragte, offiziell der Hohe Vertreter für die Gemeinsame Außen- und Sicherheitspolitik (GASP), ein Vertreter der Kommission oder des Landes, das als nächstes die Ratspräsidentschaft innehat. Durch diese Konstruktion sollen Kontinuität und Fachwissen gewährleistet werden. Die **Troika** zeigt aber auch, dass die Außenpolitik der EU längst noch nicht aus einem Guss ist. Die Frage des ehemaligen US-Außenministers Henry Kissinger – „Wenn ich Europa anrufen will, welche Nummer wähle ich dann?" – ist also noch nicht zu beantworten.

VT

Die Außenpolitik wird traditionell als Kernstück der Souveränität eines Staates betrachtet. Deshalb bestehen bis heute Vorbehalte der Mitgliedstaaten gegen eine vollständige europäische Integration auf diesem Gebiet. Nichtsdestotrotz wurde mit dem Vertrag von Maastricht 1992 die Gemeinsame Außen- und Sicherheitspolitik (GASP) als zweite Säule der drei Säulen der Europäischen Union errichtet. Als eine intergouvernementale, d.h. zwischenstaatliche Kooperation auf Regierungsebene definiert die GASP einen Rahmen für die Zusammenarbeit der EU-Staaten in der Außen- und Sicherheitspolitik. Als Verkörperung des Willens der EU-Mitgliedstaaten, in weltpolitischen nach außen hin eine einheitliche und damit verlässliche Position zu verkörpern, muss das Amt des Hohen Vertreters für die Gemeinsame Außen- und Sicherheitspolitik interpretiert werden. Der Hohe Vertreter vertritt gemeinsam mit dem Ratspräsidenten und dem Kommissionspräsidenten die Europäische Union nach außen. Sein Amt sollte durch die neue EU-Verfassung noch gestärkt werden. Nach dem Grundprinzip „Gemeinsam sind wir stark" könnte die EU also tatsächlich zum zentralen Weltakteur der internationalen Diplomatie aufsteigen. Aber vermehrt sich mit der Verantwortung nicht auch die Summe der Probleme?

M2 Weltweit Verantwortung

Die Welt erwartet heute von den europäischen Staaten ein globales Engagement. Außenpolitische Aufgaben von weltweiter Dimension sind aber von den einzelnen europäischen Staaten nicht mehr zu meistern. Die Europäische Union bietet die Chance, gemeinsam Verantwortung zu übernehmen. Im Rahmen der gemeinsamen Außenpolitik leistet jedes Mitgliedsland seine Beiträge nach seinen Möglichkeiten.
[...]
Kriege am Persischen Golf, auf dem Balkan, in Afghanistan, im Irak, in Palästina und im Libanon: Die Welt ist nach dem Ende des Ost-West-Konflikts durch viele regionale Krisenherde geprägt. Viele liegen direkt vor der europäischen Haustür. Von der EU wird deshalb die Übernahme weltpolitischer Verantwortung erwartet. Europa muss zur Lösung internationaler Konflikte beitragen. Gerade die Krisen und Bürgerkriege auf dem Balkan haben gezeigt, dass Frieden nur noch im Rahmen einer gemeinsamen Außen- und Sicherheitspolitik erreichbar ist.
Die EU ist heute in der Lage, humanitäre Aufgaben, Rettungseinsätze, friedenserhaltende Maßnahmen sowie Kampfeinsätze bei der Krisenbewältigung zu übernehmen, die Einzelstaaten nicht mehr leisten können. Die Gemeinsame Außen- und Sicherheitspolitik (GASP) ist für die EU-Mitgliedstaaten das Instrument nationaler Interessenwahrnehmung im Zeitalter der Globalisierung geworden. [...]
Die EU ist heute auf internationaler Bühne als Gesprächspartnerin gesucht. Die Sichtbarkeit und das internationale Gewicht der EU haben sich durch die Ernennung Javier Solanas zum „Hohen Vertreter für die GASP" 1999 weiter verbessert. Der „Hohe Vertreter" ist Garant für die Kontinuität der Gemeinsamen Außen- und Sicherheitspolitik.
Allerdings gehört die Außenpolitik zu den Kernelementen nationalstaatlicher Souveränität. Deshalb haben sich die Mitgliedstaaten bei der Gemeinsamen Außen- und Sicherheitspolitik besonders abgesichert: Es gilt in der Regel das Prinzip der Einstimmigkeit. Die Staats- und Regierungschefs legen im Europäischen Rat die allgemeinen Grundsätze und Leitlinien der Gemeinsamen Europäischen Außenpolitik fest. Sie können gemeinsame Strategien festlegen, die für alle Staaten bindend sind.
Die Außenministerinnen und Außenminister der Mitgliedstaaten beschließen auf der Basis einer gemeinsamen Strategie gemeinsame Standpunkte oder Aktionen. Solche Aktionen können sowohl politische als auch militärische Maßnahmen sein (Entsendung von Wahlbeobachtungsteams, Ernennung von Sonderbeauftragten, Verhängung von Sanktionen).

Armin Czysz/Angela Joosten: Euro-Informationen, Berlin; zitiert nach http://www.europa-wird-50.de/index.php?id=93, Zugriff 16.06.2009

M3 Einstimmig und bedeutungslos

Wenn die EU je gebraucht wurde, um weltweit für Menschenrechte einzutreten, dann jetzt. [...] Folter und das Einsperren ohne Gerichtsverfahren haben die [US]-Regierung Glaubwürdigkeit gekostet. China zeigt bestenfalls Gleichgültigkeit gegenüber der Anwendung von Recht durch Regierungen, Russland tut sich bei seinem Streben nach Einfluss mit Tyrannen zusammen. Die Führungsposition ist unbesetzt.
Die traurige Wahrheit ist jedoch, dass die EU für ihre Größe viel zu wenig Einfluss besitzt. Als Gemeinschaft von Demokratien, die auf Rechtsstaatlichkeit und den Rechten des Einzelnen basieren, käme ihr eine natürliche Führungsrolle bei den Menschenrechten zu. Sie hat eindrucksvoll diese Werte auf ihre neuen Mitglieder übertragen, gelegentlich darüber hinaus. Doch sobald sie außerhalb ihrer Grenzen auftritt, ist die EU häufig erschreckend schwach.
Das Problem besteht vor allem darin, dass 27 Mitglieder mit Vetorecht eine gemeinsame Position finden müssen. Bei internen politischen Themen wie Steuern oder Handel mag das sinnvoll sein, es ist jedoch katastrophal, wenn es um den Einfluss der EU außerhalb ihrer Grenzen geht. Eine einzige Regierung mit kleinkarierten Eigeninteressen genügt, um eine effektive EU-Position zu verhindern. [...]
Die Tendenz, den kleinsten gemeinsamen Nenner zu suchen, zeigt, dass man Einstimmigkeit der Effektivität vorzieht. Da die EU nie über das hinausgeht, was das zögerlichste Mitglied für angemessen hält, unternimmt sie wenig bis gar nichts an Orten wie China, Russland, Darfur oder den USA. Es muss einen besseren Weg geben. Eine Möglichkeit wäre, bei der gemeinsamen Außenpolitik Einstimmigkeit durch eine Zweidrittelmehrheit zu ersetzen. Dazu müssten die EU-Regierungen ihr heiß geliebtes Vetorecht aufgeben [...]. Selbst wenn das Einstimmigkeitsprinzip beibehalten wird, sind Verbesserungen möglich. Zum Beispiel scheint es, als verlangt die EU einen Konsens auf geradezu absurd kleinteiligem Niveau. Ihre Mitglieder im UNO-Menschenrechtsrat vereinbaren keine allgemeine Strategie und vertrauen dann darauf, dass ihre Vertreter die klug umsetzen. Nein, sie bestehen darauf, jeden einzelnen Resolutionsvorschlag Wort für Wort abzusegnen. Diese Form von Mikromanagement macht das schnelle Geben und Nehmen unmöglich, das in der Diplomatie nötig ist, um Mehrheiten aufzubauen. [...]
Selbst wenn es eine gemeinsame Position gibt, beraubt sich die EU häufig ihres Einflusses, indem sie darauf beharrt, praktisch exklusiv über ihre Präsidentschaft zu arbeiten. Um Kontinuität und Erfahrung zu sichern, ist kaum ein schlechterer Weg vorstellbar. [...] Die Rotation bestätigt die Gleichheit aller EU-Mitglieder, aber die Weigerung, bei bestimmten Themen den am besten dafür geeigneten Regierungen langfristig Verantwortung zu übertragen, ist dysfunktional. [...]
Für Themen wie die Verhandlungen mit dem Iran über dessen Atomprogramm hat die EU ein festes Führungsteam ernannt, für Menschen-

rechte nicht. Der Einfluss der EU würde deutlich zunehmen, wenn an den Krisenherden Jahr für Jahr dieselben Regierungen auftauchen würden. Das signalisiert eine Fortdauer der Besorgnis und die Entschlossenheit, etwas zu Ende zu bringen. [...] Diese organisatorischen Schwächen können das Versagen der EU in Führungsfragen nicht umfassend erklären. Ein Teil des Problems ist schlicht und einfach fehlender Wille. Es kann teuer und schwierig sein, sich für die Menschenrechte einzusetzen, deshalb belassen es viele Regierungen lieber bei Lippenbekenntnissen. Doch da die Führungsrolle der USA gelitten hat, zahlen Menschen weltweit den Preis für die schwachen Leistungen der EU. Es ist an der Zeit, dies zu ändern.

Kenneth Roth: Einstimmig und bedeutungslos, Human Rights Watch, Berlin, www.hrw.org/de/news/2007/01/15/einstimmig-und-bedeutungslos, Zugriff 09.02.2009

M5 Wer spricht für die EU?

Treffen des Nahost-Quartetts in Berlin: Nicht vier Politiker traten am 21. Februar 2007 in Berlin vor die Presse, wie es der Name nahelegen würde, sondern sechs: Die US-amerikanische Außenministerin Condoleezza Rice (v. l.), der russische Außenminister Sergej Lawrow, der Vorsitzende des Rats der Europäischen Union, Außenminister Frank-Walter Steinmeier, UN-Generalsekretaer Ban Ki-Moon, der EU-Außenbeauftragte Javier Solana und die EU-Kommissarin für Außenbeziehungen, Benita Ferrero-Waldner.

M4 Miteinander statt nebeneinander

Die Europäische Union ist politisch immer noch ein Zwerg, obwohl sie doch wirtschaftlich ein Riese ist als größter Handelsblock der Weltwirtschaft. Dieses alte Urteil gilt nach Meinung des EU-Kommissionspräsidenten José Manuel Barroso immer noch. „Ich glaube, dass Europa sich immer noch unter Wert verkauft. Das politische Gewicht der EU in der Welt entspricht nicht der wirtschaftlichen Dimension und nicht der Handels-Dimension", sagte Barroso [...].

Diesen Zustand will Barroso ändern und hat [...] ein Strategiepapier zu künftigen außenpolitischen Instrumenten der Union vorgelegt. Auch ohne EU-Verfassung, die einige Verbesserungen vorsah, möchte Barroso am liebsten einen europäischen Außenminister mit einem gemeinschaftlichen diplomatischen Dienst installieren. Doch noch fehle es am politischen Willen, Außenpolitik in internationalen Organisationen oder gegenüber China, Russland oder den USA wirklich gemeinsam zu gestalten, sagte Barroso. [...]

Das Nebeneinander des außenpolitischen Beauftragten des Ministerrates, Javier Solana, und der EU-Kommissarin für Außenbeziehungen, Benita Ferrero Waldner, müsse nach und nach aufgelöst werden. Außerhalb Europas verstehe sowieso niemand den Unterschied zwischen den Institutionen der EU, gab Jose Barroso zu bedenken: „Wir fühlen, dass die Europäische Union als ganzes diese Instrumente nicht als Orchester einsetzt. Die Instrumente werden zwar gespielt, aber nicht in einer gemeinsamen Weise."

Dieses Orchester soll sich nach Ansicht Barrosos aus folgenden Instrumenten zusammensetzen: Es soll gemeinsame Arbeitsgruppen aller außenpolitischen Spieler in der EU geben, also vor allem von Rat und Kommission. Außerdem sollen die EU-Missionen vor Ort besser geplant sein und besser zusammenarbeiten. Und zudem sollen die Diplomaten besser gefördert werden.

Jose Barroso weiß, dass er dabei behutsam vorgehen muss, um die Mitgliedsstaaten, die eifersüchtig über ihre Kompetenzen wachen, nicht vor den Kopf zu stoßen. Wirklich neue Institutionen kann es ohne die Verfassung [...] nicht geben. Aber auch ohne neuen Vertrag müsse man versuchen, besser zu werden, so der Kommissionspräsident. „Wir können nicht einfach abwarten. Die Welt bewegt sich und wartet nicht auf uns. Wir müssen jetzt mit den existierenden Verträgen Verbesserungen erzielen."

Um sich nicht nur in theoretischen Überlegungen zu verlieren, schwebt dem Kommissionspräsidenten vor, ganz praktisch besser mit den Mitgliedstaaten zusammenzuarbeiten. So habe die EU-Kommission Vertretungen in 130 Ländern der Erde – mehr als so mancher Mitgliedsstaat Botschaften unterhält. In Katastrophenfällen, bei Konsularangelegenheiten oder auch Handelsfragen könne man einfach in der jeweiligen Hauptstadt miteinander statt nebeneinander her arbeiten.

Bernd Riegert: Barrosos Thesen zur EU-Außenpolitik, Deutsche Welle, 08.06.2006, www.dw-world.de/dw/article/0,2144,2047163,00.html, Zugriff 03.03.2009

M6 Selbstbewusstsein und Profil

Wo der Welt Gefahr droht, ist Europa zur Stelle. Georgien, Irak, der Iran, Afghanistan und Pakistan – kaum ein Krisenherd, in dem sich die EU nicht stärker engagieren will. So steht es in einem Papier der französischen Ratspräsidentschaft für die EU-Außenminister, das der „Presse" vorliegt.

Eigentlich geht es im Dossier um die transatlantischen Beziehungen. Doch sein Inhalt ist mehr als ein Antrittsgeschenk für den nächsten US-Präsidenten. Barack Obama fordert mehr Unterstützung für die Ziele der USA im Irak und in Afghanistan. Die EU aber will überall eigene Akzente setzen, mitreden, eine Rolle spielen. Das passt ins Bild des neuen Selbstbewusstseins, das Europa der Welt zu vermitteln versucht. Die Entschärfung des Georgien-Konflikts? Ein Erfolg der EU-Diplomatie. Die Finanzkrise? Europa hatte das bessere Krisenmanagement. „Du und ich, wir tun mehr für die Welt als die Vereinigten Staaten", soll Ratspräsident Nicolas Sarkozy der deutschen Kanzlerin Angela Merkel vor wenigen Tagen ins Telefon geflötet haben.

Schon aus den ersten kleinen Erfolgen sollen Exportschlager werden. [...] Die Neuordnung der Finanzmärkte soll den Stempel „made in Europe" tragen. [...]

Nach Jahren des Nichtkooperierens, internen Konflikten und einem missglückten Verfassungsprojekt will die EU endlich wieder Stärke zeigen. Die krisengeschüttelte Union soll ein globaler Krisenmanager werden. Doch diesen Kraftakt traut man derzeit nur einem zu: Nicolas Sarkozy [der damalige EU-Ratspräsident]. Frankreichs Präsident debütiert in einer Rolle, die in der EU nie zu vergeben war: als Anführer, der die Deutungsmacht über die großen Themen der Zeit für Europa reklamiert.

Die EU zeigt der Welt Muskeln. Doch droht nicht schon bald der Muskelkater, wenn mit dem Jahr auch die französische Präsidentschaft zu Ende geht? Werner Weidenfeld, der führende deutsche EU-Politologe, zeigt sich [...] optimistisch: „Dieses gigantische System EU ist nur dann handlungsfähig, wenn es ein starkes Selbstbewusstsein und ein scharfes Profil entwickelt. Das spüren jetzt ihre Spitzenpolitiker."

[...] Aber widerspricht ein einzelner starker Politiker an der Spitze nicht dem Grundgedanken der EU? „Sarkozy steht ja nicht allein da", schränkt Weidenfeld ein. Er sei nur deshalb erfolgreich, weil er andere starke Player auf seine Seite gezogen hat: den Briten Brown, dem er zu einem Comeback verholfen habe, den Spanier Zapatero, den er beim Weltfinanzgipfel einschmuggelt, und auch die störrischen Deutschen, die sich der allseits verbreiteten Euphorie nicht ganz entziehen können.

Auf Dauer, meint Weidenfeld, brauche die EU sicher eine formelle Lösung – den Lissabon-Vertrag mit der zweijährigen Präsidentschaft und dem EU-Außenminister. Aber auch er kläre nicht, „wie die hohen Ämter zueinander stehen: Ratspräsident, Ministerrat, Kommissionspräsident, hoher Repräsentant – wer hat da eigentlich das Sagen?" Letztlich brauche es immer starke Persönlichkeiten, die in Krisen die Initiative ergreifen. Und sie seien „der einzige Schlüssel, um die Herzen der Menschen für Europa zu gewinnen".

Karl Gauhofer: Europa fühlt sich stark wie noch nie. Statements von Prof. Dr. Werner Weidenfeld, Die Presse (Wien); 12.11.2008, www.cap-lmu.de/aktuell/pressespiegel/2008/presse.php, Zugriff 20.11.2008

M7 Weltweit im Einsatz

Militärische und zivile Missionen der EU (Stand: 2008)

Balkan	
Kosovo	Rechtsstaatliches Training
Bosnien-Herzegowina	Polizei- und Militärmission
Afrika	
Guinea-Bissau	Sicherheitsunterstützung
Tschad/Zentralafrikanische Republik	Militärmission
Kongo	Sicherheitsreform und Polizeimission
Somalia	Piratenabwehr
Kaukasus	
Georgien	Überwachung des Waffenstillstands
ASIEN	
Afghanistan	Polizeimission
NAHOST	
Irak	Rechtsstaatliches Training
Palästina	Polizeimission und Ausbildung von Grenzbeamten

DER SPIEGEL, 44/2008, S. 113

Arbeitsvorschläge

1.1 Benennen und erläutern Sie anhand von VT und M2 Aufgaben und Chancen einer gemeinsamen Außenpolitik der EU.

1.2 Stellen Sie den oben herausgearbeiteten Ergebnissen die Vorwürfe aus M3 entgegen.

1.3 Diskutieren Sie auf der Grundlage der bisherigen Ergebnisse die Notwendigkeit, dass die EU weltweit mehr Verantwortung übernimmt. Wo sehen Sie Chancen, wo Gefahren dieses Politikwechsels?

2.1 Erläutern Sie ausgehend von M4, M5 und M6 Probleme und Lösungsansätze der EU-Außenpolitik.

2.2 Diskutieren Sie, welche dieser Ansätze Ihnen am sinnvollsten erscheint, und beziehen Sie dabei eigene Lösungsstrategien in die Argumentation mit ein.

3. Recherchieren Sie im Internet ausgehend von M7 die Möglichkeiten und Erfolge von aktuellen EU-Missionen außerhalb der EU.

Lebensbedingungen angleichen
Ist der Brückenschlag nach Osten ein Erfolg?

Miniglossar

Kalter Krieg
Konflikt zwischen den Westmächten unter Führung der USA und dem Ostblock unter Führung der Sowjetunion in den Jahren 1945 bis 1990

Ostblockstaaten
Sammelbegriff für die Staaten des ehemaligen Ostblocks, zu denen bis zum Ende des Kalten Krieges neben der Sowjetunion die Staaten Mittel- und Osteuropas (DDR, Polen, Tschechoslowakei, Ungarn, Rumänien, Bulgarien) zählten

M1 Eine Erfolgsstory?

Wachstum in Osteuropa
Entwicklung des realen Bruttoinlandsproduktes 2007 im Vergleich zum Vorjahr

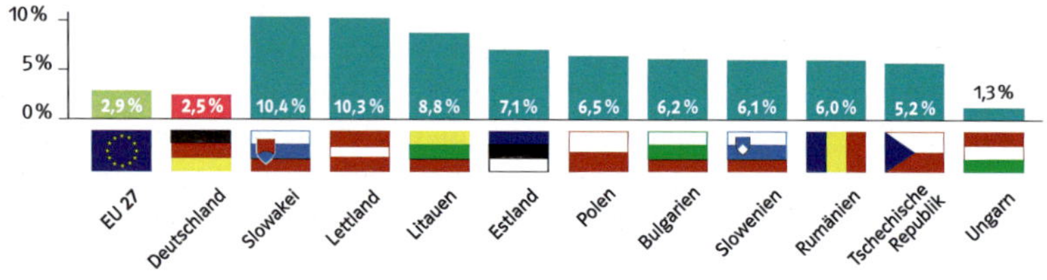

Quelle: Eurostat

M2 Völkerverständigung durch gemeinsames Lernen

Seit der EU-Erweiterung [...] richtet sich der Blick vieler Unternehmen auf die wirtschaftlichen Chancen im Osten. In den Grenzregionen zu Polen und Tschechien unterstützen deutsche Hochschulen und Handelskammern diese Bemühung mit speziellen Fortbildungen für Führungskräfte und Berater sowie mit länderübergreifenden Projekten.
Besonders deutlich wird die Nähe Deutschlands zu den neuen EU-Ländern an der Europa-Universität Viadrina in Frankfurt an der Oder. Wer die Brücke über den Fluss passiert,

Begriff

Unter dem Begriff der **ökonomischen und sozialen Kohäsion** hat sich die Europäische Union zum Ziel gesetzt, nicht nur die Wohlfahrt ihrer Bürger zu fördern, sondern auch die **Lebens- und Arbeitsbedingungen** innerhalb der Gemeinschaft einander anzunähern. Hauptziel ist es, die Unterschiede im sozialen und wirtschaftlichen Entwicklungsstand zu verringern. Darin sieht die Kommission eine Grundbedingung für eine harmonische Entwicklung der Gemeinschaft.

VT

Die Veränderung der EU durch die zwei Runden der Osterweiterung wird von vielen Menschen in der EU skeptisch begleitet: Billiglohnkräfte aus dem Osten, hohe Finanzhilfen für die Beitrittsländer, undurchsichtige Entscheidungsverfahren in Brüssel, Abwanderung von Betrieben Richtung Osten– das waren und sind einige der Befürchtungen.
Befürworter argumentieren, dass die Erweiterung Richtung Osten nicht das Problem, wohl aber ein Teil der Lösung sei. Gerade die Bundesrepublik bräuchte angesichts des demografischen Wandels in ihrer Gesellschaft junge, engagierte Kräfte. Zudem belegen Studien, dass die Zuwanderung bereits ohne EU-Beitritt dieser Länder stattgefunden hat. Man erwartet, dass die EU-Mitgliedschaft dieser Staaten dort nachhaltig für einen wirtschaftlichen Schub und damit auch für Beschäftigung sorgen wird. Von dem dadurch gestärkten innereuropäischen Handel profitiert vor allem Deutschland als Exportnation ganz besonders.
Abgesehen von diesen wirtschaftlichen Motiven bietet sich durch den erfolgten Brückenschlag nach Osten eine historische Chance, Europa nach Generationen der Trennung und des Konflikts friedlich zu vereinen. Die Erweiterung dient folglich auch der politischen und wirtschaftlichen Konsolidierung der Länder Mittel- und Osteuropas, die als ehemalige Ostblockstaaten besonders unter dem „Kalten Krieg" zu leiden hatten. Erklärtes Ziel ist es, die Lebens- und Arbeitsbedingungen in den EU-Staaten einander zum Positiven hin anzunähern. Ist der Brückenschlag Richtung Osten ein Erfolg?

überschreitet zugleich die Grenze nach Polen.

Die besondere geographische Lage der Hochschule spiegelt sich auch im Lehrplan wider: Fragen nach einem gemeinsamen Europa stehen im Mittelpunkt der Studiengänge. Die internationale Ausrichtung zeigt sich auch darin, dass die Hochschule unter den deutschen Universitäten den höchsten Anteil an ausländischen Studierenden hat, ein Drittel aller Immatrikulierten kommt aus Polen.

Die Viadrina ist jedoch nicht die einzige Hochschule in den neuen Bundesländern, die ihren Blick verstärkt nach Osten richtet. So sitzen auch Studenten am internationalen Hochschulinstitut Zittau mit Kommilitonen aus den Nachbarländern Polen und Tschechien in den Hörsälen. Zudem absolvieren sie ein Praxissemester bei Firmen im benachbarten Ausland.

In Dresden bietet die private Akademie „Euro-Business-Colleges" ein Wirtschaftsstudium mit Spezialisierung auf Osteuropa. Im Programm: Auslandssemester an Partner-Hochschulen in Tschechien, Polen oder Russland.

Andrea Bittelmeyer: Brückenschlag nach Osten. Europa-Universität Viadrina, zitiert nach: www.managerseminare.de/managerSeminare/Archiv/Artikel?urlID=149550, Zugriff 08.04.2009

M3 Osteuropäische EU-Waisen

Seit der EU-Erweiterung sind rund zwei Millionen Polen auf Jobsuche ins Ausland gegangen. Darunter leiden jetzt viele Töchter und Söhne.

Berlin – Mathilde P. ist 33 Jahre alt. Die Polin kommt aus Lubin in Niederschlesien, sie wollte immer eine eigene Familie haben. Vor sieben Jahren hat sie Rafal K. geheiratet. Ein Jahr später kam ihr erster Sohn zur Welt. Das Kind starb zwei Tage nach der Geburt. Einige Jahre später bekam sie einen zweiten Sohn, Jarema. Er wurde 2004 geboren – in dem Jahr, als mit der EU-Erweiterung Polen Mitglied der Europäischen Union wurde.

Es war das Jahr, in dem sich auch der neue Arbeitsmarkt für Polen zumindest teilweise öffnete. Seitdem haben rund zwei Millionen Polen für sich eine Perspektive im Ausland gesucht. Genau so wie Mathilde und Rafal, die damals beide arbeitslos waren. Rafal reiste nach Italien, wo seine beiden Schwestern schon arbeiteten. Seit drei Jahren hat man nichts mehr von ihm gehört. Mathilde zog, wie weitere 580 000 Polen, nach Großbritannien. Jetzt wohnt sie in der Nähe von London und arbeitet in einer Papierfabrik. Jeden Tag macht sie zwei Schichten, um möglichst viel zu verdienen. Sie bekommt etwa sechs Pfund (rund 7,60 Euro) die Stunde. Sie teilt sich eine Dreizimmerwohnung mit drei weiteren Personen.

Jarema ist jetzt fast vier Jahre alt und wohnt bei den Großeltern. Seine Großmutter ist schwer an Diabetes erkrankt. Sein Großvater hat eine kleine Baufirma und verbringt ganze Tage auf Baustellen. Der Junge wächst mehr oder weniger allein auf. Er rennt ständig von zu Hause fort und spaziert allein durch Lubin. Auch die Polizei hat ihn schon nach Hause gebracht. Mathilde sagt, zur Zeit könne sie ihr Kind nicht nach London nehmen. Doch eine Rückkehr nach Polen kommt für sie auch nicht in Frage. Der Durchschnittslohn liegt dort bei 700 Euro im Monat. In London verdient sie 2 700 Euro, fast viermal so viel, und sie schickt regelmäßig Geld nach Hause.

Mathilde und Rafal sind keine Ausnahme. In Polen leben etwa 130 000 EU-Waisen. Damit sind Kinder gemeint, die durch die Auswanderungswelle nach dem EU-Beitritt mindestens ein Elternteil verloren haben. Etwa die Hälfte dieser Kinder lebt mit Mutter oder Vater zu Hause, der jeweils andere arbeitet im Ausland. Ein Viertel dieser Kinder wohnt bei Großeltern. Rund zehn Prozent werden von erwachsenen Geschwistern erzogen, drei Prozent leben bei anderen Verwandten. Einige mussten sogar in Kinderheime umziehen. Mittlerweile gibt es in fast jedem polnischen Kinderheim EU-Waisen. Ähnliches wird aus anderen neuen EU-Staaten, etwa aus Rumänien berichtet.

Polnische Medien schreiben von tragischen Folgen dieses Phänomens. Einige der allein gelassenen Kinder haben sich das Leben genommen. Einer dieser Abschiedsbriefe war auf Englisch geschrieben. „Ich wollte Euch warnen, aber niemand hörte zu", schrieb der 14-jährige Adam, bevor er sich von einem Strommasten stürzte. Viele Lehrer beklagen, die betroffenen Kinder schwänzten die Schule, seien aggressiv oder besonders verschlossen. Ihre Leistungen in den Schulen sind fast durchgehend schlechter als die ihrer Altersgenossen.

Die Kinderheime wiederum klagen, Eltern würden versuchen, ihnen Kinder unterzuschieben. Dabei würden sie auch Druck ausüben: „Wenn Sie das Kind nicht nehmen, lasse ich es allein zurück." Die Politik beginnt erst jetzt, sich mit dem Thema Abwanderung und dem Schicksal der EU-Waisen zu befassen.

Malgorzata Borkowska: Eltern mit Arbeit – Kinder ohne Eltern, Tagesspiegel, 21.04.2008, S. 3

Arbeitsvorschläge

G **1.** Arbeiten Sie aus M1 und VT die Motive heraus, mit denen die EU-Osterweiterung bisher betrieben wurde.

2. Diskutieren Sie ausgehend von VT und M2 die Chancen, die die EU abgesehen vom Politikfeld Wirtschaft für das Verhältnis zwischen den ehemaligen Ostblockstaaten und den „alten" EU-Staaten bietet.

3. Recherchieren Sie ausgehend von M3 negative Begleiterscheinungen der EU-Osterweiterung und stellen Sie die Ergebnisse den Vorteilen und Chancen (vgl. auch M1) gegenüber.

Transatlantische Beziehungen

Ist die EU ein gleichwertiger Partner der USA?

Miniglossar

Irak-Krieg
eine 2003 erfolgte Invasion des unter der Herrschaft des Diktators Saddam Hussein stehenden Iraks durch die Streitkräfte der USA und verbündeter Staaten, nach Ansicht vieler Rechtswissenschaftler als Angriffskrieg ein eklatanter Verstoß gegen die UN-Charta

Kyoto-Protokoll
Vereinbarung, um Zielwerte für eine Reduktion der Treibhausgase zu setzen, verpflichtet dazu, dass die Industriestaaten (Ausstieg der USA aus dem Protokoll 2001) für die Jahre 2008 bis 2012 ihre Emissionen von Treibhausgasen um etwa 5 Prozent im Vergleich zum Stand von 1990 reduzieren

Inklusion
(lat. inclusio: „der Einschluss") Einbeziehung, Dazugehörigkeit

M1 Partner oder Konkurrenten?

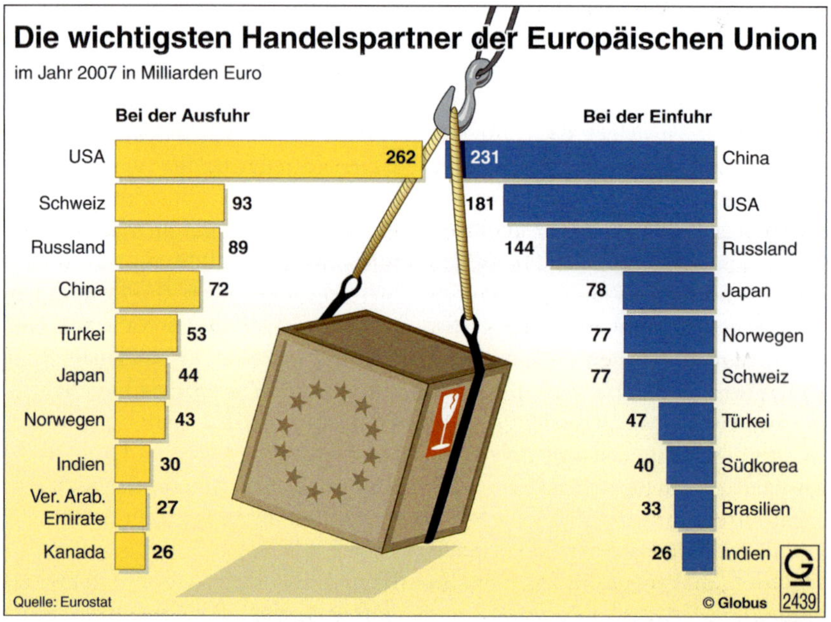

Die USA sind der mit Abstand wichtigste Kunde der Europäischen Union. Im Jahr 2007 verkauften die 27 Mitgliedstaaten der EU Waren im Wert von 262 Milliarden Euro an US-amerikanische Abnehmer; das war ein Fünftel der gesamten EU-Exporte. Etwas weniger Gewicht haben die USA auf der Lieferantenseite. Die EU-Importe aus Amerika erreichten einen Wert von 181 Milliarden Euro. Das entsprach einem Anteil von rund 13 Prozent aller Einfuhren aus Nicht-EU-Ländern.

Begriff

In der internationalen Politik wird die (oft militärische) Einmischung eines Staates oder mehrerer Staaten als Vertreter einer internationalen Organisation in die inneren Angelegenheiten eines anderen Staates als **Intervention** bezeichnet. Grundsätzlich sind **Interventionen** laut UN-Charta verboten, da jeder Staat im Rahmen seiner Souveränität das Recht hat, über sein politisches, wirtschaftliches oder soziokulturelles System selbst zu entscheiden. Dieses prinzipiell unantastbare Recht darf laut UN-Charta nur aufgehoben werden, wenn eine **Intervention** dazu beiträgt, den Frieden zu verteidigen, die Herrschaft des Rechts aufrechtzuerhalten oder die Unabhängigkeit anderer Staaten zu schützen. Tritt einer dieser Fälle ein, muss die Notwendigkeit einer **Intervention** durch den UN-Sicherheitsrat festgestellt werden.

VT

Die enge Verbindung zwischen der Europäischen Union und den Vereinigten Staaten von Amerika hat historische Wurzeln: Die Entscheidung der USA, sich 1945 nach dem Ende des Zweiten Weltkrieges nicht, wie nach Ende des Ersten Weltkrieges, aus Europa zurückzuziehen, sorgte für ein Element der Stabilität in Westeuropa, das es mit ermöglichte, das Projekt der europäischen Einigung anzugehen. Ein neues und komplizierteres Zeitalter für die transatlantischen Beziehungen brach mit dem Fall der Berliner Mauer im Jahr 1989 an. Der darauf folgende Zusammenbruch der Sowjetunion beendete deren Vormachtstellung in Mittel- und Osteuropa und machte den Weg frei für die EU-Erweiterungsrunden 2004 und 2007, die die neuen Verhältnisse in Europa endgültig besiegelten. Die Beziehungen zwischen der EU und den USA haben in den letzten Jahren u.a. unter den Auseinandersetzungen über den Irak-Krieg und das Kyoto-Protokoll gelitten. Mit der Wahl Barak Obamas zum amerikanischen Präsidenten bestehen berechtigte Hoffnungen, dass die EU weltpolitisch aus der Rolle des Juniorpartners herauswächst und eine strategische Partnerschaft in Augenhöhe zwischen den USA, dem wichtigsten weltpolitischen Akteur, und der EU entsteht. Kritiker warnen jedoch vor einer damit einhergehenden Militarisierung der EU-Außenpolitik. Zu recht?

M2 EU will eng mit USA zusammenarbeiten

Eine Zusammenarbeit auf Augenhöhe soll es werden: Die Europäische Union unterbreitet dem künftigen US-Präsidenten ein umfassendes Angebot zur Kooperation in heiklen Fragen. [...]
Das Konzept umfasst sieben Seiten und darin heißt es: „Die Weltordnung hat sich geändert. Die Europäer wollen darin ihre volle Rolle an der Seite der Amerikaner spielen." Das Konzept, entstanden unter der französischen Ratspräsidentschaft von Nicolas Sarkozy [2008], soll dem Obama-Team diskret übermittelt werden. Es nennt [...] vor allem vier zentrale Punkte der Zusammenarbeit: Reform der UNO und der G8, die Konflikte im Nahen Osten und in Afghanistan/Pakistan sowie den Umgang mit Russland. Demnach streben die Europäer Augenhöhe mit Washington an: „Wir müssen miteinander arbeiten und nicht gegeneinander."
„Amerikaner und Europäer müssen und können sich wechselseitig ergänzen und gemeinsam Verantwortung tragen", heißt es in dem Papier, das auch Außenminister Frank-Walter Steinmeier mitbeschlossen hat. So wollen die Europäer gemeinsam mit Amerika stärker das Gespräch mit Syrien suchen und „sich sofort wieder im Irak engagieren". Im Umgang mit Russland betonen sie die Notwendigkeit zu breiter Zusammenarbeit – und sind mit Kritik an Moskaus Verhalten im Georgien-Konflikt zurückhaltend.
„Russland zu isolieren ist keine Option", warnen die EU-Außenminister die USA. Grundsätzlich erklären sie sich bereit, stärker bei internationalen Militäreinsätzen mitzuwirken. Rechtliche oder technische „Schwierigkeiten bei Interventionen", so das Papier, „dürfen keine Entschuldigung für Nichthandeln sein".

ler/ap/dpa/afp, Spiegel-Online, 15.11.2008, www.spiegel.de/politik/ausland/ 0,1518,590636,00.html, Zugriff 12.03.2009

M3 Neue Weltordnung und transatlantische Beziehungen

Wir können uns – Amerika als Weltmacht, Europa als gewichtiger Partner und Anrainer – den Verantwortungen nicht entziehen, die sich daraus ergeben. So steht Deutschland zu seinem Bündnisengagement in Afghanistan. Wir wollen unser Truppenkontingent im Herbst um rund 1 000 Soldaten, um mehr als ein Viertel also, aufstocken. Das zeigt: Wir haben gemeinsam Verantwortung übernommen – und gemeinsam werden wir die Mission zu Ende bringen.
Als drittes Element der transatlantischen Agenda möchte ich herausstellen: die gemeinsame Arbeit an einer globalen Verantwortungspolitik als transatlantisches Projekt.
Die zentrale Frage der nächsten Jahre ist: Welche Ordnung wird das 21. Jahrhundert haben?
Der Aufstieg Chinas, Indiens und anderer Mächte auf die weltpolitische Bühne verlangt hohe politische Kunst, diese Prozesse friedlich zu gestalten. Schauen wir auf die deutsche Geschichte, und viele werden sofort wissen, was ich meine. Die Bildung Deutschlands als Nationalstaat und sein Aufstieg zur Hegemonialmacht in der Mitte Europas hat zwei Weltkriege ausgelöst und einen Kalten Krieg dazu, ehe wir in der Europäischen Union auf Dauer eine passende Balance gefunden haben. Mit Blick auf China, Indien und andere neue Mächte müssen wir in den kommenden Jahrzehnten im globalen Maßstab klüger handeln als manche in Europa vor uns! Setzen wir auf Kooperation und Inklusion! Ich bin sicher: Der Versuch, den Westen ohne die übrige Welt neu aufzurichten, ließe uns mit einer Welt ohne den Westen enden.

Ausschnitte aus einer Rede des Bundesaußenministers Frank-Walter Steinmeier bei der F.A.Z./BDI – Konferenz zu den transatlantischen Beziehungen am 4. Juli 2008 in Berlin, http://www.auswaertiges-amt.de/diplo/de/Infoservice/Presse/Reden/2008/080704-BMTransatlantischeBeziehungen.html, Zugriff 14.02.2009

M4 Obama verlangt von EU „Drecksarbeit"

Der führende demokratische US-Präsidentschaftsbewerber Barack Obama hat die Europäer in harschen Worten zu einem größeren Engagement in Afghanistan aufgefordert. In einem Seitenhieb auf Nato-Partner wie Deutschland, die ihren Truppeneinsatz auf relativ ruhige Gebiete beschränkt haben, sagte Obama, es gehe nicht an, dass die USA und Großbritannien die „Drecksarbeit" erledigten und kein anderer bereit sei, gegen die Taliban in den Kampf zu ziehen. „Bei allem Respekt für unsere Nato-Verbündeten, wir brauchen mehr Unterstützung von ihnen." Ohne ein Land konkret zu erwähnen, fügte er hinzu: „Wir müssen möglicherweise einige Beschränkungen aufheben, die sie für ihre Truppen dort erlassen haben."

ap/afp/rtr/Fra: Obama verlangt von der EU „Drecksarbeit", Hamburger Abendblatt, 01.03.2008, www.abendblatt.de/daten/2008/03/01/853616.html, Zugriff 20.03.2009

Arbeitsvorschläge

1. Charakterisieren Sie ausgehend von VT und M1 das besondere Verhältnis zwischen den USA und der EU.
2. Arbeiten Sie aus M2 und M3 Motive und Formen einer europäisch-amerikanische Zusammenarbeit heraus.
3. Diskutieren Sie mithilfe von M4 Probleme einer veränderten Kooperation zwischen den USA und der EU.

Perspektiven der Gemeinschaft

In welche Richtung entwickelt sich die EU?

Miniglossar

Freihandelszone
Zusammenschluss von Staaten, zwischen denen keine Zollschranken oder sonstigen Beschränkungen den Handels- und Dienstleistungsverkehr behindern

Bundesstaat
Zusammenschluss mehrerer Staaten zu einem übergeordneten Gesamtstaat; charakteristisch ist, dass sowohl der Bund als auch die Gliedstaaten über eigenständige rechtliche, politische und territoriale Kompetenzen verfügen

Staatenbund
v.a. außen- und sicherheitspolitisch begründeter Zusammenschluss souveräner Einzelstaaten, politisch losere Vereinigung als ein Bundesstaat, da die Staaten des Staatenbunds ihre volle innere und äußere Souveränität behalten

Chuzpe
aus dem Jiddischen für „Dreistigkeit", „Unverschämtheit"

Begriff

Wenn innerhalb der EU einige Mitgliedstaaten untereinander eine weitergehende Integration vereinbaren, andere aber vorerst zurückbleiben, spricht man von einem **„Europa der zwei Geschwindigkeiten"**. Es wird also ein gemeinsames Ziel verfolgt, zur Realisierung braucht man aber unterschiedlich lange. Beispielsweise haben sich 1985 Deutschland, Frankreich und die Benelux-Staaten auf das Schengener Abkommen zur Abschaffung der Grenzkontrollen geeinigt. Erst nach und nach traten weitere Staaten dem Abkommen bei.

Das Konzept eines **Kerneuropas** sieht vor, dass eine Gruppe von Staaten innerhalb der EU eine verstärkte Integration anstrebt, während andere, weniger integrationswillige Staaten eine weitreichende Zusammenarbeit z.B. in den Bereichen Währungs- oder Verteidigungspolitik ablehnen.

M1 EU-Reformen

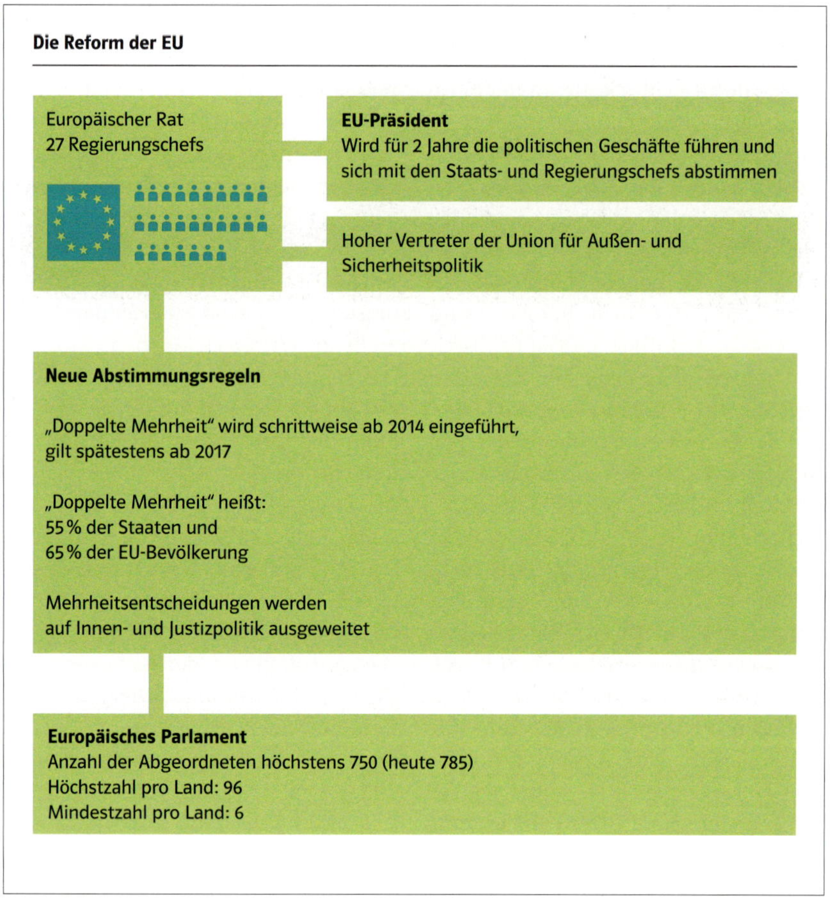

VT

Mit der Einführung des Euro als gemeinsamer Währung und den Ansätzen einer politischen Union, die auch eine gemeinsame Außen- und Rechtspolitik zum Ziel hat, ist die EU mittlerweile weit mehr als nur eine bessere Freihandelszone. Mit den eingeschränkten Rechten des EU-Parlaments und dem Fehlen einer eigenständigen europäischen Regierung ist sie andererseits aber noch erheblich davon entfernt, einen Staat zu bilden.
Die weltweit einzigartige Zwitterstellung der EU zwischen Staatenbund und Bundesstaat erschwert das Verständnis des komplexen Gebildes. Zahlreiche Reformvorschläge zielen deshalb darauf ab, die Union aus ihrer Stellung herauszuholen. Die Diskussion über die Notwendigkeit einer europäischen Verfassung zielt im Grunde genau darauf ab: Das Inkrafttreten einer EU-Konstitution wäre ein symbolischer Gründungsakt für einen neuen Staat Europa. Dabei besteht zwischen den Mitgliedstaaten keinesfalls Einigkeit darüber, ob aus der EU eines Tages die „Vereinigten Staaten von Europa" werden soll. Wo soll die Reise also hingehen?

M2 Einheit in der Vielheit

Immer mehr legislative Macht fließt weg von den Bürgern an das undemokratische Machtzentrum EU.

Europa braucht Bürgerbeteiligung!

Ab sofort wollen wir in allen wichtigen Fragen mitentscheiden. In Brüssel wird gerade fieberhaft an einer EU-Verfassung gearbeitet. Aber nur, wenn die Bürger auch dahinterstehen, wird es ein guter Schritt für Europa sein.

Wir unterstützen das Netzwerk „European Referendum Campaign" [...] und fordern: Wenn EU-Verfassung, dann nur durch ein bindendes europaweites Referendum, das am selben Tag in jedem betroffenen Land abgehalten wird.

Heinz-Joachim Pethke: Maintal, zitiert nach: http://home.arcor.de/pethke/Gurken.htm, Zugriff 16.06.2009

M3 Die Krümmung der Gurke

Brüssel. Bei allen Erfolgsgeschichten, die Brüssel schreibt, ist die EU in den Augen ihrer Kritiker immer noch ein Hort regulierungswütiger Eurokraten.

Als Inbegriff dessen gilt die sogenannte „Gurkenkrümmungsnorm", die präzise Angaben macht über Mindestgewicht, Färbung und Krümmung einer Gurke. Doch seit gestern steht dieselbe Vorschrift für die Lernfähigkeit der EU. Im allgemeinen Eifer, überflüssige Vorschriften abzuschaffen, haben die Brüsseler Bürokraten gestern auch die „Gurkenkrümmungs-Verordnung" entsorgt.

„Dies ist ein Neuanfang für die krumme Gurke und die knorrige Karotte", frohlockt die zuständige Agrarkommissarin Mariann Fischer Boel. 26 Arten Obst und Gemüse können künftig wieder wachsen, wie die Natur es will . Einwandfreie Erzeugnisse, die leider unförmig waren, müssen nun nicht mehr weggeworfen werden.

„Es ist viel besser, dies den Marktbeteiligten zu überlassen", argumentiert die Landwirtschaftskommissarin, deren Familie daheim in Dänemark selbst einen Bauerhof betreibt.

Ob der Verbraucher demnächst tatsächlich krumme Gurken und knorrige Karotten im Supermarkt vorfinden wird, steht allerdings auf einem anderen Papier. Experten behaupten, dass die Gurke dank intensiver Extraklassen-Züchtung gar nicht mehr anders kann, als ungekrümmt zu wachsen.

Gerd Niewerth: Die Rückkehr der krummen Gurke. In: Main-Echo, 13.11.2008, S. 1

M4 „Wir wollen keine Gurkendemokratie"

Aus einer EU-kritischen Internetseite:

Der Krümmungsgrad von EU-Gurken wird geregelt durch die Verordnung 1677/88 der EU-Kommission vom 15. Juni 1988 zur Festsetzung von Qualitätsnormen für Gurken. Leider gibt es in der EU keine Verordnung zur Festsetzung von Qualitätsnormen für Demokratie.

Die EU ist so undemokratisch, dass sie sich selber nicht als Mitgliedsstaat aufnehmen würde, weil sie die Grundstandards einer modernen Demokratie nicht erfüllt. Trotzdem kommen aber inzwischen mehr als 50 % aller neuen, in den EU-Staaten geltenden Gesetze aus Brüssel. Und es werden täglich mehr.

Die EU braucht keine Bürger!

Bisher hat sie sich völlig an den Bürgern vorbeientwickelt, ohne sie im Geringsten zu beteiligen.

M5 Zwei Geschwindigkeiten für Europa

Nach dem EU-Gipfel wird der Ruf nach einem Kerneuropa lauter, in dem Länder kooperieren können, ohne von anderen blockiert zu werden. In einigen Politikfeldern ist ein Europa der zwei Geschwindigkeiten längst Realität.

In den Tagen nach dem Brüsseler Gipfel ist das Lob groß für EU-Ratspräsidentin Angela Merkel. Doch macht sich auch Ärger darüber breit, mit welcher Chuzpe Staaten wie Polen und Großbritannien ihre Interessen vertreten und den Entwurf für den EU-Verfassungsvertrag zerfleddert haben. Der italienische Ministerpräsident Romano Prodi, selbst glühender Europäer und früher EU-Kommissionspräsident, kocht vor Wut. Tief enttäuscht sei er von der Einigung, ließ er unverhohlen wissen. Dann sprach Prodi das laut aus, was viele seiner Kollegen denken, aber aus diplomatischen Gründen nicht thematisieren wollen. Denn schließlich soll die EU nach außen hin ja eine Einheit sein, die gemeinsam vorangeht. Europa brauche zwei Geschwindigkeiten und müsse sich teilen, machte Prodi hingegen deutlich. Staaten, die mehr wollen, müssten ungehindert voranschreiten können.

Kurz darauf stieß Luxemburgs Premier Juncker ins gleiche Horn. Prodis Vorstoß beschrieb die Situation auf dem Gipfel: In der EU sind die Interessensunterschiede zu massiv, um Großprojekte auf den Weg zu bringen.

Eine kleine Minderheit kann vorschreiben, was geht – notfalls bis zum letzten Detail, wie der Streit um Fahne, Hymne oder den unverfänglichen Titel „Außenminister" gezeigt hat.

Prodis Vorschlag ist nicht neu. Die Idee des „Kerneuropa" haben Bundesinnenminister Wolfgang Schäuble und der CDU-Außenpolitiker Karl Lamers 1994 im Schäuble-Lamers-Papier formuliert. „Ein Kern von integrationswilligen Staaten schreitet voran. Ihr Erfolg entfaltet eine Sogwirkung auf andere Staaten, die später nachziehen", erklärt Lamers. Neben Deutschland und Frankreich seien Italien, Spanien und Luxemburg Länder, die EU-Vorreiter sein könnten. Auch Irland, Finnland, Belgien und Österreich würden in wirtschaftlichen Fragen vorausdenken.

Geht ein Staatenkern voran, driftet Europa freilich ein Stück auseinander. Doch offenbar lassen sich nur so Fortschritte erzielen. „In der EU gibt es starke nationale Egoismen. Daher ist die Möglichkeit zu einem Europa der zwei Geschwindigkeiten angesichts der Zahl von 27 Mitgliedstaaten nötig, um die europäische Integration voranzutreiben", sagt Lüder Gerken, Direktor des Centrums für Europäische Politik. Vor allem in der Außen- und Sicherheitspolitik müsse es vorangehen, wenn die EU kommenden Mächten wie Indien und China begegnen wolle, so Gerken.

In einigen Politikfeldern der EU sind unterschiedliche Geschwindigkeiten längst Realität. Denn immer wieder bleiben Staaten stehen, wenn andere vorangehen. Großbritannien unterschrieb das Sozialprotokoll 1993 nicht, das Arbeitnehmerrechte in der EU festschrieb. Freiwillig blieben London, Stockholm und Kopenhagen dem Euro fern. Und dem Schengen-Raum, der freies Reisen erlaubt, traten zunächst nicht alle Staaten bei. „Andere kamen hinzu, als sie sahen, dass es funktionierte. So wird es auch beim Euro sein", sagt Lamers.

Die Grundrechtecharta ist auch kein Projekt aller Staaten: London hat in Brüssel erwirkt, dass sie nicht das britische Recht erfasst. Das europäische Haus ist voller solcher Notausgänge: Zahlreiche Richtlinien, etwa in der Umweltpolitik, enthalten Ausnahmeregelungen, weil sie nur für bestimmte Staaten gelten.

Für europafreundliche Staaten soll es mit dem neuen EU-Vertrag einfacher werden, vorzupreschen: Das Instrument der verstärkten Zusammenarbeit, das einer Staatengruppe die Kooperation in bestimmten Politikfeldern erlaubt, wird ausgebaut. Der Zwang zu einstimmigen Entscheidungen wurde hier für viele Bereiche aufgehoben.

„Die EU-Staaten werden nun häufiger Gebrauch von der verstärkten Zusammenarbeit machen", sagt Canan Atilgan, EU-Koordinatorin der Konrad-Adenauer-Stiftung. Vor allem bei Themen wie polizeiliche Zusammenarbeit und Datenaustausch bestehe Bedarf, da hier einige Länder deutlich mehr erreichen wollten als andere. [...]

Torsten Schäfer: Zwei Geschwindigkeiten für Europa, Deutsche Welle, 26.06.2007, http://www.dw-world.de/dw/article/ 0,2144,2635307,00.html, Zugriff 17.03.2009

M6 „Ich habe die Nase voll"

Der deutsch-französische Europapolitiker Daniel Cohn-Bendit, 63, über die Konsequenzen des irischen Referendums.

[...] **Spiegel:** Ohne Irland können die 26 Länder den Vertrag nicht in Kraft setzen?

Cohn-Bendit: Nein. Er kann nur einstimmig angenommen werden.

Spiegel: Und die renitenten Inselbewohner einfach aus dem Club schmeißen, das geht auch nicht?

Cohn-Bendit: Nein, das kann man nicht.

Spiegel: Und warum sollten die Iren ihre Meinung beim nächsten Referendum ändern?

Cohn-Bendit: Vielleicht denken sie noch einmal nach, was Europa für sie bedeutet und was sie aufs Spiel setzen. [...]

Spiegel: Und was ist, wenn die Iren hart bleiben? Spaltet sich Europa?

Cohn-Bendit: Auf Dauer ist das unausweichlich. Wir brauchen ein vertieftes Europa, um die Probleme, die wir haben – ich nenne nur Globalisierung, Klimawandel, Friedenserhaltung –, lösen zu können. Ein solches, eng zusammengeschweißtes Europa, das ich für nötig halte, wollen aber nicht alle 27 EU-Mitglieder gleichermaßen. Darum werden wir irgendwann – und die Debatte wird jetzt ernsthaft beginnen – auf der einen Seite eine europäische Föderation jener Staaten haben, die weitergehen wollen in ihrer Gemeinsamkeit, die ihre politische, militärische, ökologische und ökonomische Zusammenarbeit vertiefen wollen [...]

Spiegel: Mit Frankreich und Deutschland als Kern?

Cohn-Bendit: Mit Frankreich und Deutschland als Kern, sonst geht das nicht. Aber auch mit Italien und Spanien und mit Polen und allen, die dazugehören wollen.

Spiegel: Und wo bleibt der Rest des heutigen 27er Clubs?

Cohn-Bendit: Mit denen, die nur einen erweiterten Markt wollen und keine engverbundene politische Union, betreiben wir dann eine Art privilegierte Partnerschaft. So wird sich also ein Teil des heutigen Europas als eine Föderation herausschälen. Und die anderen bleiben da, wo sie sein wollen, in einer Marktunion.

Spiegel: Beschreiben Sie diese Spaltung oder betreiben Sie sie?

Cohn-Bendit: Ich habe die Nase voll von all den falschen Debatten. Ich will jetzt endlich klare Entscheidungen. Was soll aus Europa werden? Entweder sagen mir die Franzosen und die Deutschen: So eine Föderation, wie du sie dir ausmalst, die wollen wir auch nicht. Das muss ich dann hinnehmen. Dann ist meine Utopie unzeitgemäß. [...]

Hans-Jürgen Schlamp: „Ich habe die Nase voll", Der Spiegel, Nr. 25, 2008, 16.06.2008, S. 117

M7 Baustelle Europa

European flag on background of metal scaffolding (Originaltitel)

Einige wenige Bilder besetzen bestimmte, für den europäischen Einigungsprozess zentrale Vorstellungen, wie das etwa beim Bild von der „Baustelle Europa" der Fall ist, einem Gerüst, auf das die EU-Fahne montiert wird. In den Monaten vor der Erweiterung der Union am 1. Mai 2004 fungierte es als „Titelbild" auf der Einstiegsseite der Website der Europäischen Union [...].

Auf den ersten Blick ist zu erkennen, dass es sich bei diesem Foto um nichts anderes als ein Symbol handeln kann: Müßig wäre etwa die Frage, wo denn genau das abgebildete Gerüst stand oder zu welchem Anlass und zu welchem Zweck es errichtet wurde. Stattdessen drängt die visuelle Semantik des Bilds gleichsam automatisch über die fotografische Referenz hinaus zur Vorstellung hin, hier werde – in einem Akt gemeinsamer Anstrengung, der die Einzelnen anonymisiert – an Europa gebaut. Die für den Aufbau benötigten Teile sind dabei offenbar ebenso bereits vorhanden wie die Arbeiter, die das Gerüst errichten; was fehlt, ist im Grunde nur noch die Fertigstellung des begonnenen Werks. Wir haben es bei diesem Bild mit einem für die „Fiktion Europa" [...] zentralen Motiv zu tun, welches das schwierige Problem der Finalität des europäischen Einigungsprozesses unmittelbar zum Ausdruck bringt: Ob das „Werk" Europa jemals vollendet sein wird, lässt das Bild nämlich offen. Keineswegs offen bleibt hingegen die Frage, welche Gestalt Europa im Zuge des Auf- und Ausbaus annehmen wird: Dieselbe, die durch die Europäische Fahne, die für den Bestand und die Einheit der Union steht, ebenso garantiert wird wie durch das Gerüst, welches beliebige Erweiterbarkeit bei gleich bleibender Stabilität symbolisiert.

Darüber hinaus aber gibt das Foto auch einen Hinweis darauf, dass wir es bei der europäischen Einigung mit einem Prozess zu tun haben, dessen Finalität offenbar mit seiner Unabschließbarkeit zusammenfällt: Die einzige Grenze scheint der Himmel zu sein, wie der nach oben strebende Wirbel andeutet, den die Fahne formt. Wird das Gerüst, das die europäische Fahne trägt, so könnte man im Anschluss fragen, den Anlass seiner Errichtung überdauern oder wird es wieder abgebaut werden, nachdem das Ereignis, dessen weithin sichtbares Zeichen es dargestellt haben wird, vorüber ist? Dass diese Frage nicht entschieden werden kann, liegt nicht zuletzt daran, dass die Zeitstelle, der das Bild seine Entstehung verdankt, unbestimmt bleibt: Wie auch in anderen Fällen, wo versucht wurde, die politische „Fiktion Europa" zu visualisieren, konstruiert das symbolische Bild von der „Baustelle Europa", [...] nicht nur eine homogene und leere Zeit, sondern auch einen homogenen und leeren Raum, der nur durch die Umfassung seiner Grenzen definiert ist [...]. Was über den Rahmen des Bilds hinaus existiert oder existieren wird, darauf gibt das Bild weder einen Hinweis noch eine Antwort.

Demokratiezentrum Wien, zitiert nach: http://www.demokratiezentrum.org/cb-96b7ea72e356776181bee4f24b5a33/de/bildatlas/baustelle.html?index=0&dimension=Serie, Zugriff 16.06.2009

Arbeitsvorschläge

1. Vergleichen Sie die geplante EU-Verfassung (M1) mit der aktuellen Situation und bewerten Sie die Hauptunterschiede.

2.1 Recherchieren Sie ausgehend von VT die aktuelle Diskussion um eine EU-Reform.

2.2 Diskutieren Sie die Problematik der hier skizzierten „Zwitterstellung" (VT) der EU.

3. Erläutern Sie die in M2, M3 und M4 unterschwellig oder direkt geäußerten Vorwürfe an die EU und erörtern Sie die hier vorgestellten Möglichkeiten der Verbesserung.

4.1 Diskutieren Sie mithilfe von M5 und M6 das Für und Wider der Ideen eines „Kerneuropas" bzw. eines „Europas der zwei Geschwindigkeiten".

4.2 Diskutieren Sie ausgehend von M7, welche grundlegenden Fragen hinsichtlich der zukünftigen Gestaltung Europas das symbolische Bild einer Baustelle aufwirft.

Die kollektive Identität
Wie entsteht ein europäisches Bewusstsein?

Miniglossar

Demos
(gr.: „Volk"), Gemeinschaft von Bürgerinnen und Bürgern

Empathie
Einfühlungsvermögen

Identität
(von lat: idem, derselbe, der gleiche) als sozialpsychologischer Begriff die Summe der Merkmale, mit deren Hilfe man ein Individuum von anderen unterscheiden kann

Kohärenz
(lat. cohaerentia; „Zusammenhang"), inhaltliche Zusammengehörigkeit von Einheiten

Loyalität
(franz.: „Treue"), innere Verbundenheit mit einer Person, Gruppe oder Gemeinschaft.

Subsidiarität
→ S. 30

Begriff

Als Alternative zum traditionellen Konzept der **Staatsbürgerschaft**, das auf einer gemeinsamen Abstammungs- oder Sprachgemeinschaft der jeweiligen Staatsbürgerinnen und Staatsbürger beruht, wurde die Idee des Verfassungspatriotismus entwickelt. Man versteht darunter die Identifikation mit den in der Verfassung festgelegten Grundwerten und institutionalisierten Verfahren der republikanischen Grundordnung.

Die Behauptung, dass dem gemeinsamen durch sozialen Austausch geschaffenen Guten höhere Priorität zukommt als dem kurzfristigen individuellen Eigeninteresse, ist Kerngedanke des **Kommunitarismus**. Damit ist Kommunitarismus eine sozial-philosophische Lehre, die sich gegen die Tendenz zum Individualismus stellt und für eine Erneuerung gemeinsamer Werte eintritt, wodurch ein Fundament für eine gerechte politische Ordnung geschaffen werden soll.

M1 Schweigen ist Zustimmung

VT

EU-Bürger zu sein, bringt erst einmal viele Vorteile, zumal, wenn man im Euro-Raum lebt. Hier benutzen alle dasselbe Geld, müssen sich an den Grenzen nicht mehr ausweisen, können EU-weit leben und arbeiten, wo sie wollen. Wer studiert, verbringt oft mindestens ein Semester im europäischen Ausland. Mit der viel beschworenen europäischen Identität hat das aber noch wenig zu tun.
Die Europäer empfinden sich immer noch als eine Pluralität von souveränen Nationen, eigenständigen Sprachen und kulturellen Traditionen, von Selbstverständnissen jeweils eigener Prägung. Der Europäischen Union fehlen angeblich identitätsstiftende Ressourcen wie etwa eine gemeinsame Sprache.
Die große Herausforderung der kommenden Jahrzehnte liegt folglich darin, zu einer verbindenden europäischen Identität zu gelangen. Denn das „Projekt Europa" bedarf mehr denn je der öffentlichen Unterstützung durch seine Bürgerinnen und Bürger. Die europäische Integration als Elitenprojekt, also als Projekt weniger Visionäre in Politik und Wirtschaft, weiter zu betreiben, wird nach Einschätzung zahlreicher Beobachterinnen und Beobachter für deren Erfolg nicht mehr genügen.
Die Bevölkerung der EU-Mitgliedstaaten muss endlich mit ins Boot geholt werden, wenn die europäische Idee auch langfristig mit Leben erfüllt sein soll.
Die politische Bedeutung von Faktoren kollektiver Selbstwahrnehmung wurde von den europäischen Politikerinnen und Politikern lange Zeit unterschätzt. Die Debatten um die Erwähnung des christlichen Erbes Europas im europäischen Verfassungsvertrag und die Aufnahme der Türkei in die EU zeigen jedoch, dass die Frage nach dem Verständnis der Europäer von sich selbst ein entscheidendes Moment der Zukunftsfähigkeit geworden ist. Was ist also zu tun, um die viel beschworene europäische Identität mit Leben zu erfüllen und ein nachhaltiges europäisches Bewusstsein zu schaffen?

M2 Europäische Identität

[...] Im historischen Vergleich existiert auch heute ein europäischer Demos, selbst wenn die Kritiker bestimmte Bedingungen hierfür nicht erfüllt sehen. So wird das – vermeintliche? – Fehlen einer europäischen Öffentlichkeit beklagt. Ferner sei eine europäische Staatsbürgerschaft mehr oder weniger unverbindlich, da die national definierte Staatsbürgerschaft die maßgebliche und entscheidende geblieben sei. [...] Was kann der Kern der künftigen europäischen Identität des europäischen Demos sein – nach der „Christlichen Republik" in der Frühen Neuzeit und der „Kultur" mit und seit der Aufklärung? [...] Unter Kultur wird all das verstanden, was die Sinngebung, die Herstellung von Sinn und Bedeutung, und Zielsetzungen bestimmter menschlicher Gemeinschaften symbolisch ausdrückt. Dieser Kulturbegriff ist sehr offen gefasst, er setzt weniger auf Einheit und Einigkeit überall, sondern lässt Vielfalt zu, sofern Kohärenzen geschaffen werden. Darum geht es – um Kohärenz in der Vielfalt, weniger, sehr viel weniger um Einheit in der Vielfalt, wie es das Motto der EU etwas unpassend ausdrückt.

Wolfgang Schmale: Geschichte der europäischen Identität. In: Aus Politik und Zeitgeschichte, 1–2/2008, S. 19

M3 Identität durch materiellen Nutzen

[...] Die EU ist als Union demokratischer Staaten nicht nur auf die politische Legitimation durch die Bevölkerungen der Mitgliedsländer angewiesen, sie benötigt darüber hinaus auch deren finanzielle Unterstützung für eine erfolgreiche Integration. [...]
Wenn zur Unterstützung des europäischen Integrationsprozesses die kollektive Identität der Europäer eingeklagt wird, muss damit eine verlässliche und in gewisser Weise berechenbare Unterstützung der Politik gemeint sein. Die Verbindlichkeit der Unterstützung wird positiv oder negativ von der Erfüllung oder Enttäuschung von Interessen und Erwartungen beeinflusst. Im positiven Fall kann daraus eine Identifikation mit Europa erwachsen, die geeignet ist, die politische Weiterentwicklung des „Projektes Europa" zu tragen. Ich ergänze daher die Definition von europäischer Identität: Für einen Begriff von tragfähiger Identifikation mit Europa bedarf es neben Loyalität und Empathie einer nutzenorientierten Komponente, die sich materiell manifestiert. Damit meine ich eine belastbare und dauerhafte Verknüpfung der Interessen der Bevölkerung Europas mit der Europäischen Union. Diese Verbindung kann dadurch entstehen, dass die Bürgerinnen und Bürger in der EU-Mitgliedschaft ihres Landes (für ihr Land oder für sich selbst) Vorteile sehen, oder sie kann sich in der Bereitschaft zur solidarischen Unterstützung anderer ausdrücken, weil eine Gegenleistung erwartet werden kann. Identitäten in diesem Sinn haben ihren praktischen Test bestanden, wenn sie zur Akzeptanz von Umverteilungsforderungen führen.
[...] Aus der Perspektive politischer Akteure stellt sich nun die Frage, ob eine europäische Identität für die Fortentwicklung der europäischen Integration erforderlich ist. Wenn sie als Quelle politischer Unterstützung verstanden wird und wenn diese Unterstützung der Öffentlichkeit in demokratischen Willensbildungsprozessen auf EU-Ebene als Legitimationsgrundlage politischen Handelns gebraucht wird, dann ist europäische Identität für die zukünftige Entwicklung unverzichtbar. [...] Die Folgefrage lautet dann, ob und wie stark die Bürgerinnen und Bürger Europas nicht nur per Meinungsumfrage, sondern auch durch Mechanismen politischer Partizipation an der Weiterentwicklung des Integrationsprozesses beteiligt werden, bei denen es auf Identifikation als Entscheidungsgrundlage ankommt [...].

Sylke Nissen: Europäische Identität und die Zukunft Europas. In: Aus Politik und Zeitgeschichte, 38/2004, zitiert nach: www.bpb.de/publikationen/I06M95,1,0,Europ%E4ische_Identit%E4t_und_die_Zukunft_Europas.html#art1, Zugriff 04.04.2009

M4 Bürgernähe durch Zurückhaltung

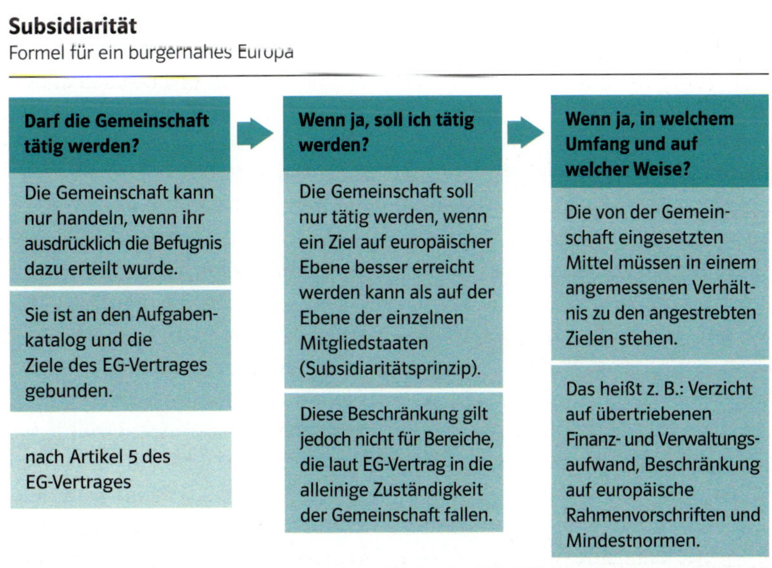

Nach: Erich Schmidt Verlag

M5 Europäisches Gemeinschaftsgefühl gesucht

[...] Für die EU ergibt sich aus dem verhältnismäßig geringem politischen Engagement für Europa und dem eher schwachen Zugehörigkeitsgefühl zu Europa ein Legitimitätsproblem. Doch wenig Einigkeit herrscht bislang darüber, wie Abhilfe geschaffen werden kann. Im Folgenden werden verschiedene Ansätze hierzu vorgestellt.

Ein kulturelles Europa

Viele (meist konservative) Politiker und Wissenschaftler sind der Auffassung, dass eine politische Gemeinschaft nur dann stabil sein kann, wenn sie fest in einer gemeinsamen Geschichte und Kultur verwurzelt ist (auch „Kommunitarismus" genannt). In Bezug auf Europa betonen sie, dass aus verschiedenen religiösen, philosophischen, politischen, wissenschaftlichen und künstlerischen Strömungen eine gemeinsame europäische Identität hervorgegangen ist, auf die sich die Europäer wieder stärker besinnen sollten – insbesondere auf das christliche (oder jüdisch-christliche) Erbe. Folglich lehnen viele von ihnen eine mögliche Mitgliedschaft der Türkei in der „europäischen Kulturfamilie" ab. Auch werden die Rufe nach einer Festlegung der Grenzen der EU immer lauter .

Hauptprobleme: Die häufigste Kritik, die an diesem Ansatz geübt wird, besteht darin, dass es sich hierbei um „Euronationalismus" handelt, der innerhalb der europäischen Gesellschaften zu einer exklusivistischen Politik (beispielsweise gegenüber Zuwanderern) und international zu Polarisierungen führt, die schlimmstenfalls, wie etwa vom amerikanischen Politologen Samuel P. Huntington prophezeit, in einen „Kampf der Kulturen" münden könnten.

Ein Europa der Bürger – „Verfassungspatriotismus"

Die Grundannahme des Liberalismus und Republikanismus hingegen ist, dass politische Gebilde von einer gemeinsamen politischen Kultur getragen werden müssen, die auf den Grundsätzen der Demokratie, Menschenrechte, Rechtsstaatlichkeit usw. beruht (der deutsche Philosoph Jürgen Habermas spricht auch von „Verfassungspatriotismus"). In Bezug auf Europa ist die Entstehung einer gemeinsamen Öffentlichkeit und Zivilgesellschaft, die kulturell neutral sein müssen, für das Entstehen einer gemeinsamen politischen Identität wesentlich. Kulturelle und religiöse Praktiken müssen auf die Privatsphäre beschränkt bleiben. Außerdem müssen die EU-Institutionen und die Demokratie auf EU-Ebene gestärkt werden. Für die Definition der Grenzen der EU dürfen lediglich politische Kriterien ausschlaggebend sein.

Hauptprobleme: Große Zweifel gibt es daran, ob abstrakte Grundsätze wirklich Gemeinschaftsgefühle stiften können und die Bedeutung der kulturellen Zugehörigkeit und Identifikation für die Menschen, sowie die Konflikte und Probleme, die diese auslösen können, zu ignorieren.

Europa als Raum der Begegnungen

Andere wiederum sind der Überzeugung, dass eine europäische Identität aus dem politischen und kulturellen Miteinander der Europäer entstehen könnte („Konstruktivismus"). Hierbei würde es sich jedoch nicht um eine einzige klar umrissene Identität handeln, sondern vielmehr würde sie für jeden Einzelnen etwas anderes bedeuten, und sich stetig wandeln. Ihr wichtigstes Merkmal wäre die Offenheit und Aufgeschlossenheit gegenüber Anderen. Dieses Ansatzes zufolge wäre es falsch, die EU-Außengrenzen ein für alle Mal festlegen zu wollen.

Hauptprobleme: Die häufigste Kritik lautet, dass dieser Ansatz den Bedarf der Menschen nach Stabilität und einem festen Rahmen unterschätzt und ihre Fähigkeit, ohne feste Orientierungpunkte auszukommen, überschätzt. Übergroße Vielfalt kann letztlich zu einem Verlust von Identität und Zusammenhalt führen – und schlimmstenfalls zum Zusammenbruch funktionierender Gemeinschaften.

Trotz dieser grundlegenden Unterschiede herrscht jedoch breite Einigkeit über einige der Voraussetzungen für die Entstehung einer gemeinsamen europäischen Identität:

- Politik: Die politische Einbeziehung der Bürger müsste auf allen Ebenen gestärkt werden ebenso wie die Demokratie auf EU-Ebene.
- Bildung und Kultur: Stärkung der europäischen Dimension in gewissen Fächern (etwa Geschichte), eine intensivere Förderung von Fremdsprachenkenntnissen, mehr Austausche etc.
- Sozialer und wirtschaftlicher Zusammenhalt: Bekämpfung sozialer und wirtschaftlicher Unterschiede. [...]

o.V.: Europäische Identität und Werte, EMM Europäische Multiplikatoren-Medien GmbH, Berlin, 09.05.2006, www.euractiv.com/de/zukunft-eu/europaische-identitat-werte/article-155078, Zugriff 03.04.2009

M6 Die Einstellung Jugendlicher zur europäischen Integration

Neben der Freizügigkeit, also der Möglichkeit, europaweit reisen, studieren oder auch arbeiten zu können, sowie der damit verbundenen kulturellen Vielfalt wird ein vereintes Europa ebenfalls als Garant für Frieden und für mehr Mitsprachemöglichkeiten in der Welt betrachtet. Kritisiert wird hingegen vor allem die Bürokratie und Geldverschwendung. Im Vergleich zur letzten Shell Jugendstudie ist die damalige „Europa-Euphorie" inzwischen allerdings einer etwas realistischeren Betrachtungsweise gewichen. Die fernere Perspektive, dass sich die europäischen Länder längerfristig zu einem einheitlichen Nationalstaat zusammenschließen sollen, befürworten nur noch 32 % der Jugendlichen, im Vergleich zu 49 % im Jahr 2002. Für einen möglichen Beitritt der Türkei zur Europäischen Union (EU) sprechen sich nur 19 % der Jugendlichen aus. 61 % lehnen dies momentan ab und 20 % haben hierzu keine Meinung. Für die (damals anstehende) Osterweiterung Europas fand sich im Jahr 2002 hingegen eine Mehrheit von 44 % im

Vergleich zu 32 % der Jugendlichen, die hierzu eine ablehnende Haltung artikulierten. Auf der „In und Out"-Skala hat Europa seine Platzierung bei den Jugendlichen hingegen in etwa halten können. 60 % bezeichnen Europa im Vergleich zu 62 % im Jahr 2002 nach wie vor als „in".

Deutsche Shell (Hg.): Jugend 2006, zitiert nach: http://www.shell.de/home/content/deu/aboutshell/our_commitment/shell_youth_study/2006/globalisation/, Zugriff 26.06.2009

M7 Europas Tor zum Weltraum

Die Europäische Weltraumorganisation ESA ist Europas Tor zum Weltraum. Sie soll die Entwicklung der europäischen Raumfahrt koordinieren und fördern – und natürlich sicherstellen, dass die diesbezüglichen Investitionen allen Europäern dauerhaften Nutzen bringen.

Aktuell gehören der ESA 17 Mitgliedstaaten an. Indem sie die Finanzmittel und das Know-how der einzelnen Länder bündelt, ermöglicht sie die Realisierung von Programmen und Projekten, die keiner der Mitgliedstaaten jemals im Alleingang auf die Beine stellen könnte.[...]

Aufgabe der ESA ist es, das gemeinsame europäische Weltraumprogramm zu konzipieren und umzusetzen. Die Zielsetzung ihrer Projekte ist dementsprechend vielfältig – von der Erforschung der Erde, ihres unmittelbaren Umfelds, des Sonnensystems und des Universums über die Entwicklung satellitengestützter Technologien und Dienstleistungen bis hin zur Förderung verschiedener europäischer High-Tech-Industrien. Damit die gewonnenen Erkenntnisse und Erfindungen nicht nur Europa, sondern der gesamten Menschheit zugute kommen, arbeitet die ESA darüber hinaus auch intensiv mit außereuropäischen Weltraumorganisationen zusammen.

http://www.esa.int/esaCP/SEMEU7W4QWD_Germany_0.html, Zugriff 04.04.2009

M8 Produktion ohne Grenzen?

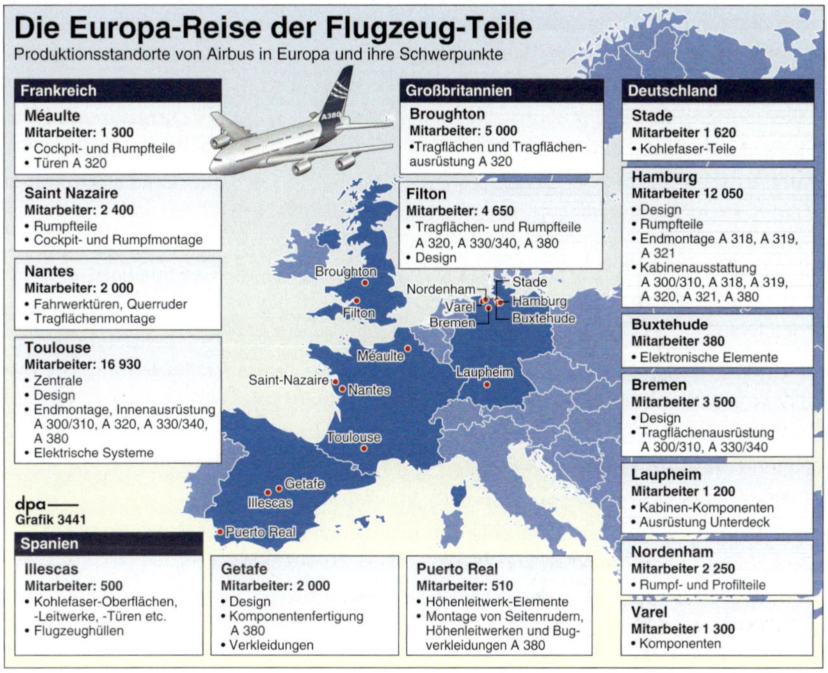

Arbeitsvorschläge

1. Interpretieren Sie die Karikatur in M1: Worin liegt nach Auffassung des Zeichners ein Grundproblem der Beziehung der EU zu ihren Bürgerinnen und Bürgern?

2. Erläutern Sie mithilfe von VT, M2 und M3 die Problematik, aber auch die Chancen eines europäischen Identitätsbegriffs.

3. Erläutern Sie ausgehend von M4, inwiefern das Subsidiaritätsprinzip ein Schlüssel für die Stärkung eines europäischen Gemeinschaftsgefühls sein kann.

G **4.1** Fassen Sie die Vorschläge, wie das „Zugehörigkeitsgefühl" zu Europa gestärkt werden kann, aus M5 zusammen.

4.2 Diskutieren Sie deren Erfolgsaussichten bzw. unter Berücksichtigung der Ergebnisse aus M6 deren Notwendigkeit.

4.3 Führen Sie selbst in Ihrer Klasse/Jahrgangsstufe eine Befragung durch und vergleichen Sie deren Ergebnisse mit denen der Shell Jugendstudie.

5. Diskutieren Sie ausgehend von M7 und M8, inwiefern durch eine europäische Zusammenarbeit in Wissenschaft und Technik die Herausbildung eines europäischen Bewusstseins gefördert werden kann.

Methode

Kreative Lösungen entwickeln

Brainstorming und Ideenwerkstatt

Brainstorming

Nach bestimmten Regeln werden zu einem Problem, einer Frage oder einem Thema Ideen, Einfälle usw. gesammelt, um neue und möglichst originelle Lösungsmöglichkeiten zu entwickeln. Diese klassische Methode eignet sich besonders,
- wenn viele Ideen in kurzer Zeit gefunden werden sollen.
- wenn ungewöhnliche und unkonventionelle Ideen gewünscht sind.
- um feste Denkstrukturen aufzubrechen.
- um die Kreativität einer Gruppe anzuregen.
- wenn ein Arbeits- oder Diskussionsprozess ins Stocken geraten ist.
- als Einstieg in einen neuen Arbeitsschritt. [...]

Vorbereitung
Der Moderator formuliert eine Frage, zu der Vorschläge und Einfälle gesammelt werden sollen. Die Frage sollte die Teilnehmenden direkt ansprechen (z. B. „Was können wir tun, damit ... ?", „Welche Möglichkeiten fallen euch ein, um an Geld für unser Projekt zu kommen?", ...). Ist die Frage formuliert, wird sie als Überschrift auf einen Papierbogen, ein Flipchart oder an die Tafel geschrieben. Des Weiteren werden die Regeln für das Brainstorming festgehalten [...]. Der Moderator erklärt die Vorgehensweise des Brainstormings, die Regeln und Vorteile dieser Methode. Danach benennt er noch einmal das Problem, das in der Gruppe bearbeitet werden soll und liest die Fragestellung vor.

Aktion
Die Teilnehmerinnen und Teilnehmer äußern mündlich ihre Ideen, Vorschläge und Einfälle zu der Frage. Sie werden vom Moderator auf den Papierbogen oder die Tafel geschrieben. Wenn zwei Moderatoren anwesend sind, empfiehlt sich hier eine Arbeitsteilung: Einer leitet den Prozess, während der andere die Aussagen aufschreibt (diese Aufgabe kann auch durch Gruppenmitglieder übernommen werden). Wichtig ist, dass der Moderator auf das Einhalten der Regeln achtet und darauf drängt, dass alle Teilnehmerinnen und Teilnehmer zu Wort kommen. Flaut der erste Ideensturm ab, sollte das Brainstorming noch nicht gleich abgebrochen werden: Unkonventionelle und neue Ideen brauchen manchmal etwas länger.

Nach 10 bis 20 Minuten, wenn das Brainstorming dem Ende zugeht, feuert die Moderation die Gruppe noch einmal an: Jetzt kommen die wildesten Ideen!
Als Abschluss liest der Moderator die gesammelten Vorschläge und Einfälle vor und fragt noch einmal nach weiteren Ideen. Kommen keine Ergänzungen mehr, ist das Brainstorming abgeschlossen.

Auswertung
Bevor nun die Vorschläge, Ideen und Einfälle weiter bearbeitet werden (z. B. durch eine Mehrpunktentscheidung oder eine Diskussion), sollte in jedem Fall eine Pause gemacht werden, um diese kreative Phase mit ihren eigenen Regeln von einer bewertenden Phase deutlich zu trennen.

Variante: Karten-Brainstorming

Beim Karten-Brainstorming schreibt jede Teilnehmerin und jeder Teilnehmer selbst und für sich die eigenen Ideen, Vorschläge und Einfälle auf Moderationskarten. Die Teilnehmerinnen und Teilnehmer hängen ihre Karten selbst (und unabhängig von den anderen) an Pinnwände. Bei dem Gang an die Pinnwände schauen sich die Teilnehmerinnen und Teilnehmer die Beiträge der anderen an und lassen sich dadurch zu neuen Ideen anregen. Der Vorteil hierbei ist, dass wirklich alle Ideen gesammelt werden und dass die Karten anschließend leicht nach Sachzusammenhängen zu ordnen sind.

(Brainstorming) Julia Haarmann/Matthias Noé/Wolfgang Sander: Methoden von A bis C; Projekt Wahlen 2009, Forschen mit GrafStat, Bundeszentrale für politische Bildung (Hg.), Bonn 2008, zitiert nach: http://www.bpb.de/methodik/G4RPNA,5,0,Methoden_von_A_bis_C.html#art5, Zugriff 26.04.2009 (gekürzt und sprachlich leicht verändert)

Ideenwerkstatt

In einer Ideenwerkstatt wird unter Einbezug von Moderations- und Visualisierungsmethoden und unter Zuhilfenahme von Kreativitätstechniken für ein bestimmtes Problem(-feld) nach neuen Lösungswegen gesucht. Durch die Sammlung, Strukturierung und Kombination von Lösungsideen kommt es oftmals zu veränderten Sichtweisen und neuartigen Lösungsansätzen. Ideenwerkstätten lassen sich wegen ihrer klaren und einfachen Struktur [...] je nach Erfordernis in kleinerem oder größerem Rahmen umsetzen. Die Ideenwerkstatt ist ein geeigneter Raum, im Team „gedankliche Spaziergänge" zu veranstalten. Damit es dazu kommt, bedarf es eines bestimmten Arrangements. Der vermeintliche Widersinn liegt darin, dass in der Werkstatt bestimmte Suchbewegungen mit einer eher strengen Abfolge methodischer Schritte verbunden werden. Das Grundprinzip der Ideenwerkstatt lautet: „Den Gedanken in einem festen Rahmen freien Lauf zu lassen."

1. Die Werkstatt konstituiert sich
Die Werkstatt-Leitung stellt sich vor und erklärt die Vorgehens- und Arbeitsweise. Die Leitung zeichnet für die Moderation der Veranstaltung, für Ablauf und Regeleinhaltung in der Werkstatt verantwortlich. Zu Beginn stellt der Ideengeber alle zur Lösung des Problems erforderlichen Informationen zur Verfügung. Der Moderator vergewissert sich, dass alle Anwesenden eine angemessene Einstimmung über den Problemgegenstand erfahren. Die Gruppe präzisiert danach ihre Werkstatt-Aufgabe und startet mit dem Ideenfluss.

Brainstorming: Auswertungsphase

2. Die kreative Phase läuft
Die Anwesenden werden gebeten, in Stillarbeit zum Problemgegenstand auf vorbereiteten Karten ihre Ideen stichwortartig aufzunotieren. Diese Karten werden von dem Moderator eingesammelt und auf einer Pinnwand befestigt. Dabei wird jede einzelne Karte vorgestellt und im Plenum gegebenenfalls erläutert. In dieser kritiklosen Phase werden die Teilnehmenden zu weiteren Assoziationen aufgefordert. Die neuen Ideen werden sukzessive den anderen Karten zugeordnet. Der Moderator sollte in dieser Phase darauf achten, dass ein abnehmender Ideenfluss noch nichts über die Qualität der Ideen aussagt. Vielmehr sind die Ideen der zweiten Runde oftmals ergiebiger als die der ersten. Kommt der Assoziationsprozess endgültig zum Erliegen, so beendet der Moderator diese Phase.

3. Vom Ideenstrom zur Problemlösung
Aufgabe dieser Phase ist es, die Ideen zu ordnen, zu bewerten und zu präzisieren. Die Teilnehmenden werden demgemäß durch den Moderator aufgefordert, die Lösungskarten nach thematischen Gesichtspunkten zu gruppieren (Klumpen). Im weiteren Prozess werden für die einzelnen Gruppen Überschriften gesucht. Die einzelnen Gruppen werden erörtert, ergänzt und vorläufig verabschiedet. Im Weiteren wird nach Verbindungslinien zwischen den einzelnen Klumpen gesucht. Hiermit endet die Werkstatt. Gemäß den Hinweisen aus der Werkstatt erarbeitet eine zu berufene Arbeitsgruppe ein Problemlösungskonzept.

4. Präsentation der Ergebnisse
Dem Ideen- bzw. Auftraggeber werden die Werkstatt-Ergebnisse vorgestellt. In dieser Phase wird das Problemlösungskonzept nochmals einer kritischen Überprüfung unterzogen. Stoßen die Vorschläge auf massive Ablehnung, so ist zu prüfen, ob die Arbeitsgruppe das Konzept gemäß den Einlassungen überarbeiten kann oder ob erneut zu einer Werkstatt eingeladen werden soll.

Klaus I. Rogge, sowi-online e. V. Bielefeld, zitiert nach: http://www.sowi-online.de/methoden/lexikon/ideenwerkstatt-rogge.htm, Zugriff 26.04.2009 (leicht verändert)

Wiederholen und anwenden

Der Einigungsprozess nach 1945

Als Wegbereiter für die europäische Einigung wird die deutsch-französische Versöhnung nach dem Zweiten Weltkrieg angesehen. Nach jahrhundertelangen Auseinandersetzungen und Konflikten zwischen den beiden europäischen Staaten sollte ein dauerhafter Frieden geschaffen werden. Dazu sollte die Demokratie als Herrschaftsform gefestigt und vor Missbrauch geschützt werden. Damit der Wiederaufbau Europas nach dem Zweiten Weltkrieg rasch gelingt, wurde zuerst die wirtschaftliche Zusammenarbeit gefördert.

Institutionen und Organe der EU

Die Europäische Union (EU) ist heute ein Staatenbund aus souveränen Staaten, die unabhängig bleiben, jedoch Hoheitsrechte bündeln, um ihren internationalen Einfluss zu erhöhen. Die Regelungen der Zusammenarbeit sind im Vertrag von Lissabon zusammengefasst. Dieser Vertrag stellt eine neue Stufe bei der Verwirklichung einer immer engeren Union der Völker Europas dar. Geschlossen wurde er von den Staats- und Regierungschefs der Mitgliedstaaten und von deren Parlamenten oder durch Volksabstimmungen ratifiziert. Die Mitgliedstaaten geben einen Teil ihrer Hoheitsrechte an die Institutionen der EU ab. Dieses Bündeln der Hoheitsrechte bedeutet, dass Entscheidungen zu ausgewählten Fragen von gesamteuropäischer Bedeutung auf der Unionsebene gefällt werden können. Dafür haben sich die Mitglieder v. a. die folgenden drei Organe geschaffen:
- das **Europäische Parlament** als direkt gewählte Vertretung der europäischen Bürgerinnen und Bürger;
- der **Rat der Europäischen Union** (Ministerrat) als Vertretung der Mitgliedstaaten;
- die **Europäische Kommission** als Hüterin der Interessen der EU insgesamt.

In diesem „institutionellen Dreieck“ werden die Programme und Rechtsvorschriften, die in der gesamten EU gelten, erarbeitet. Üblicherweise schlägt die Europäische Kommission neue Rechtsvorschriften vor, angenommen werden sie vom Europäischen Parlament und vom Rat der EU. Die Umsetzung erfolgt dann durch die Europäische Kommission und die Mitgliedstaaten.

Die Osterweiterung

Die Europäische Union besteht zurzeit aus 27 Mitgliedstaaten. Zuletzt traten Rumänien und Bulgarien der Gemeinschaft bei. Das führte zu einer Ausdehnung des Sicherheits- und Partnerschaftsraumes, auch wuchs der gemeinsame Binnenmarkt. Jedoch kam es auch zu einer Vergrößerung des Wohlstandsgefälles innerhalb der Union. Aus diesem Grund gibt es Stimmen, die fürchten, dass die EU in ihren heutigen Ausmaßen zunehmend handlungsunfähig wird. Kritiker warnen vor einer weiteren Ausdehnung der EU. Sie befürchten eine Zunahme der Kriminalität und Konkurrenz durch billige Arbeitskräfte. Dabei berücksichtigen sie nicht, dass die Länder des ehemaligen Ostblocks in den letzten Jahren die größten Fortschritte auf der politischen und wirtschaftlichen Ebene gemacht haben und der nun größere Markt noch mehr Chancen für die Bürgerinnen und Bürger der EU bietet.

EU und die Türkei

Der Prozess der Einigung ist noch nicht abgeschlossen. Einige Länder bewerben sich um eine Mitgliedschaft, darunter auch die Türkei. Zu deren Beitritt gibt es unterschiedliche Meinungen. Die Befürworter betonen den wirtschaftlichen Aufschwung und den Modernisierungsprozess, den das Land durchgemacht hat. Gegner dagegen befürchten, dass die unterschiedliche kulturelle Prägung der Türkei und die Gewichtung des Mitspracherechts innerhalb der EU aufgrund der großen Bevölkerungszahl des Landes die weitere Umsetzung der EU-Ziele beeinträchtigen würde. In einem Punkt sind sich aber alle einig: Die Türkei muss noch viele Reformen umsetzen, bevor über eine Mitgliedschaft entschieden werden kann. Der Erfolg der Reformen muss von allen Mitgliedern der EU anerkannt werden.

Gemeinsame Außen- und Sicherheitspolitik der EU

Die Gemeinsame Außen- und Sicherheitspolitik (GASP) wurde 1993 ins Leben gerufen. Ihre Regelungen sind ebenfalls Bestandteil des Vertrages von Lissabon. Der Europäische Rat legt die strategischen Interessen der EU fest und definiert Ziele der GASP. Der Rat und der Hohe Vertreter sollen dann für ein einheitliches Vorgehen der EU sorgen. Aber: Jeder EU-Staat betreibt parallel seine eigene Außenpolitik. Die GASP ist deshalb die Achillesferse der EU. Noch fehlt es an einer gemeinsamen EU-Strategie in globalen Fragen. Auch spricht die EU trotz der Position des EU-Außenministers (Hohen Vertreters) mit zu vielen verschiedenen Stimmen.

Warum sind Reformen notwendig?

Es sind in der EU trotz aller Fortschritte Reformen notwendig. Dabei geht es …

- um die Arbeitsweise der EU-Institutionen und deren Handlungsfähigkeit. Die Forderung von Einstimmigkeit lähmt die EU, das Mehrheitsprinzip wird sich durchsetzen müssen.
- um die demokratische Legitimität der Einrichtungen, um die Stärkung des Europäischen Parlaments, das als einziges Organ direkt von den Bürgerinnen und Bürger gewählt wird.
- um die Änderung der finanziellen Versorgung der EU. Soll eine eigene EU-Steuer eingeführt werden? Wie werden die Zuschüsse durch die Mitgliedstaaten geregelt? Sollen weiterhin Milliarden in die Landwirtschaft fließen? Welches Land bekommt wie viel Geld von Brüssel?
- um die Idee einer transparenten und überzeugenden Verfassung für Europa, die ebenso Grundrechte der Bürgerinnen und Bürger enthält als auch die Politikbereiche, für welche die EU zuständig ist.
- um die Position der EU in der Welt. Dies hängt auch mit ihren Repräsentanten zusammen, denn um Anschluss an die wirklich mächtigen „Global Player" zu halten, muss die EU zukünftig mit einer Stimme sprechen.
- um eine strategische und prinzipielle Entscheidung über die Zukunftsperspektiven (Erweiterung oder Vertiefung der Gemeinschaft).

Check it

Trotz der großen Bedeutung, die die Europäische Union für uns und unser Leben hat, wird sie oftmals als unübersichtlich, bürokratisch und fern empfunden.

Stellen Sie sich vor, Sie seien PR-Managerin bzw. PR-Manager und hätten den Auftrag, den Ruf der EU bei den Bürgern in Deutschland zu verbessern. Entwerfen Sie unter Berücksichtigung der folgenden Leitfragen ein Konzept zur Verbesserung des Images der EU.

1. Welche Aspekte der EU würden Sie als besonders erfolgreich herausstellen? Formulieren Sie die wichtigsten „Botschaften", die im Zentrum Ihres Konzepts stehen würden.

2. Welche Besonderheiten der EU würden in Ihrem Konzept eine eher geringe Rolle spielen? Lassen sich vielleicht aus vermeintlichen Schwächen sogar Stärken herausarbeiten, wenn man sie aus einem anderen Blickwinkel betrachtet?

3 Frieden und Sicherheit
Weltweit Konflikte entschärfen und verhindern

„Frieden ist jedoch mehr als der bloße Zustand des Nicht-Krieges. Grundlage des Friedens sind die Menschenrechte. Das heißt: Menschenrechtsverletzungen aller Art, Terror und Willkür, Folter und Sklaverei, Hunger und Massenelend, sind mit Frieden unvereinbar."

Dieter S. Lutz: Friedensforschung. In: Ulrich Eckern/Leonie Herwartz-Emden/Rainer-Olaf Schultze (Hg.): Friedens- und Konfliktforschung in Deutschland, Wiesbaden 2004, S. 23

„Der Terrorismus […] ist ein Krieg der Armen gegen die Reichen. Der Krieg ist ein Terrorismus der Reichen gegen die Armen."

Peter Ustinov: Achtung! Vorurteile, Hamburg 2003, S, 271

Vereinte Nationen in New York: Sitzung des Sicherheitsrates

Online-Link

065620-0301

Einsatz in Afghanistan

- Wenn Frieden mehr ist als die Abwesenheit von Krieg: Was ist dann für ein friedliches Zusammenleben nötig?
- Wie werden die Konflikte der Zukunft um Wasser, Rohstoffe, Energieträger usw. ausgetragen werden?
- Welche Rolle spielt dabei das Militär und wie muss es sich wandeln, um angemessen und wirkungsvoll reagieren zu können?
- Wie müssen und können Staaten kooperieren, um den neuen Herausforderungen gerecht zu werden?
- Wie kann sich der Staat effektiv schützen, ohne dabei die demokratische Gesellschaft zu stark einzuschränken oder gar aufzugeben?

Krieg und Frieden

Gewalt innerhalb und zwischen Staaten

Miniglossar

Freischärler (Guerillero, Partisan)
außerhalb eines regulären Heeres Kämpfender

Okkupation
Besetzung

Warlord
Kriegsherr; Herrscher über ein begrenztes Gebiet oder ethnische Gruppen innerhalb eines nicht mehr über das Gewaltmonopol verfügenden Staates

M1 Globale Konflikte 1945 – 2008

Globale Konflikte 1945 bis 2008

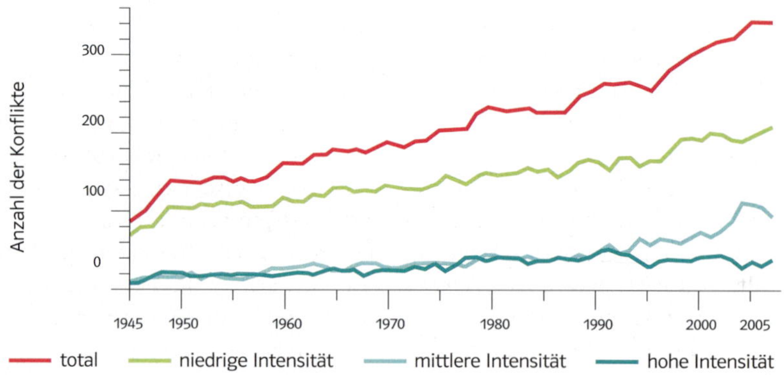

Heidelberger Institut für internationale Konfliktforschung, Konfliktbarometer 2008, Heidelberg, S. 2, Stand: 30.11.2008

Begriff

Unter dem Oberbegriff Krieg lassen sich vielfältige Ausprägungen feststellen: Eine irreguläre Kriegführung kleiner Gruppen gegen eine reguläre Armee wird als **Guerillakrieg** bezeichnet. Mit dem Begriff **Abspaltungskrieg** (Sezessionskrieg) wird auch der amerikanische Bürgerkrieg (1861 – 1865) bezeichnet, da sich die Südstaaten vom Norden lossagen wollten.
Der Kampf eines kolonialisierten, also unter Vorherrschaft einer Kolonialmacht stehenden Volkes zur Erlangung seiner Unabhängigkeit wird **Dekolonisationskrieg** genannt.
Der Konflikt, der von den USA und der Sowjetunion geführten Machtblöcke unterhalb der Schwelle eines „heißen", mit Waffengewalt ausgetragenen Krieges (etwa 1947 bis 1990), wurde als **Kalter Krieg** bezeichnet.
Neu ist der Begriff **asymmetrischer Krieg**: Im Gegensatz zu den „klassischen" symmetrischen Kriegen, in denen sich ähnlich starke, vor allem aber staatliche Gegner bekämpfen, ist die asymmetrische Kriegführung durch ein Ungleichgewicht der Teilnehmer gekennzeichnet. Zum Ausgleich seiner Schwäche weicht der unterlegene Partner (Guerilla, Terrororganisationen) Konfrontationen mit regulären Truppen aus und beschränkt sich auf Überfälle, Sabotageakte oder Terroranschläge.

VT

Ab wann ist Gewaltanwendung Krieg? Die Vorstellung vom Krieg als einer bewaffneten Auseinandersetzung zwischen Staaten, eröffnet und geführt durch reguläre Armeen und beendet durch einen auch im Kalender festzuhaltenden Friedensschluss, ist zwar nicht gänzlich überholt, doch prägen heute andere Formen des Krieges das Weltgeschehen: Bürgerkriege und Guerillakriege oder – wenn das Kriegsziel begriffsprägend wird – Autonomie- und Sezessionskriege. Seit den Anschlägen des 11. September 2001 wird auch der Kampf gegen den Terror als „Krieg" geführt.
Wäre eine Welt, in der nicht geschossen wird, schon eine friedliche Welt? War der „Kalte Krieg", in dem sich Ost und West waffenstarrend und mit atomarer Vernichtung drohend gegenüberstanden, Krieg oder doch Frieden? Und lässt sich von Frieden sprechen, wenn Menschen an Umweltzerstörung, Krankheiten oder Hunger sterben?

Die Geschichte der Menschheit lässt sich auch als Geschichte von Gewalt, Unterdrückung und Krieg beschreiben. Angesichts dieser Tatsache ist die Frage, ob eine Welt dauerhaften Friedens realisierbar ist, eher skeptisch zu beantworten, auch wenn schon Immanuel Kant in seiner Schrift „Zum ewigen Frieden" 1795 mit konkreten und modern anmutenden Vorschlägen die nötigen Voraussetzungen skizziert hat: repräsentativ-demokratisch verfasste Staaten, in denen die Bürger selbst über Krieg und Frieden entscheiden können und die sich in einer weltweiten Organisation völkerrechtlich verbindlichen Regeln unterwerfen. Die Frage Albert Einsteins an Sigmund Freud, was zu tun sei, um das Verhängnis des Krieges von den Menschen abzuwehren, macht deutlich, dass die folgenden Generationen bei der Sicherung des Friedens nicht weiter gekommen sind: 1932, zwischen zwei Weltkriegen gestellt, hat diese Frage leider nichts von ihrer Aktualität verloren.

M2 Carl von Clausewitz: Vom Kriege (1832–1834)

Der Krieg ist nichts als ein erweiterter Zweikampf. Wollen wir uns die Unzahl der einzelnen Zweikämpfe, aus denen er besteht, als Einheit denken, so tun wir besser, uns zwei Ringende vorzustellen. Jeder sucht den anderen durch physische Gewalt zur Erfüllung seines Willens zu zwingen; sein *nächster* Zweck ist, den Gegner *niederzuwerfen* und dadurch zu jedem ferneren Widerstand unfähig zu machen.

Der Krieg ist also ein Akt der Gewalt, um den Gegner zur Erfüllung unseres Willens zu zwingen.

Die Gewalt rüstet sich mit den Erfindungen der Künste und Wissenschaften aus, um der Gewalt zu begegnen. Gewalt, d.h. die physische Gewalt (denn eine moralische gibt es außer dem Begriffe des Staates und Gesetzes nicht), ist also *das Mittel*, dem Feinde unseren Willen aufzudringen, *der Zweck*. Um diesen Zweck sicher zu erreichen, müssen wir den Feind wehrlos machen, und dies ist dem Begriff nach das eigentliche Ziel der kriegerischen Handlung. Es vertritt den Zweck und verdrängt ihn gewissermaßen als etwas nicht zum Kriege selbst Gehöriges. [...]

Der Kampf zwischen Menschen besteht eigentlich aus zwei verschiedenen Elementen, dem *feindseligen Gefühl* und der *feindseligen Absicht*. Wir haben das letztere dieser beiden Elemente zum Merkmal unserer Definition gewählt, weil es das allgemeine ist. Man kann sich auch die roheste, an Instinkt grenzende Leidenschaft des Hasses nicht ohne feindliche Absicht denken, dagegen gibt es viele feindselige Absichten, die von gar keiner oder wenigstens von keiner vorherrschenden Feindschaft der Gefühle begleitet sind. Bei rohen Völkern herrschen die dem Gemüt, bei Gebildeten die dem Verstande angehörenden Absichten vor; allein dieser Unterschied liegt nicht in dem Wesen von Rohheit und Bildung selbst, sondern in den sie begleitenden Umständen, Einrichtungen usw.: Er ist also nicht notwendig in jedem einzelnen Fall, sondern er beherrscht nur die Mehrheit der Fälle, mit einem Wort: Auch die gebildetsten Völker können gegeneinander leidenschaftlich entbrennen. [...]

Wir haben gesagt: Den Feind *wehrlos* zu machen sei das Ziel des kriegerischen Aktes, und wir wollen nun zeigen, dass dies wenigstens in der theoretischen Vorstellung notwendig ist.

Wenn der Gegner unseren Willen erfüllen soll, so müssen wir ihn in eine Lage versetzen, die nachteiliger ist als das Opfer, welches wir von ihm fordern; die Nachteile dieser Lage dürfen aber natürlich, wenigstens dem Anscheine nach, nicht vorübergehend sein, sonst würde der Gegner den besseren Zeitpunkt abwarten und nicht nachgeben. Jede Veränderung dieser Lage, welche durch die fortgesetzte kriegerische Tätigkeit hervorgebracht wird, muss also zu einer *noch nachteiligeren* führen, wenigstens in der Vorstellung. Die schlimmste Lage, in die ein Kriegführender kommen kann, ist die gänzliche Wehrlosigkeit. Soll also der Gegner zur Erfüllung unseres Willens durch den kriegerischen Akt gezwungen werden, so müssen wir ihn entweder faktisch wehrlos machen oder in einen Zustand versetzen, dass er nach Wahrscheinlichkeit damit bedroht sei. Hieraus folgt: dass die Entwaffnung oder das Niederwerfen des Feindes, wie man es nennen will, immer das Ziel des kriegerischen Aktes sein muss.

http://gutenberg.spiegel.de/?id=5&xid=324&kapitel=3&cHash=36a606ef9b2#gb_found, Zugriff 29.01.2009

M3 Johan Galtung: Strukturelle Gewalt (1975)

Den Typ von Gewalt, bei dem es einen Akteur gibt, bezeichnen wir als *personale* oder *direkte* Gewalt; die Gewalt ohne einen Akteur als *strukturelle* oder *indirekte* Gewalt. In beiden Fällen können Individuen im doppelten Sinne der Wörter getötet oder verstümmelt, geschlagen oder verletzt und durch den strategischen Einsatz von Zuckerbrot und Peitsche manipuliert werden. Aber während diese Konsequenzen im ersten Fall auf konkrete Personen als Akteure zurückzuführen sind, ist das im zweiten Fall unmöglich geworden: Hier tritt niemand in Erscheinung, der einem anderen direkt Schaden zufügen könnte; die Gewalt ist in das System eingebaut und äußert sich in ungleichen Machtverhältnissen und folglich in ungleichen Lebenschancen. [...]

Wenn also im 18. Jahrhundert ein Mensch an Tuberkulose starb, wird das schwerlich als Gewalt auszulegen sein, da es wohl kaum zu vermeiden gewesen sein dürfte; wenn er aber heute, trotz aller medizinischen Hilfsmittel der Welt, daran stirbt, dann haben wir es nach unserer Definition mit Gewalt zu tun. [...]

Ein erweiterter Begriff von Gewalt führt zu einem erweiterten Begriff von Frieden: Frieden definiert als *Abwesenheit von personaler Gewalt* und *Abwesenheit von struktureller Gewalt*. Wir bezeichnen diese beiden Formen als *negativen Frieden* bzw. *positiven Frieden*. [...]

Wenn eine Person eine andere tötet, oder, spezieller, wenn eine Gruppe von Personen eine andere Gruppe angreift, dann sind dies klare Fälle von direkter Gewalt. Was aber, wenn die Sozialstruktur – in und zwischen Nationen – derart ist, dass manche Menschen ein volles, erfülltes, langes, schöpferisches Leben mit einem hohen Maß an Selbstverwirklichung führen können, während andere infolge schlechter Ernährung, Proteinmangels, unzureichender ärztlicher Versorgung, fehlender geistiger Anregung aller Art usw. langsam getötet werden? Dieser Gedankengang führt zu der Unterscheidung zwischen *direkter* und *struktureller* Gewalt, zwischen Gewalt, die von konkreten Personen ausgeht, welche sich in zerstörerischer Weise gegen andere Personen vergehen, und Gewalt, die in die Sozialstruktur eingebaut ist.

Johan Galtung: Strukturelle Gewalt. Beiträge zur Friedens- und Konfliktforschung, Hamburg 1975, S. 12, 9, 32 und 45

M4 Kriege und bewaffnete Konflikte seit 1945

Die Hamburger Arbeitsgemeinschaft Kriegsursachenforschung zählt 238 Kriege in der Zeit von 1945 bis 2007. Seit dem Ende des Zweiten Weltkrieges und bis Ende 1992 ist eine fast stetige Zunahme der weltweiten Kriegsbelastung von etwa einem laufenden Krieg pro Jahr zu beobachten. […]
Über 90 Prozent der Kriege nach 1945 fanden in Regionen der Dritten und ehemaligen Zweiten Welt statt, kriegerische Auseinandersetzungen verlagerten sich also fast vollständig in die Peripherien. […]
Zwei Drittel aller Kriege seit 1945 sind innerstaatliche Kriege gewesen und nur ein knappes Viertel internationale Kriege, einschließlich der Dekolonisationskriege. Das fast stetige Wachstum der jährlichen Kriegsbelastung nach dem Zweiten Weltkrieg resultiert eindeutig aus der Zunahme der innerstaatlichen Kriege. […]
Bei den Kriegstypen sticht der hohe Anteil der „Antiregimekriege" hervor. Dieses sind Kriege, in denen um den Sturz der Regierenden oder um die Veränderung oder den Erhalt des politischen Systems oder gar der Gesellschaftsordnung gekämpft wird. Diese machen fast die Hälfte aller innerstaatlichen Kriege aus, sodass der Kampf um Gesellschaftsform und Macht im Staate das Kriegsgeschehen seit 1945 am stärksten bestimmte. […]
Ein erheblicher Teil der innerstaatlichen Kriege resultiert aus noch nicht erfolgter oder gescheiterter gesellschaftlicher Integration in einem häufig nur formal vorhandenen Staat. Dieses Scheitern wiederum ist Folge wirtschaftlicher Strukturschwächen, krasser Ungleichheiten in der Einkommensverteilung und der willkürlichen politischen Privilegierung bestimmter Gruppen. […]
Bemerkenswert ist auch, dass über zwei Drittel der zwischenstaatlichen Kriege im politischen Ergebnis unentschieden endeten bzw. der Status quo ante erhalten blieb oder wiederhergestellt wurde. Bei keinem Typ der innerstaatlichen Kriege hat die angreifende Seite eine deutliche Erfolgschance. […]
Dabei lässt sich feststellen, dass der Anteil der getöteten Zivilpersonen im Verhältnis zu den gefallenen Soldaten immer mehr angewachsen ist. Beim Einsatz vieler Waffen, wie z.B. Landminen, kann nicht mehr zwischen Militär und Zivilisten unterschieden werden. Zudem zielen manche Strategien gerade auf die Zivilbevölkerung ab, um die Kampfmoral der Gegner zu schwächen.
Zu den Opfern von Gewaltkonflikten sind auch ein Großteil der Mitte der [19]90er Jahre weltweit über 18 Millionen Flüchtlinge und 24 Millionen, die als Vertriebene im eigenen Land leben, zu zählen.

Wolfgang Schreiber: Entwicklungstrends seit 1945 (Stand 2007). Kriege-Archiv der Universität Hamburg, zitiert nach: www.sozialwiss.uni-hamburg.de/publish/Ipw/Akuf/kriege_archiv.htm, Zugriff 03.02.2009

M5 Gewalt und Frieden

Die erweiterten Begriffe von Gewalt und Frieden

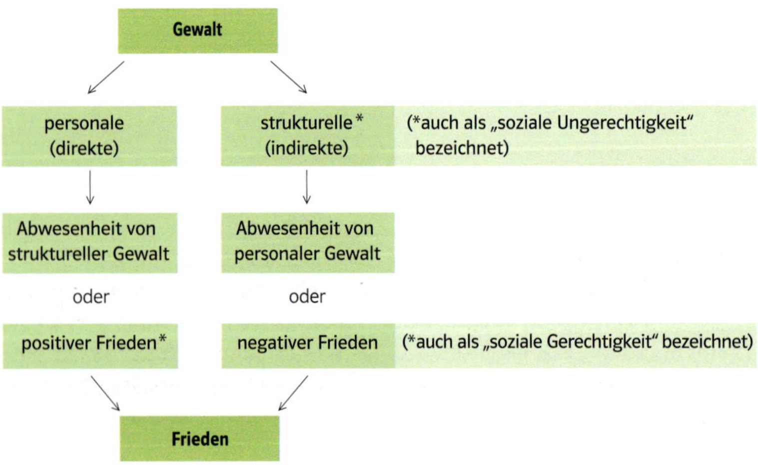

Johan Galtung: Strukturelle Gewalt, Reinbek 1975, S. 33

M6 Anatomie der menschlichen Destruktivität

In seinem berühmten Brief an Albert Einstein, „Warum Krieg?" vertrat [Sigmund Freud] nicht die Meinung, dass der Krieg durch die menschliche Destruktivität verursacht wird, sondern er sah seine Ursache in realistischen Konflikten zwischen Gruppen, die von jeher auf gewaltsame Weise gelöst wurden, da kein international verbindliches Gesetz existiere, nach dem Konflikte – wie beim bürgerlichen Recht – auf friedliche Weise hätten gelöst werden können. Dem Faktor der menschlichen Destruktivität schrieb er nur eine Nebenrolle zu. Er meinte, sie mache die Menschen eher bereit, in den Krieg zu ziehen, nachdem die Regierung diesen Krieg beschlossen habe.
Die These, dass der Krieg durch eine angeborene menschliche Destruktivität verursacht werde, ist einfach absurd für jemand, der auch nur die geringsten geschichtlichen Kenntnisse besitzt. Die Babylonier, die Griechen und alle Staatsmänner bis in unsere Zeit haben ihre Kriege aus Gründen geplant, die sie für sehr realistisch hielten, und sie haben Pro und Kontra sehr sorgfältig erwogen, wenn sie sich bei ihren Berechnungen natürlich auch oft irrten. Sie hatten dabei mannigfache Motive: Land, das sie kultivieren wollten, Reichtümer, Sklaven, Rohstoffe, Märkte, Expansion – und Verteidigung. Unter besonderen Umständen gehörte auch der

M7 Kriegstypen seit 1945

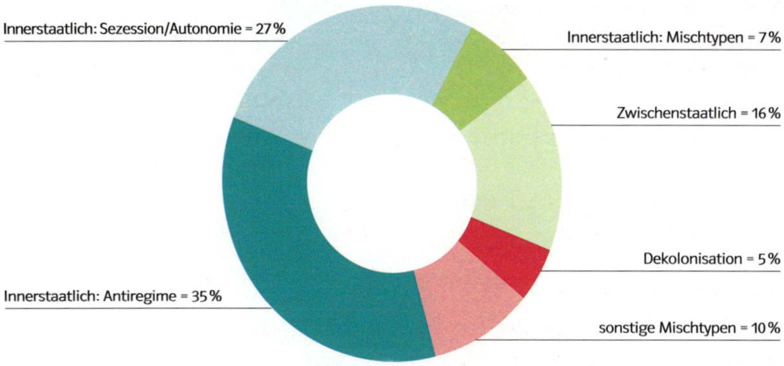

Nach: Wolfgang Schreiber, Innerstaatliche Kriege seit 1945, auf: http://www.bpb.de/themen/U1PE0U,0,Innerstaatliche_Kriege_seit_1945.html, 30.03.2007

Wunsch, sich zu rächen, oder die Zerstörungswut eines kleines Stammes zu den Faktoren, die Beweggründe für Kriege darstellen, doch sind solche Fälle nicht typisch. Die Ansicht, der Krieg werde durch die Aggression des Menschen verursacht, ist nicht nur unrealistisch, sondern auch schädlich. Sie lenkt die Aufmerksamkeit von den wirklichen Ursachen ab und schwächt den Widerstand gegen diese.

Erich Fromm: Gesamtausgabe. Bd. VII., München 1989, S. 188 f.

M8 „Aus Armut entstehen Kriege"

Die Zeit: Herr Brzoska, wovon geht heute die größte Gefahr für den Frieden aus?

Brzoska: Davon, dass wir nicht wissen, wie wir wirtschaftlich arme Gesellschaften politisch so organisieren können, dass in ihnen Gewalt keine Rolle spielen muss – und dass von ihnen auch keine Gefahr ausgeht für andere Regionen.

Zeit: Wie wahren wir den Frieden am besten?

Brzoska: Wenn wir Ungerechtigkeit und Armut bekämpfen, bekämpfen wir auch den Krieg.

Zeit: Die „strukturelle Gewalt" ist gefährlicher als militärische Gewalt?

Brzoska: Seit 1970 hat die Zahl der Kriege zwischen Staaten deutlich abgenommen, seit Jahren sinkt auch die Zahl der Kriege innerhalb von Staaten. Die militärische Gewalt spielt eine geringere Rolle als noch vor zwanzig, dreißig Jahren. Aber die Gefahr, dass aus Ungerechtigkeit und Armut Kriege entstehen, ist immer noch nicht gebannt.

Zeit: Was war die wichtigste Erkenntnis der Friedensforschung in den vergangenen Jahren?

Brzoska: Das Zusammenwachsen der Welt hat tatsächlich dazu geführt, dass es weniger Kriege gibt. Die wirtschaftliche Verflechtung, die gegenseitige Abhängigkeit von Gesellschaften, die Berichterstattung über jeden Winkel der Welt bewirkten, dass Krisen seltener in Kriege umschlagen.

Zeit: Was weiß die Friedensforschung, ohne es beweisen zu können?

Brzoska: Dass gerechter Frieden in Freiheit möglich ist und es gelingen kann, die unvermeidlichen Konflikte ohne Einsatz organisierter Gewalt zu lösen.

Zeit: Das lässt sich nicht beweisen?

Brzoska: Leider nicht, denn wir haben in der neueren Geschichte noch nie eine Phase gehabt, in der es keine Auseinandersetzungen, keine kollektive Gewalt gegeben hat.

Zeit: Was war der größte Irrtum Ihrer Disziplin?

Brzoska: Dass wir mit dem Ende des Ost-West-Konflikts eine neue Welt bekommen würden. Es gibt immer noch 27 000 Atomwaffen, die weltweiten Militärausgaben sind auf demselben Niveau geblieben. Das hätte vor 18 Jahren keiner in der Branche erwartet.

Michael Brzoska (Professor für Politikwissenschaft und Direktor des Instituts für Friedensforschung und Sicherheitspolitik an der Universität Hamburg). In: Die Zeit, Nr. 21, 15.05.2008, S. 41

Arbeitsvorschläge

G **1.1** Stellen Sie dar, wann ein Krieg, wie er bei Clausewitz (M 2) definiert wird, beendet ist.

G **1.2** Erläutern Sie Galtungs Begriff der strukturellen Gewalt und grenzen Sie ihn gegen den Gewaltbegriff von Clausewitz ab (M 3, M 5).

2.1 Untersuchen Sie anhand von M 1, M 4 und M 7 die Kriege seit 1945 nach Art und geografischer Verteilung.

2.2 Überprüfen Sie damit die im VT angesprochene, auf Kant zurückgreifende Theorie vom „demokratischen Frieden".

3. Legen Sie dar, welche Formen struktureller Gewalt Brzoska (M 8) als künftige Kriegsursachen anspricht.

Weiterführender Arbeitsauftrag:

4. Recherchieren Sie im Internet den in M 6 angesprochenen Briefwechsel zwischen Einstein und Freud. Legen Sie die Gedankengänge der beiden Gelehrten dar.

Konflikte um Rohstoffe

Drohen Verteilungskämpfe?

Miniglossar

Primärenergie
natürliche Energieträger wie fossile Brennstoffe und Uran, aber auch regenerative wie Wind-, Solar- und Wasserkraft

Rentierstaaten
rohstoffreiche Staaten, deren Reichtum nicht auf produktiver Arbeit, sondern auf dem Verkauf ihrer Rohstoffe beruht

Schwellenland
Land, an der „Schwelle“ vom Entwicklungsland zum Industriestaat

Subvention
Unterstützung

M1 Sonntagsfahrverbote

Wegen der anhaltenden Ölkrise wurde am 25. November 1973 zum ersten Mal ein sonntägliches Fahrverbot verhängt.

Begriff

Sechs Staaten am Persischen Golf (Bahrain, Katar, Kuwait, Oman, Saudi-Arabien, Vereinigte Arabische Emirate) haben den **Golfkooperationsrat** (engl. Gulf Cooperation Council) gegründet. Die Organisation soll die wirtschaftlichen und politischen Beziehungen der Mitgliedsländer fördern. Die Staaten des Golfkooperationsrates sind wichtigster Handelspartner der EU in der arabischen Welt.

Die Organisation Erdöl exportierender Länder (engl.: Organization of Petroleum Exporting Countries, **OPEC**) will durch Festlegung von Fördermengen den Ölpreis stabil halten bzw. anheben. Die zur Zeit zwölf Mitgliedstaaten aus dem Nahen Osten, Afrika und Südamerika verfügen über knapp 80 Prozent der weltweiten Ölreserven.

White-Collar-Mentalität bezeichnet das Gefühl, etwas Besseres zu sein. White collar, dt. weißer Kragen, meint die Kleidung des idealtypischen männlichen Büroangestellten (Anzug, weißes Hemd, Krawatte) im Gegensatz zum blue collar („Blaumann“), der Arbeitskleidung des Industriearbeiters.

VT

Öl ist der weltweit wohl wichtigste Rohstoff. Seit die britische Kriegsflotte im Vorfeld des Ersten Weltkrieges von Kohle- auf Erdölantrieb umgerüstet wurde, was ihren Schiffen größere Reichweite und Unabhängigkeit verliehen hat, ist auch die militärische Bedeutung unabsehbar. 1973 ist die „Ölwaffe“ dann bewusst als politisches Druckmittel eingesetzt worden: Um im Nahostkonflikt ihren Forderungen Nachdruck zu verleihen, drosselten die in der OPEC zusammengeschlossenen arabischen Staaten ihre Ölförderung bzw. verhängten einen Lieferboykott. Die mit der plötzlichen Ölknappheit verbundenen Preissteigerungen führten in Deutschland zu wirtschaftlichem Abschwung, Arbeitslosigkeit und sonntäglichen Fahrverboten: Der „Ölschock“ machte erstmals der Weltöffentlichkeit ihre Abhängigkeit vom Öl bewusst. Die Endlichkeit der Ölvorräte bei gleichzeitig dramatisch steigendem Verbrauch stellt ein Konfliktpotenzial weltweiten Ausmaßes dar.

Der nicht zuletzt wegen des andauernden Bevölkerungswachstums steigende Verbrauch macht auch Wasser zu einem knappen Gut, um das Verteilungskonflikte drohen. So greifen bei 261 Flussläufen und -becken der Erde zwei oder mehr Anrainer auf dessen Wasser zu: Das Nilwasser teilen sich 140 Millionen Menschen, verteilt auf zehn Staaten, das Wasser des Indus´ wird von zwei im Dauerkonflikt stehenden Atommächten beansprucht und der Konflikt Israels mit seinen arabischen Nachbarstaaten wird zusätzlich durch den Streit um die Nutzung des Jordans belastet.
Der Zugriff auf Rohstoffe kann nicht nur die internationalen Beziehungen belasten. Gewaltsam ausgetragene Konflikte entstehen vor allem innerhalb von Staaten, wenn Milizen rivalisierender Gruppen oder kriminelle Banden die Bodenschätze zur Finanzierung ihrer religiös oder ethnisch motivierten oder schlicht der eigenen Bereicherung dienenden Kriege plündern. Lassen sich derartige Kämpfe um Rohstoffe aber noch vermeiden?

M2 Im Fadenkreuz der Großmächte

Die Weltwirtschaft ist abhängig von Öl, welches 35 Prozent der Primärenergie und 90 Prozent des Transportenergiebedarfs stellt. Darüber hinaus ist es wichtiger Bestandteil unzähliger Alltagsgegenstände von Kühlschränken über Deodorants bis zu Telefonhörern. Neben Öl hat sich Gas mit einem Primärenergieanteil von 21 Prozent ebenfalls zu einem wichtigen Energieträger entwickelt – unverzichtbar zur Elektrizitätsgewinnung, Gebäudewärmung und -kühlung sowie zur Düngemittelherstellung.

Die Golfregion verfügt über 60 Prozent der weltweiten Öl- und 40 Prozent der weltweiten Gasreserven. Der Anteil der Staaten des Golfkooperationsrates (GKR) liegt bei 40 Prozent und 23 Prozent respektive. Einer abnehmenden Produktion in vielen Weltregionen (z. B. in den USA und den Nordseeanrainern) steht eine wachsende Nachfrage insbesondere aus Schwellenländern (z. B. Chinas) gegenüber. Damit wird ihre Bedeutung für die Ölversorgung zukünftig dramatisch zunehmen. Auch Deutschland wird in Zukunft verstärkt auf Öl aus der Golfregion angewiesen sein. [...]

Öl hat eine überragende Bedeutung für die Stabilität der GKR-Staaten. Als so genannte Rentierstaaten finanzieren und legitimieren sie sich über die Verwaltung und Verteilung der Ölrente. Im Gegenzug wird von der Bevölkerung politische Loyalität und Passivität erwartet. Weitverzweigte Investitions- und Subventionsprogramme, sozialstaatliche Leistungen, umfangreiche Rüstungshaushalte sowie die Alimente der Herrscherfamilien werden sämtlich aus der Verteilung der Öleinnahmen bestritten. Die Ölmärkte beeinflussen neben außenpolitischen Entwicklungen auch die innenpolitische Stabilität maßgeblich. Aufgrund stabil hoher Wachstumsraten der einheimischen Bevölkerung und eines ausgeprägten Anteils junger Menschen, die jährlich neu auf den Arbeitsmarkt drängen, ist die Schaffung attraktiver Jobs in ausreichender Zahl nahezu unmöglich. Viele Großprojekte sind kapitalintensiv und wenig beschäftigungswirksam, gleichzeitig verhindert eine ausgeprägte White-Collar-Mentalität oder mangelnde Qualifikation häufig die Einstellung Einheimischer. Verschiedene Versuche, ihren Anteil an der Arbeitsbevölkerung zu erhöhen, schlugen fehl. [...]

Die militärisch schwachen Golfstaaten waren in der jüngeren Vergangenheit auf die Hilfe der USA angewiesen, um sich gegen Bedrohungen ihrer Souveränität zu erwehren, wie etwa durch den arabischen Nationalismus in den 1960er Jahren, iranische Infiltrationen in den 1980er Jahren oder die irakische Besetzung Kuwaits 1990. Gleichzeitig versucht man sich gegen eine allzu starke Umarmung durch die amerikanische Supermacht zu erwehren. Strategie ist, sich verstärkt an die Europäer zu wenden und gleichzeitig vorsichtig nach Asien zu blicken. [...]

Eckart Woertz. In: Gerhard Wahlers (Hg.): Im Fadenkreuz der Großmächte. Die Geopolitik der Großmächte, Konrad-Adenauer-Stiftung, Berlin 2008, S. 15 – 22

M3 Knappe Energierohstoffe

Das Bundesministerium für Wirtschaft und Technologie veröffentlichte 2006 Zahlen über die Verfügbarkeit von Energierohstoffen. Bei den Zahlen wurde unterschieden zwischen den Reserven, die beim heutigen Stand der Technik nutzbar sind, und den Ressourcen, die mit besserer Technologie und höherem Aufwand eventuell nutzbar gemacht werden können.

Rohstoff	Reserve für ... Jahre	Ressourcen für ... Jahre
Steinkohle	169	874
Braunkohle	227	1028
Erdöl	42	66
Erdgas	63	74
Uran	68	143

Arbeitsgruppe Energierohstoffe, Bundesministerium für Wirtschaft und Technologie, Abteilung III, Kurzbericht, 29.03.2006

M4 Der Treibstoff des Krieges

[...] Das Zeitalter des billigen Erdöls und Erdgases ist definitiv vorüber. Die Menschheit wird spätestens in der nächsten Generation bitter dafür bestraft werden, dass sie immer noch so tut, als könnte sie über die fossilen Rohstoffe aus dem Bauch der Erde weiter nach Belieben verfügen.

[...] Alle großen Staaten haben heute erkannt: Erdöl und Erdgas sind von existentieller strategischer Bedeutung. Sie sind der Treibstoff der kommenden Konflikte. Deshalb stecken die Mächtigen der Welt überall dort, wo überlebenswichtige Rohstoffreserven liegen, mit Waffengewalt oder aggressiver Diplomatie ihre Claims ab.

[...] Am aggressivsten kämpft derzeit zweifellos Peking weltweit um Ressourcen – und zeigt dabei noch weniger Skrupel als der Westen. Die regierenden chinesischen Kommunisten dealen ohne irgendwelche ideologischen Vorbehalte mit afrikanischen Diktatoren vom rechten Spektrum wie mit radikal-islamischen Mullahs im Mittleren Osten und obskuren Linkspopulisten in Lateinamerika. Lange Zeit war die Volksrepublik Erdölexporteur, in den späten fünfziger Jahren sogar der größte in ganz Asien.

[...] China hat keine Alternativen. Nur mit jährlichen wirtschaftlichen Zuwachsraten von mindestens 8 Prozent (2004 waren es 10,1 und 2005 immer noch erstaunliche 9,9 Prozent) sieht die Führung der Kommunistischen Partei eine Chance, das Riesenreich zusammenzuhalten – und sich selbst an der Macht.

[...] Bei der Jagd nach Erdöl und Erdgas scheuen die KP-Bosse nicht vor direkten Konfrontationen mit Japan und den Vereinigten Staaten zurück, halten Indien auf Abstand – und gehen sogar über Leichen.

Peking verhindert seit Monaten scharfe Uno-Sanktionen gegen den Sudan, obwohl das Regime von Khartum in der Region von Darfur Milizen zum systematischen Mord an Tausenden aufhetzt. Die einfache Erklärung für Pekings Verhalten: Die Chinesen beuten mit Rückendeckung des islamistischen Regimes die Erdölquellen im Süden des größten afrikanischen Flächenstaats aus. Sie haben dort sogar ihre eigenen Sicherheitskräfte stationiert. Schon knapp fünf Prozent des Öls, das China importiert, stammt aus dem Sudan.

[...] Washington und Peking scheinen auf Kollisionskurs – zwei Riesentanker, die mit voller Kraft aufeinander zu fahren, ohne dass einer die Richtung oder auch nur die Geschwindigkeit ändern will.

Das Weiße Haus ist empört, weil Peking dem aggressiven Präsidenten Ahmadinedschad weiter beim Aufbau einer Raketenproduktion hilft. Die chinesische Führung spricht von einem völlig legalen Business zwischen zwei unabhängigen Staaten und ist hochgradig verärgert, dass die US-Regierung wegen der Iran-Geschäfte im Dezember gegen sechs ihrer Staatsfirmen Sanktionen verhängt hat.

[...] Beim Aufstieg und Fall von Nationen wird es in den nächsten Jahren gravierende Verschiebungen geben. Die USA dürften nicht zu den Gewinnern der kommenden Rohstoffkonflikte gehören. Trotz zahlreicher Unsicherheitsfaktoren lassen sich Trends erkennen:

- China hat trotz der weitsichtigen – und mit aller Härte durchgesetzten – Energieplanung große Probleme, sich ausreichend Ressourcen zu sichern. Ob das vielzitierte, weltweit von Peking geprägte „chinesische Jahrhundert" kommen wird, ist allein schon aus diesem Grund unsicher. Ähnliches gilt für den aufstrebenden Rivalen Indien – und für Japan, das 80 Prozent seiner Ressourcen importieren muss.
- Die Europäische Union wird sich durch das schwindende Nordsee-Öl in den nächsten Jahrzehnten vermehrt Gedanken über ihre Energiesicherheit machen müssen – und könnte doch zu den weltweiten Aufsteigern gehören. Die EU hat mit einer koordinierten Politik alle Möglichkeiten, sich von ihrer derzeitigen Abhängigkeit zu lösen und Russland nur noch als einen – wenngleich großen – Erdgaslieferanten zu nutzen. Die Nähe zu nordafrikanischen Feldern (Algerien, Libyen) wie zu denen am Persischen Golf hilft Europa.
- Russland müsste bei seinem Energiereichtum zu den weltweiten Aufsteigern der Zukunft gehören – so es denn seine internen Probleme, die Korruption, die soziale Frage, in den Griff bekommt.
- Brasilien hat alle Voraussetzungen für eine unbeschwerte Energiezukunft. Aus riesigen Zuckerrohrplantagen gewinnt der südamerikanische Staat große Mengen Ethanol, hat darüber hinaus noch so viele fossile Ressourcen, dass Importe überflüssig sind. Einige tausend Kilometer weiter nördlich, in Schweden, plant man durch Biosprit aus Weizen und Holz ebenfalls die Energieautonomie – um bis 2020 komplett ohne Erdöl auszukommen.

Beim Aufstieg der kleineren Staaten wird „Good Governance" eine Rolle spielen, die faire Verteilung der Reichtümer durch eine ordentliche Regierung.

Erich Follath: Der Treibstoff des Krieges, Der Spiegel, 13/2006, S. 76–88

M5 Blut an unseren Handys

Blut an den Händen hat jeder, der im ostkongolesischen Konflikt mitmischt. [...] Denn für die Herstellung von Mobiltelefonen, aber auch Laptops, CD-Playern und vielen anderen High-Tech-Produkten wird Coltan benötigt. 80 Prozent des weltweit begehrten Erzes lagert im Boden der Kivu-Provinzen. Also da, wo gegenwärtig die schlimmsten Schlächtereien stattfinden. Unter anderem Kinderarbeiter graben den Rohstoff aus der Erde, damit wir und unsere Kids nach Herzenslust herumtelefonieren können. [...]

Die Kriege der Zukunft, so kürzlich der Nationale Geheimdienstrat der USA, würden primär um kostbare Ressourcen geführt – Wasser, Energie, Bodenschätze. In Wirklichkeit geschieht es längst. Und der Kongo, dessen Reichtum zum Fluch wurde, bildet seit jeher eines der erschütterndsten Exempel dafür.

Killing Fields des Kapitalismus: Schon die einstige belgische Kolonie wurde skrupelloser noch als andere ausgebeutet. Nach ihrer Unabhängigkeit 1960 brachen heftige Kämpfe um den Distrikt Katanga aus, der sich, gesegnet mit Kupfer, abspalten wollte, um die Gewinne für sich zu behalten. Dann sorgte der Despot Mobutu in einer jahrzehntelangen Diktatur für (Friedhofs-)Ruhe. Die Schürfrechte in dem riesigen Territorium verschacherte er vornehmlich an westliche Konzerne und häufte so ein immenses Vermögen an. Im Lauf der Zeit zerfiel dieses korrupte, von innen verfaulte Staatswesen. Der Sturz des Tyrannen 1997 im Namen von Demokratie und Freiheit stürzte den Kongo nur in neue Krisen. Im Osten vor allem, wo bis heute Anarchie herrscht – und in dessen Regionen nicht nur unermessliche Mengen an Tantalium (Coltan), Niobium, Cassiterit und Kobalt, sondern auch Diamanten, Gold, Uran und Öl schlummern.

Bald marschierten – selbstredend mit „Friedenstruppen" – Nachbarstaaten ein. Um sich „ihre" Anteile zu sichern. Diesem „ersten afrikanischen Weltkrieg" fielen von 1998 bis 2003 schätzungsweise vier Millionen Menschen zum Opfer.

Es handelt sich tatsächlich um den größten Krieg seit 1945. Das stille Sterben geht weiter, da die Anrainer auf internationalen Druck hin ihre Armeen zwar zurückzogen, seitdem aber Milizen bezahlen, die ihr Geschäft betreiben, die Minen und den Schmuggel kontrollieren. [...]

Die Uno, die vor etwa einem Jahrzehnt im Kongo ihre bisher größte Mission mit 17000 Blauhelmen startete und jetzt 3000 Soldaten zur Verstärkung schicken will, scheiterte bisher. Sie unterhält lediglich einen humanitären Reparaturbetrieb zur Linderung der größten Not.

Christian S. Krebs: Der Kongo-Konflikt. Ein Krieg um Rohstoffe, Nürnberger Nachrichten, 19.12.2008, S. 2

M6 Weltweiter Energieverbrauch

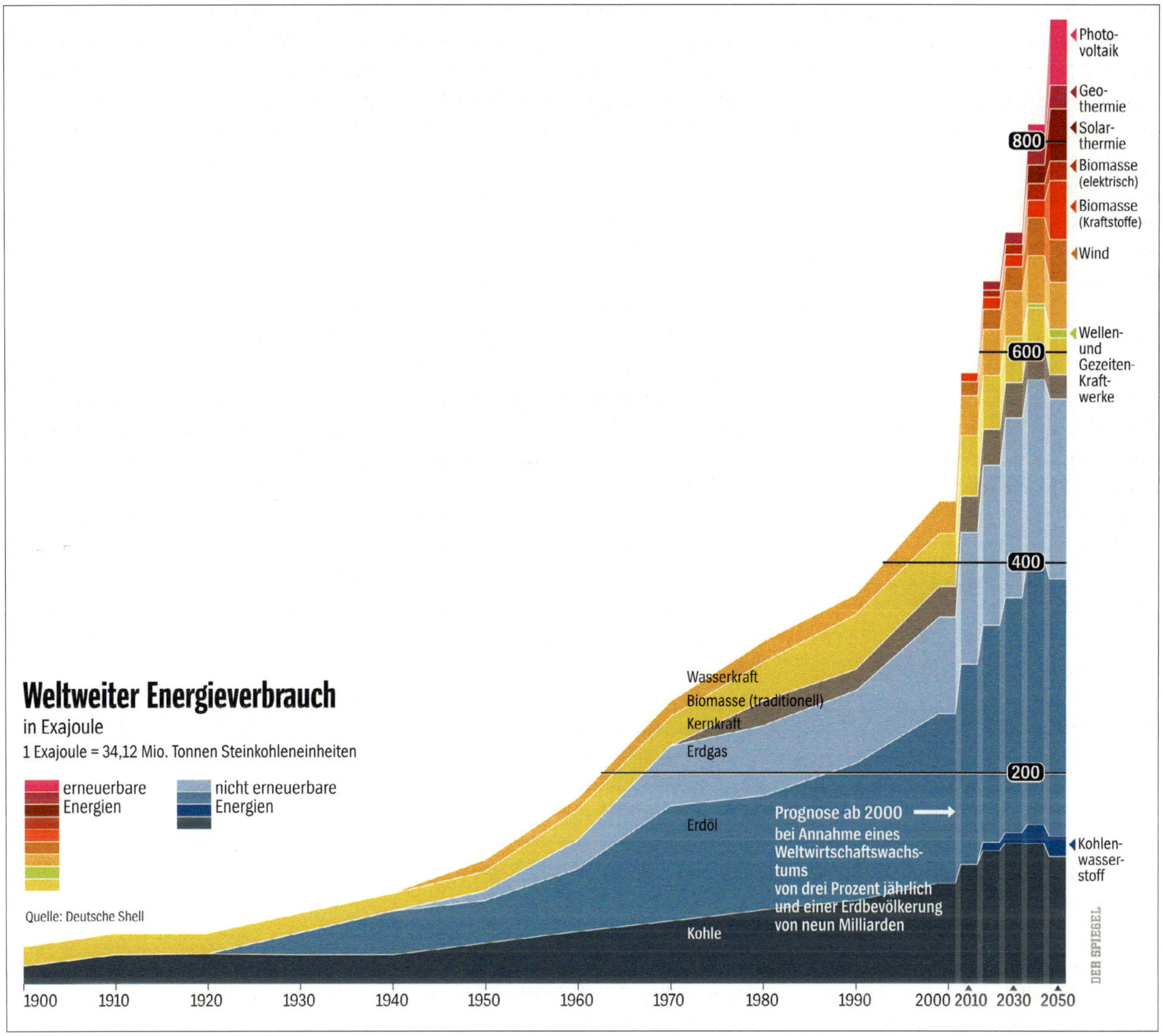

zitiert nach: Spiegel, Nr. 13, 2006, S. 86

Arbeitsvorschläge

1. Erläutern Sie anhand von M 2 die politisch-ökonomische Bedeutung des Ölexports für die Staaten des Golfkooperationsrates.

2. Rohstoffreichtum kann für die Menschen in den damit „gesegneten" Ländern auch zum Fluch werden. Begründen Sie diesen scheinbaren Widerspruch durch Auswertung von M 5.

3. Wie lässt sich das für die Europäische Union vergleichsweise optimistische Zukunftsszenario bezüglich der Versorgung mit Öl erklären (M 4)?

4. Erläutern Sie die ökonomischen und möglicherweise auch sicherheitspolitischen Folgen der in M 3 und M 6 sichtbar werdenden Entwicklung.

Weiterführende Arbeitsaufträge:

5. Referieren Sie über Möglichkeiten und Grenzen des Ersatzes von Öl und Gas durch regenerative Formen der Energiegewinnung.

6. Illustrieren Sie am Beispiel des Südostanatolien-Projekts zur Nutzung von Euphrat und Tigris, wie Wasser zu dem im VT angesprochenen politischen Konfliktstoff werden kann (Online-Link).

Gleichgewicht des Schreckens
Welchen Nutzen bieten Massenvernichtungswaffen?

Miniglossar

ABC-Waffen
atomare, biologische und chemische Waffen und Kampfmittel

apokalyptisch
auf das Weltende deutend; nach der prophetischen Schrift (Offenbarung) des Johannes über das Weltende

Genfer Protokoll
völkerrechtlicher Vertrag über das Verbot, biologische und chemische Waffen einzusetzen

Milzbrand
bakterielle Infektionserkrankung mit hoher Sterberate

Ratifizierung
Bestätigung von Staatsverträgen durch Parlament oder Volksabstimmung, womit sie völkerrechtlich gültig werden

M1 Atombombenabwürfe im Zweiten Weltkrieg

Hiroshima nach dem Zünden der ersten Atombombe am 6. August 1945. Drei Tage später wird über Nagasaki eine weitere Bombe von der US-Luftwaffe abgeworfen. In beiden Städten sterben mindestens 200 000 Menschen sofort oder später an den Folgen der Verstrahlung.

Begriff

Der Vertrag zur Nichtverbreitung (Non-Proliferation) atomarer Waffen heißt **Atomwaffensperrvertrag**. Er verbietet den Nichtatomwaffenstaaten die Weitergabe atomwaffenfähigen Materials und verpflichtet sie zur ausschließlich friedlichen Nutzung der Atomenergie. Mit Ausnahme von Indien, Israel, Nordkorea und Pakistan wurde er von fast allen Staaten der Erde unterzeichnet.

Als „**schmutzige Bombe**" werden konventionelle (Spreng-)Bomben bezeichnet, denen radioaktiven Substanzen beigemischt werden.

VT

Während der Jahrzehnte des Kalten Krieges war die Drohung gegenseitiger atomarer Vernichtung durch die Supermächte USA und Sowjetunion das Schreckensszenario der Menschheit.
Der Kalte Krieg ist überwunden, nicht jedoch die atomare Gefahr. Die Zahl der Staaten, die über nukleare Waffen verfügen oder sie anstreben, wächst und damit auch die Gefahr, dass sie doch zum Einsatz kommen. Die Atommächte Indien und Pakistan haben in der jüngeren Vergangenheit mehrfach wegen ihres Anspruchs auf Kaschmir Krieg geführt. Der nach Atomwaffen strebende Iran erkennt das Existenzrecht der Atommacht Israel nicht an – auch hier droht ein bewaffneter Konflikt.
Die Herstellung atomarer Waffen hat anspruchsvolle Technik zur Voraussetzung, diese Hürde und der Atomwaffensperrvertrag begrenzen bisher die Zahl der Staaten, die über dieses Massenvernichtungsmittel verfügen.
Biologische und chemische Kampfstoffe dagegen sind billig herzustellen – und mit der leichter zu beschaffenden „schmutzigen" Bombe ist eine großflächige atomare Verstrahlung möglich. Biologische und chemische Waffen sind zwar durch internationale Konventionen im Rahmen der Vereinten Nationen völkerrechtlich verboten, die Skrupellosigkeit, mit denen Terroristen heute Anschläge verüben, lässt aber befürchten, dass sie vor einem Einsatz atomarer, biologischer oder chemischer Waffen nicht zurückschrecken werden. Können sich Staaten vor dieser Gefahr schützen?

M2 ABC-Waffen

„Frieden schaffen ohne Waffen" – von diesem Menschheitstraum ist die Welt nach wie vor weit entfernt. [Dabei rückt] eine Gefahr [...] in den Vordergrund: die zunehmende Verbreitung von atomaren, biologischen und chemischen Waffen (ABC-Waffen). Der Einsatz schon sehr einfacher Atomsprengköpfe kann [...] großen Schaden anrichten. Chemische Kampfstoffe führen zumeist zum Erstickungstod. Biologische Kampfstoffe sind Krankheitserreger, die [...] Seuchen wie Pocken oder Pest verursachen können.

Die gleichzeitige Verbreitung weit reichender Trägermittel, vorwiegend Raketen, kann westliche Industriestaaten neuen direkten Bedrohungen aussetzen. Die Terroranschläge vom 11. September 2001 haben einer breiten Öffentlichkeit zudem die Gefahren bewusst gemacht, die von ABC-Waffen in den Händen von Terroristen ausgehen können. [...] Die Gründe, warum sich Staaten ABC-Waffen und weit reichende Trägermittel zu verschaffen suchen, sind vielfältig und überlagern sich oft. Eine Motivation mag in dem Wunsch liegen, Nachbarstaaten einzuschüchtern und zu bedrohen. [...]

Andere Staaten zeigen Interesse an ABC-Waffen, um die eigene Sicherheit gegenüber ambitionierten Nachbarn aufrechtzuerhalten. Ein wichtiges Beispiel ist der Iran. Nicht nur verfügen Israel und der Nachbar Pakistan bereits über Nuklearwaffen. In Teheran ist man auch besorgt, dass die USA, die mittlerweile in der gesamten Region eigene Streitkräfte stationiert haben, versucht sein könnten, einen Regimewechsel herbeizuführen [...]

Pakistans Kernwaffenerwerb wiederum erfolgte als Reaktion auf entsprechende Bemühungen Indiens. [...]

Indien seinerseits entschied sich für den nuklearen Weg, weil es sich an seiner Nordgrenze der Nuklearmacht China gegenübersieht. Darüber hinaus wollte Indien seinen internationalen Status aufwerten.

Oliver Thränert. In: Informationen zur politischen Bildung, 291/2006, S. 31

M3 Die Atom-Mächte

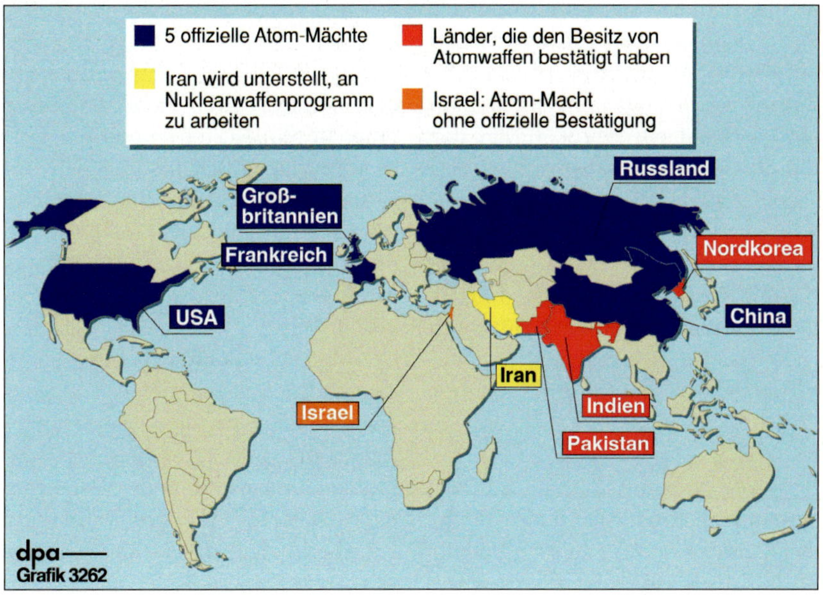

M4 Schmutzige Bomben

[...] Das derzeit am ernsthaftesten diskutierte Szenario ist der Einsatz einer sogenannten schmutzigen Bombe. Dabei handelt es sich um einen konventionellen Sprengsatz, der mit radioaktiven Substanzen, etwa Caesium oder Strontium, versetzt ist. Die unmittelbare Explosion wäre (nur) so schlimm wie in einer herkömmlichen Bombe. Doch die freigesetzten Isotope könnten ein ganzes Stadtzentrum radiologisch verseuchen. Caesiumchlorid wurde unter anderem auf sowjetischen Kolchosen eingesetzt, um Saatgut zu bestrahlen. Nach der Wende 1989 verschwand eine unbekannte Anzahl der dafür eingesetzten Geräte. Die internationale Atomenergiebehörde (IAEO) sucht noch immer nach ihnen. Die Wiener Behörde schließt die Möglichkeit nicht aus, dass sich Terroristen auch anderswo radiologische Substanzen beschafft haben, etwa in Kasachstan, Usbekistan oder Tschetschenien. Weltweit verzeichnet die IAEO allein für das vergangene Jahr 280 Fälle von Nukleardiebstahl. [...]

Jochen Bittner: Das weltweite Al-Qaida-Netz, Die Zeit, Nr. 29, 14.07.2005, http://pdf.zeit.de/2005/29/terrorismus_bittner.pdf, Zugriff 19.08.2009

M5 Von Hannibal bis Bin Laden

Biologische Waffen sind keine Erfindung unserer Zeit. [...]

Eines der berühmtesten Beispiele aus der Geschichte der Biowaffen stammt aus dem Mittelalter. Im 14. Jahrhundert brach während der Belagerung der Stadt Caffa unter den Truppen der Tartaren die Pest aus. Bevor sie sich zurückzogen, warfen sie noch einige Pestleichen über die Befestigungsmauern, um die gegnerische Bevölkerung zu infizieren. Ähnlich gingen russische Truppen im 18. Jahrhundert beim Kampf gegen schwedische Truppen im estländischen Reval vor.

Im gleichen Jahrhundert gingen britische Truppen in die Geschichte der biologischen Kriegsführung ein. Im Krieg gegen die Franzosen auf amerikanischem Boden hielten sie die Indianer für Verbündete des Feindes und verteilten an die Ureinwohner Decken, in denen zuvor Patienten mit Pocken gelegen hatten. Unter den Indianern brach die Krankheit aus und setzte ganze Stämme außer Gefecht. [...]

Bio-Waffen im Schützengraben

Im Ersten Weltkrieg kam es dann erneut zum Einsatz von Biowaffen. [...] Hauptsächlich angewendet wurden in

dieser Zeit jedoch chemische Waffen wie etwa Tränengas und Chlorgas. Unter dem Eindruck der fatalen Folgen dieser damals noch sehr neuen Art der Kriegsführung verabschiedete die internationale Staatengemeinschaft 1925 in Genf ein Protokoll, das den Einsatz von biologischen und chemischen Waffen verhindern sollte. Die Vereinbarung hatte jedoch von Beginn an nur geringes Gewicht, da die USA sie nicht ratifizierten und Japan noch nicht einmal zur Unterschrift bereit war. Allen Versuchen der Ächtung biologischer Waffen zum Trotz ging die Entwicklung in den Labors ohnehin weiter. [...]
Heute droht somit Gefahr von zwei Seiten. Zum einen ist von einer Reihe von Staaten bekannt, dass sie trotz ihrer Verzichtserklärung offensive Forschung betrieben haben und möglicherweise weiterhin betreiben. Zum anderen könnten Terroristen in den Besitz von Biowaffen gelangen. Nach den Milzbrandbriefen, die Ende letzten Jahres in den USA kursierten, ist dies eine durchaus realistische Bedrohung. Vielen Experten halten es inzwischen für wahrscheinlich, dass zukünftig der internationale Terrorismus die Geschichte der biologischen Waffen weiterschreiben wird.

Daniel Wortmann: Von Hannibal bis Bin Laden, zitiert nach: www.dw-world.de/dw/article/0,2144,646858,00.html, Zugriff 04.02.2009

Soldaten mit Gasmasken

M6 Terrorgruppen und Massenvernichtungswaffen

Warum wollen Terrorgruppen Massenvernichtungswaffen einsetzen? Diese Frage ist schwer zu beantworten, weil es nur wenige Fälle gibt, in denen dies tatsächlich geschehen ist. Unter den über achttausend gezählten Fällen, in denen Terroranschläge geplant, angedroht oder verübt wurden, sind weniger als sechzig, bei denen nukleares, chemisches, biologisches oder radiologisches Material im Spiel war. Deshalb konzentrieren sich die Analysen häufig auf den Giftgasanschlag der japanischen Aumsekte und ihre Versuche, biologische und nukleare Waffen herzustellen. Allerdings ist diese Gruppe mit ihrer apokalyptischen Ideologie in keiner Weise typisch für die weltweit aktiven Terrorgruppen. Verallgemeinerungen, dass mit den Anschlägen von Tokio, bei denen zwölf Menschen starben und über 3000 verletzt wurden, ein neues Zeitalter des postmodernen Terrorismus begonnen habe, verbieten sich deshalb.

Die Waffen der Schwachen?

Man muss also hypothetisch fragen: Warum sollten Terrorgruppen Massenvernichtungswaffen einsetzen wollen? Oder noch allgemeiner: Warum sollten sie sich Massenvernichtungswaffen verschaffen wollen, denn der Erwerb dieser Waffen ist nicht identisch mit ihrem Einsatz? Massenvernichtungswaffen sind zunächst ein naheliegendes Mittel, um in stark asymmetrischen Konflikten eine Art Gleichgewicht herzustellen. Sie sind deshalb die „Waffen der Schwachen", um sich gegenüber einem übermächtigen Gegner zu behaupten. Insofern gibt es für nichtstaatliche Gewaltakteure tatsächlich einen abstrakten Anreiz, sich Massenvernichtungswaffen zu verschaffen. Die entscheidende Frage ist jedoch, ob diese Waffen erworben werden, um mit ihnen zu drohen oder um sie tatsächlich einzusetzen. Im ersten Fall kann es zunächst um Abschreckung gehen: Terrorgruppen könnten versuchen, durch die Androhung von MVW-Terrorismus die Ausweitung einer Antiterrorkampagne zu verhindern. [...]

Bereit zur Tabuverletzung

Solange Terrorgruppen mit ihren Aktionen nicht nur Menschen töten, sondern auch einen politischen Zweck erreichen wollen, müssen sie mit ihren Aktionen eine Nachricht kommunizieren, um politische Unterstützung zu erhalten. Das setzt dem Terrorismus und insbesondere der Verwendung von Massenvernichtungswaffen gewisse Grenzen. Denn die Tabus, die den Einsatz nuklearer, chemischer und biologischer Waffen umgeben, könnten sich leicht gegen Terrorgruppen auswirken, die diese brechen. Gruppen allerdings, deren Ziele nicht weltlich-politischer Natur, sondern transzendent-religiös sind, nehmen auf die Reaktion eines „zu interessierenden Dritten" keine Rücksicht. Damit entfallen auch alle Einschränkungen, denen sich ein terroristischer Akteur im Einsatz seiner Gewaltmittel unterworfen fühlt. Es liegt deshalb nahe zu vermuten, dass religiöse Fanatiker eher als politische Extremisten bereit sein werden, unbeschränkte Gewalt anzuwenden und hohe Opferzahlen in Kauf zu nehmen. Wenn das stimmt, dann kommt der Verwurzelung einer Terrorgruppe in der Gesellschaft eine wichtige moderierende Funktion zu, und klassische Kleinkriegsstrategien, die auf die Trennung der Kämpfer von ihrer sozialen Basis zielen, müssten überdacht werden. Für die Einschätzung der Wahrscheinlichkeit eines MVW-Anschlags ist es deshalb wichtig, genauer festzustellen, in welchem Maße eine Terrorgruppe religiösen oder weltlichen Zielen folgt. Dabei muss die Oberflächenrhetorik von der wirklichen Motivation unterschieden werden. Al Qaida wird zum Beispiel häufig als islamistische Organisation dargestellt, deren Ziele rein religiös und außerweltlich seien: Eine politische Absicht jenseits der Zerstörung gebe es nicht. Eine genaue Lektüre ihrer Verlautbarungen sowie der

Interviews ihrer Führer zeigt jedoch, dass ihr eine klare politische Strategie mit abgestuften Zielen zugrunde liegt. Auch für al Qaida gilt deshalb, dass Gewalt strategisch eingesetzt wird. Ein Beleg dafür ist der unlängst veröffentlichte Brief von Ayman Al Zawahiri, dem zweiten Mann der al Qaida, an Abu Musab Al Zarkawi, den im Irak agierenden Kaida-Statthalter. In diesem Brief warnt Zawahiri davor, durch wahllosen Terrorismus die Unterstützung der Bevölkerung im Irak zu verspielen, ohne die die langfristigen Ziele der al Qaida nicht erreicht werden könnten. [...]

Verwundbarkeit

Verwundbar sind Staaten auf dreierlei Weise: militärisch, ökonomisch und politisch. Militärisch verwundbar sind sie in dem Maße, in dem ein Anschlag zu großen physischen Zerstörungen und einer hohen Zahl von Opfern führt; ökonomisch, wenn es durch einen Anschlag zu hohen finanziellen Folgeschäden und der Einbuße öffentlicher Wohlfahrt kommt; politisch verwundbar sind Staaten, wenn durch einen Anschlag die Funktionen des Staates beeinträchtigt und das Vertrauen der Bevölkerung in die Regierung erschüttert werden. [...]

Neben den unmittelbaren Effekten auf den Menschen sind auch sekundäre Effekte auf das Wirtschaftssystem zu erwarten. Die volkswirtschaftlichen Folgekosten eines MVW-Anschlags können enorm sein, und der psychologische Schock könnte zu Panikverkäufen auf den Aktienmärkten führen und eine Wirtschaftskrise auslösen. Schwerer zu bestimmen ist die politische Verwundbarkeit gegenüber MVW-Terrorismus. Einerseits ist kaum denkbar, dass aufgrund eines Anschlags ein Staat vor einer Terrorgruppe kapituliert und seine Souveränität aufgibt. Insofern ist die Verwundbarkeit gegenüber Terroristen weit geringer als gegenüber feindlichen Staaten. Andererseits konnte die Bevölkerung das Vertrauen in das Regime verlieren, insbesondere dann, wenn die Regierung die Terrorbekämpfung zur Priorität erklärt und unrealistische Sicherheitsversprechen macht. Ein Staat könnte dann zu Gegenmaßnahmen gezwungen sein, die die bürgerlichen Freiheiten derart einschränken, dass sich das politische System dauerhaft verändert. Politisch verwundbar ist ein Staat also vor allem durch die eigenen Gegenmaßnahmen.

Abu Musab Al Zarkawi ist am 7. Juni 2006 durch amerikanische Raketen getötet worden.

Christopher Daase: Terrorgruppen und Massenvernichtungswaffen. In: APuZ 48/2005, S. 33–35

M7 Chemiewaffen-Opfer

Die iranische Nachrichtenagentur IRNA veröffentlichte dieses Foto am 20. Mai 1988 mit folgendem Text: „Ein Vater hält in der irakischen Stadt Halabja sein totes Baby im Arm. Sie gehören zu den über 4000 Einwohnern der irakischen Stadt, die seit dem 16. März 1988, einen Tag, nachdem Halabjy von den Iranern erobert worden war, Opfer der irakischen Bombenangriffe mit chemischen Waffen wurden."

Arbeitsvorschläge

1. Fassen Sie aus M 2 die unterschiedlichen Motivationen zusammen, die Staaten nach atomaren Waffen streben lassen.

2. Benennen Sie die besondere Gefahr sogenannter „schmutziger" Bomben (M 4).

3. Erläutern Sie, warum die Gefahr des Einsatzes von Massenvernichtungswaffen bei religiös motivierten Gruppen größer ist als bei politisch motivierten. Erklären Sie, inwiefern der „zu interessierende Dritte" dabei eine zentrale Rolle spielt (M 6).

4. Arbeiten Sie anhand von M 5 und M 6 den Wunsch nach Massenvernichtungswaffen aus den Bedingungen einer asymmetrischen Kriegführung heraus.

Weiterführende Arbeitsaufträge:

G 5. Welches Kalkül könnte sich hinter der Haltung Israels verbergen, den Besitz atomarer Waffen weder zu bestätigen noch zu widerlegen?

6. Biologische und chemische Waffen können relativ leicht in die Hände von Terroristen gelangen. Recherchieren Sie im Internet, welche Probleme bei der Handhabung dieser Waffen ihren nennenswerten Einsatz bisher dennoch verhindert haben.

Angriff per Internet

Welche Gefahren lauern im Netz?

Miniglossar

Sputnik
erster Satellit, von der Sowjetunion am 4. Oktober 1957 gestartet

Ubiquität
Allgegenwart, weltweite Verbreitung

M1 Internetsicherheit

M2 Informationskriege?

Die erste Erfindung nach der des Internets war der Internetmissbrauch. Immer häufiger und schneller folgt die Internetkriminalität dem Entstehen neuer Netzwerktechnologien. Nach Bekanntwerden einer Lücke im Sicherheitsbetrieb elektronischer Informationsnetze dauert es heute in der Regel nur wenige Tage, bis anonyme Täter in der Lage sind, die Schwachstelle mittels groß angelegter Internetangriffe zum Zweck der Computerspionage oder -sabotage auszunutzen.

So hat etwa der Computer-„Wurm" Slammer im Februar 2003 binnen zehn Minuten weltweit neunzig Prozent aller ungeschützten vernetzten Informationssysteme befallen.

Begriff

Die Gesamtheit der Anlagen und Einrichtungen der öffentlichen Verwaltung, des Bildungs- und Gesundheitswesens, des Verkehrs, der Energieversorgung, die für das Funktionieren einer Volkswirtschaft unerlässlich sind und meist vom Staat zur Verfügung gestellt werden, bezeichnet man als **Infrastruktur**.

VT

Das Internet ist militärischem Kalkül zu verdanken: Nach dem „Sputnik-Schock" (1957) bekam die vom amerikanischen Verteidigungsministerium gegründete Advanced Research Projects Agency den Auftrag, ein störungssicheres Kommunikationssystem zu entwickeln und das Problem unzureichender Rechenkapazitäten durch Vernetzung von Computern zu lösen. Heute nutzt über ein Fünftel der Weltbevölkerung das Internet, in Deutschland etwa die Hälfte – Tendenz steigend. Unternehmen, aber auch Staaten sind auf das störungsfreie Funktionieren der heute wichtigsten Kommunikationstechnologie angewiesen. Militärische Aufklärung und darauf basierend computergesteuerter Waffeneinsatz prägen das Gesicht moderner Kriegführung und entscheiden über deren Erfolg. Der Datenverkehr wird zum Angriffsziel. Welche Folgen haben Missbrauch und Sabotage?

Milliardenschäden durch Systemausfälle waren die Folge. Angesichts der wachsenden Rasanz und Zerstörungskraft solcher Angriffe bleibt den Sicherheitsexperten meist keine Zeit, durch die Entwicklung und Verbreitung geeigneter Softwarelösungen den Tätern zuvorzukommen.

Diese moderne Variante des Wettlaufs zwischen Hase und Igel ist mehr als nur ein teurer Spaß. Einem Bericht der Internetzeitschrift „SecurityFocus" zufolge gelang es dem Slammer-Wurm, auch in das Sicherheitskontrollsystem des Davis-Besse-Kernkraftwerks im US-Bundesstaat Ohio einzudringen. Das System blieb für nahezu fünf Stunden funktionsunfähig, bis das Betriebspersonal die Störung schließlich bemerkte [...]

Die neue sicherheitspolitische Lage ist dadurch gekennzeichnet, dass Handlungsunfähigkeit und Überleben eines Staates oder Bündnisses in internationalen Krisen und Konflikten nicht mehr allein durch militärische Gewalt gefährdet sind. Sie hängen zunehmend auch vom störungsfreien Betrieb staatlicher und internationaler Informations- und Kommunikationssysteme ab. [...]

Die zentrale Rolle der Informationstechnik legt nahe, dass die Daten und Netze künftig Konkurrenten und Gegnern als Angriffsziele auf den globalen Märkten, aber auch bei internationalen Konflikten dienen können. Denn computergestützte Angriffe gegen die Infrastruktur eines Landes können militärische Gewaltanwendung sowohl unterstützen und ergänzen als auch um völlig neue Elemente erweitern, wenn nicht gar als Konfliktmittel ersetzen.

So kann etwa die Unterbrechung elektronischer Verkehrsleitsysteme, ausgelöst durch eine gezielte Störung öffentlicher Informationsnetze, unter Umständen wirkungsvoller sein als die Bombardierung von Straßen, Flugplätzen und Bahnstrecken. Es ist damit zu rechnen, dass Bedrohungen vom Typ des „Informationskriegs" (information warfare) hauptsächlich von fremden Nachrichtendiensten, der militärischen Aufklärung und Sabotage, der internationalen Wirtschaftskriminalität sowie vom politisch motivierten Terrorismus ausgehen. [...]

Für die Sicherheitspolitik liegt das Hauptproblem darin, dass die Verletzlichkeit der Informationsgesellschaft Angriffsflächen bietet, die sich bei internationalen Krisen und Konflikten von außen leicht nutzen lassen. So gibt es im Unterschied zu herkömmlichen Formen gewaltsamer internationaler Konflikte bei Angriffen von der Art des „Informationskriegs" kein geschütztes Staatsgebiet mehr, das an seinen Grenzen mit militärischen Mitteln erfolgreich zu verteidigen wäre. Hinzu kommt, dass Frühwarnung, Abschreckung und Vergeltung bei elektronischen Netzangriffen wenig wirksam sind, da der Angreifer im Internet kaum jemals „dingfest" zu machen ist.

Gebhard Geiger: Risiken und Chancen der Kommunikationstechnologie, In: Informationen zur politischen Bildung, 291/2006, S. 36 f.

M3 Terrorismus und Internet

Neben seiner Ubiquität und Zeitlosigkeit bietet das Internet noch weitere Vorteile. Es vermag staatliche Zensurbemühungen zu umgehen; Nachrichten lassen sich anonym und ebenso schnell wie mühelos verbreiten; und es ist ein äußerst billiges Massenkommunikationsmittel. Außerdem ermöglicht es den Terroristen, „Wahrnehmungsmanagement" zu betreiben, wie Denning dies genannt hat. Das heißt, sie können sich und ihre Aktionen dort in dem Licht und dem Kontext darstellen, die sie sich wünschen, ohne Behinderung durch den Filter, die Auswahl und die Perspektive der etablierten Medien. Außerdem können sie „Informationswäsche" betreiben. Das heißt, sie stellen einen provokanten Video- oder Audioclip ins Netz, sorgen für die entsprechende Aufmerksamkeit und schaffen damit eine „Internetsensation", die dann ihren Weg in die Mainstream-Medien findet. Und schließlich bietet das Internet neue und erweiternde Möglichkeiten zur Sammlung von Spendengeldern für illegale Aktivitäten und Untergrundgruppen. Solche Spenden sind nun buchstäblich „nur einen Klick entfernt", weil viele Websites Informationen bieten, wie solche Zahlungen angewickelt werden können. Aus all diesen Gründen hat sich das Internet für Terroristen als ein äußerst nützliches Kommunikationsmittel erwiesen, und zwar sowohl nach außen (Propaganda) als auch nach innen (zur Information, zur Kontrolle und zur Weitergabe von Befehlen). [...]

Bruce Hoffman: Terrorismus – der unerklärte Krieg, Bonn 2006, S. 311, übers.: Klaus Kochmann, S. Fischer 1999

Arbeitsvorschläge

1.1 Erläutern Sie den Begriff „Informationskrieg", wie er in M2 verwendet wird. Interpretieren Sie vor diesem Hintergrund die Karikatur M1.

1.2 Arbeiten Sie heraus, wie in M2 die Schwierigkeit begründet wird, sich vor Angriffen in Informationskriegen zu schützen.

2.1 Arbeiten Sie aus M3 die Bedeutung des Internets für den internationalen Terrorismus heraus.

2.2 Inwiefern hat sich die Bedeutung des Internets für transnationale Terrorgruppen wie al-Qaida nach dem Verlust der Zufluchtsstätte Afghanistan noch erhöht?

Weiterführender Arbeitsauftrag:

3. Informieren Sie sich im neuesten Verfassungsschutzbericht über die Nutzung des Internets als Propagandamedium im internationalen Terrorismus.

Konflikte durch Klimawandel

Wird der Temperaturanstieg zum Sicherheitsrisiko?

Miniglossar

Dafur
Gebiet im Westen des Sudans
→ S. 154

exorbitant
außergewöhnlich

M1 Wer bewegt sich zuerst?

M2 Kernaussagen zum Klimawandel

1. Durch die Nutzung fossiler Brennstoffe, das Abholzen von Wäldern und weitere Aktivitäten setzt der Mensch große Mengen Treibhausgase frei. Die Konzentration von Kohlendioxid in der Luft ist von 280 ppm (0,028 Prozent, ppm heißt „parts per million") in vorindustrieller Zeit auf heute mehr als 380 ppm angestiegen, den höchsten Wert seit mindestens 800 000 Jahren. Die Erdoberfläche wird dadurch einem massiven anthropogenen, „menschgemachten", Treibhauseffekt ausgesetzt, der die globale Durchschnittstemperatur seit 1900 bereits um etwa 0,8 Grad Celsius erhöht hat.

2. Wirtschaftet die Menschheit weiter wie bisher, könnte sich das Erdklima

Begriff

Ein **Migrationsdruck** entsteht, wenn viele, vor allem verarmte Menschen in ein Land einwandern, die die Integrationsfähigkeit dieses Landes überfordern.

Mit **Miliz** kann – im Gegensatz zum stehenden Heer – ein Volksheer gemeint sein wie in der Schweiz oder ein irregulärer, nichtsstaatlicher militärischer Verband, der auf eigene Faust oder mit staatlicher Duldung kämpft.

VT

Um das Klima kann nicht Krieg geführt werden wie um Rohstoffe, es kann nicht als Waffe eingesetzt werden wie atomare, biologische oder chemische Kampfmittel und es kann auch nicht bewusst und zielgerichtet manipuliert werden wie das Internet. Zu einer Bedrohung der internationalen Sicherheit sind die sozialen Folgen der sich abzeichnenden Klimaveränderung aber dennoch schon geworden: Werden steigende Meeresspiegel, fortschreitende Wüstenbildung und extreme Wetterlagen zum Kampf um den verbleibenden nutzbaren Lebensraum führen und zu Migrationsströmen in die vom Klimawandel verschonten Gebiete? Nicht alle Staaten sind in gleichem Maße von deren schädlichen Auswirkungen betroffen – vor allem aber sind nicht alle gleichermaßen für die Klimaveränderungen verantwortlich.

bis zum Jahr 2100 um fünf Grad Celsius erwärmen. Das ist in etwa der Temperaturunterschied zwischen einer Eiszeit und einer Warmzeit. Aus der heutigen Warmzeit steuerten wir also auf eine „Heißzeit" zu.

3. Durch die Erwärmung dehnt sich das Meerwasser aus und es strömt zusätzliches Schmelzwasser von Gletschern und Eisschilden in die Ozeane. Der Meeresspiegel ist im letzten Jahrhundert um 15 bis 20 Zentimeter angestiegen, in diesem Jahrhundert werden weitere 50 bis 150 Zentimeter erwartet. Die weitere Erwärmung könnte die Eisschilde auf Grönland und der Antarktis destabilisieren. In der Erdgeschichte stieg der Meeresspiegel pro Grad globaler Erwärmung um 10 bis 15 Meter an. Wie schnell das geschah, ist derzeit aber noch unklar.

4. Der anthropogene Treibhauseffekt könnte das Klimasystem der Erde über kritische Grenzen hinaus belasten, sodass wichtige Prozesse im Gesamtgefüge „kippen" und von da an grundsätzlich anders ablaufen. Das würde das Klima ganzer Subkontinente und Meeresbecken verändern und könnte etwa das arktische Meereis und Himalajagletscher abschmelzen lassen oder den Amazonasregenwald schädigen. Auch ein sich selbst verstärkender Treibhauseffekt kann nicht ausgeschlossen werden, falls das Klimasystem aufgrund der Erwärmung beginnt, Treibhausgase freizusetzen.

5. Gelingt es, die globale Erwärmung auf zwei Grad Celsius zu begrenzen, ließen sich nach heutigem Stand der Forschung die gefährlichsten Folgen des Klimawandels abwenden. Dazu müsste die Konzentration aller Treibhausgase langfristig so niedrig gehalten werden, dass ihre Wirkung die von 450 ppm Kohlendioxid nicht überschreitet. Um das Zwei-Grad-Ziel erreichen zu können, muss der Treibhausgasausstoß weltweit bis zur Mitte des 21. Jahrhunderts auf etwa die Hälfte des Niveaus von 1990 gesenkt werden.

6. Die notwendigen Maßnahmen zum Erreichen des Zwei-Grad-Ziels würden die globale Wirtschaftsleistung bis 2100 um insgesamt etwa ein Prozent verringern. Voraussetzung ist, dass technologische und institutionelle Innovationspotenziale voll ausgeschöpft werden. Bei einer durchschnittlichen wirtschaftlichen Wachstumsrate von drei Prozent wäre die Verzögerung des Wirtschaftswachstums am Ende des Jahrhunderts in etwa vier Monaten ausgeglichen.

Patrick Eickemeier: Sieben Kernaussagen zum Klimawandel, Potsdam-Institut für Klimafolgenforschung, www.pik-potsdam.de/infothek/sieben-kernaussagen-zum-klimawandel, Zugriff 08.07.2009

M3 Der Klimawandel und dessen Auswirkungen auf die Weltsicherheitspolitik

Die Energiesparlampe ist womöglich unterschätzt, wenn es um ihr Potenzial geht, einen Atomkrieg zu verhindern. Um diese Behauptung plausibel zu machen, wird in wenigen Augenblicken auch von den Gletschern des Himalaya die Rede sein müssen. Einigermaßen komplex sind, man ahnt es schon, die Zusammenhänge zwischen dem Klimawandel und seinen Folgen für die Weltsicherheitspolitik. Aber es gibt sie. Auf Grundlage der jüngsten UN-Vorhersagen zur Erderwärmung lassen sich diverse Schreckszenarien für künftige Konflikte entwerfen [...]

Mit dem Temperaturanstieg auf dem Planeten werden künftig auch politische Prozesse schneller ihre Siedepunkte erreichen. Denn alle Konflikte sind immer auch Konflikte um Ressourcen, Rohstoffe und Lebensraum; in Zukunft wird der Klimawandel diese Güter zusätzlich verknappen. Die Folge: Mit dem Klimawandel verschärfen sich die Spannungen auf dem Globus.

Was zurückführt zur Energiesparlampe, der Kriegsgefahr und den Gletschern des Himalaya. Letztere sind so etwas wie der Wasserspeicher Asiens. Sie machen 15 Prozent der globalen Eismasse aus, und mehrere der großen asiatischen Flüsse – der Indus, der Ganges, der Mekong und der Jangtse – speisen sich aus ihren Schmelzwassern. Indischen Studien zufolge hängen 500 Millionen Menschen an diesem Versorgungsstrang. Doch wenn die Erderwärmung so voranschreitet, wie es der Klimareport der Vereinten Nationen vorhersagt,

Indien: Dürre im Nordosten des Subkontinents

könnten die Himalayagletscher bis 2050 gänzlich verschwunden sein. [...] Denn abgesehen von den punktuellen Auswirkungen des Klimawandels auf die geologischen Achillesfersen des Planeten, also den Himalaya, die Polkappen und die großen Flussmündungen, droht die Erderwärmung die Weltordnungspolitik ganz generell zu verkomplizieren. Vor allem steht zu befürchten, dass sie die bereits bestehenden Verteilungs- und Chancenungerechtigkeiten zwischen Erster und Dritter Welt verschärft. Die Bevölkerung Afrikas ist, in einfachen Worten, arm, jung, stark anwachsend und fordernd (87 Prozent aller Menschen unter 25 Jahren leben laut UN-Angaben in Entwicklungsländern). Das reiche, saturierte Europa dagegen schrumpft und altert. Viel spricht dafür, dass die Erderwärmung einen, wenn man so möchte, globalen Generationenkonflikt weiter anheizen wird. [...]
Schließlich sind ausgerechnet die Entwicklungsländer, die am wenigsten zum CO_2-Austoß beitragen, am härtesten vom Klimawandel betroffen – vor allem durch zunehmende Dürren und Überschwemmungen. Das Worldwatch Institute hat errechnet, dass schon heute 1,4 Milliarden Menschen in Gebieten leben, die unter angespannter Wasserknappheit leiden. Bis zum Jahr 2025 könnten es 5 Milliarden werden. Allein im südlich der Sahara gelegenen Teil Afrikas könnte die Bevölkerung bis zum Jahr 2035 auf über 1,3 Milliarden Menschen anwachsen, von denen etwa 15 Prozent unterernährt sein würden, schätzt das Worldwatch Institute. [...]

Während der Süden aufgrund der trockenen Hitze unter Getreideschwund zu leiden haben wird, dürften auf der Nordhalbkugel zunehmende Wärme und Feuchtigkeit künftig für Erntezuwächse sorgen. Ein enormes Wutpotenzial aufseiten der Verliererstaaten braut sich da zusammen. [...]
Der ehemalige Weltbank-Chefökonom Nicholas Stern schreibt in seinem 2006 veröffentlichten Bericht über die Folgen der globalen Erwärmung, bis

Bangladesch: Seine Bewohner sind ständig von Hochwasser bedroht.

Ägypten: Bauern im Nildelta

West-Darfur: Flüchtlinge nahe der Grenze zum Tschad

zum Jahr 2050 könnten 200 Millionen Menschen gezwungen sein, von Küsten zu fliehen, die zu dauernden Flut- und Sturmgebieten werden, oder von Land, das zu trocken für die Bewirtschaftung wird. Ein Beispiel ist Bangladesch: Geologisch ist das Land eine einzige große Flussniederung. Sollte der Meeresspiegel um 45 Zentimeter ansteigen (so die am weitesten reichende Prognose), müssten sich bis zu 5,5 Millionen Menschen aus dem Gangesdelta eine neue Heimat suchen, schätzt das Tyndall Centre for Climate Change Research.

Ähnliches gilt für das Nildelta: Ein Team ägyptischer Experten warnte schon Mitte der neunziger Jahre, „ein Anstieg des Meeresspiegels um 0,5 Meter würde eine Umsiedlung von über 2 Millionen Menschen, vor allem in der Region Alexandria, nach sich ziehen müssen". Auch im zentralafrikanischen Nigerdelta hätte ein steigender Meeresspiegel fatale Folgen. In dem flutgefährdeten Gebiet leben etwa 20 Millionen Menschen.
Derweil lässt sich schon heute in Darfur besichtigen, welche sicherheitspolitischen Auswirkungen der anhaltende Mangel an Wasser haben kann. Lange Trockenzeiten führten zum Verlust von Farmland im Norden Darfurs. Die Nomaden zogen nach Süden, auf der Suche nach Wasser und Weideflächen. Dies löste, auch aufgrund ethnischer und religiöser Unterschiede, Konflikte mit den dort ansässigen Bauern aus. Massaker und Massenvertreibungen waren die Folge.
Für viele Migranten sind die heimischen Großstädte nur ein erster Anlaufpunkt, sie träumen von einem Leben in der Ersten Welt. Mit welchem Migrationsdruck Europa in Zukunft wird umgehen müssen, trauen sich aber bislang nicht einmal die Fachleute zu sagen.

Jochen Bittner: Die Klimakriege. In: Die Zeit, 03.05.2007, S. 3

M4 Darfur – der erste Klimakrieg

Was den westlichen Zuschauern zunächst als Stammeskonflikt zwischen „arabischen" Reitermilizen und „afrikanischen" Bauern vermittelt wurde, entpuppt sich bei genauerem Hinsehen als Krieg einer Regierung gegen ihre Bevölkerung, in dem der Klimawandel eine entscheidende Rolle spielt. [...] Die sesshaften Bauern versuchten, in der katastrophalen Dürre von 1984 ihre kargen Ernten zu sichern, und sperrten die Zugänge zu ihren Feldern vor den Herden der „Araber", deren Weidegründe durch die Dürre verschwunden waren. Wegen dieser Sperren konnten die Nomaden ihre traditionellen Weidewege und Futterplätze nicht mehr nutzen. [...] Hier sieht man in aller Klarheit, dass klimabedingte Veränderungen den Ausgangspunkt des Konflikts bilden. Der ausbleibende Regen – in manchen Regionen Darfurs sank die Regenmenge im Verlauf von zehn Jahren um mehr als ein Drittel – sorgte dafür, dass die nördlichen Regionen für die Viehzucht nicht mehr brauchbar waren, und trieb die – zuvor übrigens zum Teil sesshaften – Züchter nach Süden und machte sie erst jetzt zu Vollnomaden. [...]
Eine Studie der United Nations Environment Programme (UNEP) vom Juni 2007 fasst die Lage so zusammen: In Darfur stellen die umweltbedingten Probleme in Verbindung mit dem exorbitanten Bevölkerungswachstum Rahmenbedingungen für Gewaltkonflikte dar, die entlang ethnischer Grenzen ausgetragen werden – also zwischen „Afrikanern" und „Arabern". Das heißt, Konflikte, die ökologische Ursachen haben, werden als ethnische wahrgenommen – und zwar von den Beteiligten selbst.

Harald Welzer: Klimakriege. Wofür im 21. Jahrhundert getötet wird, Frankfurt a. M. 2008, S. 95–99

Arbeitsvorschläge

1. Rekonstruieren Sie anhand von M2 und M4 die Folgen des durch den CO_2-Ausstoß hervorgerufenen Klimawandels.

2. Erläutern Sie, inwiefern der Klimawandel in außereuropäischen Ländern soziale Folgen auch in Europa haben wird (M3).

3. Welches Problem spricht die Karikatur M1 an? Führen Sie ein Streitgespräch, indem Sie jeweils die Rolle einer der vier übergewichtigen Personen übernehmen.

G **4.** Diskutieren Sie die Frage, ob den vergleichsweise reichen Staaten eine moralische Verpflichtung erwächst, die durch den Klimawandel sich verschärfenden Ungleichheiten in den Lebenschancen der Menschen durch Unterstützung der armen Länder zu mildern. Beziehen Sie in Ihre Argumentation vor allem M3 mit ein.

Weiterführender Arbeitsauftrag:
5. Informieren Sie sich im Internet beim Potsdam-Institut für Klimafolgenforschung über die aus heutiger Sicht zu erwartenden Klimaveränderungen und deren Folgen.

Wenn Staaten zerfallen
Wie bedrohlich ist Anarchie?

Miniglossar

Anarchie
Gesetzlosigkeit

Ethnie
durch gemeinsame Sprache, Geschichte und Kultur sich zusammengehörig fühlende Volksgruppe

Prävention
vorbeugende Maßnahme

M1 Existiert noch ein Staat?

In der somalischen Hauptstadt Mogadischu herrscht Anarchie.

Begriff

11. September: Gemeint ist der 11. September 2001, an dem von Terroristen entführte Passagierflugzeuge in das World-Trade-Center in New York und das Pentagon in Washington gelenkt wurden.

Die **ETA** ist eine 1959 gegründete terroristische Untergrundorganisation, die überwiegend in Spanien Anschläge verübt.

Im Islam gibt es zwei Hauptströmungen: Die größte Glaubensrichtung bilden die **Sunniten** mit ca. 85–90 Prozent aller Gläubigen. Die zweitgrößte, aber wesentlich kleinere Gruppe, bilden die **Schiiten** mit 10 Prozent. Diese Glaubensrichtung dominiert im Iran sowie im Irak.

Die **Kurden**, mehrheitlich sunnitische Muslime, sind mit über 20 Millionen Menschen das größte Volk ohne eigenen Staat: Sie leben als Minderheit in der Türkei, im Iran, Irak und in Syrien und werden dort häufig unterdrückt. Eine Partei der Kurden ist die Arbeiterpartei Kurdistans (**PKK**). Sie ist eine auch terroristisch agierende Untergrundorganisation, die mit Waffengewalt einen von der Türkei unabhängigen kurdischen Staat erkämpfen will.

VT

Begrenzte vor dem Zusammenbruch des Ostblocks häufig eine übergroße, nicht kontrollierte Staatsmacht Freiheit und Sicherheit des Einzelnen, so lässt sich heute auch das Gegenteil beobachten: ein Prozess des Staatszerfalls. Das vom Staat nicht mehr durchsetzbare Gewaltmonopol wird von substaatlichen Akteuren usurpiert, die ihre Macht über Territorium und Bevölkerung ausdehnen. Das Scheitern von Staaten bringt neue Gefahren mit sich: Kriminalität, Terrorismus, Elend und daraus folgend Migrationsströme, von denen vor allem die Nachbarstaaten betroffen sind.
Vor allem Afrika und der Nahe Osten haben mit diesem Problem zu kämpfen, und seit den Kriegen mit Afghanistan und dem Irak sind auch diese Staaten gefährdet. Selbst an Europa ist der Prozess nicht spurlos vorübergegangen: Kriegerisch ist der Vielvölkerstaat Jugoslawien in seine ethnischen Bestandteile zerfallen und da hier ethnische Grenzen nur schwer zu ziehen sind, ist der Konfliktstoff bis heute nicht ausgeräumt und der Friede nicht gesichert.
Gewalt kann auch eine verweigerte Staatenbildung hervorrufen, wenn auf mehrere Staaten verteilte Völker eine national oder ethnisch begründete Staatlichkeit erreichen wollen: Die baskische ETA kämpft mit terroristischen Mitteln für ein aus spanischen und französischen Landesteilen zu errichtendes Baskenland, die kurdische PKK strebt ein Kurdistan an, das aus Teilen der Türkei, des Irak, Irans und Syriens bestehen soll. Und der Nahostkonflikt wird ohne die Staatsgründung Palästinas nicht zu lösen sein. Wie kann man erreichen, dass Staaten nicht versagen und die Menschen ins Chaos stürzen?

M2 Staaten am Rande des Abgrunds

Die Staaten, die sich gegenwärtig am Rande eines Abgrunds befinden, sind in erster Linie Drittweltstaaten, die drei grundlegenden geopolitischen Faktoren ausgesetzt waren bzw. sind, deren Einfluss sich bemerkbar macht:
1. Diese Staaten tragen ein Erbe aus der Kolonialzeit, die lange genug dauerte, um die traditionellen Gesellschaftsstrukturen zu zerstören, aber nicht lange genug anhielt, um diese Strukturen durch Verfassungsstrukturen westlichen Zuschnitts zu ersetzen. Die Kolonialmächte waren darüber hinaus nicht daran interessiert, diese Staaten mit einer eigenen Identität als neuer Staat im Sinne eines modernen Nationengründungsprozesses zu versehen. Infolgedessen fand die industrielle Revolution in diesen Drittweltstaaten keinerlei Niederschlag. Sie behielten ihren Status als europäische Kolonien bis nach dem Zweiten Weltkrieg, als sie ihre Unabhängigkeit erhielten. [...]
2. Während des Kalten Krieges hatten die beiden Supermächte oft diktatorische Regimes ohne feste Verankerung im eigenen Land künstlich an der Macht gehalten, da man sich diese Regimes mittels Waffenlieferungen oder der Aufrechterhaltung staatlicher Einheit durch den Erhalt von Machtstrukturen ideologischer Ausprägung als Verbundete sichern wollte. Diese neuen Nationalstaaten konnten mit dem westlichen demokratischen System nichts anfangen. [...]
3. Allgemeine Modernisierungsprozesse sorgten für eine größere soziale und geografische Mobilität der Bevölkerung. Es bestand jedoch kein Gegengewicht dazu in Form eines nationalen Festigungsprozesses, durch den das schwache Staatswesen auf eine solide Grundlage gestellt worden wäre. [...]

Mahmoud Kassem: Staaten am Rande des Abgrunds. In: Politische Studien. Zeitschrift für Politik und Zeitgeschichte, Januar/Februar 2004, zitiert nach: www.hss.de/downloads/Pol.Studien_393.pdf; S. 40–45, Zugriff 11.02.2009

M3 Warum brechen Staaten zusammen?

Die Antwort lautet: Weil sie nicht mehr in der Lage sind, jene Funktionen zu erfüllen, die sie als Staaten qualifizieren. [...] Welche Symptome kann man an einem solchen Zusammenbruch beobachten? Der Staat als Entscheidungszentrum der Regierung ist gelähmt und nicht mehr manövrierfähig: Es werden keine Gesetze verabschiedet, die öffentliche Ordnung kann nicht aufrechterhalten werden, der soziale Zusammenhalt schwindet. Als identitätsvermittelndes Symbol hat der Staat die Fähigkeit verloren, seinem Volk einen Namen zu geben und dem gesellschaftlichen Zusammenspiel eine Bedeutung zu verleihen. Als Staatsgebiet kann die Sicherheit und Versorgung der Bevölkerung durch eine zentrale, souveräne Organisation nicht mehr gewährleistet werden. Als autoritative politische Institution hat der Staat seine Legitimation verloren, die nun zur Disposition steht. Der Staat hat somit auch sein Recht eingebüßt, die öffentlichen Angelegenheiten zu regeln und zu steuern. Als sozioökonomisches Organisationssystem hat der Staat sein funktionelles Gleichgewicht zwischen Vereinnahmung und Verausgabung verloren, er erhält keine Unterstützung von der Bevölkerung mehr und kann ebenso wenig Kontrolle über diese ausüben. Es werden auch keine Forderungen mehr an den Staat gestellt, da die Bevölkerung weiß, dass der Staat nicht mehr fähig ist, sie zu erfüllen. [...] Das ultimative Gefahrensignal ist wohl der Kontrollverlust des Zentrums über die eigenen staatlichen Behörden, die anfangen, auf eigene Faust zu agieren. Beamte stecken Gelder in die eigenen Taschen, und Recht und Ordnung werden ständig durch die Ordnungshüter selbst verletzt – aus Polizei und Militärtruppen werden Gangs und Briganten.

Irina Abramova: Staatlicher Zusammenbruch und Schurkenstaaten in Afrika. In: Politische Studien. Zeitschrift für Politik und Zeitgeschichte, Januar/Februar 2004, zitiert nach: www.hss.de/downloads/Pol.Studien_393.pdf; S. 47–49, Zugriff 11.02.2009

M4 Staatszerfall als globales Sicherheitsrisiko

Die Anschläge vom 11. September 2001 haben deutlich gemacht, dass der Zerfall von Staaten ein Problem darstellt, das Sicherheit und Wohlstand anderer Gesellschaften ernsthaft bedroht. So erlaubte erst das Fehlen einer legitimen staatlichen Autorität den Taliban im Verbund mit al Qaida, Afghanistan zu übernehmen und zu einem Hort der islamistischen Tyrannei und zu einem Stützpunkt des fundamentalistischen Terrors auszubauen. Afghanistan ist jedoch kein Einzelfall. Obwohl die Zahl der Nationalstaaten mit 193 UN-Mitgliedern heute einen Höhepunkt erreicht hat – 1950 gab es nur 69 –, erleben wir gleichzeitig, dass immer mehr Länder die Merkmale souveräner Staatlichkeit verlieren, ja vom Zerfall bedroht sind bzw. zerfallen. Damit sehen sich meist nicht nur die Nachbarn, sondern auch die Staaten des Westens großen Herausforderungen gegenüber. So hätte am Ende des Kalten Krieges wohl niemand vorhergesagt, dass deutsche Soldaten in den folgenden 13 Jahren an Stabilisierungs- und Wiederaufbaueinsätzen in Kambodscha, Somalia, Bosnien, Kosovo, Afghanistan und indirekt in Kongo beteiligt sein würden – alles Staaten, die zerfielen oder vom Zerfall bedroht waren. Das Phänomen des Staatszerfalls untergräbt schließlich auch die traditionelle Herangehensweise an internationale Politik und macht den Begriff „international" unbrauchbar, weil wir es mit Clans, Warlords, Rebellengruppen, marodierenden Banden, Kindersoldaten, religiösen Fanatikern und Terrorzellen zu tun haben.

Stephan Bierling: Staatszerfall als globales Sicherheitsrisiko, zitiert nach: www.internationalepolitik.de/archiv/jahrgang2003/november03/download/a1d4e1960ff711dba27c77addba74cb74cb7/original_Buchkritik_0311.pdf, Zugriff 11.02.2009

M5 Irak: Der Staat ist gescheitert

Düstere Zukunftsaussichten für den Irak: Eine neue Studie zeigt, der Staat ist gescheitert. Das liegt nicht nur am täglichen Terror, sondern vor allem daran, dass Sunniten, Schiiten und Kurden ausschließlich eigene Interessen verfolgen.

Es ist eine streng wissenschaftliche Studie, die die Berliner Stiftung „Wissenschaft und Politik" (SWP) heute vorlegt – doch die Risiken, die sie für den Irak identifiziert, scheinen auch hinter der nüchternen Sprache noch deutlich hervor: „Schon jetzt geht es nur noch darum zu verhindern, dass der Irak vollständig auseinanderbricht", schreibt der Islamwissenschaftler und Terrorexperte Guido Steinberg, der die Untersuchung verfasst hat, gleich zu Beginn der Abhandlung. [...] Einzig eine „föderale Lösung" könne den Staatszerfall noch verhindern, befindet der Autor. Scheitert diese Strategie, so Steinberg, dann drohen gleich mehrere Schreckensszenarien: eine Aufsplitterung des Landes, mit der niemand zufrieden sein kann, militärische Interventionen von Nachbarstaaten und eventuell sogar ein bewaffneter Konflikt zwischen verschiedenen schiitischen Gruppierungen.

Das 30-Seiten-Papier macht deutlich, dass der tägliche Terror nur eines der Probleme des Irak ist – ein anderes, kaum minder gewichtiges, sind die widerstrebenden Interessen der Konfliktparteien im Irak. „Der Irak zwischen Föderalismus und Staatszerfall", hat der SWP-Autor seine Studie genannt, in der er nachzeichnet, wie die innerirakischen Verwerfungen entlang der konfessionellen und ethnischen Linien (und innerhalb dieser) den politischen Prozess hin zu einem neuen irakischen Staat lähmen.

Denn die irakische Innenpolitik kennt praktisch nur ein Thema: Das Streben nach Macht, Sicherheit und Einfluss der einzelnen Interessengruppen – ohne dabei den Interessen des gemeinsamen Staates besondere Beachtung zu schenken. Die Kurden, die den Norden des Landes dominieren, sind dabei bislang am weitesten vorangekommen. Ihr Wunsch, eine de facto souveräne Super-Region zu errichten, lässt sich kaum noch aufhalten.

Die Kontrahenten auf Seiten der arabischen Sunniten und Schiiten haben dies mittlerweile zu akzeptieren gelernt. Man könnte das positiv im Sinne einer föderalen Emanzipation werten. Doch das kurdische Selbstbewusstsein wirft neue Probleme auf: Noch Ende dieses Jahres steht ein Referendum über die Stadt Kirkuk an, die die Kurden als kurdisch betrachten und ihrer Provinz einverleiben wollen – gegen den heftigen Widerstand der dort lebenden Turkmenen und vieler Sunniten, die dort von Saddam angesiedelt wurden.

Wahrscheinlich, prophezeit Steinberg, wird die Abstimmung im kurdischen Sinne ausgehen – in dem Fall aber würde eine militärische Intervention der Türkei umso wahrscheinlicher. Denn Ankara rechnet so: Mit den Ölfeldern Kirkuks sei ein kurdischer Staat lebensfähig – das könnte die Kurden im eigenen Land agitieren, was es zu verhindern gilt. Der Autor sagt deshalb eine Eskalation der Gewalt im bislang halbwegs ruhigen Irakisch-Kurdistan voraus – nicht zuletzt, weil ein Ölgesetz, das die erwarteten Einkünfte gerecht verteilen helfen soll, nicht vorankommt: Das Parlament ist zerstritten, die Regierung handlungsunfähig.

Auch der treibenden Kraft der Schiiten, dem „Hohen Rat", unterstellt Steinberg fragwürdige Motive, wenn sie sich als „föderalistisch" darstellt: Es gehe ihr eher um „machtpolitisch motivierte Autonomie", beziehungsweise um die Errichtung einer sicheren Rückzugszone im Süden des Landes, falls der schwelende Bürgerkrieg mit den Sunniten weiter eskaliert.

Auch die Nachbarstaaten sind nicht konstruktiv.

Zugleich zeichnet Steinberg en detail nach, welche anderen Schiitengruppen explizit und vehement gegen eine zu den Kurden analoge Schiiten-Region sind. Hierin liegt ein besonderer, wenn auch deprimierender Mehrwert der Untersuchung: Sie demonstriert, dass es mehr als nur drei Interessengruppen im Irak gibt, und dass die

M6 Zerfallende Staaten

Staaten, die nicht in der Lage sind, ihre Bürger vor Gewalt zu schützen

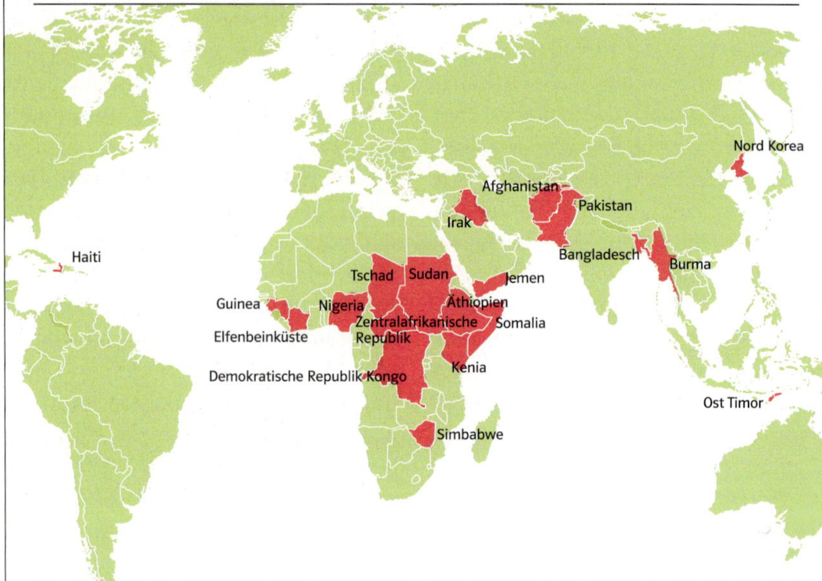

Insgesamt werden 60 Staaten von der Zeitschrift „Foreign Policy" als vom Zerfall bedroht aufgelistet. Foreign Policy: The Failed States Index 2009

innerirakischen Konflikte deshalb noch viel schwieriger zu lösen sind, als es ohnehin schon den Anschein hat. Ein Krieg von Schiiten gegen Schiiten könnte drohen, warnt Steinberg.

Den wichtigsten sunnitischen Gruppierungen weist der Autor nach, dass sie widersprüchlich agieren: „Einerseits akzeptieren sie nicht, dass die Zentralregierung von der schiitischen Bevölkerungsmehrheit dominiert wird. Andererseits lehnen sie jede Dezentralisierung des Regierungssystems ab." Die Sunniten, wiewohl nur 20 Prozent der Bevölkerung, sähen sich eben nach wie vor als eigentliches Staatsvolk. Der Föderalismus ist für sie ohnehin nicht attraktiv: Am Ende säßen sie auf dem Trockenen, während Kurden und Schiiten im Öl schwämmen. Um eine gerechte Verteilung der Petro-Dollars durchzusetzen, haben sie nicht das Gewicht.

Dieser innerirakische Knoten ist so schon kaum zu lösen – doch die Interessen der Nachbarstaaten tragen zusätzlich dazu bei, die Lage zu komplizieren. Denn die sunnitisch-arabischen Anrainer wollen ebenfalls keinen föderalen Irak; sie fürchten den Einfluss der Schiiten und, durch sie, des Iran. Syrien hat zudem – aus Selbstschutz – ein Interesse an einem instabilen Irak. Aus ähnlichen Gründen setzt auch Iran auf, so Steinberg, „kontrollierte Instabilität" beim Nachbarn. Solange der Irak nicht auseinanderfliegt, was kein Anrainer will, wird auch keiner von ihnen eine große Stütze auf dem

Die kurdische Stadt Kirkuk ist das Zentrum der irakischen Erdölindustrie im Norden des Landes.

Weg einer politischen Lösung sein, lautet der desillusionierende Befund. Der Irak, konstatiert der Autor weiter, sei deshalb bereits jetzt „ein gescheiterter Staat". Die beste Lösung, ein Föderalismus ohne Ansehen von ethnischen und religiösen Trennlinien, sei längst ausgeschlossen. Auch die zweitbeste Lösung – ein Föderalismusmodell entlang eben jener Linien, das auf Kompromissen beruht – sei wegen des Einflusses der sunnitischen und schiitischen Föderalismusgegner wohl nur noch sehr schwierig durchzusetzen. Die Alternativen aber lauten Chaos, mehr Gewalt und eine schiitische Diktatur.

Und wie sieht es mit externen Einflussmöglichkeiten aus, wenn schon von den Nachbarn nicht viel zu erwarten ist? Auch hier bietet die Studie wenig Tröstliches: Die einzigen irakischen Akteure „in Reichweite europäischer Politik", meint Steinberg nüchtern, seien die dominierenden Kurdenparteien. Es gelte, sie zu mehr Kompromissbereitschaft zu drängen.

Der Irak, schließt Steinberg, werde wohl noch auf Jahre instabil bleiben. Es gibt keinen Grund, an diesem Fazit zu zweifeln – leider.

Yassin Musharbash: Deutsche Studie warnt vor Staatszerfall, 15.08.2007, www.spiegel.de/politik/ausland/0,1518,499922,00.html, Zugriff 11.02.2009

Arbeitsvorschläge

1. Nennen Sie die in M 2 aufgelisteten Ursachen für den Zerfall von Staaten.

2. Beschreiben Sie anhand von M 1 und M 3 wesentliche Kennzeichen eines im Zerfall sich befindenden Staates. Welche für uns selbstverständlichen Leistungen kann ein solcher Staat für seine Bürger nicht mehr erbringen?

3. Legen Sie dar, inwiefern die vorwiegend im fernen Afrika und Asien vom Zerfall bedrohten Staaten auch ein europäisches Sicherheitsproblem darstellen (M 4).

4. Begründen Sie, ob und inwieweit ein föderativer Staatsaufbau die in M 5 angesprochenen Probleme am besten in den Griff bekommen kann. Welche Probleme stehen im Falle des Irak einer solchen Lösung entgegen?

5. Spekulieren Sie, ob sich für die auffällige Konzentration fragiler Staaten in bestimmten Regionen der Erde auch geografische Erklärungen finden lassen (M 6).

Zum Sterben bereit?
Was treibt Menschen zu Selbstmordanschlägen?

Miniglossar

fundamentalistisch
radikales religiöses oder weltanschauliches Denken oder Handeln, bei dem nur die eigene Vorstellung gültig ist

Hamas
palästinensische islamistische Terrorganisation

Kamikaze
japanische Selbstmordpiloten, die sich im Zweiten Weltkrieg mit ihren Maschinen auf feindliche US-Kriegsschiffe gestürzt haben, um diese zu versenken

Psychopathologie
Lehre von den psychischen (seelischen) Erkrankungen

Suizid
Selbstmord

M1 Drohung mit Attentaten

Jabalya, Gaza-Streifen: Mitglieder der radikalen Hamas-Bewegung demonstrieren ihre Bereitschaft zu Selbstmordanschlägen.

Begriff

Dschihad, wörtlich das Bemühen um Gottes willen, meint zum einen Kampf im Sinne gewaltsamer oder kriegerischer Auseinandersetzungen gegen „Ungläubige" oder jene, die die Einheit des Glaubens gefährden, kann aber auch friedlich als Anstrengung aufgefasst werden, den richtigen Weg zum Glauben zu finden.

Eine Weltanschauung wird auch als **Ideologie** bezeichnet. Der Begriff wird meist abwertend verwendet, weil unterstellt wird, dass die Wahrnehmung der Wirklichkeit durch eigene Interessen verzerrt ist. Ideologien werden oft zur Begründung und Rechtfertigung politischen Handelns herangezogen.

Die **Kreuzzüge** waren ursprünglich Versuche christlicher Heere des Mittelalters, das von Muslimen eroberte Jerusalem zurückzuerobern. Heute wird der Begriff oft im Sinne von Kampagne verwendet. So hat al-Qaida zum Kampf gegen die Kreuzritter aufgerufen und damit den „Westen" schlechthin gemeint.

VT

Nichts ist verstörender als ein Attentäter, der sein Leben um eines Zieles willen bewusst zerstört und dabei andere mit in den Tod reißt. Irrational muss die Tat dennoch nicht sein und sie als krankhaft abzutun, heißt, den Ursachen nicht nachforschen zu wollen. Der Terroranschlag des 11. September 2001 hat auch die verbreitete Ansicht widerlegt, Selbstmordattentäter entstammten verarmten Schichten und ihre Tat sei ein Akt der Verzweiflung: 11 der 19 Flugzeugentführer entstammen akademischem Milieu. Eher als Armut erklärt das soziale und politische Umfeld den Schritt zu dieser Tat.
Selbstmordattentate haben zwar oft auch einen religiösen – und das heißt heute in aller Regel, einen muslimischen – Hintergrund, doch zeigen Anschläge der japanischen Roten Armee, der tamilischen Befreiungstiger oder der palästinensischen PFLP, die im linksterroristischen Spektrum angesiedelt sind, dass auch säkulare Gruppen sich dieses Mittels bedienen. Mit den japanischen Kamikaze-Angriffen im Zweiten Weltkrieg hat sogar ein Staat den Selbstmordanschlag als Waffe eingesetzt. Schon bei den Kamikazepiloten wird deutlich, dass die Täter auch Opfer sind: Werkzeug in der Hand derer, die sie rekrutieren und für ihre Zwecke instrumentalisieren.
Nicht zufällig sind die meisten Selbstmordattentäter jung und damit leicht zu beeinflussen. Religiöser Fanatismus erleichtert diese Rekrutierung nur: Als „Märtyrertum" verklärt, lässt sich auch das koranische Suizidverbot uminterpretieren und Verehrung für eine Tat erzielen, die sonst nur Abscheu erwecken würde.
Unter welchen Bedingungen entstehen Situationen, in denen junge Leute sich entschließen, ihrem Leben ein gewaltsames Ende zu setzen und andere mit in den Tod zu reißen?

M2 Märtyrer oder nur Mörder?

[...] Besonders anfällig sind junge Menschen, wenn sie unter extremen Bedingungen leben. Wenn ein Palästinenserjunge in einem Milieu der Armut und Diskriminierung heranwächst, früh den Teufelskreis von Gewalt und Gegengewalt erfährt und erlebt, dass Suizidbomber verherrlicht werden, „dann", sagt Berner, „bedarf es keiner besonderen Psychopathologie, um dieses Ziel anzustreben". Unter diesen Bedingungen sorgt eine Rekrutierung nach Maß für die idealen Kandidaten. Denn – auch das macht die Suche nach einem Täterprofil schwierig – die meisten Selbstmordattentäter bewerben sich nicht selbst bei den Terrororganisationen, sondern werden von diesen ausgesucht. „In bestimmten Kreisen ist es eine große Ehre, ein auserwählter Märtyrer zu sein für die große Sache", sagt John Horgan. Da diese Ehre nach gelungener Tat auch auf die Familie übergeht, drängen sich viele danach – zumal junge, unverheiratete Männer unter dreißig, die ihre brutale Aggression zugleich gegen sich selbst und Dritte richten, um später als Helden verehrt zu werden. Gleichzeitig verpflichten sich ihre Auftraggeber, die Familie bis zum Lebensende zu versorgen. Deren oft trostlose Situation hält die Terroristen auch nach längeren Auslandsaufenthalten noch bei der Stange. Und für das Jenseits bekommen sie zum Teil recht romantische Perspektiven in Aussicht gestellt. [...]

(John Horgan ist Direktor am International Center for the Study of Terrorism an der Pennsylvania State University, USA; Wolfgang Berner ist Psychiater und Sexualforscher an der Universitätsklinik Eppendorf, Hamburg)

Harro Albrecht/Sabine Etzold/Hans Schuh: Attentäter wie du und ich. In: Die Zeit (39) 2001, S. 41 ff.

M3 Die Kinder des Dschihad

Der Bayerische Verfassungsschutz hat in einer Studie herausgearbeitet, dass die jungen Dschihadisten alle einen „Vaterkonflikt" hatten. Sie kommen aus einer Gesellschaft, die vorschreibt, den Eltern uneingeschränkten Respekt und Gehorsam zu erweisen. Der Vater ist der unantastbare Patriarch, der Familie, der Sippe, des Dorfes. In der Fremde, die nicht Heimat wird, erscheint dieser Vater schnell als Versager. Er kann seine Familie vielleicht ernähren, erreicht aber kaum einen sozialen Status, der im Einwanderungsland Respekt einflößt. Aber in der Familie muss er seine Stellung als Patriarch behaupten. Der Kampf, den man gegen ihn direkt nicht führen kann, wird umgeleitet auf größere Ziele, auf Israel, die Juden, die „Ungläubigen", die „Abtrünnigen" aus den eigenen Reihen, gegen den Westen, den Kapitalismus, die Globalisierung, die „Kreuzzügler". Das beste Beispiel für einen Vater-Sohn-Konflikt stellte in diesem Zusammenhang Mohammed Atta, einer der führenden Köpfe und Attentatsflieger des 11. September, dar. Er hatte es seinem Vater nie recht machen können, stets musste er sich seine beiden erfolgreichen Schwestern vorhalten lassen, die akademische Karrieren machten. Also nahm er sich vor, eine Tat zu begehen, deren „Größe" die ganze Welt erschüttern würde.

Souad Mekhennet/Claudia Sautter/Michael Hanfeld: Die Kinder des Dschihad. Die neue Generation des islamistischen Terrors in Europa, München 2006, S. 224

M4 Feindbilder

Die islamische und im besonderen Maße die arabische Welt ist seit Anfang des 20. Jahrhunderts, als zunächst vor allem Briten und Franzosen, seit der Gründung Israels auch immer massiver die USA im Nahen Osten eingriffen, von einer tiefen kulturellen Verunsicherung erfasst. Arabischen Jugendlichen wird in der Schule vermittelt, welche Überlegenheit ihre Kultur im Mittelmeerraum jahrhundertelang besaß, welche geistigen und naturwissenschaftlichen Erkenntnisse sie dem damals unterentwickelten christlichen Abendland vermittelt hat. Und deshalb fragen sie sich, warum sich das zivilisatorische Gewicht nun ins Gegenteil verkehrt hat.

Demagogen und Verschwörungstheoretiker machen in erster Linie zwei Ursachen für die Unterlegenheit und die in den meisten islamischen Staaten herrschende materielle Not verantwortlich: einerseits eine Verschwörung des Westens mit dem Ziel, die islamsiche Welt zu vernichten; andererseits den eigenen Verrat an den usprünglichen islamischen Werten, wobei es diese theologisch meist ungebildeten Demagogen selbst sind, die sich anmaßen zu definieren, worin diese Werte bestehen. [...]

In dutzenden Büchern haben besonders seit den achtziger Jahren radikalislamistische Autoren diese angebliche Wertelosigkeit des Westens angeprangert. Der Leser, der den Westen nicht aus eigener Anschauung kennt, muss den Eindruck gewinnen, dass in den dortigen Demokratien alle Moralvorstellungen verloren gegangen seien, der pure Materialismus herrsche, [...].

Gernot Rotter: Woher kommt der Hass, Der Spiegel 39, 2001, S. 176 ff.

Arbeitsvorschläge

1. Beschreiben Sie den Vaterkonflikt, der nach Aussage des Bayerischen Verfassungsschutzes den Weg in den (Selbstmord)terrorismus erleichtert (M 3).

2. Diskutieren Sie, von M 2 und M 3 ausgehend, die Rolle, die der Erziehung bei der Entscheidung vorwiegend junger Männer zukommt, ihr Leben dem „Dschihad" zu widmen.

G 3. Arbeiten Sie ausgehend von M 1 und M 4 historische, politische und religiöse Motive heraus, die Terroristen bewegen, sich selbst und das Leben anderer für ihre Ziele zu opfern.

Ziele des Terrorismus

Welche Strategie verfolgen Extremisten?

Miniglossar

Bombay
heutiger Name: Mumbai, wichtigste Hafenstadt Indiens und eine der größten Städte der Welt mit ca. 14 Millionen Einwohnern

Che Guevara (*1928, †1967)
Guerillaführer in Kuba und Bolivien; eine Leitfigur der Befreiungsbewegungen in der Dritten Welt und der Studentenbewegung von 1968

Cyber
ursprünglich die Steuerkunst des Seefahrers, später auf die Datenverarbeitung bezogen; heute meist gleichbedeutend mit Internet

Ikone
(Ab)bild, Kultbild, Heiligenbild

M1 Schwere Terroranschläge

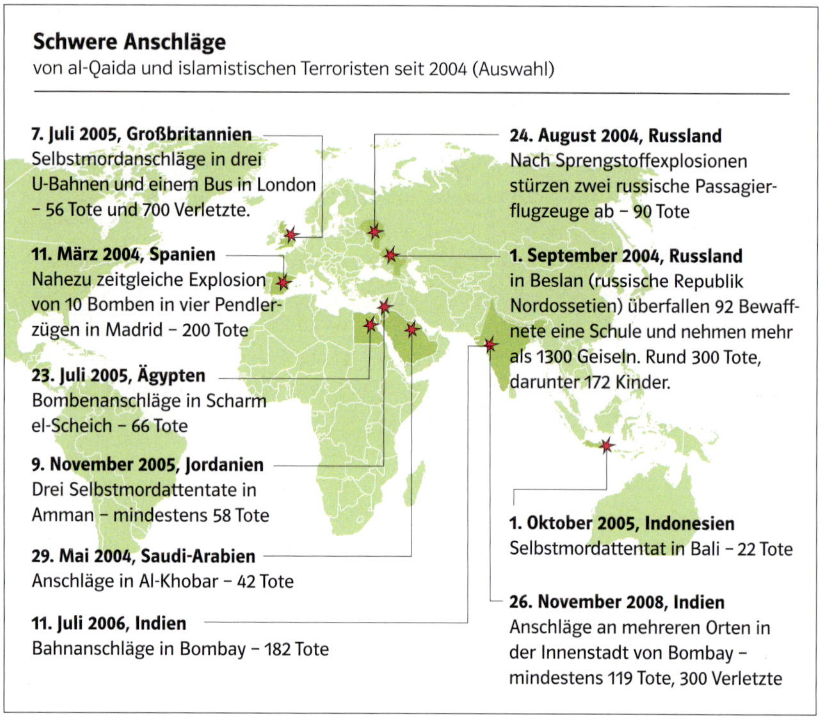

Begriff

Terror (lat. Schrecken) zur Durchsetzung politischer Ziele ist keine Erfindung der Neuzeit. Bewusstes Mittel der Politik und als solches auch so benannt und legitimiert wird der „terreur" aber erst im Verlauf der Französischen Revolution 1793/94 durch Robespierres Jakobinerherrschaft: Terror zur Durchsetzung von „Tugend" und Demokratie, also einer besseren Gesellschaft.

Terrorismus ist in der Gegenwart auch eine Kommunikationsstrategie: Der Sender, also der Terrorist, will den Adressaten – das sind in diesem Falle ihre Gegner (vor allem die Regierung eines Staates oder deren „Handlanger") und ihre Sympathisanten, etwas mitteilen; angesprochen ist zudem die ganze Bevölkerung eines Staates. Diese Botschaft, Hoffnung für die einen, Befürchtung für die anderen, muss übermittelt werden, was den Einsatz vielfältiger Medien bei dieser Form der „Kriegführung" erklärt.

VT

Als unberechenbare ungesetzliche Gewaltanwendung ist Terror bis zur nationalsozialistischen und stalinistischen Diktatur vorwiegend Staatsterror geblieben, mit dem ein totalitärer Machtanspruch gegen jeden Widerstand abgesichert werden sollte.
Gegen etablierte staatliche Herrschaft ist terroristische Gewalt nach dem Zweiten Weltkrieg vor allem Mittel der schwachen, unter europäischer Kolonialherrschaft stehenden Völker in ihrem Unabhängigkeitskampf geworden. Aus Sicht der kolonialen Machthaber war deren Gewalt nur Terror – die derart Geschmähten begriffen sich dagegen als Freiheitskämpfer. Der Kampf um die Deutungshoheit ist geblieben: Niemand will heute „Terrorist" sein; der Begriff ist mit negativen Untertönen versehen. Nichts macht dies deutlicher als die Selbstbezeichnungen heutiger, vom Rat der Europäischen Union als „terroristisch" eingestuften Gruppen wie „Volksfront zur Befreiung Palästinas" (PFLP), „Arbeiterpartei Kurdistans" (PKK) oder „Fundament" (al-Qaida).
Auch religiös motivierter Terror verfolgt primär politische Ziele: Staatliches Recht soll sich religiösen Vorstellungen (z. B. der Scharia) beugen und den Staat zum Gottesstaat machen. Die Opfer stehen dabei in keinem direkten Zusammenhang mit dem Ziel des Anschlags: Es sind gleichermaßen Muslime und Nichtmuslime, Alte und Kinder, Einheimische und Touristen: Menschen, deren einzige Gemeinsamkeit darin besteht, sich zufällig am Ort des Geschehens aufgehalten zu haben.

M2 Was Terroristen wollen

Terrorismus bedeutet einfach, für politische Zwecke planmäßig und gewaltsam gegen Zivilisten vorzugehen. Er zeichnet sich durch sieben entscheidende Merkmale aus.
Erstens: Ein Terrorakt ist politisch motiviert. Wenn nicht, handelt es sich einfach um ein Verbrechen. [...]
Zweitens: Wenn nicht gewaltsam vorgegangen wird und auch keine Gewalt angedroht wird, handelt es sich nicht um Terrorismus. Der Begriff „Cyberterrorismus" ist nicht sinnvoll. [...]
Drittens: Zweck von Terrorismus ist nicht, den Feind zu besiegen, sondern eine Botschaft zu verkünden. [...]
Viertens: Der Terrorakt und die Opfer haben in der Regel symbolische Bedeutung. Bin Laden bezeichnete die Zwillingstürme als „Ikonen" der „militärischen und wirtschaftlichen Macht" Amerikas. [...] Es kommt darauf an, dass die psychologische Wirkung größer ist als der tatsächliche physische Schaden. Terrorismus ist in der Tat eine Waffe der Schwachen. Terrorbewegungen sind ausnahmslos ihren Gegnern an Zahl und Ausrüstung unterlegen, also wenden sie solche Strategien an, um mehr Aufmerksamkeit zu erlangen, als man aufgrund der objektiven Einschätzung ihrer Fähigkeiten zubilligen würde. Fünftens ist – und das ist umstritten – Terrorismus die Vorgehensweise von Gruppen auf substaatlicher Ebene, nicht von Staaten. Das soll nicht heißen, dass Staaten nicht Terrorismus als Instrument ihrer Außenpolitik nutzen. [...]
Das sechste Merkmal des Terrorismus ist, dass die Opfer der Gewalt und das Publikum, das die Terroristen zu erreichen versuchen, nicht identisch sind. Opfer sind Mittel, um das Verhalten eines größeren Publikums zu beeinflussen, in der Regel einer Regierung. Opfer werden entweder per Zufall ausgesucht oder als Repräsentanten irgendeiner größeren Gruppe. [...]
Das letzte und wichtigste Merkmal des Terrorismus ist, dass er sich bewusst gegen Zivilisten richtet. Das unterscheidet ihn von anderen Formen politischer Gewalt, auch von eng verwandten wie dem Guerillakrieg. Terroristen haben Praktiken entwickelt, die normalerweise als Exzesse im Rahmen normaler Kriegführung gelten, indem das Töten von Nichtkämpfenden kein unbeabsichtigter Nebeneffekt ist, sondern strategisch geplant.

Louise Richardson: Was Terroristen wollen, Schriftenreihe Bd. 679, Bundeszentrale für politische Bildung, Bonn 2007, S. 28 – 30

M3 „Den Gegner treffen, wo er schwach ist"

[...] Es mehren sich die Anzeichen dafür, dass die Bedrohung durch terroristische Anschläge das politische (und wirtschaftliche) Geschehen der nächsten Jahrzehnte bestimmen wird. Mehr als die kontinuierlich wachsenden Ungleichgewichte zwischen den reichen und den armen Weltregionen sind dafür die sich noch schneller vertiefenden Ungleichheiten in den militärischen Fähigkeiten zwischen den technologisch fortgeschrittenen Staaten und dem „Rest der Welt" verantwortlich. Terrorismus ist nicht, wie gelegentlich behauptet wird, eine Waffe der Armen, sondern er ist die Kampfweise der Schwachen. Er hat darin den Partisanenkrieg abgelöst, der während des 20. Jahrhunderts lange Zeit diese Funktion innehatte.
Aber die Ablösung des Partisanenkrieges durch den Terrorismus ist mehr als eine operative Innovation auf Seiten derer, die sich keine militärische Hochtechnologie leisten und keine komplexen Militärapparate unterhalten können: Partisanenkrieg ist eine wesentlich defensive, Terrorismus hingegen eine im Kern offensive Strategie. Partisanen nämlich sind auf die nachhaltige Unterstützung durch die Bevölkerung angewiesen, und erhalten sie nur dort, wo sie mit dieser Bevölkerung ethnisch und/oder sozial eng verbunden sind. Che Guevaras Projekt einer offensiven Ausrichtung des Partisanenkrieges ist im bolivianischen Dschungel kläglich gescheitert. [...] Terrorismus dagegen zielt, jedenfalls wenn er eine eigene Strategie und nicht ein untergeordnetes taktisches Element der Revolution oder Separation darstellt, auf die Unterbrechung der Ströme von Waren und Dienstleistungen, Kapital, Menschen und Informationen, die das Lebenselexier moderner Gesellschafen darstellen. [...]
Damit ist aber auch klar, dass es sich bei den jüngeren Formen des Terrorismus um eine Form des Krieges handelt: Politische Akteure wollen auf diese Weise mit den Mitteln der Gewalt

M4 Terror-Lotterie

ihren Willen durchsetzen. Die auf Clausewitz (→ S. 89) zurückgehende Definition des Krieges als Durchsetzung eines politischen Willens mit den Mitteln der Gewalt ist flexibler als die empiristisch ausgerichteten Definitionen des Krieges, die auf die Anzahl der Toten oder die Beteiligung eines Staates abheben, weil sie von bestimmten historischen Konstellationen unabhängig ist. Wer Krieg per definitionem eine bestimmte Art seiner Führung beschränkt, etwa auf staatliche Kontrahenten, die mit professionalisiertem Personal um die Kontrolle von Territorien kämpfen, wird selbstverständlich die jüngsten Formen des Terrorismus nicht als Krieg bezeichnen, sondern bestreiten, das Terrornetzwerke, Milizenführer und Warlords kriegführende Parteien seien.[...]

Hat der herkömmliche Terrorismus die Funktion gehabt, die Kräfte zu sammeln und aufzubauen, die erforderlich waren, um mit hinreichenden Erfolgsaussichten in die entscheidende Auseinandersetzung mit dem staatlichen Repressionsapparat einzutreten, so verwenden die jüngeren Formen des Terrorismus auf Armee und Polizei keine sonderliche Aufmerksamkeit, sondern suchen die Auseinandersetzung dort, wo der angegriffene Gegner schwach bzw. relativ leicht zu verletzen ist. Das ist gerade nicht der militärische Apparat, sondern es sind die komplizierten wirtschaftlichen Strukturen, und innerhalb deren ist es vor allem die labile psychische Verfassung der Menschen in modernen Gesellschaften. Demgemäß hat das Terrornetzwerk al-Qaida bis zum Beginn der Irakkrieges bei seinen Anschlägen um das US-Militär einen Bogen gemacht und stattdessen direkt die psychische Infrastruktur der westlichen Gesellschaften, insbesondere der USA, angegriffen. Strategisches Ziel ist die Unterbrechung oder zumindest Umlenkung der Kapital- und Informationsströme sowie des Personenverkehrs in urbanen Ballungszentren und der Touristenbewegungen, die wesentliche Bestandteile moderner Gesellschaften bilden. Der professionelle

Die Bilder der einstürzenden Türme des World Trade Center haben sich ins Gedächtnis der Menschheit

Militärapparat, in den die modernen Gesellschaften zu ihrer Sicherheit erheblich investiert haben, wird schlichtweg umgangen, und der Angriff zielt direkt auf die leicht verletzbaren Stellen dieser Gesellschaften.

Das lässt sich an einem Beispiel erläutern: Wenn nach dem mit einem Gastankwagen verübten Bombenanschlag unweit der Synagoge auf der tunesischen Ferieninsel Djerba, bei dem 19 Menschen getötet wurden, die aus Westeuropa kommenden Touristenströme versiegt wären, wenn infolgedessen die tunesische Tourismusbranche kollabiert und es zu einer schweren Wirtschaftskrise des hochgradig vom Tourismus abgängigen Landes gekommen wäre, dann wäre auch der Sturz des politischen Regimes in den Bereich des Möglichen geraten. Wäre dies eingetreten, hätte der Westen nicht nur einen wichtigen Bündnispartner verloren, sondern es hätte sich auch das Machtgefüge in der gesamten Maghrebregion verändert. Oder ein anderes Beispiel: Die im Gefolge des 11. September eingeführten Sicherheitsvorkehrungen auf Flughäfen haben auf bestimmten Routen zu einer Verlangsamung der Passagierbewegungen geführt, was neben den unmittelbaren Kosten für die Sicherheitsaufwendungen infolge des erhöhten Zeitaufwands zu einer erheblichen Kostenbelastung der westlichen Wirtschaften geführt hat. Da in kapitalistischen Ökonomien Zeit Geld ist, setzen die Terroristen hier den Hebel an. Und dieser Hebel greift offenbar auch unabhängig von tatsächlichen Anschlägen durch immer wieder erfolgende Warnungen sowie die permanenten präventiven Sicherheitsmaßnahmen. Ein weiteres Beispiel sind die Angriffe auf die Nahverkehrssysteme der urbanen Ballungszentren: Wenn es den Terrorgruppen durch die Sequenzialisierung von Bombenanschlägen, wie 2005 in London versucht, gelingt, die tagtäglichen Pendlerströme zu unterbrechen, sei es durch die Zerstörung von U-Bahnschächten, sei es durch die Reaktion der Bevölkerung, die nach mehreren Anschlagserien öffentliche Verkehrsmittel meidet, würde dies zwangsläufig zum Zusammenbruch des wirtschaftlichen Lebens in der betreffenden Metropole führen – mit, jedenfalls im Falle Londons, weltweiten

eingegraben. Sie sprechen eine eindeutige Sprache: „Seht, wozu wir fähig sind."

Auswirkungen. Die Strategie des Terrorismus ist also, wenn sie voll zum Tragen kommt, eine überaus ernst zu nehmende Herausforderung der auf diese Weise angegriffenen Gesellschaften. [...]

Herfried Münkler: Der Wandel des Krieges. Von der Symmetrie zur Asymmetrie, Weilerswirt 2006, S. 221 f., S. 226 f.

M5 Nine Eleven als globales Fernsehereignis

Der 11. September war die Stunde des Fernsehens. Erstmals in der Geschichte erlebten die Zuschauer an den Bildschirmen den Beginn eines Krieges global und zumindest partiell in Echtzeit. [...] Die Angreifer hatten hierfür ein perfektes Timing gewählt und sich des Überraschungseffekts bedient. Zur besten Sendezeit des amerikanischen Frühstücksfernsehens und bei optimaler Sicht hatten sie zwei entführte Boeing-Maschinen in die Twin Towers des World Trade Centers gelenkt. [...] Eher zufällig war dieser erste Anschlag von einer Kamera aus Bodenperspektive aufgezeichnet worden. Wenige Minuten später unterbrachen die US-amerikanischen Networks ihre Sendungen und zeigten dem überraschten Publikum Live-Bilder des brennenden Wolkenkratzers, die von CNN fast zeitgleich um die ganze Welt übertragen wurden. Um 15:03 Uhr meldete die ARD-Tagesschau, dass eine „zweimotorige Kleinmaschine" in einen der beiden Türme des World Trade Center „gestürzt" sei. Noch während der Sprecher seinen Text verlas, wurden die Fernsehzuschauer Zeuge, wie ein zweites Flugzeug – die Boeing 767 der United Airlines – in den Südturm raste [...]. Den Einsturz des zweiten Turmes um 16:28 erlebten die Fernsehzuschauer schließlich gemeinsam auf allen Kanälen. Über das Internet konnte man schon wenige Stunden nach der Katastrophe die ersten bewegten Bilder vom Anschlag auf den häuslichen PC laden und privat verfügbar machen. [...]
Ohne diese mediale Aufladung des Ereignisses wäre der Anschlag des 11. September ein Attentat oder ein Luftschlag unter vielen geblieben – und gemessen an anderen kriegerischen Akten in der Geschichte – nicht einmal ein besonders schwerwiegender. [...] Mit der Bedeutungsaufladung durch die Wahl spezieller Darstellungsformate einher ging eine sprachliche und visuelle Dramatisierung des Geschehens. Mit Aufmerksamkeit erheischenden Etikettierungen wie „Riesen-Katastrophe" (ARD, 15:11) oder „Terrorkrieg gegen Amerika" (RTL ab 16:30) wurden die Angriffe sprachlich aus der Flut der Katastrophenmeldungen herausgehoben. [...] Das eingeführte Deutungsmuster Krieg wiederum gab die weitere Eskalationsautomatik der Gewalt vor. Das Bild der kriegerischen Attacke suggerierte die Notwendigkeit von militärischen Gegenmaßnahmen. [...]

Gerhard Paul: Bilder des Krieges – Krieg der Bilder. Die Visualisierung des modernen Krieges, Paderborn 2004, S. 436 f., S. 439 f.

Arbeitsvorschläge

1. Erläutern Sie den Begriff Terrorismus, indem Sie ihn von anderen Formen der Gewalt abgrenzen, und finden Sie anschließend zu einer knappen Definition des Begriffs (M 2).

2. Warum wollen Terroristen nicht als Terroristen bezeichnet werden (VT)?

3. Arbeiten Sie aus M 5 die Rationalität des Terrors heraus, den Münkler (in M 3) als die „Kampfweise der Schwachen" bezeichnet hat.

4. Ob sich Terrorismus als Form des Krieges bezeichnen lässt, ist umstritten. Wie begründet Münkler in M 3 seine Position?

5. Beurteilen Sie, ob die Karikatur M 4 durch M 1 bestätigt oder widerlegt wird.

Zwischen Freiheit und Sicherheit
Wie stellt sich der Rechtsstaat den Herausforderungen?

Miniglossar

Pentagon
eigentlich Fünfeck; hier: Verteidigungsministerium der USA; das Gebäude hat einen fünfeckigen Grundriss

M1 Welche Gefahr droht?

M2 Im Vorfeld des Bösen

[...] Die Pflicht des Staates nach dem Grundgesetz, die Würde des Menschen „zu achten und zu schützen", gilt uneingeschränkt und uneinschränkbar, jeder Abwägung und jedem Sicherheitskalkül entzogen – im Frieden. Solange Frieden ist, hat das Verfassungsgericht das Abschießen von Passagierflugzeugen als Verstoß gegen die Menschenwürde auch im Extremfall untersagt.

Begriff

Die **Folter** ist international geächtet. Die Vereinten Nationen haben 1984 eine **Antifolterkonvention** beschlossen. Sie ist völkerrechtlich verbindlich und ergänzt die Allgemeine Erklärung der Menschenrechte und die Genfer Konventionen. Artikel 1 der Konvention lautet:
Im Sinne dieses Übereinkommens bezeichnet der Ausdruck „Folter" jede Handlung, durch die einer Person vorsätzlich große körperliche oder seelische Schmerzen oder Leiden zugefügt werden, zum Beispiel um von ihr oder einem Dritten eine Aussage oder ein Geständnis zu erlangen, um sie für eine tatsächlich oder mutmaßlich von ihr oder einem Dritten begangene Tat zu bestrafen oder um sie oder einen Dritten einzuschüchtern oder zu nötigen, oder aus einem anderen, auf irgendeiner Art von Diskriminierung beruhenden Grund, wenn diese Schmerzen oder Leiden von einem Angehörigen des öffentlichen Dienstes oder einer anderen in amtlicher Eigenschaft handelnden Person, auf deren Veranlassung oder mit deren ausdrücklichem oder stillschweigendem Einverständnis verursacht werden.

VT

Die USA haben nach dem 11. September die traumatische Erfahrung eigener Verwundbarkeit machen müssen, hat doch ihre waffentechnische Überlegenheit nicht verhindern können, dass gekaperte zivile Flugzeuge wie Raketen auf die Symbole ihrer wirtschaftlichen (World Trade Center) und militärischen Stärke (Pentagon) gelenkt worden sind. Seitdem muss die Welt mit der Angst vor weiteren Anschlägen rechnen. Madrid (2004), London (2005), Mumbai (2008) sind nur drei Beispiele einer langen Blutspur des Terrors, die deutlich machen, wie begründet diese Angst ist. Wie aber soll der Staat auf die Provokation des Terrorismus reagieren? Da sich Terroristen politischen Lösungen verweigern, scheiden Verhandlungen zur Konfliktlösung meist aus:
Mit gleicher Münze zurückschlagen, würde die Eskalation der Gewalt nur anfachen und damit den Terroristen zu einem späten Sieg und neuem Zulauf verhelfen. Freiheitsrechte des Einzelnen beschneiden, um die polizeilichen Ermittlungen präventiv ausweiten zu können, heißt aber den Rechtsstaat beschneiden.
Zwingt uns der Terrorismus zur Entscheidung zwischen Freiheit und Sicherheit?

Aber wenn Krieg ist, Krieg gegen Terroristen? Für den Fall hat sich das Gericht nicht festgelegt. Dann könne etwas anderes gelten, hat Karlsruhe – man möchte meinen: leichtfertig – gesagt. [...]
Eine bemerkenswerte Unsicherheit bei Verfassungsrechtlern und Politikern herrscht über diese Frage. Mit dem strengen Menschenwürdeverständnis des Verfassungsgerichts, heißt es im Gericht, könne man jedenfalls keinen Krieg gewinnen. Dürfte angesichts des strikten Menschenwürde-Satzes ein Soldat überhaupt töten? Die Furcht vor dem Terror hat den Staat und seine schärfsten Denker aus der Fassung gebracht. Das Nachdenken über den Krieg verunsichert gestandene Verfassungsrechtler. [...]
Spätestens seit der Frankfurter Polizeivize dem Kindermörder Magnus Gäfgen Folter androhen ließ, um ihn zu zwingen, das Versteck seines möglicherweise noch lebenden Opfers zu verraten, ist die deutsche Öffentlichkeit und die deutsche Justiz gespalten: Ist Folter, die klassische Menschenwürdeverletzung, zu rechtfertigen, um anderes schweres Unheil zu verhindern?

Thomas Darnstädt: Im Vorfeld des Bösen, Der Spiegel 28, 2007, S. 18–30

M3 Ketzer, Hexen, Terroristen

Der Guerillero besetzt das Land, der Terrorist besetzt das Denken. Der Terrorist okkupiert die Schaltzentralen der Legislative und der Exekutive, er verseucht den Geist der Gesetze und verdirbt das Vertrauen in den Rechtsstaat. Die islamistischen Terroristen haben mit ihren Attentaten die Parlamente der demokratischen Staaten dazu getrieben, Grundrechte einzuschränken, sie haben deren Sicherheitsorgane dazu verleitet, jenseits der Legalität zu operieren; sie haben die Rechtsstaaten dazu gebracht, ihre Prinzipien infrage zu stellen. Überall in den Ländern der westlichen Welt, in Washington, London, Paris und Berlin, werden vergiftete Paragrafen und Gesetzesartikel produziert, werden rechtsstaatliche Grundsätze geopfert, wird die Privatsphäre der Bürger missachtet. Die Terroristen sind zwar nicht, wie nach dem 11. September 2001 befürchtet, in Atomkraftwerke und Wasserversorgungsanlagen eingedrungen, nicht dort haben sie Unheil angerichtet. Sie haben es auf andere, subtil-gefährliche Weise getan. Sie nehmen beherrschenden Einfluss auf die Apparate und Brain-Trusts, in denen das Recht produziert wird, sie verändern die Sicherheitsarchitektur grundlegend, sie verkürzen die Freiheitsrechte, sie entwerten das klassische Strafrecht. Die Angst vor dem Terrorismus hat die westlichen Staaten zu Reaktionen getrieben, vor denen man Angst haben muss.
In ihrer Not reagieren die Rechtsstaaten auf den realen Terrorismus so, wie die Staaten des Mittelalters und der frühen Neuzeit auf die irreale Hexerei reagiert haben. Die Hexe oder der Hexenmeister, so war seinerzeit die Vorstellung, hatten nur den Willen, die Schöpfung und die Gesellschaft zu schädigen, und zu diesem Zweck hätten die Hexenleute einen Pakt mit dem Teufel geschlossen. Sie waren also strafwürdig, auch wenn sie noch keinen Schaden angerichtet hatten. Man konnte ja nicht bis zur Ausführung ihrer vernichtenden Pläne warten, sondern musste sie als gefährliche Subjekte möglichst früh unschädlich machen – zur Sicherheit der Gesellschaft und zur Abwehr von Gefahren.
Der Bielefelder Rechtshistoriker Wolfgang Schild weist auf Parallelen zwischen den Hexen und den heutigen Terroristen hin. Das gilt natürlich nicht für die Wirklichkeit der Gefahr, sehr wohl aber für die Reaktion von Staat und Gesellschaft. Im Ketzer- wie im Hexereiverfahren wurden Sondervorschriften eingeführt: Geringere Verdachtsgründe als sonst reichten zur Folterung aus, übel beleumundete Personen waren als Zeugen zugelassen, den Gerichten waren auch Denunzianten recht, und die Verteidigungsmöglichkeiten waren beschränkter als sonst [...].
Unter der Herrschaft des Terrorismus verändert sich das aufgeklärte Strafrecht in fundamentaler Weise. Um Terroristen auf die Spur zu kommen (die ja, wie einst die Ketzer, unauffällig als „Schläfer" unter der Bevölkerung leben), wird die Gesamtbevölkerung subtil ausgeforscht [...].

Heribert Prantl: Ketzer, Hexen, Terroristen. In: Cicero, 5/08, S. 12

Arbeitsvorschläge

1. Interpretieren Sie die Karikatur M1.

2. Art. 1 des Grundgesetzes verpflichtet den Staat zum Schutz der Menschenwürde. Diskutieren Sie, ob Verletzungen der Menschenwürde zur Bannung terroristischer Gefahren und Rettung Unschuldiger hingenommen werden sollten. Beziehen Sie dabei die in M2 erwähnten Fälle mit ein.

G **3.** In M3 wird die moderne Terrorismusbekämpfung mit der Bekämpfung der Hexerei vergangener Zeiten verglichen. Zeichnen Sie die Argumentation nach und überprüfen Sie die Stichhaltigkeit dieses Vergleichs.

Weiterführender Arbeitsauftrag:
4. Im Urteil zum Luftsicherheitsgesetz um die Rechtmäßigkeit des Abschusses eines durch Terroristen entführten Passagierflugzeugs hat das Bundesverfassungsgericht festgelegt, wie die Würde des Menschen zu interpretieren sei. Recherchieren Sie im Internet das Urteil und werten Sie es im Hinblick auf diese Interpretation aus und definieren Sie Menschenwürde im Sinne des Gerichts.

Globaler Friedensstifter
Werden die Vereinten Nationen ihrem Auftrag gerecht?

Miniglossar

ad hoc
hierzu, für diesen Augenblick gemacht

Charta der UNO
→ S. 19

Muddling through
Durchwursteln

Quorum
beschlussfähige Anzahl

M1 Entscheidungsgremium

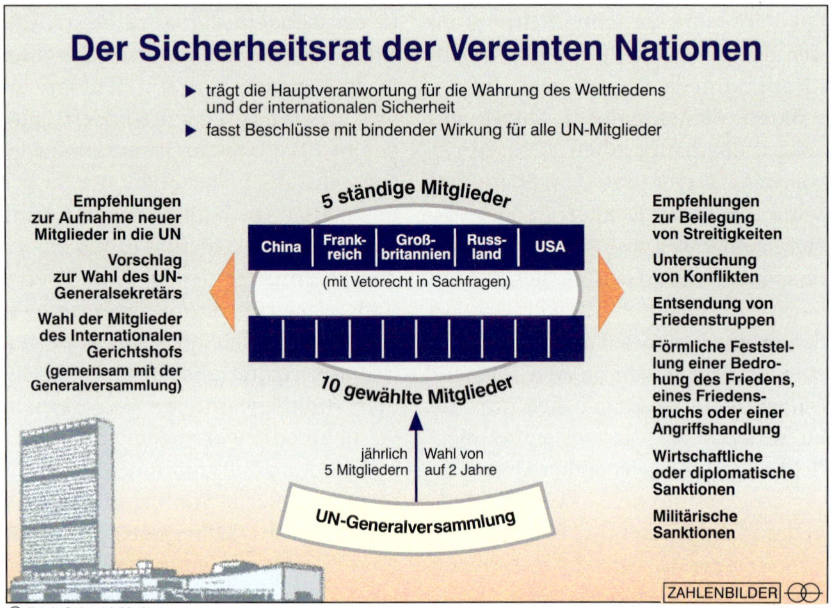

© Erich Schmidt Verlag 615 124

Begriff

Koalition der Willigen (engl. Coalition of the willing); die USA haben den Krieg gegen den Irak mit einer derartigen Koalition geführt.

Soldaten, die mit einem Mandat der Vereinten Nationen und mit Zustimmung der Konfliktparteien Gewalt unterbinden und eine friedliche Streitbeilegung fördern sollen, heißen **Blauhelme**. Die namengebenden blauen Helme dienen ihrer Kenntlichmachung als Friedenstruppen.

Der **Sicherheitsrat** ist das wichtigste Entscheidungsgremium der Vereinten Nationen, bestehend aus fünf ständigen Mitgliedern (VR China, Frankreich, Großbritannien, Russland, USA) mit Vetorecht und 10 weiteren für je zwei Jahre von der Vollversammlung gewählten Mitgliedern.

VT

Sind die Vereinten Nationen noch geeignet, ihrem selbst gesetzten Ziel gerecht zu werden, den Weltfrieden und die internationale Sicherheit zu wahren? Auch wenn mittlerweile 192 Staaten Mitglied der Vereinten Nationen sind und diese damit die einzige weltweit agierende Organisation darstellt, so verdeckt deren Größe doch eher ihre Machtlosigkeit.
Die Generalversammlung, in der alle Mitglieder mit Sitz und Stimme vertreten sind, kann nur rechtlich unverbindliche Empfehlungen aussprechen, und selbst der Sicherheitsrat, bei dem die Hauptverantwortung für Frieden und Sicherheit liegt, kann – sofern er nicht durch das Veto eines ständigen Mitglieds sich selbst blockiert – Zwangsmittel nur dann einsetzen, wenn bereitwillige Mitglieder diese zur Verfügung stellen: Die UNO verfügt über keine Truppen und ist ohne die Unterstützung durch ihre Mitglieder machtlos.
Auch die unter UN-Kommando stehenden und das Bild der UNO als Friedenstruppe prägenden „Blauhelmsoldaten" werden von den Mitgliedsländern bereitgestellt: Ihr Einsatz dient nicht der Abwehr einer Aggression; er soll vielmehr den Konfliktparteien helfen, ihren Streit friedlich beizulegen. Es handelt sich demgemäß um keine Kampftruppen, sondern eher Polizeiverbände, die nur zum Selbstschutz leicht bewaffnet sind. Um ihre Vermittlerrolle nicht zu gefährden, dürfen sie nicht in die Kämpfe eingreifen, weshalb ihr Einsatz auch an die Zustimmung der Konfliktparteien gebunden ist.
Sind die Vereinten Nationen damit den Herausforderungen des 21. Jahrhunderts gewachsen oder sind weiter reichende Reformen nötig, ihnen zu begegnen?

M2 Ausnahmen vom Allgemeinen Gewaltverbot

Obwohl das erklärte Ziel der Vereinten Nationen eindeutig in der Verdrängung von Krieg und Gewalt aus den internationalen Beziehungen liegt, schließt ihre Charta Gewaltanwendung nicht absolut aus. Sie stellt vielmehr in Rechnung, dass es Staaten gibt, die in der Verfolgung ihrer Interessen und Absichten militärische und andere gewaltsame Maßnahmen ergreifen können, zu deren Abwehr wiederum Gewaltanwendung notwendig werden kann. Dem grundsätzlichen Gewaltverbot müssen daher Formen zulässiger Gewaltanwendung gegenübergestellt werden, durch die die Verbotsnorm nicht relativiert, sondern sie in ihrem Charakter bestärkt wird. Die in der Charta verankerten Ausnahmen vom Allgemeinen Gewaltverbot sollen diesen Zweck erfüllen. Sie richten sich ausschließlich auf die Abwehr unzulässiger Gewalt und bedeuten daher keineswegs die verdeckte Wiedereinführung eines ius ad bellum. Dies wird vor allem dadurch zum Ausdruck gebracht, dass diese Ausnahmen nicht uneingeschränkt, sondern nur unter einer Reihe von ebenfalls in der Charta geltenden Auflagen gelten. Die Ausnahmen vom Allgemeinen Gewaltverbot nach der Charta der Vereinten Nationen sind:

- kollektive Maßnahmen gegen einen Friedensstörer auf der Grundlage des Kapitels VII,
- das Selbstverteidigungsrecht gegen einen bewaffneten Angriff [...]

Zunächst muss der Sicherheitsrat feststellen, ob eine Bedrohung oder ein Bruch des Friedens bzw. eine Angriffshandlung vorliegt. [...] Erst wenn die in Art. 41 vorgesehenen nichtmilitärischen Sanktionen zu keiner Veränderung des friedensstörenden Verhaltens des betreffenden Staates führen, kann der Sicherheitsrat nach Art. 42 militärische Zwangsmaßnahmen anordnen, die dann unter seiner Führung oder aber aufgrund von Ermächtigungen durch einzelne Mitgliedsstaaten oder deren geeignete zwischenstaatliche Einrichtungen (Art. 48) durchgeführt werden können. Für derartige Entscheidungen ist im Sicherheitsrat das für inhaltliche Fragen vorgesehene Quorum von neun Stimmen bei Einstimmigkeit der fünf ständigen Mitglieder erforderlich. [...]

Die Unterstützung von terroristischen Aktivitäten durch Staaten wurde ebenso wie innerstaatliche Vorgänge vom Bürgerkrieg über Vertreibungen und andere großflächige Menschenrechtsverletzungen bis hin zum Zusammenbruch der staatlichen

M3 Übersicht über UN-Friedensmissionen

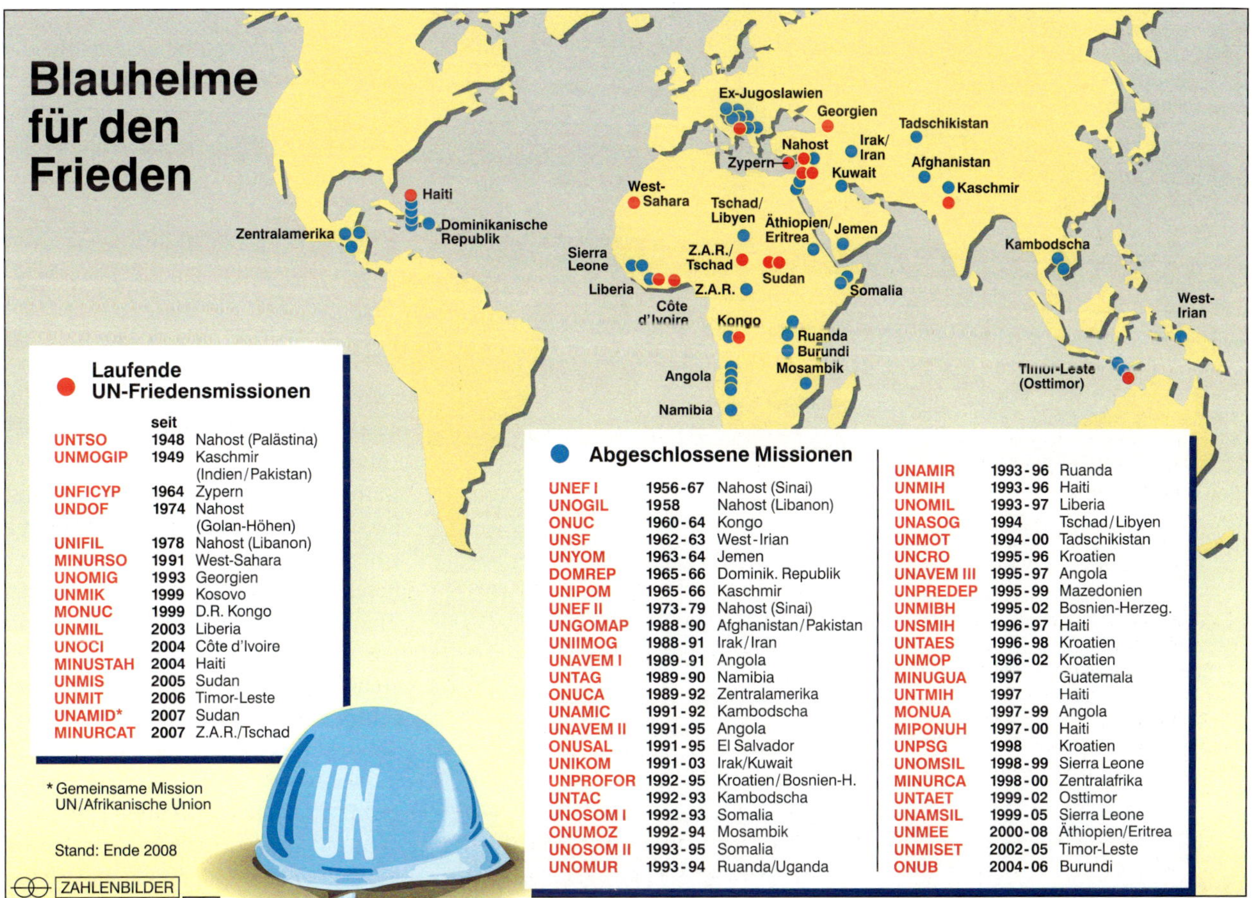

615 510 © Erich Schmidt Verlag

Ordnung und der damit einhergehenden zügellosen Gewaltanwendung durch Banden und Milizen als Friedensbedrohung angesehen, die die Verhängung kollektiver Zwangsmaßnahmen rechtfertigen. Grundsätzlich können alle Maßnahmen eines Staates, die möglicherweise bewaffnete Gegenreaktionen hervorrufen, als Friedensbedrohung aufgefasst werden, also auch solche, mit denen wie beispielsweise beim Aufstauen eines Flusses in seinem Oberlauf keine unmittelbare militärische oder andere physische Gewalt verbunden ist. [...]

Art. 51 spricht einem angegriffenen Staat das Recht nicht nur zur individuellen, sondern auch zur kollektiven Selbstverteidigung zu. Dies bedeutet, dass auch Staaten, die nicht selbst angegriffen wurden, einem angegriffenen Staat unter Einsatz militärischer Mittel zu Hilfe eilen können, ohne dass dies einen Verstoß gegen das Allgemeine Gewaltverbot darstellt.

Sven Gareis/Johannes Varwick: Die Vereinten Nationen. Aufgaben, Instrumente und Reformen, Opladen 2003, Schriftenreihe Bd. 403 der Bundeszentrale für politische Bildung, Bonn 2003, S. 87–92

M4 Neue Mitglieder für den Sicherheitsrat?

M5 Reformdiskussion

Vor dem Hintergrund zahlreicher grundlegender Differenzen über die künftige Gestalt und Funktion der Vereinten Nationen verwundert es nicht, dass die Vorstellungen von einer umfassenden Reform überaus vage geblieben sind. Dabei besteht über deren Notwendigkeit eigentlich kein Dissens. Nach inzwischen rund sechs Jahrzehnten bedürfen sowohl die Charta als auch die Organisation selbst einer gründlichen Überholung:

[...]

- die Zusammensetzung des Sicherheitsrats widerspiegelt bezüglich seiner Ständigen Mitglieder die Situation am Ende des Zweiten Weltkriegs, bezüglich der Zahl der Nichtständigen Mitglieder die Struktur der Vereinten Nationen zu Beginn der 1960er-Jahre;
- das Vetorecht wird zunehmend als diskriminierend und auch von seiner Funktion her nicht mehr als gerechtfertigt empfunden; [...]

Im Vergleich zur Diskussion um die Modernisierung des Sicherheitsrats stehen Überlegungen zur Aufwertung der Generalversammlung eher am Rande des Mainstreams der Reformdebatte. So ist die Generalversammlung zwar das zentrale Hauptorgan der Vereinten Nationen, hat aber de facto keine zentrale Rolle inne. Artikel 14 ermöglicht es ihr zwar, Maßnahmen zur friedlichen Beilegung jeder Situation zu empfehlen, wenn diese Situation nach ihrer Auffassung geeignet ist, das friedliche Zusammenleben der Nationen zu beeinträchtigen, in der Praxis werden aber alle Friedenssicherungsaktivitäten vom Sicherheitsrat beschlossen. [...]

Einen fundamentalen Einschnitt in die etablierte Völkerrechtsordnung stellte der Krieg gegen den Irak im Frühjahr 2003 dar. Die USA begründeten ihren ohne VN-Mandat geführten Krieg mit der Notwendigkeit, das Land von einem grausamen Unterdrückungsregime zu befreien und der irakischen Führung den Zugang zu Massenvernichtungswaffen zu entziehen bzw. zu verweigern. Es wurde also ein gewaltsamer Regimewechsel angestrebt und auch erreicht, der völkerrechtlich unzulässig ist. Damit sei wieder einmal deutlich geworden, so etwa der amerikanische Völkerrechtler Michael Glennon (2003), dass sich Staaten – und zwar nicht nur die USA – bei der Anwendung militärischer Gewalt nicht in erster Linie fragen, ob diese rechtmäßig sei oder nicht, sondern schlicht als Maßstab ihre nationalen Interessen zugrunde legen. Die völkerrechtlichen Regelungen zur Einhegung des Krieges, wie sie in der Charta der Vereinten Nationen festgeschrieben sind, seien gescheitert und es sei an der Zeit, das Völkerrecht zu reformieren und den neuen Gegebenheiten anzupassen.

Gareis/Varwick: a.a.O., S. 291, S. 303, S. 314

M6 Vereinte Nationen: drei Zukunftsszenarien

Das erste Szenario („Titanic“) geht von einer substanziellen Gefährdung bis hin zu einem mittel- bis längerfristigen Untergang der Vereinten Nationen (VN) aus. Wichtige Staaten würden sich nicht mehr im VN-Rahmen engagieren, sondern andere Problemlösungsforen bevorzugen, sei es auf Ad-hoc-Basis, wechselnden „coalitions of the willing“ oder im Rahmen anderer Organisationen bzw. internationaler Regime. Andere Staaten würden diesem Beispiel folgen und es würde ein schleichender Zerfall der VN eingeleitet, ohne dass es zwangsläufig zu einem formalen Auflösungsbeschluss kommen müsste. [...]

Im Bereich des Menschenrechtsschutzes blieben zwar die verschiedenen Pakte und Konventionen bestehen, es stünde aber kein globales Forum mehr zur Verfügung, in dem debattiert und kontrolliert werden kann.

Das zweite Szenario („Weltregierung“) nimmt an, dass sich die VN längerfristig als eine Art Weltregierung etablieren könnten. Als zentraler Akteur einer subsidiären und föderalen Weltrepublik müssten die VN Koordinations- und Sanktionsbefugnisse erhalten, die je nach Falltyp durch zivile, polizeiliche oder militärische Maßnahmen auszuüben wären. Die Organisation wäre zunächst zentrale Koordinierungsstelle im „Global-Governance-Prozess“ und würde dann sukzessive ihre Kompetenzen zu Lasten der Mitgliedstaaten ausweiten. Vorstellbar sind u.a. das Recht zur Erhebung von Steuern und die Entwicklung und Durchsetzung einer weltweiten Rechts- und Friedensordnung sowie die Entwicklung eines „Weltbürgerrechts“.

Im Bereich des Menschenrechtsschutzes würden die zahlreichen Abkommen und Konventionen nicht nur kodifiziert, sondern auch mit einem wirksamen Durchsetzungsmechanismus versehen. Im Bereich der Friedensicherung würde dies die Ausübung des Gewaltmonopols sowie die Entstehung eines funktionsfähigen kollektiven Sicherheitssystems implizieren. [...]

Das dritte Szenario („Muddling Through“) geht davon aus, dass die VN im Großen und Ganzen das bleiben, was sie bisher sind: eine unvollkommene, reformbedürftige, aber doch in vielen Bereichen eminent wichtige internationale Organisation. [...]

Im Bereich der Friedenssicherung werden die VN in manchen Fällen übergangen, in anderen aber einbezogen. Wenn sie ihre Handlungsfähigkeit beweisen und es die Interessen der Mitgliedstaaten zulassen, können sie eine wichtige Rolle spielen, ist dies nicht der Fall, werden sie vollständig an den Rand gedrängt. Von einem Gewaltmonopol kann in der politischen Praxis nicht die Rede sein, allenfalls könnte sich der moderate und von Rückschlägen betroffene Trend zum „Gewaltlegitimierungsmonopol“ verstärken.

Im Bereich des Menschenrechtsschutzes müsste weiterhin hingenommen werden, dass eine Lücke zwischen Kodifizierung und Durchsetzung der Normen besteht und dass sich die Mitgliedstaaten nur in Einzelfällen zwingen lassen, Normen gegen ihren Willen zu beachten. [...]

Gareis/Varwick: a.a.O., S. 336–338

Arbeitsvorschläge

1. Erläutern Sie, inwiefern zwischen Art. 2, Satz 1 der Charta (M2, S. 19) und der Zusammensetzung des Sicherheitsrats (M1) ein Widerspruch besteht.

2.1 Ermitteln Sie, welche Ausnahmen vom Allgemeinen Gewaltverbot des Art. 2 der Charta die Vereinten Nationen selbst zulassen.

2.2 Werten Sie M3 aus und ermitteln Sie aktuelle Blauhelmeinsätze der UNO.

G **2.3** Gibt es gerechte oder gerechtfertigte Kriege? Diskutieren Sie anhand von M2 über Sinn und Notwendigkeit völkerrechtlich legitimer Gewalt.

3.1 Untersuchen Sie anhand von M5, inwiefern die hier angesprochene Kritik an den Vereinten Nationen gerechtfertigt ist.

3.2 Diskutieren Sie davon ausgehend und unter Einbeziehung der Karikatur M4 Reformvorschläge, die geeignet erscheinen, dieser Kritik entgegenzuwirken und die Organisation der veränderten Welt des 21. Jahrhunderts anzupassen.

4. Erörtern Sie, welches Szenario (M6) die höchste Eintrittswahrscheinlichkeit hat.

Das nordatlantische Bündnis

Welche Aufgaben erfüllt die NATO heute?

Miniglossar

Doktrin
Lehrmeinung

konventionelle Waffen
Sammelbegriff für alle nicht atomaren, biologischen oder chemischen Waffen

massive Vergeltung
1954 bis 1967 NATO-Strategie der Abschreckung, nach der auch auf einen mit konventionellen Waffen geführten Angriff sofort mit Atomwaffen reagiert werden sollte

NATO
engl.: North Atlantic Treaty Organization

Proliferation
hier: Weitergabe von Atomwaffen

M1 Osterweiterung der NATO

Begriff

Während des Kalten Krieges versuchten die Großmächte USA und UdSSR (Sowjetunion) trotz unterschiedlicher Gesellschafts- und Wirtschaftssysteme (Kapitalismus und Sozialismus) friedlich nebeneinander zu bestehen. Diesen Zustand bezeichnete man als **Koexistenz**.

1955 wurde im Rahmen des Kalten Krieges und als Gegengewicht zur NATO der **Warschauer Pakt** gegründet. Es war der militärische Beistandspakt des Ostblocks unter Führung der Sowjetunion. 1991 mit dem Zusammenbruch des Ostblocks wurde er aufgelöst.

Mit **Strategischen Konzepten** reagiert die NATO auf die veränderten sicherheitspolitischen Herausforderungen und konkretisiert die Politik, mit der diesen Herausforderungen begegnet werden soll.

VT

Mit dem Ende des Zweiten Weltkrieges begann der Kalte Krieg: Die kommunistischen, von der Sowjetunion dominierten Staaten des Ostens standen den westlichen Demokratien feindselig und vor allem waffenstarrend gegenüber. Mit dem 1949 gegründeten Verteidigungsbündnis NATO reagierte der Westen auf diese als bedrohlich empfundene Situation. Die sowjetische Überlegenheit bei konventionellen Waffen wollte die NATO durch eine Strategie der massiven Vergeltung unter Einsatz der überlegenen atomaren Bewaffnung der USA ausgleichen.
Die atomare Aufrüstung auf beiden Seiten führte 1967 zu einer Revision dieser immer unglaubwürdiger werdenden Doktrin. Der Einsatz atomarer Waffen sollte erst auf einer späteren Stufe der Eskalation des Konflikts erfolgen, in einer angemessenen, „flexiblen" Reaktion.
Es setzte sich die Erkenntnis durch, dass Verhandlungen dem Erhalt des Weltfriedens dienlicher sind als Drohungen. Sicherheit sollte nicht nur auf militärischer Stärke beruhen, sondern auch auf einer Politik der Entspannung („Zwei-Säulen-Theorie"). Vertragliche Abrüstung und Rüstungskontrolle sollten zudem die ausufernden Rüstungsausgaben begrenzen.
Der Zusammenbruch des Ostblocks hat zu Beginn der 1990er-Jahre zu einem welthistorischen Wandel geführt. Die Hoffnung auf eine nun friedfertigere Welt ist allerdings nicht erfüllt worden; die Zahl der Konflikte hat weltweit sogar zugenommen. Die NATO hat sich nicht aufgelöst, sondern Sicherheit neu definiert und auf neue Herausforderungen 1999 mit einem veränderten strategischen Konzept reagiert.

M2 Vom Nordatlantik bis zum Schwarzen Meer

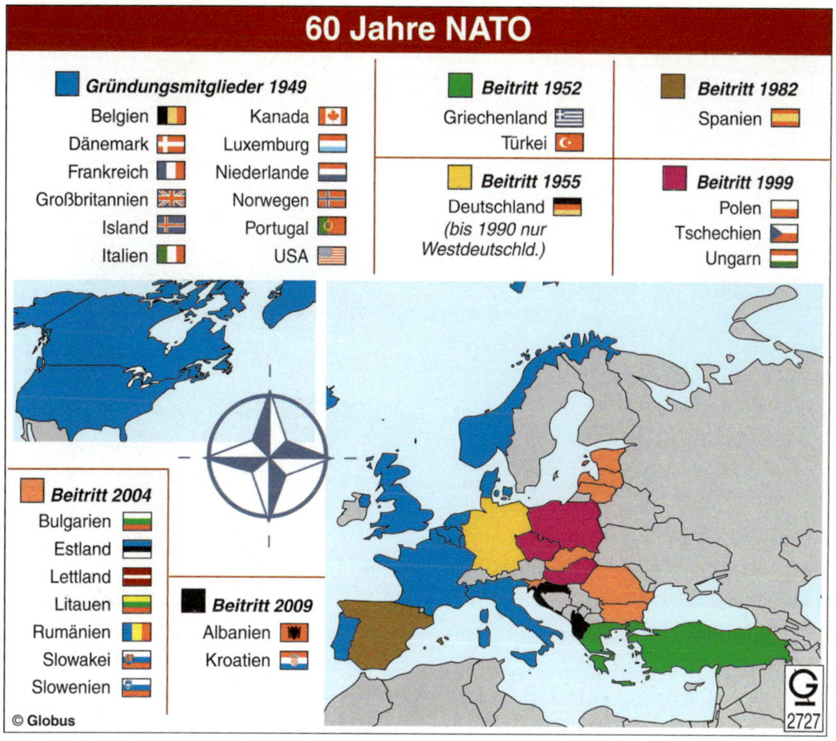

M3 Strategisches Konzept

Das Bündnis wird bei der Erfüllung seines Ziels und seiner grundlegenden Sicherheitsaufgaben auch weiterhin die legitimen Sicherheitsinteressen anderer Staaten achten und die friedliche Beilegung von Streitigkeiten in Übereinstimmung mit der Charta der Vereinten Nationen anstreben. [...] Die Sicherheit des Bündnisses muss jedoch auch den globalen Kontext berücksichtigen. Sicherheitsinteressen des Bündnisses können von anderen Risiken umfassenderer Natur berührt werden, einschließlich Akte des Terrorismus, der Sabotage und des organisierten Verbrechens sowie der Unterbrechung der Zufuhr lebenswichtiger Ressourcen. Die unkontrollierte Bewegung einer großen Zahl von Menschen, insbesondere als Folge bewaffneter Konflikte, kann ebenfalls Probleme für die Sicherheit und Stabilität des Bündnisses aufwerfen.

Viadrina International Law Project, Europa-Universität Viadrina, Frankfurt (Oder) 2002, zitiert nach: http://www.vilp.de/Depdf/d114.pdf., Zugriff 24.05.2009

M4 Kalter Frieden?

[...] Im Jahre 1997 beschlossen die NATO-Staaten, die Bedenken Russlands bezüglich der Osterweiterung aufzugreifen, gaben der russischen Regierung jedoch kein effektives Vetorecht. Die NATO-Erweiterung war seit 1993 ein Zankapfel gewesen; sie war für die russische Regierung sogar zum wichtigsten Punkt in Fragen der europäischen Sicherheit geworden. Im Dezember 1994 warnte Präsident Boris Jelzin in einer berühmten Ansprache die NATO-Führung vor der Gefahr, dass Europa „in einen kalten Frieden stürzen“ könnte, wenn die Erweiterung voranschreite. [...]
Das Thema NATO-Osterweiterung ist das älteste und größte Problem, vor dem die Beziehungen zwischen Russland und der NATO stehen. Im Jahr 2008 war der offizielle Widerstand Russlands gegen eine Erweiterung, die auch Georgien und die Ukraine einschließen sollte, allgemein bekannt. Die russische Militärintervention in Georgien kann zumindest teilweise als dramatische – und bisher erfolgreiche – Warnung an die NATO angesehen werden, Georgien den Weg zu einer Mitgliedschaft nicht zu gewähren. [...] Aber es gibt nicht nur Schlechtes zu berichten. Seit 1991 zieht es sich wie ein roter Faden durch die Beziehungen zwischen Russland und der NATO, dass keine der beiden Seiten diese jemals einfrieren ließ. Während der Georgien-Krise wurden die Gespräche im Nato-Russland-Rat ausgesetzt. Es wurde allerdings schon Anfang 2009 an einer Wiederaufnahme gearbeitet, als darüber diskutiert wurde, welche Schritte gegangen werden müssen, damit es zu einer vollständigen „Normalisierung“ in den Beziehungen mit Russland kommen könne. Zwar wäre es verfrüht, die Beziehungen als Partnerschaft zu bezeichnen, doch ist es ebenso unzutreffend, vom Beginn eines neuen Kalten Krieges zu sprechen. Wie es Richard Sakwa formuliert, „trennen die beiden ehemaligen Supermächte keine fundamentalen Interessenunterschiede [...]. Es gibt keine fundamentalen ideologischen Widersprüche, direkte Konflikte wegen Ressourcen oder größere Meinungsverschiedenheiten zu den wesentlichen Themen, mit denen die internationale Gemeinschaft konfrontiert ist.“ Es ist daher passender, den derzeitigen Stand der Beziehungen zwischen der NATO und Russland mit Jelzins Begriff vom „kalten Frieden“ zu beschreiben. Einerseits besteht keine echte Bedrohung durch einen großen Krieg zwischen beiden Seiten und auch keine echte globale, ideologische Konkurrenz. Das waren zwei der Hauptmerkmale des Kalten Kriegs. Auf der anderen Seite haben es die NATO und Russland während ihrer achtzehnjährigen Koexistenz noch nicht geschafft, eine Partnerschaft aufzubauen, die stark genug wäre, um von Kontroversen in wichtigen Themen nicht mehr beeinträchtigt zu werden, oder, besser noch, als Instrument zu dienen, um Kontroversen auszuräumen und gemeinsame Lösungen zu finden.

Martin A. Smith: Partnerschaft, Kalter Krieg oder Kalter Frieden? In: Aus Politik und Zeitgeschichte, 15–16/2009, S. 21–27

M5 Auf dem Weg zum Weltpolizisten?

Sechs Jahrzehnte nach ihrer Gründung haben sich Konzeption und Aufgaben der Allianz grundlegend verändert. Sie hat zahlreiche ehemalige Gegner als Mitglieder aufgenommen und agiert heute mit – teilweise hoch kontrovers diskutierten und völkerrechtlich umstrittenen – Militäreinsätzen in einem breiten Spektrum ohne territoriale Beschränkung weit außerhalb ihres ursprünglichen Bündnisgebiets. [...] Die gegenwärtige Allianz [...] versteht sich in zunehmendem Maße als militärisch-politische Organisation, welche die Sicherheit ihrer Mitgliedstaaten wahren und zugleich weltweit Stabilität produzieren soll. Doch trotz der neuen Aufgaben und der ungebrochenen Attraktivität für alte wie neue Mitglieder befindet sich die NATO in einem vielschichtigen Dilemma: Die neuen militärischen Aufgaben im Bereich der Friedenssicherung könnten schnell zu einer Überforderung führen; die neuen politischen Aufgaben werden die innere Kohärenz nicht in dem Maße gewährleisten, wie es die über vier Jahrzehnte wahrgenommene gemeinsame Bedrohung getan hat. Ad-hoc-Koalitionen (coalitions of the willing bzw. coalitions of the able) könnten an Attraktivität gewinnen und den Zusammenhalt im Bündnis untergraben. Schließlich wird die Erweiterung der NATO die Binnenstruktur verändern und Entscheidungsprozesse erschweren. [...]

Neben der eigentlichen Gründungsphase lassen sich drei große Phasen der NATO-Geschichte ausmachen, die im Längsschnittprofil Orientierung bieten können. Während die NATO I (1949–1989) als Verteidigungsbündnis gegen äußere Feinde konzipiert war, sah sich die NATO II (1990–1999) auch und insbesondere als Stabilitätsexporteur nach Mittel-, Ost- und Südosteuropa. Dieser Zeitraum war von den Umwälzungen und Revolutionen in Osteuropa sowie dem Zusammenbruch des real existierenden Sozialismus geprägt. [...]

M6 60 Jahre NATO – wie sieht die Zukunft aus?

Der US-amerikanische Präsident Barack Obama spricht im April 2009 auf der NATO-Tagung in Straßburg aus Anlass des 60-jährigen Bestehens des Bündnisses.

Die Phase der „NATO III“, die im Sommer 1999 begann und bis heute andauert, ist insbesondere durch zwei Ereignisse geprägt. Sie steht erstens im Zeichen des Kriegseinsatzes im Kosovo, als mehr als 800 Kampfflugzeuge aus 13 NATO-Staaten an den rund 38 000 Einsätzen beteiligt waren, die sowohl Ziele im Kosovo als auch in der gesamten Bundesrepublik Jugoslawien angriffen. Die ursprüngliche Begründung für die Luftangriffe, die Erzwingung eines Friedensvertrags, weitete sich im Laufe des Einsatzes zu dem Argument aus, man wolle im Kosovo eine „humanitäre Katastrophe“ verhindern, den jugoslawischen Präsidenten Slobodan Milosevic von weiteren Angriffen im Kosovo abhalten sowie das jugoslawische Militärpotenzial nachhaltig beschädigen. In der Geschichte der NATO war dies der erste – heftig umstrittene – militärische Einsatz gegen einen souveränen Staat ohne klare völkerrechtliche Grundlage.

Das Handeln der NATO war in dieser Phase zweitens stark durch die Terroranschläge vom 11. September 2001 geprägt, die verdeutlicht haben, dass die größten Bedrohungen transatlantischer Sicherheit nicht mehr – wie im Kalten Krieg und in seiner unmittelbaren Folgezeit – aus Europa kommen würden, sondern von jenseits des Kontinents. (...)

Eine rechtliche Klärung der Umwandlung der NATO vom Defensivbündnis zur Interventionsallianz mit globaler Reichweite hinsichtlich der Zulässigkeit des deutschen Mitwirkens an diesem Prozess nahm das Bundesverfassungsgericht (BVG) in mehreren Urteilen vor. [...] Nach Auffassung des BVG bedeute der regionale Bezug als Kernelement des NATO-Vertrags von Beginn an nicht, dass militärische Einsätze der NATO auf das Gebiet der Vertragsstaaten beschränkt sein müssten: „Mit dem Zweck der NATO als System mehrerer Staaten zur gemeinsamen Abwehr militärischer Angriffe von außen waren abwehrende militärische Einsätze außerhalb des Bündnisgebiets, nämlich auch auf dem Territorium eines angreifenden Staates, von vornherein impliziert. [...] Diese Entscheidung hat zwar rechtliche Klarheit gebracht, die politische Debatte ist damit aber nicht beendet. So wird die Argumentation des Gerichts kritisiert, nach der die NATO stets nach eigener Definition behaupten könne, eine bestimmte Aktion sei friedenssichernd und damit vom NATO-Vertrag gedeckt. Dies eröffne eine Rolle, nach der die NATO nach eigenem Gutdünken als „Weltpolizist“ agieren könne.

Johannes Varwick: Auf dem Weg zum Weltpolizisten. In: Aus Politik und Zeitgeschichte, 15-16/2009, S. 3-9

M7 Zur Zukunft der NATO

[...] Die Kernaufgaben des Bündnisses werden wohl auch nach den Vorgaben des neuen Konzepts weitgehend unverändert bleiben: Es sind dies Abschreckung, kollektive Verteidigung und Krisenmanagement auf der einen Seite sowie Dialog und Kooperation auf der anderen. Die NATO muss schließlich auch in Zukunft darauf vorbereitet sein, ohne geographische Begrenzung Bedrohungen für die Mitgliedstaaten dort entgegentreten zu können, wo sie ihren Ursprung haben. [...]

Derzeit geht die größte Bedrohung für das Bündnis von der Proliferation von Massenvernichtungswaffen aus, die ungelösten regionalen Konflikten eine zusätzliche Dynamik verleihen können. An nächster Stelle stehen die Gefahren des internationalen Terrorismus. In beiden Fällen können militärische Maßnahmen nur ein Teil der Lösung sein und müssen durch solche aus anderen Politikfeldern ergänzt werden.

Zusätzliche Risiken für die globale Sicherheit könnten sich aus destabilisierenden Wirkungen der weltweiten Finanz- und Wirtschaftskrise ergeben. Über lange Zeit ungelöste regionale Konflikte haben das Potenzial, sich bedrohlich zu entwickeln und einen Nährboden für Terrorismus zu bilden. [...] Daneben bestimmen Fragen der Energiesicherheit und Internetsicherheit und der Folgen klimatischer Veränderungen die sicherheitspolitische Diskussion. Es ist nicht auszuschließen, dass der NATO hier zusätzliche Aufgaben zuwachsen. Aber nicht alle neuen Risiken, die sich aus den komplexen internationalen Beziehungen der globalisierten Welt ergeben, sind für eine Bearbeitung durch das Bündnis geeignet. Primäre Verantwortlichkeiten sollten nicht verwischt werden. Deshalb muss die Allianz entscheiden, ob sie ihren Aufgabenkatalog nicht eher beschränken soll, statt ihn auszuweiten. [...]

Immer wieder, in der Regel im Auftrag der VN, sind die Fähigkeiten der NATO gefragt, um im Krisenmanagement und in der Konfliktnachsorge einen Beitrag zur globalen Sicherheit zu leisten. Dazu sollte das Bündnis auch bereit sein, wenn eine hinreichende Aussicht auf Erfolg besteht und ausreichende Mittel verfügbar sind. [...]

Das neue strategische Konzept wird auch Position zur Politik der NATO-Erweiterung beziehen müssen. Man wird voraussichtlich erklären, dass die Tür der Allianz weiter offen bleibt. Doch die Partner müssen sich der Frage stellen, ob die Einladung an neue Mitglieder tatsächlich noch immer einen Sicherheitsgewinn für das Bündnis darstellt und zur Stabilität ganz Europas beiträgt. Bei wachsender Mitgliederzahl nämlich nimmt die Kohäsion innerhalb der Allianz ab, wird der gemeinsame Nenner vermutlich kleiner. [...]

Frank Kupferschmidt/Patrick Rothehüser: Über ein neues strategisches Konzept zur Einigkeit finden, SWP-Aktuell 15, Stiftung Wissenschaft und Politik, Berlin 2009, S. 2f.

Arbeitsvorschläge

G **1.1** Erläutern Sie anhand von M3 den erweiterten Sicherheitsbegriff der NATO und veranschaulichen Sie die im strategischen Konzept aufgelisteten Bedrohungen an historischen oder potenziellen Beispielen.

1.2 Diskutieren Sie, inwieweit dieses sicherheitspolitische Konzept der NATO von Staaten außerhalb der NATO auch als Bedrohung empfunden werden kann.

2.1 Analysieren Sie die Karikatur M1.

2.2 Erläutern Sie unter Heranziehung von M3, welche Antwort die NATO mittlerweile auf die ratlose Frage: „Ja und was jetzt“ in M1 gefunden hat.

3. Diskutieren Sie auf der Grundlage von M4 (in Form eines Rollenspiels: hier wären dann der amerikanische und der russische Präsident und der Generalsekretär der NATO die Diskussionsteilnehmer), ob angesichts des russischen Widerstands Georgien und die Ukraine in die NATO aufgenommen werden sollen.

4. Erläutern Sie anhand von M5 und VT, inwiefern die NATO-Strategien weltpolitische Veränderungen widerspiegeln.

5. Die in M5 thematisierte erstmalige und bisher einzige Kriegführung der NATO gegen Serbien hat – obwohl zum Schutz der Menschenrechte geführt und erfolgreich beendet – zu heftigen Kontroversen geführt. Diskutieren Sie die Legitimität dieses Krieges, indem Sie politische und moralische Argumente abwägen.

Weiterführender Arbeitsauftrag:

6. Im Kosovokrieg musste im Rahmen der NATO auch erstmals die Bundeswehr kämpfen. Der um die Legitimität dieses Einsatzes geführte politische Streit wurde schließlich vom Bundesverfassungsgericht geklärt. Recherchieren Sie zwei Entscheidungen des Gerichts zur Frage der Bundeswehreinsätze und tragen Sie Ihre Ergebnisse vor.

Ernstfall Afghanistan

Welche Ziele sollen am Hindukusch erreicht werden?

Miniglossar

Exit-Strategie
Rückzugsstrategie (hier für Afghanistan)

Protektorat
Schutzherrschaft, Schutzgebiet; ein nur in Teilen souveräner, abhängiger Staat

Hindukusch
Gebirge in Afghanistan

M1 Erdrutschgefahr

Begriff

Länder – meist der sogenannten Dritten Welt –, die sich nach dem Zweiten Weltkrieg weder dem kapitalistischen Westen noch dem kommunistischen Osten anschlossen, gründeten 1961 die Bewegung der Blockfreien. Diese **blockfreien Staaten** wollten sich nicht in den Ost-West-Konflikt hineinziehen lassen und blieben bündnisfrei. Es ist heute ein lockerer Zusammenschluss von 118 Staaten.

Operation Enduring Freedom (OEF) heißt die von den USA ab dem Jahr 2001 geführte und durch Verbündete (auch Deutschland) unterstützte militärische Operation gegen den weltweit operierenden Terrorismus mit Schwerpunkt Afghanistan auf Grundlage einer UN-Resolution.

Ein Held der griechischen Mythologie, der zur Strafe einen Fels auf einen Berg wälzen muss, der immer wieder in die Tiefe rollt, heißt **Sisyphos**. Sisyphoshaft ist also eine nutzlose, weil nie endende Tätigkeit.

VT

Als Reaktion auf die Terroranschläge vom 11. September erklärten die USA im Rahmen ihres Krieges gegen den Terrorismus Afghanistan den Krieg: Die radikal-islamistische Taliban-Regierung hatte sich in den Augen der amerikanischen Regierung der Unterstützung der al-Qaida schuldig gemacht und so die USA zur individuellen und kollektiven Selbstverteidigung gemäß Art. 51 der Charta der Vereinten Nationen legitimiert. In der Resolution 1368 des Sicherheitsrats vom 12. September 2001 werden die Terroranschläge als Bedrohung des Weltfriedens und der internationalen Sicherheit qualifiziert und in der Resolution 1378 vom 14.11.2001 wird dem Taliban-Regime Mitverantwortung für die Terroranschläge attestiert, indem es Osama bin Laden und dem Terrornetz al-Qaida Schutz gewährt hat.
Heute steht auf der einen Seite die afghanische Regierung Karsai, unterstützt durch die US-geführte Operation Enduring Freedom (OEF) und die durch Beschluss des Sicherheitsrats der Vereinten Nationen (Resolution 1386 vom 20. Dezember 2001) installierte International Security Assistance Force (ISAF), eine Schutztruppe unter Führung der NATO. Auf der anderen Seite kämpfen Aufständische: Taliban, al-Qaida und weitere Gruppierungen. Die deutsche Bundeswehr ist durch Beschlüsse des Bundestags an beiden Einsätzen beteiligt. Welche Ziele sind heute erreicht? Lassen sich mit militärischen Mitteln stabile staatliche Strukturen schaffen?

M2 Deutsche Soldaten am Hindukusch

Afghanistan: Soldaten der Bundeswehr-ISAF-Schutztruppe auf Patrouillenfahrt in einem Dorf bei Kunduz

[...]
Der deutsche Verantwortungsbereich im Nordosten Afghanistans umfasst neun der 34 Provinzen des Landes, ist 160 000 Quadratkilometer groß (fast halb so groß wie die Bundesrepublik); beherbergt 30 bis 40 Prozent der afghanischen Bevölkerung, die zahllosen Stammesverästelungen in 64 verschiedenen ethnischen Gruppen angehören; und grenzt an Turkmenistan, Usbekistan, Tadschikistan, Pakistan und China (am Pamir hat Deutschland eine 76 Kilometer lange Militärgrenze mit der Volksrepublik).

Die Bundeswehr hat es in ihrer *area of responsibility* mit drei Kriegsherren zu tun, ehemaligen Mudschahedin jener Nordallianz, die Ende der 1980er die Sowjets aus dem Lande trieben und dann, Ende der 1990er, der Herrschaft der Taliban ein Ende bereitete: dem Usbekengeneral Raschid Dorum im Westen, dem mit Dorum verfeindeten Tadschikengerneral Mohammed Atta in der Mitte und Burhanuddin Rabbani im Osten (er starb vor wenigen Tagen). Keiner von ihnen hat je eine Kriegesakademie von innen gesehen; ihre Generalsterne haben sie sich im Kampf gegen die Russen und die paschtunischen Taliban erworben. Von Kabul, der Regierung des Präsidenten Hamid Karsai, halten sie herzlich wenig. [...]

6. August. Ein Patrouillenfahrzeug bleibt mit Motorschaden liegen. Daraufhin wird eine zweite Patrouille zur Bergung der Havaristen losgeschickt. Die Soldaten sitzen ab und bilden einen Sicherungskordon um die Unfallstelle. Da rast mit Vollgas ein Mofa auf die Gruppe zu. In der Nähe des liegen gebliebenen Fahrzeugs sprengt sich der Fahrer in die Luft. Der Spieß wird leicht verletzt, zwei Mann erleiden Verbrennungen an Ohren, Nase und Beinen.

[...]

27. August. Der Hauptfeldwebel Mischa Meier sitzt auf dem Beifahrersitz eines Dingos, des gepanzerten Allschutz-Transportfahrzeuges. [...] Das Fahrzeug biegt in eine Kurve ein. Mit dem rechten Vorderrad gerät es genau auf ein Improvised Explosive Device (IED), einen improvisierten Sprengkörper, den in diesem Augenblick ein „Triggerman" auslöst, der sich in 150 Meter Entfernung in einer Baumgruppe am Flussufer versteckt hat. Auf ganz altmodische Weise bringt er den unter der Fahrbahn vergrabenen Sprengsatz – oft ein Bündel alter Artilleriegranaten, mit neuem Sprengstoff angereichert, der die Granaten entzündet – über ein langes Kabel zur Explosion. Hauptfeldwebel Meier hatte keine Chance. Er war sofort tot.

28. August. Nicht immer geht es so glimpflich ab wie vor Kurzem, als ein Wachposten einem stur auf ihn zuhaltenden Pkw in den Motorblock schoss – aus dem Wagen kippte besinnungslos ein völlig bekiffter Fahrer. Erhöhte Wachsamkeit ist angesagt. Der Anschlag auf den Bergungstrupp liegt erst drei Wochen zurück, das Attentat auf Mischa Meier noch keine 24 Stunden – Anlass genug, auf der Hut zu sein. Ein Oberfeldwebel und ein Mannschaftsdienstgrad bemannen eine Straßensperre. Sie haben auf einem Fahrzeug mit auflafettiertem Maschinengewehr Posten bezogen. Ein Auto nähert sich. Es missachtet alle Haltesignale und rollt weiter auf die Sperre zu. Laut Weisung ist von einer bestimmten Distanz an im Nahbereich das Feuer zu eröffnen. Die Soldaten halten sich an ihre Vorschriften und schießen. Ein tragischer Irrtum: Es war kein Anschlag. Die arglose Fahrerin und ihre zwei kleinen Kinder sind tot. [...]

Machen wir uns nichts vor: Wir sind in Afghanistan im Krieg – auch die Deutschen. Die Sicherheitslage verschlechtert sich rapide. Der Wiederaufbau hingegen stockt. Die afghanische Armee nimmt nur langsam Gestalt an. Die Polizei – bisher der korrupte Schwachpunkt der Obrigkeit – wird nun zwar von den deutschen Polizisten und Eupol auf Rechtschaffenheit, Gesetzestreue und Effizienz getrimmt, doch sie zahlt einen hohen Blutzoll. Von den 3 000 Mann, die jährlich die Ausbildung durchlaufen, sind im Jahre 2007 sage und schreibe 1 400 Mann – fast die Hälfte! – umgekommen. [...]

Ist dieser Krieg überhaupt zu gewinnen? Wenn ja, in welcher Zeitspanne – in fünf, zehn oder fünfzehn Jahren? Und um welchen Preis?

Theo Sommer: Pflicht, Mut und sehr viel Frust. Reise an eine unübersichtliche Front. In: Die Zeit, 16.10.2008, S. 12 f.

M3 Flüchten oder Standhalten

Die Forderungen nach einer Exit-Strategie erwachsen aus dem Eindruck, dass der Krieg in Afghanistan nicht zu gewinnen sei. Als Bestandteil von NATO und Koalitionsstreitkräften sieht sich die Bundeswehr mit einem Gegner konfrontiert, dem sie zwar technologisch überlegen ist, der aber ihre Schwachpunkte in Fragen der politischen und militärischen Führung geschickt auszunutzen versteht: die Angst vor dem Verlust eigener Soldaten und vor der unabsichtlichen Tötung von Zivilisten. Die Befürchtung ist, dass die „postheroische“ deutsche Gesellschaft nicht die erforderliche Geduld für einen langfristigen Einsatz aufbringt. [...]

Der mangelnde Erfolg [des Einsatzes in Afghanistan] ist vielmehr dem Umstand geschuldet, dass die Koalitionstruppen unter deutscher Beteiligung die Operation Enduring Freedom begannen, ohne eine belastungsfähige, zivile und militärische Faktoren gleichermaßen einbeziehende Afghanistan-Strategie entwickelt zu haben. Aus der Kombination von anfänglichen militärischen Erfolgen und mangelnden zivilen Wiederaufbaumaßnahmen resultierte ein Sicherheitsvakuum. [...] Die Taliban bedienen sich Guerilla-Taktiken, indem sie sich nicht offen zu erkennen geben, sondern sich in der Zivilbevölkerung verstecken und aus deren Schutz heraus operieren. Das sichert ihnen nicht nur den taktischen Vorteil des Überraschungseffekts, sondern macht es zugleich für NATO und Koalition schwierig, militärisch zu reagieren, ohne dabei das Leben von Zivilisten zu riskieren. Der Tod von Zivilisten wiederum ist ein zentraler Bestandteil der Strategie der Taliban, um die Legitimität und die Glaubwürdigkeit der westlichen Koalition in den Augen der afghanischen Bevölkerung sowie der internationalen Öffentlichkeit zu untergraben. [...]

Das politische Ziel der westlichen Koalition bestand von Beginn der Operation am 7. Oktober 2001 an darin, das al-Qaida-Netzwerk, das in Afghanistan einen Rückzugsraum gefunden hatte, zu bekämpfen. Darüber hinaus galt es, die Taliban zu entmachten und in Afghanistan stabile staatliche Strukturen zu etablieren, die verhindern sollten, dass das Land erneut in die Hände terroristischer Bewegungen fällt. In der Konsequenz führte das dazu, dass die Koalition theoretisch gleichzeitig drei Missionen hätte durchführen müssen: erstens, die Terroristen und die mit ihnen verbündeten Taliban militärisch zu bekämpfen, zweitens im Rahmen einer Stabilisierungsmission für Sicherheit und Wiederaufbau in Afghanistan zu sorgen und drittens kurzfristig humanitäre Nothilfe für die afghanische Zivilbevölkerung zu organisieren.

Im Rückblick bestand das Hauptproblem darin, dass die Koalitionstruppen sich auf Terrorismusbekämpfung und humanitäre Nothilfe konzentrierten, die Aufgabe der Stabilisierung und des Wiederaufbaus aber vollkommen vernachlässigt wurde. [...] Die Afghanistan-Strategie des Westens hätte aber von vornherein zivile und militärische Komponenten enthalten müssen. Dieser Mangel führte dazu, dass nach dem spektakulären Anfangssieg der US-geführten OEF gegen al-Qaida und Taliban das gewonnene Terrain nicht gehalten werden konnte. Es entstand überall dort, wo die westliche Koalition nicht genügend Truppenpräsenz zeigen konnte, ein Sicherheitsvakuum, in dem sich die Taliban in kleineren Gruppen wieder sammeln bzw. konkurrierende Warlords um die Machtverteilung auf lokaler Ebene ringen konnten. [...]

Angesichts dieser Entwicklung einen vorzeitigen Abzug deutscher Truppen zu fordern, heißt zu erklären, dass sich die NATO als stärkstes Militärbündnis der Welt mit der Bekämpfung eines Aufstands durch irreguläre Kräfte überfordert sieht. Der Schaden, den die Atlantische Allianz hierdurch nehmen würde, wäre unabsehbar. Zudem würde in Kauf genommen, dass Afghanistan wieder zu einem Rekrutierungs- und Rückzugsraum für Terroristen werden könnte. Die afghanisch-pakistanische Grenzregion bildet schon heute wieder die regionale Basis des internationalen Terrorismus. Abzuziehen hieße, den Taliban und Al-Qaida das Feld zu überlassen.

Sibylle Scheipers/Timo Noetzel: Flüchten oder Standhalten. In: Internationale Politik, 9/2007, S. 120–125

M4 Afghanistan-Einsatz

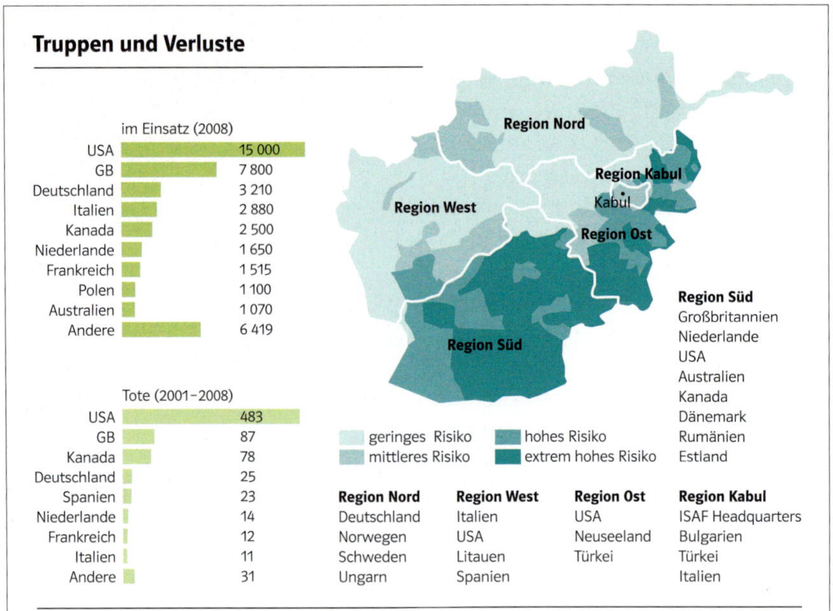

Quellen: ISAF, UN, icasualties.com, Bundeswehr

M5 Fünf Argumente gegen einen sinnlosen Krieg

Das temporale Argument

Der Krieg in Afghanistan geht bald ins siebte Jahr. Damit sind alliierte Truppen dort mittlerweile länger im Einsatz als im Ersten oder Zweiten Weltkrieg. Wenn ein Kriegseinsatz nach einer derart langen Zeit aber nicht beendet ist, dann ist er verloren. Statt im Jahr sieben über den Abzug nachzudenken, bereitet die Bundeswehr sogar eine neue militärische Vertiefung des Einsatzes vor. Immer stärker werden deutsche Truppenteile – von Tornados bis zu Spezialkräften – auch bei Kampfeinsätzen im Süden hinzugezogen, immer tiefer werden deutsche Soldaten involviert in einen Aufreibungskrieg mit Partisanen. Im Sommer soll zudem eine „Quick Reaction Force" neue Kampfeinsätze führen. Es sieht so aus, als kämen nach sieben mageren Jahren sieben noch magerere Jahre. „Quick" ist an diesem Krieg jedenfalls gar nichts.

Das verteidigungspolitische Argument

Die stärksten Argumente für den Afghanistan-Einsatz verweisen auf das Ausschalten von Terrorcamps in der Region einerseits (unmittelbarer verteidigungspolitischer Nutzen) und auf die Notwendigkeit von Bündnistreue des Westens andererseits (mittelbarer Nutzen). Das erste Kalkül ist – wie wir heute zur Kenntnis nehmen müssen – spätestens an der Grenze zu Pakistan gescheitert. Denn nach all den Jahren Kriegseinsatz ist die Zahl der Terrorcamps in der Region keinesfalls kleiner geworden. Nicht einmal Osama bin Laden ist gefasst. Seine Kampftruppen haben sich bloß verzogen und dadurch zu einer Destabilisierung Pakistans beigetragen. Realpolitisch betrachtet ist ein wankendes Pakistan aber viel gefährlicher als ein Talibanregime in Kabul. Kurzum: Das militärische Hauptziel des Afghanistankrieges (Vertreibung der Talibanterroristen, Aufbau eines demokratischen Partnerstaates, Stabilisierung der Region) ist bis heute nicht erreicht und wird – nach Aussagen der Kommandierenden vor Ort – auch in Jahren nicht gelingen.

Aber auch die Bündnislogik ist zusehends zweifelhaft. Denn die westlichen Bündnispartner sind allesamt auf einem mentalen Rückzug aus Afghanistan. In den meisten Staaten sinkt die Akzeptanz des Krieges mit seiner Dauer, seinen Kosten und seinen sisyphoshaften Erfolgen. Zudem führt die ungleiche Lastenverteilung und die demonstrative Zurückhaltung einer Mehrheit der Nato-Staaten zu inneren Verwerfungen im Bündnis. [...]

Das ökonomische Argument

Betrachtet man den monströsen Militäreinsatz am Hindukusch einmal rein nutzenökonomisch, dann kann man heute eines mit Sicherheit sagen: Der Krieg ist sehr, sehr teuer. Die Berechnungen liegen zwischen 80 Milliarden Dollar (Pentagon), 150 Milliarden Dollar (Center for Defense Information) und 300 Milliarden Dollar (Friedensbewegung). Der Anteil, den Deutschland zu zahlen hat, steigt dabei ständig. Schon jetzt ist dieser Krieg der teuerste Außeneinsatz Deutschlands seit dem Zweiten Weltkrieg. Hat es sich aber gelohnt, wenn die Sicherheitslage vor Ort ständig schlechter anstatt besser wird? Hat es sich gelohnt, wenn der Krieg kein Ende findet? Hat es sich gelohnt, wenn das Image des imperial auftretenden Westens eher Schaden nimmt? Hat es sich gelohnt, wenn die Region von Pakistan bis Iran instabiler wird? Hat es sich gelohnt, wenn Deutschland keine konkreten Vorteile aus seiner Präsenz zieht? Hat es sich gelohnt, wenn im Gegenteil die Drogenimporte aus Afghanistan deutlich steigen und die Drogenclans ihre Anbaugebiete 2007 laut Vereinten Nationen so stark ausgeweitet haben wie nie zuvor (nämlich auf eine enorme Fläche von 104 000 Hektar)? [...]

Das historiografische Argument

Aus einer historischen Perspektive ist dieser Krieg wie ein Riss in der vorderasiatischen Schallplatte der Weltgeschichte. Immer und immer wieder versuchen es die Mächte des Westens in diesem unbezähmbaren Gebiet wilder, stolzer Völker mit Eroberungs- und Zivilisierungskriegen. Und immer wieder ist es vergebens. Wahrscheinlich unterliegen auch wir mit dem – durchaus gut gemeinten – Demokratie-Imperialismus einem Trugschluss. Denn Afghanistan würde auch nach Jahrzehnten Nato-Kriegs noch keine rechtsstaatliche Demokratie nach unserem Vorbild. Vor dem Antlitz der Weltgeschichte geschieht aber etwas anderes. Wir schaffen uns eine neue Kolonie. Militäreinsätze von solcher Länge, begleitet mit Zivilisationsinitiativen, sind selbst bei bester Absicht kaum etwas anderes als Kolonialismus. Deutschland legt sich gerade ein Protektorat am Hindukusch zu. [...]

Das moralische Argument

Es ist ein wenig aus der Mode gekommen, nach Opfern zu fragen. Nach Menschen, die sterben, die verkrüppelt werden oder seelisch zerstört aus Kriegseinsätzen zurückkehren. Nach Müttern und Kindern, die ihre Liebsten verlieren. [...] Wenn eine Demokratie Krieg führt, muss sich jeder fragen, ob er selber bereit wäre, dem Kind eines gefallenen Soldaten zu erklären, dass es sich im Großen und Ganzen doch gelohnt hat. Tausende Tote hat der Krieg in Afghanistan unter den Einheimischen bisher gefordert, und auch die westlichen Alliierten betrauern bereits 770 Tote. Eine abstrakte Kategorie? Ein notwendiger Preis? Wenig? Zu viel!

Wolfram Werner: Raus aus Afghanistan. In: Cicero 4/2008, zitiert nach: (www.cicero.de/97.php?ress_id=1&item=2474, Zugriff 24.02.2009

M6 Die geschönte Bilanz

Nach dem 11. September war Afghanistan der erste Fall eines von außen erzwungenen Regimewechsels. Seither ist es das Experimentierfeld einer Befriedungspolitik, die auf das permanente Nebeneinander ziviler und militärischer Mittel setzt. [...] Kein Wort verliert der Regierungsbericht über den Kardinalfehler der westlichen Afghanistan-Strategie. Den Krieg fortzusetzen, nachdem die Taliban-Regierung gestürzt und der Machtwechsel vollzogen war, hat sich nicht ausgezahlt. Der gewaltsame Widerstand ist zurückgekehrt.[...] Militärisch ist dieser Krieg nicht zu gewinnen, wenn das Ziel darin bestehen soll, umkämpfte Gebiete, aus denen der Gegner verdrängt wurde, dauerhaft unter Kontrolle zu halten. Dazu reichen in einem Land wie Afghanistan 40 000 Soldaten nicht aus. Gebraucht würden 400 000 oder 500 000. Und auch dann wäre der Erfolg nicht garantiert, wie sich Vietnam-Veteranen entsinnen.

Im Anti-Guerilla-Krieg herrschen andere Regeln. Er wird nicht gegen eine militärische Organisation geführt, sondern gegen eine soziale Struktur. Sie lässt sich weder zerschlagen noch aufreiben noch entwaffnen wie eine reguläre Armee. Derselbe Kämpfer, der nachts eine Patrouille überfällt oder eine Straße vermint, erscheint morgens als Bauer oder Hirte wieder auf dem Dorfanger, im langen Gewand, aber ohne Kalaschnikow. Flieht er in das nächstgelegene Haus, wo auch Frauen und Kinder leben, benutzt er deshalb nicht unbedingt Zivilisten als Schutzschild. Wahrscheinlich wohnt er dort einfach. Von Sieg wäre erst dann zu sprechen, wenn dieser Kämpfer von sich aus die Waffe aus der Hand legt, freiwillig und endgültig. Das jedoch ist keine Frage der militärischen, sondern der politischen Stärke.

Zum Skandal ausgewachsen haben sich seit der Eskalation der Kämpfe die sogenannten Kollateralschäden, das heißt die bei Angriffen und Gefechten getöteten Zivilisten.

[...]

Beschützer oder Besatzer?

Seit langem wirbt Hamid Karzai dafür, auf Widerstandskräfte nicht nur zu schießen, sondern auch mit ihnen zu reden. Inzwischen klagt der gewählte Präsident, er werde über die militärischen Operationen, die ihm politisch den Boden unter den Füßen wegziehen, nicht einmal mehr konsultiert. [...] Im Unterschied zum Kosovo und zu Bosnien- Herzegowina ist Afghanistan ein souveräner Staat und kein Protektorat oder Quasi-Protektorat der internationalen Gemeinschaft. Die vom Sicherheitsrat in New York gebilligte Anwesenheit fremder Streitkräfte ändert daran nichts. Die Verantwortung für die Sicherheit der ausländischen Helfer beim politischen und wirtschaftlichen Wiederaufbau des Landes trägt die afghanische Regierung. Die Soldaten der ISAF sollen sie dabei unterstützen, nicht mehr und nicht weniger. Ein Mandat zur eigenmächtigen Kriegsführung hat die multinationale Truppe nicht. Das „A" im Namenskürzel ISAF steht für Assistance, nicht für Attack.

Doch die Entwicklung ist längst eine andere. Der entscheidende Einschnitt erfolgte 2006. Die unter NATO-Kommando stehende ISAF weitete ihr Einsatzgebiet auf die paschtunischen Provinzen in Süd- und Ost-Afghanistan aus. Dort hatten bis dahin auf eigene Faust nur die amerikanisch geführten Koalitionstruppen Enduring Freedom operiert, als Teil des sogenannten Krieges gegen den Terrorismus.

Reinhard Mutz: Bergab am Hindukusch. In: Blätter für deutsche und internationale Politik, 11/2007, zitiert nach: www.blaetter.de/artikel.php?pr=2684, Zugriff 24.02.2009

M7 Afghanistan als Staat im 20. Jahrhundert

[...]

Nach dem Zweiten Weltkrieg [...] schloss sich Afghanistan der Bewegung der „Blockfreien" an. [...]

Am 17. Juli 1973 putschte Prinz Da'ud, ein Vetter und Schwager des Königs. Er schaffte die Monarchie ab und ließ sich zum Präsidenten der „Republik Afghanistan" ausrufen. Dabei stützte er sich auf in der Sowjetunion ausgebildete Offiziere und Mitglieder der kommunistischen Partei. Der Versuch, mit einer Landreform das Eigentumsrecht anzutasten und neue Ideen in die Dörfer zu tragen, stieß die alte Oberschicht vor den Kopf und löste bei der Landbevölkerung erbitterten Widerstand aus. [...] 1978 glaubten die kommunistischen Helfer, das Staatsschiff allein lenken zu können. In letzter Minute wollte Da'ud die Kommunisten ausmanövrieren und seine Macht mit einem prowestlichen Schwenk retten, doch dazu war es zu spät. Revolutionäre Truppen stürmten den Präsidentenpalast, ermordeten Da'ud und machten im April den Kommunisten Mohammad Taraki zum Staatschef. Die „Saur-Revolution" erschütterte das Land. In ganz Afghanistan brachen blutige Kämpfe zwischen islamischen Kräften und den Truppen der kommunistischen Regierung aus. Die religiösen Milizen konnten sich auf die Bevölkerung stützen und gewannen immer mehr an Boden. Flügelkämpfe schwächten die kommunistische Partei, Präsident Taraki wurde ermordet. Der neue Präsident, Hafisullah Amin, plante, ähnlich wie Präsident Da'ud zwei Jahre zuvor, einen politischen Kurswechsel und nahm Kontakt mit den Vereinigten Staaten und Pakistan auf.

Nun entschloss sich die Sowjetunion einzugreifen. Während der Weihnachtsfeiertage 1979 landeten sowjetische Fallschirmjäger auf dem Flugplatz von Kabul. Eine Spezialeinheit ermordete Präsident Amin, Panzertruppen überschritten die Grenze und besetzten Durchgangsstraßen und Städte. Afghanistan hatte aufgehört, ein freies Land zu sein. [...] Mit seinem Eingreifen verfolgte Moskau das Ziel, zu verhindern, dass ein kommunistisch geführtes Land zurück in die Hände „reaktionärer Kräfte" fiel (Breschnjew-Doktrin). Angesichts der Islamischen Revolution in Iran (Anfang 1979) befürchtete die sowjetische Führung auch, dass sich in unmittelbarer Nachbarschaft der Sowjetunion

ein Gürtel radikal-islamischer Staaten bilden und eine „islamische" Revolution auch ihre zentralasiatischen Provinzen in Brand setzen könnte. [...]
Insgesamt dauerte die sowjetische Besatzung etwas mehr als neun Jahre. Der Krieg kostete Afghanistan, damals ein Land von etwa 15 Millionen Einwohnern, eine Million Tote und Tausende zerstörter Dörfer. Etwa ein Drittel der Bevölkerung floh in die Nachbarländer oder in die Städte. [...] Aber die Freiheitskämpfer, unterstützt von den USA und vielen anderen Ländern, waren stärker. Am 15. Februar 1989 verließ schließlich der letzte sowjetische Soldat Afghanistan. Der von Moskau eingesetzte Präsident Mohammad Nadschibullah Achmadsai konnte sich dank militärischer und finanzieller Hilfe aus dem Norden noch drei Jahre in Kabul halten und den Schein einer legalen Regierung wahren. Nachdem Boris Jelzin Präsident geworden war, blieb die Hilfe aus. 1992 wurde Nadschibullah gestürzt. Er konnte zwar in die Vertretung der Vereinten Nationen fliehen, wurde aber von den Taliban am 27. September 1996 hingerichtet. [...]
Schon vor dem Abzug der sowjetischen Streitkräfte hatte ein Machtkampf begonnen; die Minister der Exilregierung führten untereinander Krieg um die Vorherrschaft im Land. 1992 begann der Kampf um die Hauptstadt; Kabul war das Symbol der staatlichen Einheit und der Macht über das führerlos gewordene Land. Fast vier Jahre lang rangen die ehemaligen Waffenbrüder erfolglos um den Besitz der Stadt. Afghanistan war zum gescheiterten Staat geworden.
Zwischen 1996 und 2001 errichtete die fundamentalistische Gruppe der Taliban eine vorübergehende Ordnung, die erst 2001 zerbrach, nachdem die Vereinigten Staaten aufgrund der Ereignisse vom 11. September in die Kämpfe gegen sie eingetreten waren. [...] Die Vereinten Nationen und die großen Industriestaaten entwarfen Ende November 2001 gemeinsam mit den afghanischen Gruppen auf dem Petersberg bei Bonn Institutionen und Verfahren für den Bau eines neuen Staates. Ihr Fahrplan – Übergangsregierung, Große Ratsversammlung (Loya Dschirga), Wahl des Staatsoberhaupts und Schaffung einer Verfassung – wurde in den folgenden Jahren eingehalten. Da es keinen überzeugenden, auf eigene Macht gestützten Führer gab, verhinderten aber nur die fortdauernde Anwesenheit der Streitkräfte der Vereinigten Staaten und ihrer Verbündeten und die Finanzierung des Wiederaufbaus durch die Internationale Gemeinschaft, dass die Rivalitäten der Kriegsfürsten und Völkerschaften erneut offen ausbrachen.

Reinhard Schlagintweit: Afghanistan als Staat im 20. Jahrhundert. In: Bernhard Chiari (Hg.): Wegweiser zur Geschichte Afghanistan, 3. Aufl., Paderborn 2009, S. 37ff.

M8 Wettlauf

WETTLAUF NACH AFGHANISTAN

Arbeitsvorschläge

G **1.1** Skizzieren Sie stichpunktartig die wesentlichen Etappen der Geschichte Afghanistans (M7).

1.2 Ermitteln Sie aus M7, welche Besonderheiten der afghanischen Gesellschaft bis heute eine Staatsbildung nach westlichem Vorbild erschweren und die Anwesenheit fremder Truppen nötig machen (M2).

2. Arbeiten Sie aus M4 und M6 die Schwierigkeiten und Fehler heraus, die bisher einen Erfolg der militärtechnisch weit überlegenen Streitkräfte der NATO und ihrer Verbündeten in Afghanistan verhindert haben.

2.1 Interpretieren Sie vor diesem Hintergrund die Karikatur M1.

3. Stellen Sie aus M3 und M5 Argumente für und gegen einen Verbleib internationaler Truppen in Afghanistan gegenüber und diskutieren Sie unter der Fragestellung: „Flüchten oder standhalten?" über den Sinn einer weiteren deutschen Beteiligung an diesem Einsatz.

Europäische Sicherheitspolitik

Ist die EU militärisch handlungsfähig?

Miniglossar

EU-Außenpolitik
→ S. 64 ff.

M1 Auf der Suche nach der gemeinsamen Strategie

Begriff

KSZE: Serie von Konferenzen europäischer Staaten, unter Teilnahme auch der USA, Kanadas und der Sowjetunion. In der Schlussakte von Helsinki (1975) wurden unter anderem Vereinbarungen über Menschenrechte und Sicherheitsfragen getroffen.

Multilateralismus (Adj. **multilateral**, lat. vielseitig): Prinzip der Kooperation und Gleichberechtigung bei politischen Entscheidungsprozessen

OSZE: Aus der KSZE hervorgegangene, jetzt feste Organisation von heute 56 Staaten zur Sicherung von Stabilität, Demokratie und Wohlstand. Sie unterstützt Maßnahmen zur Entmilitarisierung und gegen die organisierte Kriminalität, entsendet Wahlbeobachter und überwacht die Einhaltung von Menschenrechten.

Unilateralismus (Adj. **unilateral**, lat. einseitig): Politisches Prinzip, Entscheidungen nicht auf dem Verhandlungswege herbeizuführen, sondern eigene Interessen kraft hegemonialer Stärke durchzusetzen. Unilateral war beispielsweise die Politik der USA, die dem Irak ohne Zustimmung (ohne Mandat) der Vereinten Nationen den Krieg erklärt haben.

VT

Zu Zeiten des Ost-West-Konflikts war die (west-)europäische, vor allem aber die (west-)deutsche Sicherheitspolitik Teil der transatlantischen, d. h. über die NATO und damit über die überlegene militärische Stärke der USA verbürgten Sicherheit. Eine europäische Friedensordnung über die Blockgrenzen hinaus wurde anlässlich einer Konferenz über Sicherheit und Zusammenarbeit in Europa (KSZE) in Helsinki erstrebt, die nach mehreren Folgekonferenzen 1995 in eine feste, noch heute existierende Organisation (OSZE) überführt wurde. Dieser „Geist von Helsinki" hat zwar nicht zu verbindlichen Vereinbarungen geführt, aber dennoch nicht unwesentlich zur Überwindung der Blockgrenzen beigetragen.
Die EU strebt heute eine eigenständige Gemeinsame Außen- und Sicherheitspolitik (GASP) an und mit eigenen, von USA und NATO unabhängigen militärischen Kompetenzen. Sie steht im Dienste der Friedenssicherung und Konfliktverhütung und soll schrittweise – sobald der Europäische Rat dies einstimmig beschlossen hat – in eine gemeinsame Verteidigungspolitik der Union münden.
Mit der europäischen Sicherheitsstrategie ist aber 2003 ein Anfang gemacht worden, mit einer Stimme zu sprechen, um so das Gewicht Europas in außen- und sicherheitspolitischen Fragen zu erhöhen. Sie ist Reaktion auf das veränderte Bedrohungsszenario, kann aber auch als Antwort auf die 2002 formulierte amerikanische Nationale Sicherheitsstrategie gelesen werden, mit der die USA auf die Herausforderung durch die Terroranschläge vom 11. September reagiert haben. Aber wie handlungsfähig ist die EU in diesen sicherheitspolitischen Fragen wirklich?

M2 Militärische Leitziele der EU

Die wesentliche Ursache für diesen grundsätzlichen Wandel der EG/EU war das Ende des Ost-West-Konflikts 1989. Mit diesem Umbruch begann die Auseinandersetzung um ein neues weltpolitisches Gefüge, in dem auch Europa seinen Platz finden musste. [...] Fördernd war die Tatsache, dass – wie die Auseinandersetzungen auf dem Balkan belegten – nach dem Ende des Kalten Krieges heiße Kriege auf dem europäischen Kontinent wieder möglich geworden waren. Die Hilflosigkeit der Vereinten Nationen angesichts dieser Konflikte, die Schwierigkeiten innerhalb der NATO, sich zu Maßnahmen zu entschließen, und die Unfähigkeit der EU, die blutigen Säuberungsaktionen serbisch-stämmiger Einheiten in Bosnien-Herzegowina, die gegen die muslimische Bevölkerung gerichtet waren, zu verhindern: All dies drängte die Frage auf, ob nicht die EU als Ganzes fähig werden sollte, zur Lösung solcher Konflikte unter Umständen auch mit militärischen Mitteln beizutragen. [...] Auf dem Weg zu einer größeren sicherheitspolitischen Eigenverantwortung der EU wurde bereits vor 1998 mit der Westeuropäischen Union (WEU) ein Verteidigungsbündnis belebt, das 1954 von sieben westeuropäischen Staaten gegründet worden war. In den Jahren des Ost-West-Konflikts hatte es keine militärische Rolle gespielt und im Schatten der NATO gestanden. Erst nach dem Ende des Kalten Krieges war die WEU, die auf der EU-Rats-Sitzung in Köln im Juni 1999 in die EU integriert wurde, zu einem sicherheitspolitischen Konsultationsforum vor allem mit den Staaten geworden, die der NATO nicht bzw. noch nicht angehörten.

Nun sollte sie zu einem Instrument für begrenzte militärische Aufgaben der EU umgestaltet werden. 1992 einigten sich die WEU-Mitglieder darauf, das Bündnis auf vier Einsatzbereiche vorzubereiten, die bis heute grundsätzlich das Aufgabenspektrum der ESVP bilden. Nach ihrem damaligen Verhandlungsort auf dem Petersberg bei Bonn werden sie als „Petersberg-Aufgaben“ bezeichnet:

- humanitäre Projekte
- Rettungsmaßnahmen in Katastrophenfällen
- friedenserhaltende Aufgaben
- Kampfeinsätze zur Bewältigung von Krisen einschließlich friedensschaffender Maßnahmen.

[...] Der Europäische Rat von Helsinki entschloss sich im Dezember 1999, die politischen Zielvorstellungen durch ein so genanntes militärisches Leitziel (Headline Goal) zu ergänzen. Die EU soll in die Lage versetzt werden, innerhalb von 60 Tagen bis zu 60 000 Soldaten für eine Dauer von bis zu einem Jahr in den Einsatz zu schicken („schnelle Eingreiftruppe“). Am 22. November 2004 wurde beschlossen, in diesem Rahmen 13 mobile Kampftruppen (Battle Groups) zu bilden, um Truppen schnell und flexibel einsetzen zu können. Diese Verbände werden aus jeweils 1 500 Soldaten bestehen und sollen innerhalb von zehn bis 15 Tagen bereitstehen. [...] Ob ein Mitgliedstaat sich an einem Einsatz beteiligt, bleibt seine eigene Entscheidung. Jeder Staat muss der Entsendung von Truppen gemäß seinen eigenen politischen Verfahren zustimmen. In Deutschland etwa bedarf sie der Zustimmung des Bundestages (Parlamentsvorbehalt).

Darüber hinaus gibt es ein so genanntes ziviles Headline Goal, das die militärische Komponente ergänzt. Danach sollen 5 761 Polizisten bereitgestellt werden – wobei 1 400 von ihnen in weniger als 30 Tagen einsatzfähig sein sollen –, ergänzt um annähernd 5 000 Experten für Katastrophenhilfe sowie derzeit mehr als 1 200 Rechts- und Verwaltungsfachleute. Außerdem wurde 2004 ein Personalpool von nahezu 1 000 Personen für sogenannte Beobachtungsmissionen und die Reform des Sicherheitssektors von Staaten eingerichtet.

Mit dem zivilen Headline Goal drückt die EU ihre Absicht aus, Sicherheitspolitik wesentlich als Stabilisierungspolitik in Krisenregionen, wie zum Beispiel auf dem Balkan, zu verstehen. Primär geht es dabei einerseits um Konfliktprävention, das heißt um die vorzeitige Unterstützung fragiler Staaten, andererseits um Hilfe für den Wiederaufbau von Staaten und Regionen im Anschluss an Konflikte und Kriege. [...] Alle diese Operationen bringen das Interesse der Union zum Ausdruck, wichtige Krisenregionen zu stabilisieren, und machen die zunehmende globale Orientierung der EU deutlich. Sie sind bisher bei der Bevölkerung vor Ort positiv aufgenommen worden. Allerdings hat sich die Union bisher nicht in größerem Maßstab in besonders gefährdeten Gebieten engagiert. Dieser Testfall steht noch aus.

Peter Schmidt. In: Sicherheitspolitik im 21. Jahrhundert. Informationen zur politischen Bildung, 291/2006, S. 73–76

Arbeitsvorschläge

G 1. Erläutern Sie, welche Bedeutung das Ende des Kalten Krieges und die Auseinandersetzungen auf dem Balkan für die Entwicklung der europäischen Sicherheitsstrategie hatten (VT und M 2).

2. Wie definiert die EU heute Sicherheitspolitik? Illustrieren Sie anhand von M 1, M 2 sowie M 7 → S. 69 die angesprochene „zunehmende globale Orientierung der EU“.

3. Überprüfen Sie, ob die aufgelisteten EU-Missionen (→ S. 69, M 7) den selbst gesetzten Anspruch europäischer Sicherheitspolitik, wie er in M 1 zum Ausdruck kommt, bestätigen oder widerlegen.

Die Bundeswehr
Auf dem Weg zur Weltpolizei?

Miniglossar

Hoheitsrechte
Rechte, die einem souveränen Staat zur Erfüllung seiner Aufgaben zustehen

konstitutiv
festsetzend, bestimmend, eine Rechtsfolge begründend

Ultima Ratio
letztes Mittel, letzter Ausweg (z. B. Krieg zur Lösung eines Konflikts)

M1 Deutsche Soldaten im Ausland

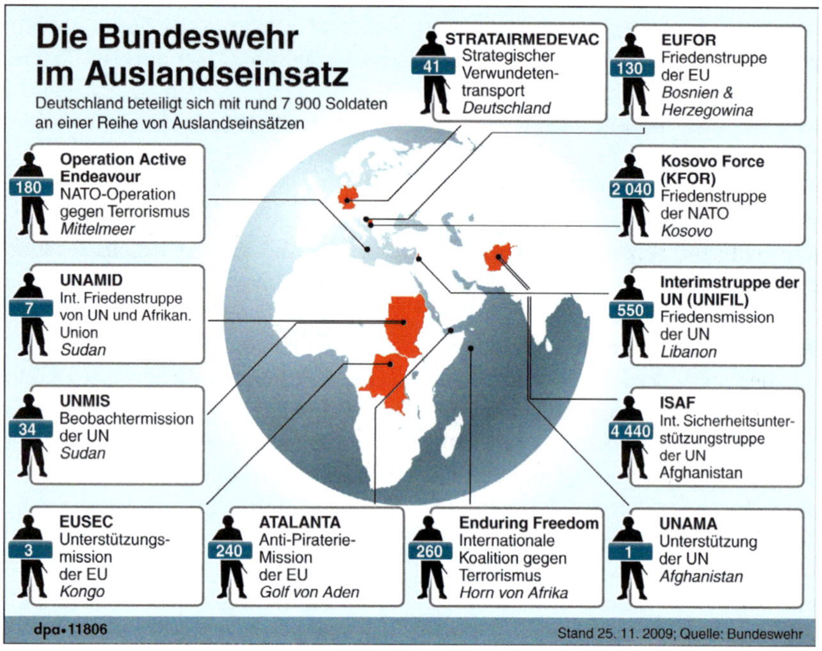

Begriff

Der **Kosovo** ist Teil des ehemaligen Staates Jugoslawien. Zum Schutz der dortigen muslimischen Bevölkerung vor Menschenrechtsverletzungen durch Serbien hat die Bundeswehr im Rahmen der NATO sich am Krieg gegen Serbien beteiligt.

Die **Westeuropäische Union** (WEU) wurde 1954 im Rahmen der Westintegration der Bundesrepublik Deutschland gegründet. Heute ist sie ein weitgehend bedeutungsloser Beistandspakt ohne militärische Strukturen. Die wichtigsten Funktionen sind auf die EU übergegangen.

Ein **System kollektiver Sicherheit** ist ein universales Sicherheitssystem wie das der Vereinten Nationen. Laut einem Urteil des Bundesverfassungsgerichts zählt, was unter Staatsrechtlern umstritten ist, auch das Verteidigungsbündnis NATO dazu.

VT

Die Bundesrepublik Deutschland wurde 1955 Mitglied der Westeuropäischen Union (WEU) und des Verteidigungsbündnisses NATO. Im gleichen Jahr wurde die Bundeswehr gegründet. 1956 rückten die ersten Rekruten ein.
Mit ihrer Integration in die NATO sollte die Bundeswehr militärische Aufgaben nur im Rahmen dieses Bündnisses erfüllen und durfte kein Instrument selbständiger Machtentfaltung sein. Durch NATO-Vertrag und Grundgesetz war sie zudem ausschließlich der Verteidigung des eigenen Landes und der Bündnispartner verpflichtet.
Mit Überwindung des Ost-West-Konflikts und der dadurch möglich gewordenen Vereinigung Deutschlands als jetzt souveräner Staat, vor allem aber mit den in der Folgezeit sichtbar gewordenen neuen Gefährdungen hat sich auch das Aufgabenspektrum der Bundeswehr verändert und erweitert: An Stelle der Verteidigung tritt eine auch militärische Intervention, falls deutsche Sicherheitsinteressen betroffen sind. Mit ihrem ersten Kampfeinsatz hat die Bundeswehr 1999 im Kosovo den Menschenrechten zum Durchbruch verhelfen wollen und nicht das eigene Land gegen einen Angriff von außen verteidigt. Die Herausforderungen, die eine weltweit einsetzbare Bundeswehr an ihre Soldaten (seit 2000 auch Soldatinnen) stellt, hat auch zu einer Diskussion um die Wehrpflicht geführt: Sind Wehrpflichtige diesen Herausforderungen gewachsen oder sollte die Bundeswehr dem Vorbild der meisten NATO-Staaten folgen und eine Armee von Berufs- und Zeitsoldaten werden?

M2 Die Operation Atalanta

Der Deutsche Bundestag stimmt der von der Bundesregierung am 10. Dezember 2008 beschlossenen Beteiligung bewaffneter deutscher Streitkräfte an der EU-geführten Operation Atalanta gemäß den folgenden Ausführungen zu. Es können bis zu 1400 Soldatinnen und Soldaten eingesetzt werden, solange ein Mandat des Sicherheitsrates der Vereinten Nationen (VN), ein entsprechender Beschluss des Rates der Europäischen Union und die konstitutive Zustimmung des Deutschen Bundestages vorliegen, längstens jedoch bis zum 15. Dezember 2009.

EU-Mission Atalanta: Deutsche Marine-Soldaten halten an Bord der Fregatte „Karlsruhe" vor der Küste Somalias Wache.

Völkerrechtliche Grundlagen

Auf hoher See dürfen Kriegsschiffe aller Staaten ein Piratenschiff oder ein durch Piraterie erbeutetes und in der Gewalt von Piraten stehendes Schiff aufbringen, die Personen an Bord des Schiffes festnehmen und die dort befindlichen Vermögenswerte beschlagnahmen. [...]

Die somalische Übergangsregierung ist gegenwärtig nicht in der Lage, die von somalischem Staatsgebiet ausgehende Piraterie wirksam zu bekämpfen. Vielmehr destabilisiert die zunehmende Piraterie die staatlichen somalischen Institutionen weiter. Die Operation Atalanta soll die vor der Küste von Somalia operierenden Piraten abschrecken und bekämpfen. [...]

Rechtliche Grundlagen

Die deutschen Streitkräfte handeln bei ihrer Beteiligung an der EU-geführten Operation auf der Grundlage des Seerechtsübereinkommens der Vereinten Nationen von 1982 und der Resolutionen 1814 (2008) vom 15. Mai 2008, 1816 (2008) vom 2. Juli 2008, 1838 (2008) vom 7. Oktober 2008, 1846 (2008) vom 2. Dezember 2008 und nachfolgender Resolutionen des Sicherheitsrates der Vereinten Nationen in Verbindung mit der Gemeinsamen Aktion 2008/851/GASP des Rates der Europäischen Union vom 10. November 2008 im Rahmen und nach den Regeln eines Systems gegenseitiger kollektiver Sicherheit im Sinne des Artikels 24 Abs. 2 des Grundgesetzes. [...]

Die EU-geführte Operation Atalanta ist ermächtigt, alle erforderlichen Maßnahmen einschließlich der Anwendung militärischer Gewalt zu ergreifen, um den Auftrag gemäß der oben angeführten Resolutionen und nachfolgender Resolutionen des Sicherheitsrates der Vereinten Nationen in Verbindung mit der Gemeinsamen Aktion 2008/851/GASP des Rates der Europäischen Union vom 10. November 2008 zu erfüllen. [...]

Begründung

Die Operation Atalanta soll die vor der Küste von Somalia operierenden Piraten abschrecken und bekämpfen. Dabei soll zum einen die durch Piratenüberfälle gefährdete humanitäre Hilfe für die notleidende somalische Bevölkerung sichergestellt werden. Zum anderen soll die Operation den zivilen Schiffsverkehr auf den dortigen Handelswegen sichern, Geiselnahmen und Lösegelderpressungen unterbinden und das Völkerrecht durchsetzen. [...]

Vor dem Hintergrund der eigenen Machtlosigkeit zur Bekämpfung der Piraterie hat die somalische Übergangsregierung im Februar dieses Jahres den Sicherheitsrat der Vereinten Nationen um Unterstützung bei der Bekämpfung der Piraterie gebeten. Der Sicherheitsrat der Vereinten Nationen beschloss daraufhin einstimmig die Resolutionen 1814 (2008) vom 15. Mai 2008 und 1816 (2008) vom 2. Juni 2008. Die internationale Gemeinschaft wurde darin aufgefordert und ermächtigt, Maßnahmen zur Pirateriеabwehr auch in den Hoheitsgewässern Somalias zu ergreifen. Die Resolution 1838 (2008) vom 7. Oktober 2008 bekräftigt diese Forderungen. Am 2. Dezember dieses Jahres hat der Sicherheitsrat der Vereinten Nationen die Ermächtigung zum Vorgehen gegen Piraterie in somalischen Hoheitsgewässern durch Annahme der Resolution 1846 (2008) um 12 Monate bis zum 2. Dezember 2009 verlängert.

Der Rat der Europäischen Union hat zur Umsetzung dieses Auftrags am 10. November 2008 die Operation Atalanta beschlossen. Dieser Einsatz soll am 8. Dezember 2008 beginnen und 12 Monate dauern.

Deutscher Bundestag, Drucksache 16/11337, 16. Wahlperiode, 10.12.2008, http://dip21.bundestag.de/dip21/btd/16/113/1611337.pdf, Zugriff 29.03.2009

M3 Auslandseinsätze der Bundeswehr

Aus dem Urteil des Bundesverfassungsgerichts über die Zulässigkeit eines Einsatzes der Bundeswehr zur Durchsetzung eines gegen Jugoslawien verhängten Waffenembargos

Art. 24 Abs. 2 GG ermächtigt den Bund, sich zur Wahrung des Friedens einem System gegenseitiger kollektiver Sicherheit einzuordnen. Diese Ermächtigung berechtigt den Bund nicht nur zum Eintritt in ein solches System und zur Einwilligung in damit verbundene Beschränkungen seiner Hoheitsrechte. Sie bietet vielmehr auch die verfassungsrechtliche Grundlage für die Übernahme der mit der Zugehörigkeit zu einem solchen System typischerweise verbundenen Aufgaben und damit auch für eine Verwendung der Bundeswehr zu Einsätzen, die im Rahmen und nach den Regeln dieses Systems stattfinden. [...]

Ein System gegenseitiger kollektiver Sicherheit stützt sich regelmäßig auch auf Streitkräfte, die dazu beitragen, den Auftrag des Systems zu erfüllen, und als Ultima Ratio gegen einen Friedensstörer eingesetzt werden können. Die Mitgliedstaaten müssen daher grundsätzlich bereit sein, der Sicherheitsorganisation zur Wahrung oder Wiederherstellung des Friedens auch militärische Mittel zur Verfügung zu stellen. [...]

Schon die Satzung der Vereinten Nationen lässt in Art. 51 nicht nur die individuelle, sondern auch die kollektive Selbstverteidigung gegen einen bewaffneten Angriff zu. Sie bildet für die VN-Mitglieder die völkerrechtliche Grundlage für heute existierende Verteidigungsbündnisse wie z.B. NATO und WEU. [...] Auch Bündnisse kollektiver Selbstverteidigung können somit Systeme gegenseitiger kollektiver Sicherheit im Sinne des Art. 24 Abs. 2 GG sein, wenn und soweit sie strikt auf die Friedenswahrung verpflichtet sind. [...]

Die NATO bildet ein Sicherheitssystem, in dem die Mitglieder „ihre Bemühungen für die gemeinsame Verteidigung und für die Erhaltung des Friedens und der Sicherheit [...] vereinigen“ (Präambel des NATO-Vertrages). Sie verfolgt dieses Ziel gemäß Art. 5 des NATO-Vertrages insbesondere dadurch, dass sie einem Angriff gegen eine der Vertragsparteien eine Bündnisverpflichtung entgegenstellt, nach der jede der Vertragsparteien einen solchen Angriff als gegen alle Vertragspartner gerichtet ansehen wird. Dabei beanspruchen die Vertragsparteien für den Bündnisfall, die in Art. 51 SVN anerkannten Rechte individueller oder kollektiver Selbstverteidigung wahrzunehmen. Die NATO dient der Wahrung des Friedens auch dadurch, dass die Vertragsparteien sich nach Art. 1 des NATO-Vertrages verpflichten, Streitfälle, an denen sie beteiligt sind, mit friedlichen Mitteln zu lösen. [...] Damit ist die NATO durch ein friedensicherndes Regelwerk und den Aufbau einer Organisation gekennzeichnet, die es zulassen, sie als System gegenseitiger kollektiver Sicherheit im Sinne des Art. 24 Abs. 2 GG zu bewerten. [...]

Die deutsche Beteiligung an friedensichernden Operationen der Vereinten Nationen ist durch Art. 24 Abs. 2 GG verfassungsrechtlich legitimiert. [...]

Art. 87a GG steht der Anwendung des Art. 24 Abs. 2 GG als verfassungsrechtliche Grundlage für den Einsatz bewaffneter Streitkräfte im Rahmen eines Systems gegenseitiger kollektiver Sicherheit nicht entgegen [...]

Urteil des Bundesverfassungsgericht vom 12.07.1994, BVerfG 90 286 Bundeswehreinsatz, zitiert nach: www.servat.unibe.ch/dfr/bv090286.html, Zugriff 31.07.2009

M4 Wehrpflicht als Staatsbürgerpflicht

Grundwehrdienst Leistende und freiwilligen zusätzlichen Wehrdienst Leistende bringen breite Kenntnisse und Fähigkeiten in die Streitkräfte ein. Durch sie bleibt die Bundeswehr in stetem Austausch mit der Gesellschaft, insbesondere jedoch mit der jungen Generation. Die wehrpflichtigen Mannschaften erfüllen in den Streitkräften ein vielfältiges Aufgabenspektrum, das auf breiten schulischen und beruflichen Qualifikationen aufbaut. Dies reduziert den Ausbildungsaufwand und trägt zur hohen personellen Qualität der Streitkräfte bei. [...] Die allgemeine Wehrpflicht sichert darüber hinaus ein umfangreiches Potenzial schnell verfügbarer Kräfte zum Schutz Deutschlands und seiner Bürger und schafft eine solide Grundlage, um geeigneten Nachwuchs an länger dienenden Soldaten zu erhalten. [...] Die Erfüllung der Wehrpflicht ist eine staatsbürgerliche Pflicht und bedeutet einen Einschnitt in die persönliche Lebens- und Berufsplanung junger Männer. [...]

Nach den Vorgaben des Grundgesetzes haben grundsätzlich alle männlichen Staatsbürger einen Beitrag zur Sicherheit und Verteidigung unseres Landes zu leisten. Um das Potenzial der zur Einberufung anstehenden Wehrpflichtigen – auch im Sinne der Wehrgerechtigkeit – besser auszuschöpfen, hat der Bundesminister der Verteidigung für 2006 und 2007 eine jährliche Erhöhung der Einberufungszahlen um mehr als 6 500 Grundwehrdienst Leistende angewiesen.

Bundesministerium der Verteidigung: Weißbuch zur Sicherheitspolitik und Zukunft der Bundeswehr 2006, S. 81 und 83

M5 Willkür statt Wehrgerechtigkeit

[...] Schritt für Schritt verabschiedet sich Deutschland vom hehren Grundsatz, alle jungen Männer gleich zu behandeln. Ein Jahrgang umfasst derzeit etwa 440 000 18-jährige Männer. Davon wurden 2008 lediglich rund 243 000 als tauglich gemustert – was nicht bedeutet, dass sie auch alle eingezogen wurden. Am Ende rückten nur 70 000 in die Kasernen ein; 90 000 absolvierten den Zivil- oder einen ähnlichen Dienst.

Mithin muss nur noch gut jeder dritte junge Deutsche zum Wehr- oder Zivildienst antreten. Die Ausmusterungsquote ist binnen weniger Jahre auf absurde Höhen geschnellt – noch vor wenigen Jahren lag sie bei

17 Prozent, inzwischen sind es nahezu 50 Prozent.

Gibt es dafür gute Gründe? Oder handelt es sich um offenkundige Willkür – und folglich auch um ein heikles rechtliches Problem? Zuletzt hat sich das Verwaltungsgericht Köln auf die Seite der Zahlen gestellt: Die Einberufungspraxis des Staates lasse sich nicht mit dem Grundgesetz vereinbaren. [...]

Ein weiteres Gericht, nämlich das Leipziger Bundesverwaltungsgericht, definiert Wehrgerechtigkeit ganz anders. Und zwar so: Als Grundlage für die Wehrgerechtigkeit darf demnach nicht die Gesamtzahl der jungen Männer herangezogen werden, sondern die Zahl der tatsächlich verfügbaren. Also alle jungen Männer minus die Untauglichen minus die Härtefälle minus die Kriegsdienstverweigerer. [...] Mit zahlreichen Stellschrauben kann die Zahlenbasis für „Wehrgerechtigkeit" statistisch und juristisch nach unten korrigiert werden.

Aber genau auf diese Gerechtigkeitsdefinition beruft sich das Bundesverteidigungsministerium. [...] Dass inzwischen nur noch die Hälfte der jungen Deutschen als tauglich gemustert wird, erklärt Staatssekretär Christian Schmidt auch mit „gesundheitlichen Faktoren, Adipositas zum Beispiel, also Fettleibigkeit". Das Anforderungsprofil habe sich verändert, „wir verlangen heute mehr", sagte Schmidt am Dienstag im Spiegel-Online-Interview. „Jeder Wehrdienstleistende muss in der Lage sein, auch an Einsätzen teilzunehmen – etwa in Afghanistan oder auf dem Balkan."

[...] Winfried Nachtwei, sicherheitspolitischer Sprecher von Bündnis90/Die Grünen, sagte Spiegel-Online: „Die Konsequenz ist, dass die allgemeine Wehrpflicht nicht mehr zu rechtfertigen und gesetzlich ausgesetzt und abgeschafft werden muss." Alternativen lägen schon lange auf dem Tisch: ein freiwilliger flexibler Kurzdienst von zwölf bis 24 Monaten für Männer und Frauen.

Birgit Homburger, sicherheitspolitische Sprecherin der FDP-Bundestagsfraktion, sieht sich ebenfalls bestätigt: Es sei schon lange offensichtlich, dass „der Grundsatz der Gleichbehandlung zunehmend verletzt wird", sagte sie.

Oliver Trenkamp/Esther Wiemann: Willkür statt Wehrgerechtigkeit, Spiegel-Online, 25.03.2009, http://www.spiegel.de/schulspiegel/abi/0,1518,615449,00.html, Zugriff 31.07.2009

M6 Die Kosten der Wehrpflicht

[...] „Die wahren Kosten der Bundeswehr fallen im offiziellen Militärbudget unter den Tisch", sagt Wolf Schäfer, Professor an der Universität der Bundeswehr in Hamburg. Der Volkswirt hat nachgerechnet: „Alle Belastungen aus der Wehrpflicht eingerechnet, müsste Deutschlands Verteidigungshaushalt von derzeit rund 28 Milliarden Euro um 18 bis 20 Prozent höher ausfallen, als er offiziell ausgewiesen wird", schätzt Schäfer.

Nicht aufgeführt würden insbesondere jene volkswirtschaftlichen Alternativkosten, die speziell Wehrpflichtarmeen verursachen. Dazu gehört etwa der Zwangsverzicht der Rekruten auf einen anständig bezahlten zivilen Job. Die Mindereinnahmen der jungen Männer summieren sich im Laufe ihrer Dienstzeit auf durchschnittlich 90 000 Euro pro Wehrpflichtigem, haben Experten ausgerechnet – entgangene Ansprüche gegen Renten-, Arbeitslosen- und Pflegeversicherung eingerechnet. [...] Die Bundesrepublik schlägt so Jahr für Jahr Hunderte Millionen Euro ziviler Wertschöpfung in den Wind, von denen den Deutschen zumindest ein Teil als Steuereinnahme zugute kommen würde. Stattdessen schröpft der Bund die Wehrpflichtigen weiter. „Die Differenz zwischen dem mickrigen Wehrsold und den üblichen Marktlöhnen ist nichts anderes als eine verdeckte Einkommensteuer, die den jungen Wehrpflichtigen zusätzlich auf die Rechnung geschlagen wird", sagt Harald Trabold, Professor an der Fachhochschule Osnabrück. [...]

Karsten Stumm: Verschossen in die Wehrpflicht, Manager Magazin.de, 23.08.2007, www.manager-magazin.de/unternehmen/artikel/0,2828,501355,00.html, Zugriff 28.03.2009

Arbeitsvorschläge

1. Analysieren Sie, wie das Bundesverfassungsgericht die Legitimation von Bundeswehreinsätzen außerhalb der im Art. 87a GG genannten Verteidigung begründet (M 3).

2. Erläutern Sie unter Bezugnahme auf die Charta der Vereinten Nationen und das Grundgesetz die völker- und verfassungsrechtlichen Voraussetzungen eines Einsatzes der Bundeswehr außerhalb ihres Verteidigungsauftrags.

3. Illustrieren Sie am Beispiel des Atalanta-Einsatzes der Bundeswehr (M 2) die multilaterale Politik der Bundesregierung.

4. Folge des erweiterten Sicherheitsbegriffs sind die in M 1 aufgelisteten Bundeswehreinsätze. Diskutieren Sie anhand der Begründung eines solchen Einsatzes in M 2 mögliche Gefahren, die mit dieser Politik einhergehen können.

G **5.** Führen Sie ein Streitgespräch über Sinn und Notwendigkeit der Wehrpflicht. Beziehen Sie in Ihre Argumentation auch die Materialien M 4 bis M 6 mit ein.

6. Der Europäische Gerichtshof hat 2000 das bis dahin im Grundgesetz verankerte Verbot, Frauen zum Dienst an der Waffe zuzulassen, als mit dem in der EU gültigen Gleichheitsgrundsatz (oder Diskriminierungsverbot) unvereinbar zurückgewiesen. Diskutieren Sie, ob angesichts der daraufhin erfolgten Öffnung der Bundeswehr für Frauen die nach wie vor nur für Männer geltende Wehrpflicht noch gerechtfertigt ist.

Methode

Begründete Urteile fällen

In sieben Schritten zum Gesamturteil

Politische Urteilsbildung einüben

Politische Urteilsbildung ist ein alltäglicher Prozess, den jeder mehr oder weniger gut beherrscht, häufig allerdings ohne zu wissen, worauf er dabei zu achten hat und welche Fehler zu vermeiden sind. Es gibt sicherlich viele Formen der Urteilsbildung. Hier soll im Wesentlichen auf die begründete politische Urteilsbildung eingegangen werden.

1. Das Entscheidungsproblem identifizieren

Am Anfang der politischen Urteilsbildung steht ein konkreter, für Sie interessanter und bearbeitbarer Fall. Die Frage sollte dabei jeweils so zugespitzt werden, dass die Urteilenden zu einem Ja oder Nein, zu einem Pro oder Kontra oder zu einer Auswahl unter Alternativen (wie z. B. bei der Bundestagswahl) aufgefordert werden.

Typische Fehler: Der Kern der Urteilsbildung wird verfehlt, wenn im Zentrum der Bemühungen um ein begründetes Urteil nicht ein Entscheidungsproblem steht, sondern eine Erkenntnisfrage von der Art: Was versteht man unter …? Wie funktioniert …? Wie kam es dazu, dass …? Die Urteilskompetenz der Urteilenden ist nur dann in umfassender Weise gefordert und kann nur dann entsprechend aktiviert werden, wenn auch ein Entscheidungsproblem zur Entscheidung vorgelegt wird. […]

2. Beurteilungskriterien entwickeln

Ohne Kriterien ist die normative Basis für Urteilsbildung nicht gegeben, kann also auch keine Urteilsbildung stattfinden. Von daher ist der expliziten Entwicklung von fallbezogenen Kriterien der Urteilsbildung besondere Aufmerksamkeit zu widmen. Wie funktioniert eine solche Entwicklung von Urteilskriterien? Auch hier ist wiederum darauf zu achten, dass die Erkenntnis von Wirklichkeit (Was-Ist-Fragen) keine hinreichende Basis für die Inkraftsetzung von Urteilskriterien ist. Urteilskriterien geben immer eine Antwort auf die Frage: Was soll sein, worauf sollen wir achten, wenn faktische Verhältnisse beurteilt werden sollen. Es ist ein folgenschwerer Irrtum, Urteilsbildung als Erkenntnisproblem aufzufassen. Am Anfang moderner Denkweise steht die Maxime: „Durch die Erkenntnis dessen was ist, lässt sich nicht begründen, was sein soll." Die Trennung von Sein und Sollen ist eine Basis, um zum Kern der Urteilsbildung vorzustoßen. Gerade der kritische Rationalismus (K. R. Popper und H. Albert) hat wiederholt darauf hingewiesen, dass durch empirisch-analytische Wissenschaft die normative Basis von Entscheidungen nicht begründet werden kann. Ein Beispiel aus dem juristischen Alltag möge diese These untermauern: Kein Gericht, kein Richter kann ohne eine rechtliche Basis auch nur ein Urteil fällen. Willkürakte lassen sich nur dadurch überwinden, dass der Richter sich an das geltende Recht hält. Die normativen Gesichtspunkte sind zur Erkenntnisgewinnung über die Wirklichkeit unverzichtbar, denn sie steuern gleichsam wie Scheinwerfer die (wissenschaftliche) Erkenntnis der Wirklichkeit und die Wahrnehmung. […]

Typische Fehler bei der Gewinnung normativer Kriterien:
- Einseitigkeit bei der Auswahl der normativen Gesichtspunkte
- falsche Gewichtung der normativen Kriterien
- undifferenzierte Unterscheidung zwischen Wichtigem und Unwichtigem
- Verzicht auf die Durchführung des Verallgemeinerungstests bei der Inkraftsetzung der normativen Kriterien

3. Sachverhalte prüfen/Beweisaufnahme

Aufgabe der Beweisaufnahme ist es, zu den relevanten Beurteilungsgesichtspunkten empirisch gehaltvolle Aussagen über die politische Wirklichkeit zu machen (ob etwas gegeben ist oder nicht). So lässt sich z. B. anhand der von der Regierung durchgeführten Maßnahmen („Erfolgsbilanz") und anhand der von den Parteien in Aussicht gestellten Vorhaben realistisch abschätzen, welche Prioritäten gesetzt und wo welche Veränderungen im politischen Alltag herbeigeführt wurden bzw. werden sollten. […]. Bei dieser „Beweisaufnahme" ist es sicherlich leichter, die regierenden Parteien eher an der Differenz zwischen Anspruch und Wirklichkeit zu messen als die Opposition. Aber auch die Opposition war in der Regel schon einmal in der Regierung und muss sich fragen lassen, was sie zur Lösung der relevanten Probleme getan hat. […]

Typische Fehler: Taten der einen Partei werden mit Versprechungen der anderen verglichen. (Richtig ist es, Taten mit Taten, Versprechungen mit Versprechungen zu vergleichen.) Es wird nicht geprüft, ob Versprechungen auch umgesetzt wurden, ob Worten auch Taten folgten. Es wird nicht geprüft, welche Mehrheiten (Interessengruppen, Personen) ein wichtiges Reformvorhaben innerhalb einer Partei stützen, also auf vorrangige Umsetzung achten, wenn die Partei an die Regierung kommen sollte. Es werden nur Belege dafür gesammelt, welche (erfolgreichen) Maßnahmen in einem Politikbereich durchgeführt worden sind; es wird aber nicht aufgelistet, welche Maßnahmen (bisher noch oder immer noch) nicht durchgeführt oder gezielt verhindert wurden. Dies gilt bei Regierungs- und Oppositionsparteien wiederum unterschiedlich zu beachten.

4. Einzelurteile entwickeln
In diesem Arbeitsschritt sind die normativen Beurteilungskriterien und die Sachverhaltsaussagen zusammenzubringen, d.h. es ist nun schrittweise zu prüfen, wann was der Fall ist. Im Idealfall könnte man die Kriterienliste zu dem ausgesuchten Politikfeld und die tatsächlichen Leistungen der Regierung/Parteien gegenüberstellen und anschließend feststellen, wer am ehesten dem Anforderungsprofil genügt und wer weniger. [...]
Typische Fehler: Es werden nur einige ausgesuchte Beurteilungskriterien herangezogen, z.B. solche, zu denen es Sachverhaltsaussagen gibt; andere werden vernachlässigt. Sachverhaltsaussagen werden nicht auf ihre Parteilichkeit hin analysiert und hinsichtlich ihres Realitätsgehaltes nicht genügend überprüft. [...]

5. Gesamturteil fällen
Unter Berücksichtigung der erarbeiteten Einzelurteile ist nun im konkreten Fall eine Entscheidung (Ja oder Nein, Pro oder Kontra) zu fällen oder eine Auswahl vorzunehmen. Dieser Entscheidung ist eine ausführliche Begründung beizufügen. Daraus entsteht das Gesamturteil. In dieser Begründung ist auch für Außenstehende, d.h. für Personen, die sich nicht in den konkreten Fall eingearbeitet haben, nachvollziehbar darzulegen, wie sich der Vorgang des Zusammenfügens von Einzelurteilen zum Gesamturteil vollzogen hat (und wie Mehrheits- und Minderheitenvoten zustande gekommen sind.) [...]
Typische Fehler: Das mosaikartige Zusammenfügen der Einzelurteile überzeugt nicht. Der Zusammenhang zwischen Details und der Gesamtentscheidung wird nicht klar. Die vorgenommene Gewichtung der Kriterien wird nicht eingehalten, sondern willkürlich verändert. [...]

6. Gesamturteil veröffentlichen
Es ist wichtig und lohnend, Ihnen deutlich zu machen, dass die „systembedingten" Unzulänglichkeiten der politischen Urteilsbildung kein persönliches Versagen darstellen, sondern dass es geradezu wichtig ist, mit diesen Fehlern produktiv umzugehen. Angesichts von Zeitknappheit, unzulänglichen Informationen und geringen Erfahrungen ist es keine Schande, wenn Sie vorläufig „nur" relativ gute politische Urteile veröffentlichen und doch mutig Ihre Produkte der Kritik stellen, woraus sich die Chance ergibt, andere in den Diskussionsprozess einzubeziehen und noch vorhandene Fehler schrittweise zu eliminieren. [...]
Typische Fehler: Um der Wirksamkeit des Urteils willen werden unlogische oder problematische Schlüsse verschleiert, sachliche Ungenauigkeiten kaschiert, Probleme bei der Findung von Einzelurteilen und bei der Findung des Gesamturteils ausgeklammert. [...]

7. Regeln der Urteilsbildung offenlegen
[...] Die einem jeden Urteilsbildungsprozess zugrunde liegenden Regeln können [...] nach dem ersten Durchgang explizit gemacht werden, um so für die Zukunft den häufig arbeitsteilig vorgenommenen Bearbeitungsprozess besser zu strukturieren und gut aufeinander abzustimmen. Dieser Reflexionsvorgang dient zugleich auch dazu, am vorliegenden Fall sich über die Aufgaben und Probleme der Urteilsbildung selbstkritisch zu vergewissern. [...]
Typische Fehler: Es wird die Auffassung vertreten, politische Urteilsbildung lasse sich nicht in Regeln fassen und könne nicht eingeübt werden. Auf die Herausbildung von Regeln, deren Beachtung am konkreten Fall eingeübt wird und der gezielten Stärkung der politischen Urteilskraft dient, wird verzichtet. Die Orientierung an den Regeln wird zu streng oder zu lasch vorgenommen. Das eine schränkt Ihre Kreativität und Spontaneität in der Bearbeitung eines konkreten Falles ein, das andere führt häufig dazu, dass der Unterricht verschwimmt und zu kaum greifbaren oder kritisierbaren Ergebnissen führt. Niemand will zum vorliegenden Entscheidungsfall sein Urteil bekannt geben.

Julia Haarmann/Matthias Noé/Wolfgang Sander: Forschen mit GrafStat, CD-Rom, Bundeszentrale für politische Bildung (Hg.), Bonn 2004, (erw. Neuaufl.), CD 1, Methoden

Wiederholen und anwenden

Friedensbegriffe

Frieden bedeutet zunächst die Abwesenheit von Gewalt oder Krieg. Damit ist Frieden zwischen und innerhalb von Nationalstaaten ein allgemeines politisches Ziel. Dieses kann dadurch erreicht werden, dass die streitenden Parteien erzwungen oder freiwillig ihre feindseligen Handlungen beenden. Wenn die Waffen ruhen, ist negativer Frieden erreicht.
Ein weiter gefasster positiver Friedensbegriff schließt neben der Abwesenheit kriegerischer auch das Fehlen verdeckter oder struktureller Gewalt ein.
Es herrscht positiver Frieden, wenn sich Konflikte ohne Gewalt durch Kommunikation und Kreativität lösen lassen. Voraussetzungen dafür sind soziale Gerechtigkeit, ökologische Sicherheit, demokratische Strukturen und die Achtung der Menschenrechte. Frieden bildet die Grundlage für Freiheit, er muss im Interesse einer echten Humanität absolut vorrangiges Ziel jeder Politik sein.

Krieg in der Gegenwart

Seit 1945 hat es fast 200 Kriege gegeben. Doch was bedeutet eigentlich „Krieg“? Ursprünglich ist damit ein gewaltsam mit Waffen ausgetragener Konflikt zwischen Staaten gemeint. Daneben spielen Bürgerkriege innerhalb eines Staates eine wichtige Rolle. Hier kämpfen verschiedene Gruppen der Bevölkerung gegeneinander. Weitere Unterscheidungen von Kriegsarten könnten nach den Kategorien Ursachen, Ziele, Formen, eingesetzte Waffen und der räumlichen oder zeitlichen Ausdehnung vorgenommen werden.
Mit dem neuen Begriff „asymmetrischer Krieg“ werden militärische Auseinandersetzungen zwischen Parteien bezeichnet, deren waffentechnische Ausstattung ebenso wie ihre strategische Ausrichtung ungleichgewichtig sind. Diese Bezeichnung nimmt die moderne Bedrohung durch Terrorismus, Partisanen- und Guerillagruppen auf und wertet die entsprechenden Konflikte als Krieg, obwohl sie sich vom klassischen Waffengang vergangener Zeiten deutlich unterscheiden.

Sicherheitspolitik

Anfang der 1990er-Jahre lösten sich die Sowjetunion und das östliche Militärbündnis Warschauer Pakt auf. Der Ost-West-Konflikt verlor an Schärfe. Aus dem Kalten Krieg wurde ein „Kalter Friede“ mit Russland. Ein Schock waren in dieser Situation die islamistischen Anschläge in den USA am 11. September 2001. Allen NATO-Staaten wurde über Nacht die Bedrohung durch diese neue Gefahr deutlich. Es galt nun, die Verbreitung von Massenvernichtungswaffen zu verhindern und Terroristen den Rückzugsraum in zerfallenen Staaten zu nehmen. Daneben traten Themen wie Migration, Umweltkatastrophen oder organisierte Kriminalität (Drogen-, Waffen- und Menschenhandel, Geldwäsche) auf die Tagesordnung. Diese Probleme machten deutlich, dass nur gemeinschaftliches Handeln vieler Staaten diese Bedrohungen eindämmen kann.

Der Sicherheitsrat der Vereinten Nationen

Die Vereinten Nationen führen heute zahlreiche Projekte im sozialen und humanitären Bereich erfolgreich durch und betreiben aktiv Friedenssicherung in vielen Teilen der Welt. Aber dennoch gibt es immer wieder Konflikte, in denen sie handlungsunfähig sind. Die Ursache dieser Schwäche liegt in der Struktur des Sicherheitsrates, des wichtigsten Organs der Vereinten Nationen: Die fünf ständigen Mitglieder (China, Großbritannien, Frankreich, Russland, USA) können mit ihrem Vetorecht notwendige Entscheidungen verhindern und die UNO in ihren Aktionen blockieren. Es reicht, wenn einer der fünf Staaten Nein sagt, weil seine Interessen berührt sind. Die Zukunft der UNO als starker Friedensstifter wird deshalb von manchen Beobachtern skeptisch beurteilt. Aber es gibt keine vergleichbare globale Organisation mit so großer weltweiter Akzeptanz.

Die NATO

Als die NATO 1949 gegründet wurde, hatte sie ein klares Feindbild: die UdSSR und ihre Verbündeten. Die Expansion dieser kommunistischen Staaten galt es zu verhindern. Abschreckung lautete die Strategie der NATO bis zur Entspannung zwischen den beiden Blöcken 1990. Sie rüstete (ebenso wie der Warschauer Pakt) mit atomaren Waffen so hoch, dass ein Angriff mit höchsten Risiken für den Angreifer verbunden war.
Seit Auflösung des Ostblocks sucht die NATO nach einer neuen Strategie. Besonders die Einsätze von NATO-Truppen außerhalb der Bündnisgrenzen („out of area") wie die in Afghanistan, mit oder ohne Auftrag der UNO, bieten immer wieder Anlass zur Diskussion. Ein weiterer kritischer Punkt ist die geplante weitere Osterweiterung der NATO Richtung Russland.

Die Bundeswehr

Die Bundesrepublik Deutschland trat 1955 der NATO bei und lag damit direkt an der Frontlinie zwischen den beiden feindlichen Blöcken, denn die DDR gehörte zum Warschauer Pakt, dem östlichen Militärbündnis. Im gleichen Jahr wurde die Bundeswehr gegründet. Das Grundgesetz legt im Artikel 25 und 26 fest, dass das Völkerrecht Teil des Grundgesetzes ist und dass das Vorbereiten und Führen eines Angriffskrieges verboten ist. Die Bundeswehr ist ursprünglich eine Armee zur Landesverteidigung. Daneben erlaubt das Grundgesetz Militäreinsätze, die im Rahmen eines „Systems gegenseitiger kollektiver Sicherheit" (z. B. UNO, NATO) stattfinden. Sie müssen der Friedenssicherung dienen. Diese Einsätze der Bundeswehr, z. B. in Afghanistan, kann nur der Deutsche Bundestag beschließen.

Check it

Der James-Bond-Film „Ein Quantum Trost" (engl. Originaltitel: „*Quantum of Solace*") aus dem Jahr 2008 mit Daniel Craig in der Hauptrolle thematisiert das Problem Kampf um Wasser.

- Informieren Sie sich und Ihren Kurs über den Inhalt des Films.
- Diskutieren Sie, inwiefern die dargestellte Grundproblematik eine realistische ist.
- Finden Sie historische oder aktuelle Vergleichsfälle.
- Erwägen Sie politische Maßnahmen, die ein demokratischer Staat im Umgang mit einer solchen Problematik ergreifen sollte und könnte.

4 Die Außenpolitik Deutschlands

Welche Rolle will die Bundesrepublik übernehmen?

„Die Ereignisse der Jahre 1989/90 haben den Deutschen nicht nur den für unerreichbar gehaltenen Nationalstaat beschert, vielmehr katapultierten sie die Bundesrepublik gleichsam über Nacht wieder in die Rolle einer kontinentalen Großmacht mit weltpolitischem Gewicht."

Ludwig Watzal, Aus Politik und Zeitgeschichte, Bundeszentrale für politische Bildung (Hg.), B 24, 2000, S. 3

„Die Bundesrepublik kann nicht nur wegen ihrer Geschichte nicht sein wie die anderen, sie kann es auch nicht wegen der zentralen strategischen Position, die sie im europäischen und atlantischen Gefüge innehat: Ohne sie fiele auseinander, was seit einem halben Jahrhundert zusammengehört."

Christoph Bertram (deutscher Journalist): „Deutschland: nicht normal, sondern zentral. Von der Notwendigkeit einer deutschen Führungsrolle in der Außenpolitik Europas". Essay für die Sendereihe „Für eine bessere Außenpolitik" des Deutschlandfunks, Ausstrahlungstermin: Sonntag, 8. August 2004, 9:00–9:30 Dossier, S. 3

Im Oval Office des Weißen Hauses: Bundeskanzlerin Angela Merkel im Gespräch mit US-Präsident Barack Obama

Online-Link

065620-0401

Außenpolitikertreffen im TV (v.l.): Die ehemaligen Außenminister Joschka Fischer (Grüne), Frank-Walter Steinmeier (SPD), Moderatorin Sandra Maischberger, Hans-Dietrich Genscher (FDP) und der ehemalige außenpolitische Berater Willy Brandts Egon Bahr (SPD).

Der Bundesaußenminister Hans-Dietrich Genscher reiste durch die Welt und brachte die sogenannte Scheckbuchdiplomatie zur Meisterschaft, Joschka Fischer musste gemeinsam mit Kanzler und Verteidigungsminister die Probleme auf dem Balkan und in Afghanistan managen. So ließe sich für jede politische Epoche ein besonderer Schwerpunkt des außenpolitischen Handelns mit den entsprechend verantwortlichen Personen verbinden.

- Wie lauten die Herausforderungen der heutigen Zeit?
- Welche besondere Verantwortung trägt die Bundesrepublik Deutschland?
- Wird Deutschland seine Position in einer immer unübersichtlicheren Welt finden bzw. behaupten können?
- Gibt es jenseits von Ökonomie und Militär noch Chancen für die Diplomatie?

Wandel und Konstanz

Die Einflussfaktoren der deutschen Außenpolitik

Miniglossar

Myanmar
früher Birma oder Burma genannt; Militärdiktatur in Südostasien

Begriff

Folgt man den gängigen Definitionen, so ist mit **Außenpolitik** der Versuch nationalstaatlich organisierter Gesellschaften gemeint, ihre politischen, wirtschaftlichen, sozialen, militärischen oder auch kulturellen Interessen in einem internationalen Umfeld zu behaupten.
Mit Bundesaußenminister Steinmeier lässt sich Außenpolitik zunehmend als ein Mehrebenenansatz verstehen, in welchem viele verschiedene Einflussfaktoren zu berücksichtigen sind. Fundamental dabei können sein: historische Verantwortung, verfassungsgeleitete Vorgaben, geostrategische bzw. geographische Bedingungen, finanzielle Ressourcen, ökonomische Verflechtungen, bündnispolitische oder weltpolitische Anforderungen oder innenpolitische sowie nachbarschaftliche Gegebenheiten.
Einflussfaktoren können demnach auch in Persönlichkeiten manifestiert sein, z. B. der Konstellation in einer Regierungskoalition. In den vergangenen 40 Jahren haben stets die kleineren Koalitionspartner in Deutschland den Außenminister und damit meist auch den Vizekanzler gestellt.
Die Wahrnehmung der Außenpolitik findet beinahe ausschließlich durch die mediale Vermittlung statt, die aufgrund der vereinfachenden Bildgestaltung häufig die Komplexität der Entscheidungsprozesse außer Acht lässt. Damit können Tendenzen wahlkampftaktischer Ausnutzung populärer außenpolitischer Gesten einhergehen, wie die Begegnungen mit angesehenen Politikern anderer Nationen.

M1 Voraussetzungen deutscher Außenpolitik

Zur Verwirklichung eines vereinten Europas wirkt die Bundesrepublik Deutschland bei der Entwicklung der Europäischen Union mit, die demokratischen, rechtsstaatlichen, sozialen und föderativen Grundsätzen verpflichtet [...] ist und einen diesem Grundgesetz im Wesentlichen vergleichbaren Grundrechtsschutz gewährleistet. Der Bund kann hierzu mit Zustimmung des Bundesrates Hoheitsrechte übertragen.
(Art. 23,1 GG)

Der Bund kann sich zur Wahrung des Friedens einem System gegenseitiger sozialer Sicherheit einordnen; er wird hierbei in die Beschränkungen seiner Hoheitsrechte einwilligen, die eine friedliche und dauerhafte Entwicklung in Europa und zwischen den Völkern der Welt herbeiführen.
Zur Regelung zwischen staatlicher Streitigkeiten wird der Bund Vereinbarungen über eine allgemeine, umfassende, obligatorische, internationale Schiedsgerichtsbarkeit beitreten.
(Art. 24, 2 und 3 GG)

Die allgemeinen Regeln des Völkerrechts sind Bestandteil des Bundesrechtes.
(Art. 25 GG)

Handlungen, die geeignet sind und in der Absicht vorgenommen werden, das friedliche Zusammenleben der Völker zu stören, insbesondere die Führung eines Angriffskrieges vorzubereiten, sind verfassungswidrig. Sie sind unter Strafe zu stellen.
(Art. 26, 1 GG)

M2 Die Rolle finden

Außen- und Sicherheitspolitik haben für Deutschland heute nur noch zweitrangige Bedeutung. In den fünfziger Jahren des vergangenen Jahrhunderts wurde erbittert um Konrad Adenauers Westpolitik gekämpft: Was ist unser Hauptziel, Sicherheit oder Wiedervereinigung? Beim einen ging es um die Existenz der Bundesrepublik, beim anderen um die Kernfrage der Nation. In den sechziger und siebziger Jahren wurde ebenso erbittert um Willy Brandts Ostpolitik gekämpft: Wie halten wir es mit dem Osten? Gehen wir auf Konfrontation, um ihn niederzuzwingen, oder suchen wir die Kooperation, um das Mögliche möglich werden zu lassen. Beide Überzeugungen lebten von der Auffassung, nur so könne die Einheit Deutschlands gerettet werden. Danach gab es keinen grundsätzlichen Streit mehr, aber die Sorge um Frieden und Sicherheit hielt

VT

Oft dauert es lange, bis die deutsche Politik offiziell auf ein Ereignis reagiert. Sind sich die Medien und die Bevölkerung auch scheinbar einig, so ist die Zahl der zu bedenkenden Faktoren sehr groß, vor allem für ein Land, das wirtschaftlich stark ist und historisch schwere Verantwortung trägt, nicht nur gegenüber Israel, Polen oder Russland. Die Ziele der Außenpolitik sind sehr heterogen: Auf der einen Seite will Berlin einen ständigen Sitz im UN-Sicherheitsrat und muss sich deshalb auch militärisch an schwierigen Konflikten beteiligen. Auf der anderen Seite kann es sich der Export-Weltmeister nicht erlauben, arabische Kunden und Investoren zu verprellen, wenn es z. B. um einen Einsatz in Afghanistan geht. So laviert die Regierung zwischen den Ansprüchen der USA und Saudi-Arabiens hin und her.

an, bis der Ost-West-Konflikt ein Ende fand.
Die Außenpolitik der Berliner Republik kennt keinen existenziellen und keinen grundsätzlichen Streit mehr, denn Deutschland ist vereint und sicher. Es ist von Freunden „umzingelt“, auch unsere Nachbarn im Osten gehören der NATO an.
Bei alledem bleibt sie sich ihrer Grenzen als Mittelmacht bewusst und weiß, [...] dass nicht Deutschland, sondern nur Europa Gewicht in die Weltpolitik bringen kann. Ihr Ehrgeiz richtet sich wie bei den meisten Europäern nicht auf mehr Macht, sondern auf mehr Einfluss, sie will nicht bestimmen, aber mitbestimmen.
Aber man kann sich nicht schwächer machen, als man ist; um Schweiz zu spielen, ist Deutschland zu groß. Wie bei den Militäreinsätzen kann sie sich auf Dauer den Erwartungen nicht entziehen, die an ein Land seiner Größe, Lage und Bedeutung gerichtet sind.

Peter Bender: Deutsche Außenpolitik: Vernunft und Schwäche: In: Aus Politik und Zeitgeschichte 43/2008, S. 3

M3 Die Rolle der Außenminister

[...] Mit zunehmender Bedeutung der Außen- und Sicherheitspolitik für die G8 wuchs auch die Rolle der Außenminister. Sie sind es, die die außen- und sicherheitspolitische Agenda für den Gipfel vorbereiten. Anfangs tagten sie noch gemeinsam mit den Staats- und Regierungschefs. Seit fast zehn Jahren treffen sie sich unabhängig von den „Chefs“ und auch häufiger als diese. Und weil Krisen und Konflikte sich nicht an den Tagungskalender der Minister halten, spielen ihre Treffen und die Zusammenkünfte ihrer politischen Direktoren längst eine über die Vorbereitung der Gipfel hinausgehende Rolle. Man nutzt diese Treffen, um sich bei Bedarf – und das kann bedeuten: regelmäßig – abzustimmen. Aus vereinzelten Treffen ist ein regelrechter Prozess entstanden, der Außenministerprozess. Der äußere Schein diplomatischer Routine täuscht darüber hinweg, dass hinter verschlossenen Türen knallhart verhandelt wird. [...]

Auswärtiges Amt (Hg.): In der Welt 2007, Berlin 2007, S. 50 f.

M4 Wie wird man Außenminister?

[...] „Posten werden erst nach der Wahl verteilt“, sagte Guido Westerwelle nach seinem Vortrag bei der Gesellschaft für Auswärtige Politik (DGAP) in Berlin. Eine Fragestellerin hatte ihm en passent Ambitionen unterstellt, in einer schwarz-gelben Koalition Außenminister zu werden. [...] Walter Scheel, Hans-Dietrich Genscher, Klaus Kinkel. Das ist die Reihe freidemokratischer Außenminister, die Westerwelle nach dem September um seinen Namen ergänzt wissen möchte. Dies vor der Wahl öffentlich zu beschweigen, gehört ebenso zum Politikritual wie das frühzeitige Signalisieren in den Hinterzimmern des Berliner Parketts, eben jenes Amt anzustreben.

Ansgar Graw: Westerwelle gibt den Außenminister der Reserve, Welt-Online, 05.05.2009, http://www.welt.de/politik/article3681132/westerwelle-gibt-den-Aussenminister-der-Reserve.html, Zugriff 24.06.2009

M5 Sicherheit als außenpolitisches Arbeitsfeld

Drei Dimensionen des neuen Sicherheitsdenkens

Umfassende Sicherheit	Gemeinsame Sicherheit	Präventive Sicherheit
Vielfältige Herausforderungen erfordern ein weiteres Spektrum an sicherheitspolitischen Instrumenten und Handlungsoptionen.	Integratives und kooperatives Zusammenwirken in internationalen Bündnissen wird wichtiger.	Möglichst frühzeitiges Erkennen von Sicherheitsrisiken und präventives Handeln, um mögliche Gefahren zu minimieren.

Bayerische Landeszentrale für politische Bildungsarbeit (Hg.): Das integrierte Deutschland, München 2006, S. 169

Arbeitsvorschläge

1. Erarbeiten Sie aus den Vorgaben des Grundgesetzes (M 1) die wesentlichen verfassungsrechtlichen Grundlagen für die deutsche Außenpolitik und beziehen Sie dabei auch die Entstehung des Grundgesetzes mit ein.

2. Untersuchen Sie die Verfassung nach spezifischen Bedingungen für den Einsatz der Bundeswehr im Ausland und diskutieren Sie diese anhand aktueller Beispiele.

G 3. Skizzieren Sie mithilfe des Textes M 2 und Ihrer Kenntnisse aus dem Fach Geschichte die historischen Entwicklungen in der Außenpolitik der Bundesrepublik Deutschland.

4. Ordnen Sie die Dimensionen des neuen Sicherheitsdenkens (M 5) in die veränderte Situation nach dem 11. September 2001 ein.

5. Diskutieren Sie anhand der Texte M 3 und M 4, ob die Innen- oder die Außenpolitik die momentane Situation der Bundesrepublik Deutschland dominiert.

Verantwortung aus der Geschichte

Versöhnung mit unseren Nachbarn

Miniglossar

Bilateralismus
völkerrechtliche Verträge zwischen zwei Staaten

Begriff

Der Freundschaftsvertrag zwischen Deutschland und Frankreich, der am 22. Januar 1963 im Pariser Élysée-Palast unterzeichnet wurde, hat die Zusammenarbeit zwischen den Ländern nach langer „Erbfeindschaft" und verlustreichen Kriegen immer weiter intensiviert. Beide Seiten verpflichteten sich in dem **Élysée-Vertrag** zu regelmäßigen Beratungen zur Außen-, Sicherheits-, Jugend- und Kulturpolitik.

1991 wurde infolge eines zunächst eher informellen Treffens der Außenminister Frankreichs, Polens und Deutschlands in Weimar das **Weimarer Dreieck** gegründet, das vorrangig als Gesprächs- und Konsultationsforum der drei Regierungen gedacht war. Ein Komitee zur Förderung der deutsch-polnisch-französischen Zusammenarbeit wurde gegründet. Der Öffentlichkeit wurde dieser Schulterschluss allerdings erst durch die als „Weimarer Gipfel" firmierenden Treffen der drei Staats- bzw. Regierungschefs bekannt. Inzwischen ist daraus eine regelrechte Plattform für die trilaterale Diskussion und Zusammenarbeit entstanden, die Preise für ein Engagement der Versöhnung vergibt und Gesprächsmöglichkeiten unterschiedlichster Form anbietet, insbesondere für Jugendliche aus den drei Ländern.

M1 Deutschland und Frankreich

Exorzisten am Werk

VT

Die deutsch-französische Freundschaft wurde bereits 1963 auf höchster Ebene besiegelt. Der französische Staatspräsident Charles de Gaulles und der deutsche Bundeskanzler Konrad Adenauer unterzeichneten damals den bis heute gültigen Élysée-Vertrag. Zweimal im Jahr tagt ein gemeinsamer deutsch-französischer Ministerrat. Darüber hinaus ernennen beide Regierungen je einen Beauftragten für die deutsch-französische Zusammenarbeit, der gleichzeitig Staatsminister bzw. Staatssekretär für Europa ist. Damit soll deutlich gemacht werden, dass die beiden Länder im Herzen Europas ihre Zusammenarbeit ganz im Rahmen der europäischen Einigung verstehen. Wesentlich jünger und schwieriger ist der Aussöhnungsprozess mit unseren östlichen Nachbarn. Die Aufarbeitung der gemeinsamen Geschichte ist noch längst nicht abgeschlossen. Nach jahrelangem Streit hat die Bundesregierung im Jahr 2008 den Weg für den Aufbau eines Dokumentationszentrums über Flucht und Vertreibung in Berlin frei gemacht. Die Bundesregierung plant die Gründung einer Institution, die an die Vertreibung der Millionen Menschen aus Ost- und Mitteleuropa erinnern soll. Sie steht unter dem vorläufigen Titel „Sichtbares Zeichen". Das ursprünglich von Vertriebenenverbänden initiierte Konzept wurde besonders von Polen und der Tschechischen Republik scharf kritisiert. Nach langen Debatten um den Ort, Personalien oder die Einbeziehung z. B. aus Ostpolen vertriebener Polen steht nun der Aspekt der Versöhnung im Mittelpunkt. Ist dies der Anfang zu einer Verständigung wie mit Frankreich oder bräuchte umgekehrt die Aussöhnung mit Frankreich ein ähnliches Dokumentationszentrum?

M2 Deutschland und Polen heute

[...] Die Verschlechterung der deutsch-polnischen Beziehungen unter dem polnischen Premierminister Jaroslaw Kaczynski (Juli 2006 – November 2007) könnte – theoretisch betrachtet – als eine Art Katalysator wirken, um ihnen eine solide, wichtige Sachverhalte nicht mehr ausklammernde, konzeptuelle Grundlage zu geben. Nach Kaczynski kann nämlich niemand mehr die Existenz und das Fortwirken der negativen Koordinaten des deutsch-polnischen Verhältnisses leugnen. [...]
Nun überdeckt diese Schuldzuweisung das ebenso reale Versagen jener Eliten in beiden Ländern, die auf dem Gebiet des deutsch-polnischen Verhältnisses aktiv sind. Dazu gehören auf der deutschen Seite viele häufig unkundige „Polen-Experten" in Politik und Stiftungen wie leider auch in den Tageszeitungen sowie den öffentlich-rechtlichen Medien. Ihre fehlende Kompetenz wird durch die auch für die polnischen Eliten charakteristischen nationalen Emotionen und Vorurteile „ausgeglichen", die für gewöhnlich mit „geschickter" Europa-Rhetorik überdeckt werden.
Und dennoch muss das deutsch-polnische Verhältnis trotz aller Spannungen und Konflikte der letzten Jahre als gut gelten, so schlecht es pflegte in den vergangenen drei Jahrhunderten zu sein. Es wäre aber schon an der Zeit zu begreifen, dass jenes Europa, das sich ausschließlich aus souveränen Nationalstaaten zusammensetzte, im Jahre 1939 endgültig – in einer Katastrophe – gescheitert ist. Zugleich sollte die Tatsache zur Kenntnis genommen werden, dass beide Länder nicht mehr primär als Nationalstaaten, sondern nur dann eine Zukunft haben, wenn sie sich mit anderen Europäern in einer echten politischen Union Europas zusammen finden. [...]

Jerzy Mackow: Deutsch-polnische Beziehungen. Nachbarschaft der Nationalstaaten statt einer europäischen Interessensgemeinschaft? In: Hanns-Seidel-Stiftung (Hg.): Politische Studien, Nr. 420, München, Juli/August 2008, S. 26 f.

M3 Polnische und deutsche Sichtweisen

[...]
Sikorski: Wir finden es problematisch, dass so viele deutsche Regierungen so viele Mittel dafür verwendet haben, das politische Gewicht der Vertriebenenverbände zu stärken. Jetzt schon in der dritten Generation. Wir haben auch in Polen solche Leute, weil Polen ohne eigenes Verschulden 300 Kilometer nach Westen verschoben wurde. Sie erinnern sich und reisen in die alte Heimat, aber wir finanzieren dies nicht, wir schaffen keine Bürokratie für die Identitätsbewahrung. Keinesfalls würden wir ihnen eine Polarisierung gestatten, die einer Störung unserer Beziehung zu ihren Herkunftsländern gleich käme.
ZEIT: Wir haben doch mehr das Folkloristische finanziert. Die reale Politik lief doch auf das Gegenteil hinaus: ja kein revisionistisches Potenzial zu bilden, deshalb der Lastenausgleich und die Verteilung der Flüchtlinge auf das ganze Land. Die Frage ist, ob wir je diese Schlacht um Symbole und Erinnerungen beenden können.
Sikorski: Das klingt wie ein Vorwurf an Polen ...
ZEIT: ... nein, nein ...
Sikorski: ... und solche Vorwürfe würden Sie gegen Israel nie erheben, weil Sie angesichts der Unermesslichkeit des Leids die Wunden respektieren würden. Sechs Millionen Juden sind umgekommen, sechs Millionen Polen, die Hälfte von ihnen jüdisch. Wir haben auch unsere Freiheit verloren, weit über 1945 hinaus. Der Zweite Weltkrieg ist für uns erst mit dem Beitritt zur NATO und zur EU zu Ende gegangen. [...]

Josef Joffe: „Ihr wisst so wenig von uns", Interview mit dem polnischen Außenminister Radoslaw Sikorski. In: Die Zeit, Nr. 13, 19.03.2009, S. 8

M4 Paris – Berlin

[...] Bundeskanzlerin Merkel bekundete bei ihrem Antrittsbesuch in Washington die Bereitschaft zu einem Neuanfang, aber auch den Willen, nicht in eine Position der bedingungslosen Gefolgschaft zurückzufallen. Ebenso löste sich die Große Koalition aus der nahezu vorbehaltlosen Frankreich-Fixiertheit und dem Bilateralismus mit Moskau. Das Ergebnis dieses vorsichtigen Kurswechsels ist ambivalent: In dem Maße, wie Frankreich sich nicht (mehr) auf die bedingungslose Unterstützung Berlins verlassen kann, wächst der Handlungsspielraum für die Bundesregierung gegenüber den kleinen und mittleren Staaten und muss auch Frankreich diplomatisch beweglicher werden. [...] Der deutsch-französische Motor (in der EU, Anm. d. A.) war immer dann erfolgreich, wenn beide Seiten zu einem Kompromiss finden mussten. [...]

Stefan Fröhlich: Deutsche Außen- und Sicherheitspolitik in der EU. In: Aus Politik und Zeitgeschichte, Nr. 43, 2009, S. 18

Arbeitsvorschläge

1. Bewerten Sie anhand von M2 das derzeitige deutsch-polnische Verhältnis.

G 2.1 Informieren Sie sich in Gruppen über die Geschichte von Flucht und Vertreibung innerhalb Europas in der Zeit von 1939 bis 1950.
2.2 Diskutieren Sie anschließend im Plenum die Meinungen, die in M3 vertreten werden.

G 3. Erarbeiten Sie unter Einbeziehung historischer Kenntnisse die Rolle des deutsch-französischen Verhältnisses für Europa und berücksichtigen Sie dabei M1 und M4.

Akteure der deutschen Außenpolitik

Wer verfolgt welche Interessen?

Miniglossar

Auswärtiges Amt
Außenministerium der Bundesrepublik Deutschland

Begriff

Zu den **Akteuren der Außenpolitik** in der Bundesrepublik gehören institutionell verankerte Institutionen mit verschiedenen Kompetenzen. Hierarchisch am höchsten positioniert ist das Amt des **Bundeskanzlers**.
Der **Außenminister** der Bundesrepublik Deutschland nimmt im Kabinett eine vorrangige Stellung ein und ist für die sichtbare Gestaltung außenpolitischer Übereinkünfte mit anderen Staaten und den Schutz deutscher Bürger im Ausland zuständig.
Konkurrenz erwächst ihm aus den Interessen weiterer Kabinettsmitglieder, z. B. den Ministern für Verteidigung, Wirtschaft, Entwicklungshilfe oder Bildung, wenn es sich zum Beispiel um die Errichtung einer Schule in Afghanistan handelt.

Der **Bundesnachrichtendienst (BND)** agiert im Geheimen. Im Auftrag der Bundesregierung dient er der Aufklärung und ist berechtigt, Operationen im Ausland durchzuführen. Er wird von einem eigens eingerichteten Ausschuss des Deutschen Bundestages kontrolliert.

Im vorpolitischen Bereich sammeln sich verschiedene **Verbände** und **Interessengruppen**, die sich mit unterschiedlichen Themen der Außenpolitik beschäftigen, z. B. die „Deutsche Gesellschaft für Auswärtige Politik" oder die Verbände der Vertriebenen, die etwa die deutsche Außenpolitik z. B. gegenüber Polen und Tschechien mit erhöhter Aufmerksamkeit verfolgen.

M1 Gremien, Organe und Organisationen

Kontrolle der Bundeswehr durch den Bundestag sowie internationale parlamentarische Zusammenarbeit in verteidigungs- und bündnispolitischen Fragen

Blickpunkt Bundestag, Spezial Bundestag und Bundeswehr; Berlin 2008, S. 5

VT

Der Bundessicherheitsrat zählt zu den weniger bekannten Akteuren in der Außenpolitik, weil er sich viele Jahre stark auf Rüstungsexportpolitik beschränkt hat. Seit dem 11. September 2001 hat der Rat als Organ zur Koordinierung deutscher Außen- und Sicherheitspolitik an Bedeutung gewonnen. Dieses Organ unterliegt aber keiner parlamentarischen Kontrolle. Ihm gehören der Bundeskanzler, der Chef des Bundeskanzleramtes, der Außen-, Verteidigungs-, Finanz-, Innen-, Justiz- und Wirtschafts- bzw. Entwicklungshilfeminister an. Darüber hinaus existiert im Kanzleramt eine außenpolitische Abteilung. Seit Adenauers Kanzlerschaft ist die Außenpolitik eine Domäne der Kanzler. Aber Außenpolitik wird nicht allein von der Regierung „gemacht". Von manchen der Mitspieler, wie etwa dem BND, erhält man wenig Auskünfte über das konkrete Vorgehen in einzelnen Feldern der internationalen Politik. Andere Akteure reden gerne über Außenpolitik. Die Parteien nutzen gerne Erfolge „ihrer" Regierungsmitglieder, um beispielsweise Wahlkämpfe damit zu befeuern. Und die Debatte innerhalb der Parteien und zwischen ihnen um die „richtige" außenpolitische Strategie ist selbstverständlicher Bestand des öffentlichen Diskurses zur politischen Meinungsbildung. Sogenannte Think Tanks (etwa „Die Deutsche Gesellschaft für Außenpolitik" oder „Die Bundesakademie für Sicherheitspolitik") nehmen über Beratungstätigkeiten und Publikationen ebenso Einfluss.

M2 Befleckte Freundschaft

Usbekistan ist zu einem, wenn nicht dem Prüfstein der deutschen Außen- und Menschenrechtspolitik geworden. Das Land ist ein zentralasiatisches Armenhaus mit 27 Millionen Einwohnern, riesigen Baumwollfeldern, Erdgasvorkommen, einem autokratischen Regime und einer islamistischen Bewegung, die sich nicht zuletzt aufgrund staatlicher Unterdrückung radikalisiert hat. Geostrategische Relevanz bekam Usbekistan erstmals nach dem 11. September 2001, als die USA und auch Deutschland dort Militärstützpunkte für ihre Einsätze im benachbarten Afghanistan einrichteten. Das Massaker von Andijo bescherte dem Regime von Islam Karimow, einem ehemaligen KP-Funktionär, im Frühjahr 2005 internationale Schlagzeilen. Am 13. Mai hatten Bewaffnete das Gefängnis der Stadt gestürmt und mehrere Insassen, darunter auch Islamisten, befreit. Polizeikräfte eröffneten daraufhin das Feuer auf eine Menschenmenge und töteten mehrere hundert Personen. Auf internationale Proteste reagierte die usbekische Regierung mit verschärften Repressionen gegen kritische Journalisten und Menschenrechtler. Im Januar 2006 traten Sanktionen der EU gegen das usbekische Regime in Kraft: ein Waffenembargo sowie ein Einreiseverbot für zwölf hochrangige Regierungsmitglieder. Auf deutsches Drängen wurde das Einreiseverbot im Oktober vergangenen Jahres ausgesetzt, im Oktober diesen Jahres schließlich aufgehoben.

In der Londoner Zentrale von Amnesty International kann man darüber nur den Kopf schütteln. Ähnlich harsch fällt die Kritik von Human Rights Watch (HRW) aus. Deutschland, so Kenneth Roth, Direktor der Organisation, sei im Umgang mit autoritären Regimen der Sowjetunion, allen voran Usbekistan, offenbar sehr viel mehr von „wirtschaftlichen Interessen geleitet" als von menschenrechtlichen Prinzipien.

Auf der Suche nach Motiven der deutschen Usbekistan-Politik stößt man nicht auf Rohstoffe, sondern auf eine Gemengenlage von Interessen, verteilt auf disharmonisches Trio: Da ist zum einen das Bundeskanzleramt, das die „dialogische Umarmung" des usbekischen Regimes durchaus misstrauisch betrachtet, aber nicht alle paar Monate darüber einen Konflikt mit dem Koalitionspartner im Außenministerium führen möchte. Da ist der Bundesnachrichtendienst, der wiederum dem Kanzleramt untersteht und schon seit zehn Jahren eine partner policy, Politik der Partnerschaft, mit regelmäßigen Kontakten und punktueller Zusammenarbeit verfolgt. Und da ist der Außenminister Steinmeier, der unerschütterlich an den Wandel durch Annäherung glaubt. Treibende Kraft ist zweifellos das Auswärtige Amt, das sein Konzept des „Wandels durch Annäherung" inzwischen in eine EU-Zentralasienstrategie gegossen hat. Kasachstan, Tadschikistan, Kirgistan, Turkmenistan und Usbekistan heißen die Adressaten, mit denen Europa nicht nur Menschenrechtsdialoge führen, sondern auch Wirtschaftsbeziehungen ausbauen, Bildungs- und Justizsysteme modernisieren und gemeinsam gegen Extremismus und Drogenschmuggel vorgehen will. Den BND, das Bundeskriminalamt und die Bundesanwaltschaft interessieren vor allem Erkenntnisse des usbekischen Geheimdienstes über mögliche Anschläge von Islamisten auf den deutschen Luftwaffenstützpunkt in der usbekischen Stadt Termes oder auf deutsche Truppen in Afghanistan.

Jochen Bittner u.a: Befleckte Freundschaft, Die Zeit, Nr. 50, 04.12.2008, S. 10 f.

M3 Militär und Außenpolitik

[...] Frühzeitig wurde von der deutschen Politik erkannt, dass sich das größere internationale Gewicht Deutschlands zusätzlich durch die Bereitstellung von Militär ausdrücken müsste. Da wo die Diplomatie einen Lösungsweg auch mit militärischen Mitteln ausgearbeitet hatte, konnte sich Deutschland selbst nicht der Beteiligung entziehen. Die Aufnahme des Militärischen in die deutsche Außenpolitik wurde ein Stück weit zur Normalität. Der Grundsatz der Lastenteilung begann besonders ab dem Moment zu greifen, als sich die Bündnisse Deutschlands in der Konfliktbewältigung engagierten. Nachdem sich die NATO als Schlichter auf dem Balkan anbot, war klar, dass – trotz artikulierter Vorbehalte – auch deutsche Soldaten mitmachen würden. [...]

Hans-Joachim Reeb: Aktuelle Herausforderungen für die Auslandseinsätze der Bundeswehr. In: ifplus 2, Beilage zur Zeitschrift für Innere Führung 3, 2008, S. 3

Arbeitsvorschläge

1. Informieren Sie sich auf der Homepage des Auswärtigen Amtes über die Struktur und die Aufgaben dieses Bundesministeriums.

2. Arbeiten Sie die Problematik der deutschen Außenpolitik in Usbekistan aus dem Text M 2 heraus und identifizieren Sie dabei die verschiedenen Akteure.

3. Zeigen Sie auf, wie der Bundessicherheitsrat in der deutschen Außenpolitik positioniert ist und wer ihm angehört (VT).

4. Erläutern Sie anhand von M 3, warum die Bundeswehr im Gegensatz zu früher eine wichtigere Rolle in der Außenpolitik spielt.

5. Zeigen Sie anhand von M 2 die Position des Bundestages in der Außenpolitik in Bezug auf den Einsatz der Bundeswehr der Bundesrepublik auf. Berücksichtigen Sie dabei auch M 1.

Weiterführender Arbeitsauftrag
Informieren Sie sich über die aktuelle Entwicklung in Usbekistan.

Strategien der Außenpolitik
Sind Streitkräfte ein politisches Instrument?

Miniglossar

Golfkrieg
hier: 2. Golfkrieg; 1990/91 ausgetragener Krieg zwischen einer US-geführten Militärkoalition und dem Irak, als Reaktion auf die Besetzung Kuweits durch den Irak im Jahr 1990

M1 Alte und neue Akteure

Ausgaben für internationale Aktivitäten sowie ausgewählte innenpolitische Aufgabenfelder, anteilig am Bundeshaushalt (in Prozent)

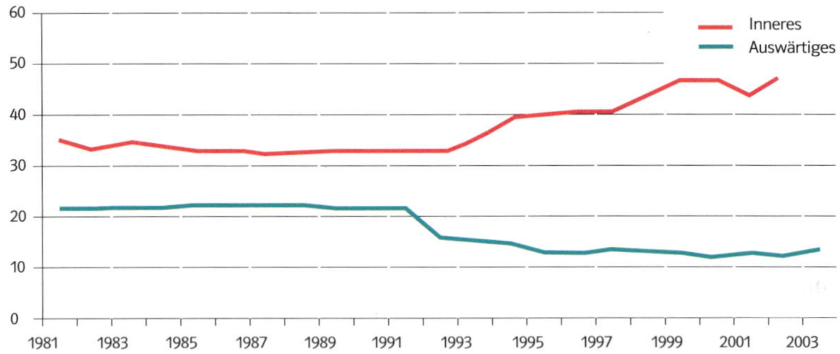

Statistisches Bundesamt

Unter Auswärtiges sind die Ausgaben des Bundesministeriums für Verteidigung, des Bundesministeriums für Entwicklung und Zusammenarbeit sowie des Auswärtigen Amtes zusammengefasst. Die Kategorie Inneres umfasst Ausgaben des Bundesministeriums für Arbeit und Sozialordnung, des Bundesministeriums für Verkehr, Bau- und Wohnungswesen sowie des Bundesministeriums des Inneren.

M2 Die Situation 2004

Gewiss, wenn Gerhard Schröder den europäischen Nachbarn ein „stolzes", „starkes" und „normales" Deutschland ankündigt, das mehr „Respekt" erwartet und seine Interessen zukünftig „so wie die anderen auch" vertreten wird (beispielsweise dadurch, dass die ungleichen Beitragszahlungen in der EU zu Lasten Deutschlands „ganz selbstbewusst und interessengerecht [...] in Ordnung" gebracht werden), dann droht in einer hoch vernetzten und weitgehend integrierten Union noch nicht der Rückfall in das Zeitalter

Begriff

Vor allem in der Geschichtswissenschaft ist die These vom **deutschen Sonderweg** strittig.
Deutschlands Entwicklung in der Geschichte zeigt immer wieder „Eigenheiten" auf, etwa in der Entwicklung des Staatsgefüges oder in der Ausformung der Demokratie. Um von einem Sonderweg sprechen zu können, muss man die Entwicklung von Frankreich und England beispielsweise als „Norm" setzen. Fraglich ist, welche Rechtfertigung eine solche Normsetzung hätte. Dennoch findet die These immer wieder Anhänger, bietet sie doch die Möglichkeit, einen Begriff zu finden, unter dem sich Phänomene und Ereignisse gut erklären lassen: das Schwanken zwischen Tradition und Moderne, zwischen Westorientierung und Ostorientierung. Der deutsche Sonderweg wurde oft auch als Weg zur Ablehnung der zivilisierten demokratischen Ordnung und als Hinwendung zu übersteigerten Nationalismus und Aggression gesehen.
Rein „deutsche" Wege in der Außenpolitik werden auch daher sehr kritisch gesehen. So fand die nach 1990 zunächst beibehaltene deutsche Zurückhaltung beim Einsatz des Militärs abseits der unmittelbaren Verteidigung des Bundesgebietes ausgerechnet bei den westlichen Verbündeten wenig Beifall.

VT

Mit eigener Stimme sprechen und sich trotzdem in einen europäischen Kanon einfügen – so könnte das Motto der deutschen Außenpolitik lauten. Um dieses Ziel zu erreichen, ist Diplomatie notwendig. Deutschland muss ständig um seine Glaubwürdigkeit bemüht sein, damit sich die USA nicht anderen verlässlichen Partnern zuwendet, wie sie mit Polen oder Tschechien in Mitteleuropa bereit stehen. Die Abhängigkeit Deutschlands vom russischen Erdgas und -öl erzwingt eine mehrdeutige Politik, die bisweilen zu Irritationen bei den Verbündeten sorgt. Versteht es die deutsche Außenpolitik jedoch, ernsthaft eine Vorreiter- und Vermittlungsrolle zum Beispiel im Klimaschutz zu spielen, ohne China oder Indien zu verprellen, wird auch die deutsche Exportwirtschaft zufrieden sein. Wird auf diesem Weg das Ziel eines ständigen Sitzes im UN-Sicherheitsrat erreicht?

europäischer Großmächterivalität im 19. Jahrhundert. Es kann allerdings auch keine Rede davon sein, dass sich deutsche Außenpolitik mit dieser Haltung von jener „Verantwortungspolitik" leiten lässt, die der frühere Außenminister Genscher der klassischen Machtpolitik gegenüberstellte und zumeist auch mit Deutschland als selbst stilisierter „Zivilmacht" oder gar als weltweit angesehenem „Partner und Vorbild" (G. Schröder) assoziiert wurde. Im deutschen Fall gehören zu solchen Großmachtgebärden beispielsweise die vom Bundeskanzler propagierte Nichtbeteiligung Deutschlands an Maßnahmen gegen Saddam Husseins Irak, denn in einem klaren Bruch mit der bundesdeutschen Tradition schloss der Kanzler im Wahlkampf eine Teilnahme Deutschlands selbst für den Fall aus, dass im UN-Sicherheitsrat ein gemeinsamer Beschluss herbeigeführt werden würde.
Die Kollision resultiert aus einer Strategie, bei der die USA in die Rolle desjenigen gerückt werden sollen, gegen den ambitionierte „europäische" Weltordnungsvorstellungen durchgesetzt werden sollen.

Gunter Hellmann: Von Gipfelstürmern und Gratwanderern. „Deutsche Wege" in der Außenpolitik. In: Aus Politik und Zeitgeschichte 11/2004, S. 37

M3 Die Perspektiven 2006

Nach dem Grundsatz „Außenpolitik beginnt zu Hause" will Angela Merkel vor allem die wirtschaftspolitische Leistungsfähigkeit und damit das deutsche Selbstvertrauen wieder herstellen.
Außenpolitik findet nicht die öffentliche Aufmerksamkeit, die ihr im Lande zukommen müsste.
In keinem anderen westlichen Land ist die Skepsis gegenüber militärischen Lösungen von Konflikten so groß wie in Deutschland. Diese militärische Zurückhaltung muss nicht unbedingt negativ gesehen werden, doch nimmt sich Deutschland damit die Chance auf politischen Einfluss. Die Betonung von „softpower" ist wichtig und richtig, doch darf sich Außenpolitik nicht auf internationale Sozialhilfe beschränken. Streitkräfte sind auch ein politisches Instrument der Außenpolitik. Ihre Entsendung aus eigener Initiative eingebettet in eine kluge außenpolitische Strategie und Interessenpolitik, kann ebenso sinnvoll sein, wie die Umsetzung von wirtschaftlichen, finanziellen oder diplomatischen Fähigkeiten in politischen Einfluss. Die Bundeswehrsoldaten stehen nicht nur militärisch ihren Mann, doch fehlen nach wie vor ein kluges Konzept und der Wille, ihren Einsatz im Rahmen einer langfristigen Interessenpolitik zu nutzen.

Christian Hacke: Deutsche Außenpolitik unter Bundeskanzlerin Angela Merkel. In: Aus Politik und Zeitgeschichte 43/2006, S. 36

Bundeskanzlerin Angela Merkel zu Besuch in Afghanistan

M4 Die Strategie 2008

Wir möchten zivile Friedensmacht sein und militarisieren doch zunehmend unsere Außen- und Sicherheitspolitik. Das begann nicht erst mit dem 11. September, sondern bereits nach dem Kosovokrieg. Den hatten die Amerikaner de facto alleine geführt, ihre europäischen Bündnispartner fühlten sich von ihnen behandelt wie lästige Reservisten. Nie wieder, schwor sich Europa. Es hat seither in seine militärischen Strukturen investiert und seiner Außenpolitik einen hörbar zackigen Unterton verpasst – angefangen von der Bekämpfung des Terrorismus über die Abwehr von Migranten, bis hin zu einem neuen Dogma, nicht nur der Sturz eines Regime, sondern auch der Wiederaufbau eines Landes könne von Soldaten geleistet werden. Die Militarisierung des Zivilen rächt sich nun bitter in Afghanistan. Obwohl inzwischen jeder General ungefragt erklärt, dass die Mission mit Bomben und Panzern nicht zu gewinnen sei, wird über sie nur noch in militärischen Kategorien gestritten. Stehen genügend Tornados zur Verfügung? Sollen deutsche Kampftruppen in den Süden?
Dabei fehlt es in erster Linie nicht an Truppen, sondern an Personal, Mitteln und Strategien für den zivilen Wiederaufbau.
Der Bundeswehrsoldat, der eine Schule baut, mag auf die Öffentlichkeit daheim beruhigend wirken. Den Afghanen würde er mehr nützen, wenn er seine eigentliche Aufgabe wahrnähme: den Schutz der Zivilbevölkerung.

Andrea Böhm: Unser erster Krieg. In: Die Zeit Nr. 9 vom 21.02.2008, S. 1

Arbeitsvorschläge

1.1 Analysieren Sie in Gruppenarbeit jeweils eine außenpolitische Strategie aus den Jahren 2004 bis 2008 (M 2 bis M 4).
1.2 Vergleichen Sie nun die Strategien hinsichtlich ihrer Ziele und Erfolge.
1.3 Diskutieren Sie danach die Erfolgsaussichten von Strategiewechseln in der Außenpolitik an einem konkreten aktuellen Beispiel (etwa Afghanistan, Kosovo o. Ä.).

G **2.** Beschreiben Sie die aus M 1 ableitbare Entwicklung hinsichtlich der Verteilung der finanziellen Mittel und begründen Sie diese mithilfe Ihres im Fach Geschichte erworbenen Wissens. Ziehen Sie dabei auch die Begriffserklärung hinzu.

Zielkonflikte der Außenpolitik
Was wollen wir im Ausland erreichen?

Miniglossar

Treibhausgase
als schädlich für die Stabilität des Klimas angesehene Gase, die zu einem Anstieg der Temperatur auf der Erde beitragen, beispielsweise Kohlendioxid oder Methan

M1 Im Schatten

Begriff

Diplomatie nennt man die Praxis des Führens von Verhandlungen durch Repräsentanten von Organisationen oder Staaten.
Im übertragenen Sinne bezeichnet man eine geschickte (am Kompromiss oder Konsens orientierte) Verhandlungsführung als diplomatisch.

Englisch ist in den vergangenen Jahren neben Französisch als Hauptsprache der politischen Diplomatie getreten.
In der Geschichtsschreibung werden die norditalienischen Stadtstaaten der Renaissance als Beispiel genannt für die Etablierung grundlegender Spielregeln der Diplomatie: etwa die Entsendung von Botschaftern in andere Länder, die als Gastgeberländer die Diplomaten des Entsenderlandes erst anerkennen müssen.
Die internationale Diplomatie ist gekennzeichnet durch ein hohes Maß an Traditionen und Regeln. Die Einhaltung von oder der Verstoß gegen solche Gepflogenheiten oder „das Protokoll" ist wiederum selbst Teil der „diplomatischen Kommunikation". So sind noch heute Fragen der Sitzordnung oder die Frage, wer wen zuerst begrüßt, Bestandteil der „Kunst der Diplomatie".

M2 Worauf zielt die Außenpolitik ab?

Der thematische Spannungsbogen spiegelt das vom Grundgesetz vorgegebene werteorientierte Interessengeflecht, innerhalb dessen sich Deutschland als außen- und sicherheitspolitischer Akteur zu bewähren hat.
In Anlehnung an das Weißbuch zur Sicherheitspolitik Deutschlands und zur Zukunft der Bundeswehr zählen dazu:

VT

Zielkonflikte der Außenpolitik: Das hört sich nach einem staubtrockenen Thema an. Schnell kann die Frage nach den unterschiedlichen Interessen in der Verfolgung einer politischen Linie jedoch brandaktuell werden, wenn es beispielsweise um die Einsetzung eines Untersuchungsausschusses durch den Deutschen Bundestag geht. Die Einsätze der Bundeswehr oder des BND im Kosovo oder im Irak waren zumindest nicht unumstritten. Zwar handelte die deutsche Außenpolitik jeweils im Rahmen ihrer Bündnisse und stellte Soldaten oder beschaffte Informationen, aber Experten konnten daneben weitere Bestimmungsfaktoren entdecken. Sowohl im Kosovo, im Irak wie ebenso im Iran stellen die Interessen deutscher Unternehmen einen wichtigen Faktor bei der Diskussion um die Ziele der Politik dar. Auf dem Balkan spielen Absatzmärkte und Minen eine wichtige Rolle; im Irak stehen die zukünftigen Exportchancen auf dem Spiel, schließlich war das Land schon lange ein wichtiger Handelspartner – genauso wie der Iran.
Gibt es offizielle und heimliche Ziele der Außenpolitik, die sich widersprechen und die womöglich unterschiedlichen Interessen dienen?

- Recht und Freiheit, Demokratie, Sicherheit und Wohlfahrt für die Bürgerinnen und Bürger zu bewahren und sie vor Gefährdungen zu schützen;
- Souveränität und Unversehrtheit des deutschen Staatsgebiets zu sichern;
- regionale Krisen und Konflikte, die Deutschlands Sicherheit beeinträchtigen können, wenn möglich vorzubeugen und zur Krisenbewältigung beizutragen;
- globalen Herausforderungen, vor allem der Bedrohung durch den internationalen Terrorismus und der Weiterverbreitung von Massenvernichtungswaffen zu begegnen;
- zur Achtung der Menschenrechte und zur Stärkung der internationalen Ordnung auf der Grundlage des Völkerrechts beizutragen;
- den freien und ungehinderten Welthandel als Grundlage unseren Wohlstands zu fördern und dabei die Kluft zwischen armen und reichen Weltregionen zu überwinden zu helfen.

Hans Raidel: Deutschland im Spannungsfeld des internationalen Politikgeflechts. In: Hanns-Seidel-Stiftung (Hg.): Aktuelle Analysen 49, München 2008, S. 7

M3 Klimapolitik

Angela Merkel wurde so deutlich wie selten. Wolle die Welt die Klimakatastrophe aufhalten, werde ein neuer Maßstab nötig sein. Nicht mehr vier Tonnen Treibhausgase dürfe statistisch jeder Mensch auf der Erde pro Jahr verursachen – sondern nur noch halb so viel, nur noch zwei Tonnen. Ganz wie die Wissenschaft empfiehlt: Will die Welt einen bedrohlichen Klimawandel noch verhindern, muss sie bis 2050 ihre Emissionen halbieren. Dies, so Merkel, sei das Ziel.
Die Mühen könnten sich lohnen: allein wegen der Abhängigkeit von Rohstoffen wie Öl und Gas.

Michael Bauchmüller u.a.: Mission Merkel. In: Süddeutsche Zeitung, Nr. 223 vom 27.09.2007, S. 13

M4 Innenpolitische Erfordernisse?

Braucht die Autoindustrie Hilfe, ist die Politik, namentlich die deutsche, selten fern. Das hat Tradition, da unterscheidet sich die Regierung Merkel nicht von der Regierung Schröder. Hunderttausende Arbeitsplätze hängen daran, viele deutsche Ministerpräsidenten haben die Autofabrik gleichsam vor der Haustür. Die Industrie darf nicht leiden, zu wichtig sind ihre Exporte. In dieser Tradition steht auch die Haltung Deutschlands zu den Klimavorgaben für Europas Autohersteller. Am Montag haben EU-Parlamentarier und Mitgliedsstaaten diese gemeinsam gestutzt. Zwar soll die Industrie verbrauchsarme Autos ausliefern, aber nicht 2012, sondern erst 2015. In Deutschland will die Kanzlerin nicht am Klimaschutz rütteln lassen, und für ihren Umweltminister geht es nicht unter einer „dritten industriellen Revolution". In der Theorie sind sie stark, in der Praxis zaudern sie.

Michael Bauchmüller: Klima des Kleinmuts. In: Süddeutsche Zeitung, Nr. 281 vom 03.12.2008, S. 3

M5 Sanktionen – oder nicht?

Obwohl der UN-Sicherheitsrat bereits in drei Runden Sanktionen gegen Teheran verhängt hat, um das Regime von seinem Atomprogramm abzubringen, verzeichnen alle großen westlichen Staaten ein wachsendes Iran-Geschäft. Die deutschen Exporte zwischen Januar und Juli dieses Jahres beliefen sich auf 2,2 Milliarden Euro, 14 Prozent mehr als im Vorjahreszeitraum. Am Dienstag appellierte in Berlin eine bunte Koalition aus Iran-Kritikern an die Bundesregierung, unilaterale Sanktionen gegen Iran zu verhängen. „Stop the bomb", lautet ihr Slogan, eine Anspielung auf die vermutete Absicht des Teheraner Regimes, Atomwaffen zu entwickeln. Die Bundesregierung hält sich derweil streng an die beschränkten UN-Sanktionen und appelliert darüber hinaus an die Unternehmen, ihr Iran-Geschäft einzuschränken. Wollte die Regierung das iranische Regime wirklich treffen, könnte sie es deutschen Unternehmern schlicht verbieten, den iranischen Energiesektor zu beliefern. Der gehört zu den wenigen Wachstumsbranchen, in denen die Iraner nur schwer auf Anbieter aus China ausweichen könnten. Ohne westliche Technologie könnte Iran seine Öl- und Gasexporte kaum steigern. Folgen hätte das allerdings auch für den Westen: Die Energiepreise könnten steigen und Unternehmen lukrative Aufträge verlieren.
Zu den Risiken des Iran-Geschäfts gehört es auch, am Pranger von Iran-Kritikern, der israelischen oder amerikanischen Regierung zu stehen.

Paul-Anton Krüger/Nicolas Richter: Die Sanktions-Lüge. In: Süddeutsche Zeitung, Nr. 252 vom 29.10.2008, S. 5

Arbeitsvorschläge

1. Erörtern Sie in Gruppenarbeit die verschiedenen Ziele der deutschen Außenpolitik (M 2) und diskutieren Sie anschließend im Plenum über eine mögliche Hierarchisierung der Ziele.

2. Vergleichen Sie die Texte M 3 und M 4 und erläutern Sie die Gründe für die hier angedeuteten Zielkonflikte.

3. Arbeiten Sie die Aussage der Karikatur in M 1 heraus und untersuchen Sie mögliche Folgen des dargestellten Zielkonfliktes.

4. Diskutieren Sie die Möglichkeiten der Bundesregierung, die in Text M 5 dargestellten Ziele miteinander in Einklang zu bringen.

Einsatz in Afrika

Friedensmissionen der Bundeswehr

Miniglossar

Bundeswehr
→ S. 134 ff.

UNAMID
Blauhelm-Kontingent für den Westen des Sudan (Darfur)

Begriff

Der Konflikt im **Sudan** ist eine in die Zeit des Kalten Krieges zurückreichende Auseinandersetzung. Sie findet entlang der Grenzlinie zwischen den eher arabisch-islamisch geprägten Nomaden-Völkern im Norden und Osten des Landes und den eher christlich-schwarzafrikanischen Stämmen des Westens und Südens (Ackerbauern) statt. Die Kämpfe um Weideland und Ackerbaugebiete verschärfen sich besonders in der westlichen Region **Darfur** durch die dramatischen Trockenperioden. Zusätzlich sind die religiösen Konflikte zu berücksichtigen, die auf dem Fundamentalismus auf beiden Seiten beruhen.
Der Sudan diente u. a. Osama bin Laden als Rückzugsort. Außerdem ist die Selbstbewaffnung durch Stammesmilizen in Darfur mit der jahrelangen Vernachlässigung der Region durch die korrupte Zentralregierung in der Hauptstadt Karthum zu erklären.
China verhindert als Schutzmacht des Regimes eine Intervention der internationalen Staatengemeinschaft zugunsten der vom Völkermord durch arabische Reitermilizen bedrohten Zivilbevölkerung. China konnte sich in der vom Westen weitgehend vernachlässigten Region als Handelspartner und Entwicklungshelfer etablieren und ist an den Rohstoffen des Landes interessiert. Mit dem ständigen Sitz im UN-Sicherheitsrat wird ein Veto Chinas garantiert.

M1 Die Bundesrepublik im Sudan

Deutschland beteiligte sich in den Jahren 2006 und 2007 mit durchschnittlich 38 Soldaten und fünf Polizisten an der VN-Friedensmission im Sudan (UNMIS). Weitere Leistungen waren die finanzielle und logistische Unterstützung der Mission der Afrikanischen Union in Darfur (AMIS) sowie die politische Unterstützung der Vereinten Nationen bei der Friedenskonsolidierung in Sudan. UNMIS unterstützt die ehemaligen Konfliktparteien bei der Umsetzung des umfassenden Friedensabkommens von 2005, mit dem der Bürgerkrieg zwischen dem Norden und dem Süden des Landes – eine der längsten und blutigsten Auseinandersetzungen in Afrika – beendet wurde. Mit knapp 10 000 Soldaten und Polizisten sowie 3 500 zivilen Experten spielt die UNMIS eine maßgebliche Rolle, um Sicherheit für den wirtschaftlichen und politischen Wiederaufbau im Südsudan zu schaffen. Deutschland stellte unverändert das größte nationale Kontingent an Militärbeobachtern und leistete im Kreis der europäischen Nationen einen der größten Beiträge zur Gesamtmission.

Bericht der Bundesregierung zur Zusammenarbeit zwischen der Bundesrepublik Deutschland und den Vereinten Nationen in den Jahren 2006 und 2007, Berlin 2008, S. 18 f.

M2 Hintergrund zum Konflikt in Darfur

Seit Tagen bombardieren die MIG-29-Bomber der sudanesischen Armee die Dörfer in Darfur. Eine neue Militäroffensive der sudanesischen Regierung ist in Gang – mit tödlichen Folgen nicht nur für die Opfer der Bombenangriffe, sondern womöglich auch für Hunderttausende in Flüchtlingslagern, die nicht mehr versorgt werden. Könnte man sich hierzulande eine Vorstellung von dem Horror machen, von den Massakern, Vergewaltigungen, Vertreibungen und all den Gräueltaten, die die Menschen in Darfur seit dreieinhalb Jahren erleiden, dann würde die Debatte ganz anders verlaufen. So aber folgt sie dem bekannten Abwehrreflex: schon wieder eine

VT

Lange Zeit war Afrika für Auslandseinsätze der Bundeswehr tabu. Erst mit dem Einsatz in Somalia änderte sich die Strategie, war man doch mit Soldaten – als Aufbauhelfer – im Rahmen der UNO-Mission zur Befriedung des vom Bürgerkrieg zerrissenen Landes beteiligt und konnte so Handlungsfähigkeit demonstrieren.
Dieser Versuch scheiterte jedoch, weil mit großem Aufwand lediglich wenige Brunnen gebohrt werden konnten. Nach dem Rückzug der UNO-Truppen blieb das Land in drei Teile zersplittert. Immer wieder erschüttern bis heute Kämpfe das Land und islamistische Terrorgruppen konnten die Rechtsordnung der Scharia durchsetzen.
Kritische Stimmen sind laut geworden, als die Afrikanische Union Unterstützung bei der Friedens- und Beobachtermission in Darfur anforderte.
Die Bundesregierung verfolgt mit ihrer eher symbolischen Beteiligung mit zwei Soldaten im benachbarten Grenzkonflikt zwischen Äthiopien und Eritrea eine erfolgreiche „Good-Will-Demonstration" im Rahmen der UNO. Wie soll sich die Bundesrepublik bei diesen UNO-Einsätzen in Afrika verhalten?

Friedensmission? Unsere Bundeswehr ist doch ohnehin schon heillos überfordert. Kosovo, Afghanistan, Kongo, Libanon, nun auch noch Darfur – will das kein Ende nehmen?
Oft wird bei der Ursachenforschung der Bruderzwist von Kain und Abel zitiert. Diese grobe Vereinfachung ist nicht falsch. Denn die Bewohner der kargen, glutheißen Wüsten und Halbwüsten von Darfur konkurrieren seit Menschengedenken um knappe Naturgüter, um Wasser, Weiden und Ackerboden, um Brennholz, Baumaterial und Wild. Diese Konfrontation verläuft meist zwischen wandernden Viehaltern und sesshaften Ackerbauern, zwischen arabischstämmigen Nomaden und schwarzafrikanischen Farmern. Das hohe Bevölkerungswachstum, die beschleunigte Versteppung und periodische Dürren haben die Verteilungskonflikte verschärft, und weil sie inzwischen mit massenhaft verbreiteten Schnellfeuerwaffen ausgetragen werden, ist der Blutzoll so hoch, dass traditionelle Schlichtungsinstrumente nicht mehr wirken. Überdies wurden die Randregionen von der Zentralregierung jahrzehntelang vernachlässigt und so wuchsen Armut und Zorn der besonders benachteiligten schwarzafrikanischen Darfuri. Ihre Führer beschuldigen das islamische Regime, ihren Lebensraum durch systematische Vertreibungen zu „arabisieren". Im Januar 2003 entluden sich die Spannungen in einem bewaffneten Aufstand. Seither berichten Menschenrechtsorganisationen von „ethnischen Säuberungen" und einem „schleichenden Völkermord".

Bartholomäus Grill: Krieg im toten Winkel. In: Die Zeit Nr. 38 vom 14.09.2006, S. 5

Flüchtlinge in Darfur

M3 Einsatz im Sudan 2008

Die Mission der UNO in Darfur ist mit ihren geplanten 26 000 Mann der größte Blauhelm-Einsatz weltweit, doch die Stationierung stockt, bislang sind nicht einmal die Hälfte der Soldaten angekommen. Die meisten Blauhelm-Soldaten für Unamid kommen aus Afrika, weil der Sudan darauf besteht. Der Westen hilft nur mit wenigen Soldaten und dies sind keine Kampftruppen. Berlin schickt vorerst einen einzigen Offizier. Er soll die Flugzeugleitstelle in El Fasher führen, wo die Truppe ihr Hauptquartier hat. Doch die kleine Verstärkung aus Deutschland sorgt schon bald für großen Streit. Denn der Befehl aus Berlin lautet: Der Soldat muss stets eine Waffe tragen. Das wiederum will der UN-Kommandeur in El Fasher nicht genehmigen. Und so ist die Stationierung der deutschen Vorhut in Darfur ins Stocken geraten. Sieben weitere Bundeswehrsoldaten, die Unamid verstärken sollen, sitzen in Deutschland auf gepackten Koffern.

Arne Perras: Eine Waffe stört den Krieg, Süddeutsche Zeitung, Nr. 302, 30.12.2008, S. 3

M4 Waffenexport von Kleinwaffen

[...] Nach Recherchen der Gesellschaft für bedrohte Völker hat die sudanesische Armee (selbst wenn sie das stets bestritten hat) Janjaweed-Milizen mit Waffen, darunter mit G3-Sturmgewehren von Heckler & Koch (einem deutschen Rüstungskonzern, Anmerkung des Autors) ausgerüstet, die gegen die wehrlose Bevölkerung in Darfur eingesetzt wurden, was Zehntausenden Menschen das Leben kostete und weit mehr als eine Million der Bewohner in die Flucht trieb. [...] Wenn deutsche Waffen – wie etwa die Gewehre von Heckler & Koch – in vielen Kriegen der letzten Jahrzehnte eingesetzt wurden, so stammten die meisten davon entweder aus Lieferungen im Rahmen von Militärhilfe oder aus Lizenzproduktionen. Die Lizenznehmer müssen in solchen Fällen gegenüber der Bundesrepublik eine Endverbleiberklärung unterschreiben, wonach ein weiterer Export ausgeschlossen wird, doch wird diese Vorschrift kaum überwacht. [...]

Dorothea Schmidt: Denn sie wissen, was sie tun. Das Geschäft mit den Kleinwaffen, Prokla 143, Juni 2006, S. 195 ff.

Arbeitsvorschläge

1. Informieren Sie sich über geographische und aktuelle Angaben zum Sudan und Darfur.

2. Arbeiten Sie aus Text M 2 zunächst die konkreten Ursachen für den Konflikt in Darfur heraus.

3. Diskutieren Sie aufbauend auf den Texten M 1 und M 2 die deutsche Rolle im Rahmen der Friedensbemühungen.

4. Überprüfen Sie mithilfe von Text M 3 die momentane Situation in Darfur und erläutern Sie daran anschließend mögliche Schwierigkeiten einer deutschen Beteiligung an internationalen Einsätzen, z. B. für UN-Missionen.

5. Diskutieren Sie, ob die Bundesrepublik sich trotz guter Verdienstmöglichkeiten aus dem Exportgeschäft mit Kleinwaffen komplett zurückziehen sollte.

Verantwortungsgemeinschaft als Ziel

Die internationale Rolle der Bundesrepublik

Miniglossar

Heiligendamm
Seebad in Mecklenburg-Vorpommern, in dem 2007 ein Gipfel der acht führenden Industrienationen (G8-Gipfel) unter deutscher Organisation stattfand

M1 Deutschland als Partner in der Welt

Burkina Faso: Der ehemalige Bundesaußenminister Frank-Walter Steinmeier besuchte im Jahr 2008 ein Fußballprojekt für Straßenkinder in Ouagadougou.

Wir können uns freuen, dass die Zahl der demokratisch verfassten Staaten seit 1989 deutlich zugenommen hat. Und die weltweite Globalisierung hat so viele Menschen aus der Armut befreit wie noch nie. Millionen von Menschen erfüllen sich zumindest einen Zipfel vom Traum des westlichen Lebensstils, unseres Wohlstands. Länder wie Deutschland sind die großen Profiteure dieser Entwicklung – auch wenn es nicht unserer landläufigen Wahrnehmung entspricht. Industriegüter und Maschinen „Made in Germany" finden weltweit reißenden Absatz. Aber die weltweite Vernetzung lässt nicht nur Chancen wachsen, sondern auch die Risiken. Die nehmen viele in

Begriff

Im Jahr 2007 wurde in dem deutschen Ostseebad Heiligendamm unter großen Sicherheitsvorkehrungen das jährliche Gipfeltreffen der G7- bzw. G8-Gruppe abgehalten. Die Bundesregierung bezeichnete den dort angestoßenen Dialog mit den wichtigsten Schwellen-Ländern als wegweisendes Konzept – als **Heiligendamm-Prozess.** Dieser beinhaltete Gespräche mit Brasilien, China, Indien, Mexiko und Südafrika. Verhandelt wurde zum einen über den Schutz und die Förderung von Innovationen. Zum anderen sollten die Investitionsfreiheit gestärkt und Unternehmen gleichzeitig verpflichtet werden, die Grundsätze der sozialen Verantwortung zu beachten. Darüber hinaus sollte der Klimawandel durch die gemeinsame Erforschung und Verbesserung der Energieeffizienz verlangsamt werden. Eine gemeinsame Verantwortlichkeit für die Entwicklungspolitik – vor allem in Afrika – wurde abschließend festgelegt.

VT

Unübersehbar bemühen sich viele Länder derzeit darum, eine neue Rolle in der Weltpolitik zu finden. Nicht nur die wirtschaftlich aufstrebenden Nationen, auch die geschwächte USA oder das zwischenzeitlich wieder erstarkte Russland ringen um Macht und Einfluss, gerade in Ländern und Regionen, die über wertvolle Rohstoffe verfügen. Auch Deutschland sucht vor allem seit der Wiedervereinigung eine angemessene Rolle im internationalen Mächtesystem und unterwirft sich damit einem Wandel, ohne alle Tradition über Bord zu werfen. Ob die Bundesrepublik Vorbild sein kann, wird sich zeigen, ob sie von einer Mittelmacht zu einer Großmacht aufsteigen kann, zumindest im diplomatischen Spiel der Kräfte, das bleibt abzuwarten. Sicher ist zumindest, dass im Rahmen der EU die deutsche Stimme ihr Gewicht behalten wird, selbst wenn sie sich in die Linie der EU fügen muss.

Deutschland viel schärfer wahr. Wir alle kennen diese neuen apokalyptischen Reiter, die den Horizont verdüstern: der internationale Terrorismus, Atomwaffen in den Händen von immer mehr Staaten. Die Folgen von Klimawandel, Ressourcenknappheit und Agrarpreisexplosion. Neue Inflationsgefahren und unberechenbare Finanzmärkte.

„Die Welt sucht nach neuer Ordnung", habe ich vor Kurzem gesagt. Und die Menschen suchen nach neuen, tragfähigen Ordnungsmustern, nach Orientierung. Eine neue Ordnung ergibt sich erst da, wo das Blockdenken in alten und neuen Formen überwunden wird. Wir brauchen Strukturen gemeinsamer Sicherheit und gemeinsamer Verantwortung. Wenn wir wollen, dass unsere Kinder und Enkel so friedlich und gut leben, wie wir es in den letzten 60 Jahren getan haben, dann führt kein Weg an einer „globalen Verantwortungspartnerschaft" vorbei.

Denn für uns geht es jetzt darum, die neuen Mächte, wie Indien, China, Brasilien, in die globale Verantwortungsgemeinschaft einzubeziehen.

Wenn wir wollen, prägen wir – mit politischen Angeboten, mit kluger Diplomatie und mit moderner Technologie – den globalen Fortschritt.

Während unserer G8-Präsidentschaft haben wir dazu einen konkreten Schritt getan: Mit dem „Heiligendamm-Prozess" haben wir einen intensiven Dialog mit den großen Schwellenstaaten China, Indien, Mexiko, Brasilien und Südafrika initiiert. Wir sollten darüber nachdenken, die G8 auf Dauer in ein neues Format zu bringen, in dem sich die Multipolarität der Welt besser spiegelt, vielleicht können wir in einigen Jahren von G13 sprechen.

Bundesaußenminister Frank-Walter Steinmeier: „Friedenspolitik im Zeitalter der Globalisierung" – Rede bei der Gesellschaft für Außenpolitik in München vom 09.07.2008, www.auswaertiges-amt.de/diplo/de/Infoservice/Presse/Reden/2008/080709-BM, Zugriff 11.09.2008

M2 Schwerpunkt Afrika

Afrika gilt in Deutschland gemeinhin als hoffnungsloser Kontinent, Ort zahlreicher Kriege, andauernder ethnischer Konflikte, ständig wiederkehrender Naturkatastrophen, größter Armut und menschlichen Elends sowie verheerender Krankheiten wie Aids. Die bundesdeutsche Wirtschaft ließ sich von dieser pessimistischen Sichtweise Afrikas allerdings nie gefangen nehmen. Ganz Exportweltmeister, verfolgen die Unternehmen auch in Afrika ihre Interessen. Dabei ließ man sich in der Vergangenheit weder durch korrupte Militärregime wie in Nigeria noch durch rassistische Verbrecher-Regime wie im Südafrika während der Apartheid beim Geschäftemachen stören. Denn Afrikas Wirtschaft wächst, seine Rohstoffe gewinnen aufgrund des Nachfragesogs aus Asien an strategischem Gewicht, die Konkurrenz aus Fernost nimmt mehr und mehr Einfluss und auch die afrikanischen Politiker gewinnen an Selbstbewusstsein. Dabei drängt nicht zuletzt auch die hiesige Wirtschaft auf ein stärkeres deutsches Engagement in Afrika. Dabei wird geflissentlich übersehen, dass dieses Bild die Realität verkürzt wiedergibt. Zwar hat Deutschland, auch als Ergebnis zweier verlorener Kriege, sich in Afrika im Vergleich zu Frankreich – gerade militärisch – zurückgehalten. Aber bereits die alte Bundesrepublik leistete mit ihren Entwicklungshilfegeldern einen großen Beitrag zur Afrikapolitik des Westens im Kalten Krieg. Inzwischen hat sich diese „Arbeitsteilung" gewandelt. Heute erwartet Frankreich, das sich die Bundesrepublik – auch militärisch – stärker in Afrika engagiert. In der Folge nähert sich die deutsche Afrikapolitik rasch jener anderer europäischer Länder an. [...]

In den Regierungsparteien stößt eine Afrikapolitik, die eine Öffnung des europäischen Arbeitsmarktes für Afrikaner beinhaltet, auf großen Widerstand. Eine neue Sicherheitspolitik gegenüber Afrika hat es ebenfalls in beiden Regierungsfraktionen schwer. Bereits jetzt lehnt eine große Zahl von Abgeordneten eine stärkere Beteiligung Deutschlands an UN-Missionen in Afrika ab. Man will sich lieber heraushalten und schwört auf die Eigenverantwortung der Afrikaner bei der Problemlösung. Und so mancher Koalitionsabgeordneter sehnt sich in die Zeit zurück, als die Vereinigten Staaten und Frankreich mithilfe ihrer afrikanischen Stellvertreter für Ruhe sorgten.

Armin Osmanovic: Deutsche Afrikapolitik in der Sackgasse. In: Blätter für deutsche und internationale Politik, September 2007, S. 1047–1050

Arbeitsvorschläge

1. Arbeiten Sie aus dem Text M1 heraus, wie der Bundesaußenminister aus seiner Sicht die Rolle Deutschlands im internationalen System beschreibt.

2. Diskutieren Sie, ob sich die Rolle der Bundesrepublik innerhalb des sich abzeichnenden Systems der internationalen Politik positiv verändern kann.

3. Zeigen Sie anhand des Textes M2, inwiefern Afrika einen zunehmend wichtigen Schwerpunkt für die deutsche Außenpolitik darstellt.

4. Erörtern Sie aufbauend auf dem Text M2, wie sich die Rolle Deutschlands allein und im Zusammenwirken mit anderen europäischen Staaten im internationalen System entwickelt.

Methode

Podiumsdiskussion

Verschiedene Positionen und Meinungen artikulieren

Andere sprechen lassen

Bei der Podiumsdiskussion werden bei einem aspektreichen Thema unterschiedliche, auch konträre politische und/oder weltanschauliche Positionen und Interessen einander gegenübergestellt. Die Podiumsdiskussion [...] eignet sich zur Artikulation und Präsentation divergierender Meinungen, findet also bei politisch oder gesellschaftlich strittigen Themen und Fragen ihre Anwendung. Gerade bei Veranstaltern, die einer „Ausgewogenheit" in ihrer Themenwahl und der Benennung ihrer Referenten/innen verpflichtet sind, ist die Podiumsveranstaltung fester Bestandteil des methodischen Repertoires. [...]

Die Akteure: Diskutanten, Moderator, Publikum

[...] In seinem räumlich/organisatorischem Arrangement ist eine Podiumsveranstaltung so konstituiert, dass das Podium, d.h. die auf ihm Platz nehmenden Diskutanten/innen mitsamt der Diskussionsleitung, dem Publikum gegenübersitzt. Im ersten Teil der Veranstaltung werden die unterschiedlichen Meinungen artikuliert, es wird nachgefragt, widersprochen, öffentlich nachgedacht und – idealerweise – eine Lösung gesucht, die von möglichst vielen der auf dem Podium Anwesenden getragen werden kann. Dieses zu leisten, hängt erheblich von der Fähigkeit des Moderators/der Moderatorin und von der vorher getroffenen Auswahl der Diskutanten/innen ab.
Im zweiten Teil beteiligt sich das anwesende Publikum mit Fragen und Einwänden am Gespräch. Auch hier spielt der Moderator/die Moderatorin eine wesentliche Rolle. Er/sie muss darauf achten, dass die Fragen möglichst gleichmäßig an die auf dem Podium Sitzenden adressiert werden, und dass durch einzelne Fragestellungen aus dem Publikum das Gespräch nicht zentriert wird auf Einzelne oder in ein entlegenes Themenfeld führt.

1. Vorbereitung
Eine Podiumsveranstaltung muss gut vorbereitet sein, und zwar in mehrfacher Hinsicht: Einmal muss auf die angemessene Auswahl der Diskutanten/innen geachtet werden. Das heißt sie müssen sowohl in Sachkenntnis, Prominenz, Status innerhalb der Hierarchien ihrer Institutionen/Organisationen, Redegewandtheit in etwa gleichstark/-wertig sein. Zum anderen sollte das Thema zwar präzise, aber dennoch nicht zu eng formuliert werden. So kann verhindert werden, dass weder zu weitschweifig, allumfassend noch zu speziell und detailliert diskutiert wird. Schließlich sind technische Vorbereitungen zu treffen: Raumorganisation, evtl. Lautsprecheranlage (u.U. mit Saalmikrofon), Namensschilder.

2. Diskussionsleitung
Striktes Gebot für die Diskussionsleitung ist seine/ihre Neutralität während der Veranstaltung und die gleiche Fairness allen eingeladenen Diskutanten gegenüber. Das bedeutet aber nicht, dass der Moderator/die Moderatorin ohne Standpunkt sein und sich nur auf die Erteilung der Redebeiträge beschränken sollte. Eine gute Gesprächsleitung würzt die Debatte mit Fach- und Sachwissen, aber auch mit provokanten Fragen, die die Podiumsteilnehmer/innen aus der Reserve locken. Dazu muss der Moderator/die Moderatorin sehr gut präpariert sein: Er/sie muss sich genaue Sachkenntnisse zum Thema erarbeitet haben sowie die Positionen der Diskutierenden gut kennen. Es empfiehlt sich, zwei Stichwortzettel vorzubereiten: einmal mit Fakten und Hintergrundinformationen, zum anderen mit Fragen, die an die einzelnen Teilnehmer/innen der Diskussion gestellt und im Laufe des Gesprächs abgearbeitet werden sollen. [...] Der Diskussionsleiter hat darauf zu achten, dass alle, die auf dem Podium sitzen, in etwa die gleichen Redeanteile erhalten.

3. Verlauf
Die Diskussion beginnt mit einem Problemaufriss durch den Moderator/die Moderatorin. Hier sollten der Sachstand und die sich daraus ergebenden Probleme sowie Kontroversen dargestellt werden. Das darf aber keineswegs zu einer Selbstdarstellung der Diskussionsleitung werden, auch sollen keine Antworten vorweggenommen werden, die sich aus dem Gesprächsverlauf ergeben können. Diese Einführung ins Thema darf nicht länger als fünf Minuten dauern, da ansonsten Unruhe aufkommt. Mitgeteilt werden auch die Regeln: z.B. jeder Diskutant hat die Möglichkeit zu einem Statement aus seiner Sicht von jeweils ca. drei Minuten. Daraus ergibt sich dann das Gespräch, bei dem der Moderator/die Moderatorin Trennendes und Verbindendes herausarbeitet und mit dem Ziel weiterfragt, die Standpunkte zu präzisieren oder eine

Annäherung herbeizuführen. Nach max. einer Stunde soll dann das Publikum die Gelegenheit erhalten, am Gespräch teilzunehmen. Hier empfiehlt es sich, auf genaue Regeln zu achten: Unbedingt zu verhindern sind „Gegenreferate" aus dem Publikum. Stattdessen sollten von diesem Nachfragen gestellt oder Widersprüche aufgezeigt werden. Die Abschlussrunde gibt jedem Podiumsteilnehmer/jeder Podiumsteilnehmerin noch einmal Gelegenheit zu einem persönlichen Fazit und zu einer Perspektive für die Zukunft. Das fasst dann aus seiner/ihrer Sicht der Moderator/die Moderatorin auch noch zusammen, wobei hier die Kunst in der Kürze und im pointierten Resümee liegt.
Eine Podiumsdiskussionsveranstaltung sollte nicht länger als zwei Stunden dauern – anderthalb Stunden sind besser –, da der Spannungsbogen nachlässt und einige Zuhörer/innen vorzeitig den Raum verlassen.

4. Ziele

Podiumsdiskussionen können spannende und aufschlussreiche Veranstaltungen sein. Ihr Wert liegt in der Dichte der Information sowie in der Kontroverse, die sich aus unterschiedlichen Standpunkten und Sichtweisen ergeben. Sie können den Auftakt bilden zu einer eingehenden Beschäftigung mit einem Thema [...]. Sie können aber auch der Abschluss sein am Ende einer eingehenden Auseinandersetzung/Erarbeitung einer Lern- oder Seminargruppe. [...] Es bietet sich der Zusammenhang mit Projektwochen oder politisch aktuellen Ereignisse wie Wahlen an.

5. Praktische Hinweise

Podiumsveranstaltungen leiden oft darunter, dass die Zahl der Diskutanten/innen zu groß ist. Das ist gut gemeint, aber kontraproduktiv für das Gespräch. Dieses findet eher statt, wenn höchstens vier Positionen auf dem Podium vertreten sind. Darüber hinaus ist die Wahrscheinlichkeit sehr groß, dass die Diskutanten aneinander vorbeireden. Zu verhindern ist auch, dass vorbereitete Statements auf jeden Fall vorgelesen werden. [...] Es empfiehlt sich, vor der Veranstaltung zwei Vorbesprechungen zu führen: einmal (telefonisch oder persönlich) mit jedem Einzelnen, zum anderen ca. eine halbe Stunde vor der Veranstaltung mit allen zusammen. Dann werden Verlauf und Regeln geklärt. Außerdem hat so die erste Kontaktaufnahme der Diskutanten bereits stattgefunden, was für das Gesprächsklima von großer Bedeutung ist. Denkbar ist auch, den Teilnehmenden ca. eine Woche vorher ein Thesenpapier zu schicken. Damit ist das Gespräch bereits strukturiert und die Gefahr reduziert, dass die Vorbereitung der Diskutanten auf einen anderen Gesprächsverlauf zielt.
Kleine Hilfsmittel wie etwa eine Eieruhr können verhindern, dass Einzelne ihre Redezeiten und -beiträge überziehen. Damit wird „objektiv" erkennbar, wie lange jeder/jede gesprochen hat [...]. Wichtig ist schließlich, dass die Gesprächsleitung auch dann auf die Zeit achtet, wenn das Publikum mit seinen Beiträgen am Gespräch teilnimmt. Auch hierzu gibt es Varianten: Einmal die Meldungen per Hand und der direkte Aufruf des Moderators/der Moderatorin. Sinnvoll ist es, nicht auf jeden Beitrag gleich zu reagieren, sondern zu sammeln, um dann das Podium zu Wort kommen zu lassen. Zum anderen können während der ersten Diskussion auf dem Podium bereits schriftliche Anfragen an die Moderation geleitet werden. Hierzu müssen Karten vorbereitet und vor der Veranstaltung verteilt werden; ein oder zwei Personen sollten die schriftlichen Anfragen einsammeln und während des Gesprächs zum Podium bringen.

Klaus-Peter Hufer: sowi-online Methodenlexikon, sowi-online e.V., Bielefeld, 2001, zitiert nach: http://www.sowi-online.de/methoden/lexikon/podiumsdiskussion-hufer.htm, Zugriff 26.04.2009 (leicht verändert)

Talkshow im ZDF: Eine Podiumsdiskussion mit dem Politikwissenschaftler und attac-Mitglied Alexis Passadakis (v.l.), Claudia Jung, Sängerin, Günther Beckstein, CSU-Politiker, Moderatorin Maybrit Illner, Gabor Steingart, Journalist, sowie Hubertus Heil, SPD-Generalsekretär, am 19. März 2009 in Berlin

Wiederholen und anwenden

Akteure der deutschen Außenpolitik

Was ein Staat mit anderen Staaten regelt, wird als Außenpolitik bezeichnet. Traditionell ist dieser Politikbereich in einem eigenen Ministerium angesiedelt, dem Außenministerium – oder wie es in Deutschland heißt: dem Auswärtigen Amt. Der deutsche Außenminister hat in der Bundesregierung eine starke Position, er hat auch das Amt des Vizekanzlers inne. Der Außenminister verkörpert die Außenpolitik gegenüber anderen Staaten und ist für den Schutz der deutschen Bürgerinnen und Bürger im Ausland zuständig.
Gefragt ist er bei den großen internationalen Treffen u. a. im Rahmen der EU, UNO, NATO, OSZE oder der G8-Gruppe. Hier wird schon deutlich, dass die Außenpolitik nicht nur Sache eines Ministers sein kann. Die Minister für Verteidigung, Wirtschaft, Entwicklungshilfe, Umwelt oder Bildung machen ihm Themen streitig. Nicht zuletzt wird der Bundeskanzler viele Themen zur Chefsache erklären und die öffentlichkeitswirksamen Auftritte auf der internationalen Bühne selbst wahrnehmen.

Ziele der Außenpolitik

Die Außen- und Sicherheitspolitik Deutschland verfolgt fünf zentrale Ziele:
1. die Freiheit, Sicherheit und Wohlfahrt der Bürgerinnen und Bürger der Bundesrepublik Deutschland;
2. die Integration in die Europäische Union;
3. ein dauerhaftes, auf gemeinsame Werte und Interessen basierendes transatlantisches Bündnis mit den Vereinigten Staaten von Amerika als Weltmacht;
4. ein auf Ausgleich bedachtes Verhältnis gerade mit unseren östlichen Nachbarstaaten und die Gestaltung einer neuen, alle Staaten Europas umfassenden, kooperativen Sicherheitspartnerschaft;
5. die weltweite Durchsetzung des Völkerrechts und der Menschenrechte und eine auf marktwirtschaftlichen Regeln und Gerechtigkeit gründende Weltwirtschaftsordnung.

Bundesaußenminister Guido Westerwelle (FDP, rechts) und sein polnischer Amtskollege Radoslaw Sikorski geben im Auswärtigen Amt in Berlin eine gemeinsame Pressekonferenz.

Trends der Außenpolitik

Die Basis der deutschen Außenpolitik wird vom Grundgesetz bestimmt, das den Staat zum Frieden verpflichtet. Außerdem sind die Mitgliedschaften in internationalen Bündnissen – vor allem EU und NATO – prägend. Damit ist der Handlungsrahmen grob abgesteckt. Daneben darf man die besondere deutsche Verantwortung für den Ausbruch des Zweiten Weltkrieges und die durch die Nationalsozialisten begangenen Menschheitsverbrechen nicht vergessen. Besonders bedeutsam sind die engen Beziehungen zu den Nachbarn Frankreich und Polen.

Die großen Themen der deutschen Außenpolitik sind zurzeit der Nah-Ost-Konflikt, Afghanistan, Energieversorgung, Klimaschutz und Abrüstung. Deutsche Außenpolitik ist außerdem auch immer Exportpolitik, denn wenn die Beziehungen zu Staaten freundschaftlich sind, lassen sich dort bessere Geschäfte machen. Deutschland benötigt offene Märkte für seine Waren und ist gleichzeitig auf die Lieferung von Rohstoffen angewiesen.
Im Rahmen der zukünftigen Außenpolitik der EU (mit eigenem Außenministerium) stellt sich die Frage, welchen Stellenwert die deutsche Außenpolitik dann einnehmen wird.

Check it

Bundeskanzlerin Angela Merkel besucht in Jerusalem die Holocaust-Gedenkstätte Jad Vaschem.

Kanonenbootpolitik und die Suche nach dem Platz an der Sonne unter Wilhelm II. haben als Grundlinien einer deutschen Außenpolitik ausgedient. Geblieben sind aus dieser Zeit verschiedene Länder, denen wir historisch verbunden sind. Informieren Sie sich über die Art und Weise, wie die Bundesrepublik Deutschland mit ihrem kolonialen Erbe umgeht.
Gibt es überhaupt einen speziellen außen- oder entwicklungspolitischen Umgang mit den ehemaligen deutschen Kolonien? Sollte es den Ihrer Meinung nach geben?

Auch der Staat Israel spielt eine besondere Rolle in der deutschen Außenpolitik.
Recherchieren Sie, wie diese Rolle genau ausgefüllt wird, und beurteilen Sie möglichst fundiert die Berechtigung einer besonderen Fürsorge des Staates Bundesrepublik Deutschland für Israel. Seien Sie kritisch differenziert, hüten Sie sich aber vor der Übernahme voreiliger und unreflektierter Stammtischparolen.

5 Die Folgen der Globalisierung

Ein Fortschritt für die ganze Welt?

„Es ist richtig: Die Globalisierung begrenzt nationale Handlungsspielräume. Aber sie tut dies asymmetrisch: Indem sie schlechte Politik bestraft und gute Politik belohnt."

Gerhard Schröder (ehemaliger Bundeskanzler): Rede zum Thema „Globalisierung gemeinsam gestalten". In: Die Welt, Dokumentation 17.06.1999

„Der Übergang in die noch nicht ausgehandelte, aber in jedem Fall die gesellschaftlichen Spielregeln neu schreibende Politik der Globalisierung erfolgte auf den Samtpfoten des Normalen und mit der Legitimation dessen, was sowieso geschieht: Modernisierung."

Ulrich Beck (deutscher Soziologe): „Was ist Globalisierung?", Frankfurt am Main 1997, S. 16 ff.

Bayerisch-chinesische Kooperation: Arbeiter im Automobilwerk Shenyang, China

Online-Link
065620-0501

Der Begriff Globalisierung ist ein Schlagwort, das vielen Menschen bei uns Furcht einflößt. Sie denken dabei an Umweltprobleme, Migration und die Verlagerung von Arbeitsplätzen in Billiglohnländer. Zugleich jedoch bietet dieses Phänomen auch Chancen: Die Welt kommt näher an den einzelnen Menschen heran, Informationen sind über das Internet immer und überall abrufbar. Die Exportnation Deutschland profitiert von neuen Absatzmärkten.

- Kann nationale Politik noch Einfluss nehmen auf das Handeln überstaatlicher Großkonzerne oder regiert das Geld schon die Welt?

- Was können wir tun gegen grenzüberschreitende Umweltprobleme oder ist der Klimawandel unausweichlich?

- Werden die Energierohstoffe knapp und wenn ja, finden wir Alternativen oder ist das Ende des mobilen Zeitalters nahe?

- Ist Migration eine Gefahr oder stellt sie vielmehr eine Bereicherung dar?

Erscheinungsformen von Globalisierung

Wird alles zur Ware?

M1 Globalisierung der Weltwirtschaft

Was bringt den Deutschen Bundestag zur Beschäftigung mit der Globalisierung? Nun, die Globalisierung ist zu einem der wichtigsten politischen Themen geworden. Sehr viele politische Streitfragen unserer Tage haben einen direkten oder indirekten Bezug zur Globalisierung. Der Streit um die beste Strategie zur Überwindung der Arbeitslosigkeit, über die Verschuldung von Entwicklungsländern, über die optimale Steuerpolitik oder über Klimaschutz und Atomausstieg, fast alles wird heute im Zusammenhang der Globalisierung gesehen und diskutiert. Selbst die rein ethisch erscheinende Frage über den Import embryonaler Stammzellen ist zu einem erheblichen Teil über die Frage des Standorts Deutschland in einer globalisierten Forschungslandschaft abgehandelt worden. [...]
Mit der Globalisierung verbinden sich bei den Menschen in allen Erdteilen Hoffnungen und Ängste. Auffällig ist Folgendes: Wer Einfluss auf das globale Geschehen hat, spricht typischerweise positiv bis enthusiastisch über die Globalisierung. Wer sich machtlos und ausgeliefert fühlt, und das ist wohl die Mehrheit, bei dem überwiegen die Ängste. Ist das ein Wunder? Nein, es ist selbstverständlich. [...]
Die neue Lage hat einen äußerst tief greifenden Einfluss auf die Art des Wirtschaftens. Die elektronische und die stark verbilligte telefonische Kom-

VT

Der Begriff Globalisierung ist zu einem Schlagwort geworden, das für viele Entwicklungen und Probleme in unserer Gesellschaft und Wirtschaft als Erklärungsmuster dient, z. B. die 2008 einsetzende globale Finanz- und Wirtschaftskrise. Als Globalisierung gilt der Prozess intensiver werdenden Verbindungen und Verflechtungen zwischen Gesellschaften und Volkswirtschaften, wodurch Ereignisse und Schwierigkeiten in einem Weltteil auch Probleme und Prozesse in anderen Teilen der Welt berühren oder auslösen. Kennzeichnend für Globalisierung ist, dass diese Verbindungen eine quantitative Zunahme und qualitative Intensivierung sowie eine ständige räumliche Ausdehnung erfahren. Politische, ökonomische und kulturelle Ereignisse und Prozesse machen nicht mehr an den Landesgrenzen eines Nationalstaates Halt. Neue transnational wie international agierende Akteure betreten und beherrschen die Szene, etwa transnationale Konzerne wie international handelnde und immer selbstbewusster auftretende Nichtregierungsorganisationen (NGOs).
Die Kongruenz zwischen Staatsgebiet, Staatsvolk und Staatsmacht löst sich durch den Globalisierungsprozess allmählich auf und die den Nationalstaat kennzeichnende Souveränität und Problemlösungskapazität verringert sich, man denke dabei an das Weltklima, die CO_2-Problematik, die Finanz- und Wirtschaftskrise wie auch an die weltweite Verbreitung von Markenprodukten wie Mc Donald und Coca Cola.
Aber auch der Terrorismus überschreitet Landesgrenzen. Die Erwärmung und das Steigen des Meerwasserspiegels sind nicht nur global verursacht, sondern haben auch globale Auswirkungen, bei deren Bekämpfung Nationalstaaten zu internationaler Zusammenarbeit gezwungen sind.

Begriff

Direktinvestition meint die Gründung oder den Erwerb von Unternehmen oder Unternehmensbeteiligungen an bestehenden Unternehmen von Inländern im Ausland. Dabei fließt in der Regel nicht nur Kapital, sondern auch Technologie und Wissen. Direktinvestitionen sind Teil des internationalen Kapitalverkehrs.

Der Basler Soziologe Urs Stäheli bezeichnet den **Kasino-Kapitalismus** als „Glücksspielwiese und Wohlstandswürfelei – nicht zuletzt der kleinen Leute [...] Er thematisiert, dass immer auch ein spielerisches Moment in der Finanzökonomie enthalten ist.“ Der Begriff bezeichnet die Gefährlichkeit der Spekulation an den Börsen, also die Hoffnung auf den raschen hohen Gewinn, zugleich ist er ein konstitutives, notwendiges Element der Börsenwirtschaft, die Bedingung ihres Funktionierens.

Die Organisation für wirtschaftliche Zusammenarbeit und Entwicklung (engl. Organization für Economic and Development, **OECD**) wurde 1961 gegründet. In ihr arbeiten heute 30 Staaten zusammen, die sich zu Demokratie und Marktwirtschaft bekennen. Die OECD widmet sich folgenden Zielen: Förderung nachhaltigen Wirtschaftswachstums, höhere Beschäftigung, Steigerung des Lebensstandards, Sicherung finanzieller Stabilität, Unterstützung der Entwicklung anderer Länder, Beitrag zum Wachstum des Welthandels.

munikation haben den Preisvergleich und die globale Disposition außerordentlich erleichtert. Hieraus ist zugleich eine erhebliche *Verschärfung des Wettbewerbs* entstanden. Da in vielen industriellen Gütermärkten die Produktionskapazität mittlerweile weit oberhalb der realen Nachfrage liegt, gestaltet sich der Wettbewerb mehr und mehr als *Kostenwettbewerb*. In diesem geben die international operierenden Unternehmen den Kostendruck oft noch verschärft an die zumeist kleinen, lokalen Zulieferer weiter.

Rücksichten auf Kultur, Umwelt und soziale Ausgewogenheit drohen unter dem Druck des Kostenwettbewerbs in den Hintergrund gedrängt zu werden. Und die internationale Arbeitsteilung geschieht streckenweise nach dem Gesichtspunkt, an welcher Stelle der Welt diese Rücksichten die geringste Rolle spielen! Die Verhandlungsposition der schwächsten Glieder der Weltgesellschaft und ihrer politischen Vertretungen ist bedrohlich unter Druck geraten. Auffallend und besorgniserregend ist die Tatsache, dass vielfach insbesondere Frauen zunehmend in neue, oft bedrohliche und entwürdigende Abhängigkeiten geraten.

Globalisierung wirkt zum Teil sehr ungleich auf die konkreten Lebens- und Arbeitsverhältnisse von Frauen und Männern, wodurch insbesondere viele arme Frauen in Entwicklungsländern Gefahr laufen, sowohl kurz- als auch langfristig eher zu den Verliererinnen der Globalisierung zu zählen.

Gestärkt wurde dem gegenüber die Position der Kapitaleigner und des Managements. Die verstärkte Verhandlungsposition zeigt sich sowohl gegenüber Staaten und Parlamenten wie gegenüber den Gewerkschaften, der organisierten „Zivilgesellschaft" und den Medien. [...]

- Führende Vertreter von Unternehmen und Wirtschaftsverbänden verwenden das Wort seit etwa 1993, um auf den verschärften internationalen Wettbewerb hinzuweisen, der den Spielraum für Abgaben, Lohnsteigerungen, Bürokratiekosten, Sponsoring oder den Erhalt der Belegschaft ihrer Auffassung nach begrenzt. Das war der Kern der Anfang der 90er-Jahre anfänglich noch ohne das Wort Globalisierung gestarteten „Standort-Deutschland"- Kampagne.
- Verbunden mit dieser Gedankenführung wird das Wort als Ansporn zu erhöhter Leistung angesichts verschärften Wettbewerbs eingesetzt. Insbesondere leistungsbezogene Auslese und Anreizstrukturen im Bildungswesen und Arbeitsmarkt rechtfertigen sich gerne durch den Verweis auf die Globalisierung.
- Die neoklassische Ökonomie stellt die verschärfte „Spreizung" bei Arbeitsentgelten und Vermögenserträgen als eine Art wirtschaftsgesetzliche Folgeerscheinung der Globalisierung dar: Die „Prämien" für Pionierleistungen auf dem globalen Markt sind riesig, besonders wenn es zu zeitweiligen Monopolsituationen kommt („The winner takes all"); umgekehrt schwächt die Ersetzbarkeit einfacher und weniger stark nachgefragter Leistungen die Verhandlungsmacht ihrer Anbieter.

M2 Weltweite Waren- und Touristenströme

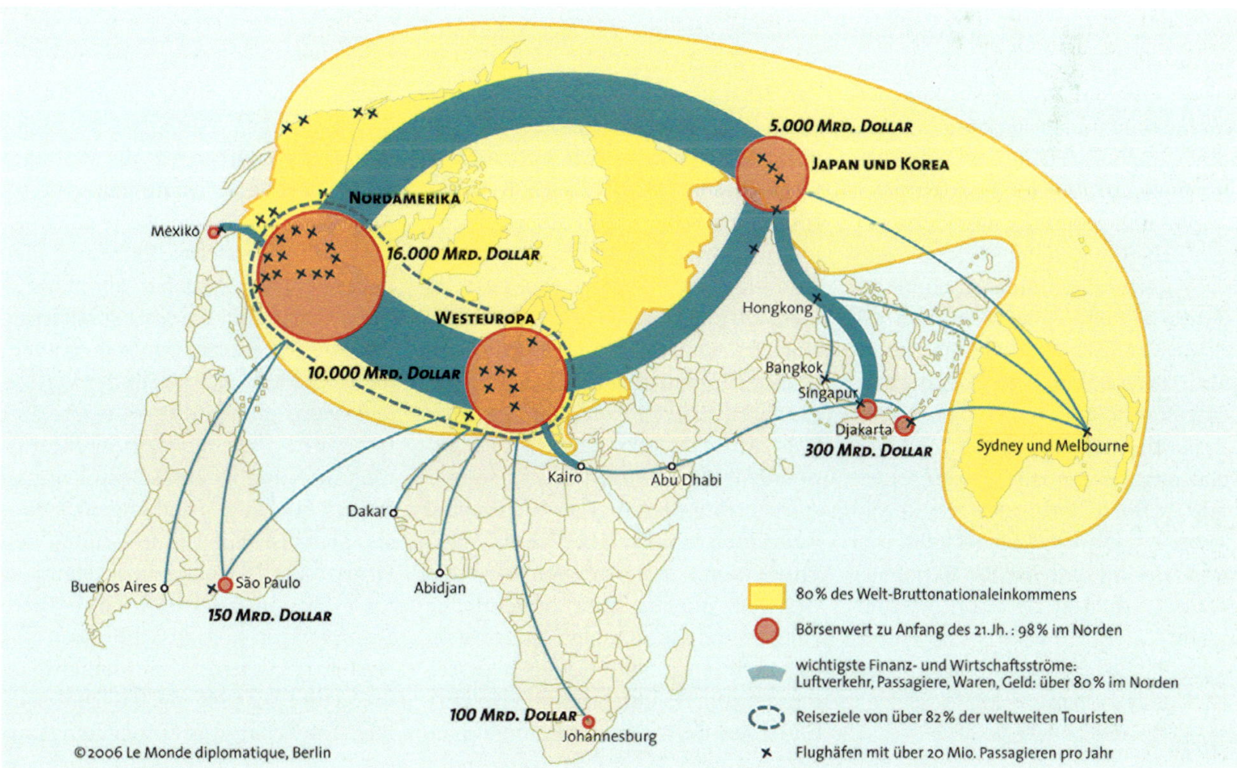

- Globalisierungskritische Akteure fassen mit dem Wort die Gesamtheit dessen zusammen, was sie an der skizzierten Entwicklung als bedrohlich empfinden. Für sie ist die „Gesetzlichkeit" der „Spreizung" eine interessengesteuerte Behauptung, welcher man politisch begegnen muss, und sei es zu Lasten gewisser Gewinne an „Effizienz".
- Vertreterinnen und Vertreter von Entwicklungsländern weisen auf die scharfe Kluft zwischen Süd und Nord hin, die sich im Zuge der Globalisierung eher noch vertieft hat.
- Die weltweite Vermehrung der Bevölkerung, die Zunahme des Konsums und die Globalisierung des Verkehrs sowie der Wirtschaftskreisläufe haben den Druck auf die globale Umwelt (z. B. Klima, Weltmeere) und auf eine Vielzahl von lokalen und regionalen Ökosystemen derart vergrößert, dass heute vielfach von einer globalen Umweltkrise gesprochen wird. [...]

Viele weitere Phänomene können der Globalisierung zugerechnet werden. Dazu gehören die Internationalisierung der Medien und der Internet-Kommunikation, des Tourismus sowie von Kultur und Wissenschaft ebenso wie die grenzüberschreitende Ausbreitung ökologischer Krisenerscheinungen und ansteckender Krankheiten. Die Etablierung des Englischen als globales Verständigungsmittel, die Vereinheitlichung der Konsumgewohnheiten und die Marginalisierung kultureller Minderheiten sowie die zunehmende Dominanz des US-amerikanischen Denk- und Rechtsstils in der Wirtschaft sind weitere Aspekte der Globalisierung. [...]

Der Grund für die unterschiedliche Sichtweise der Globalisierung liegt hauptsächlich darin, dass es sowohl Gewinner als auch Verlierer gibt, und zwar sowohl innerhalb nationaler Volkswirtschaften als auch zwischen diesen. [...]

Deutscher Bundestag (Hg.): Schlussbericht der Enquete-Kommission. Globalisierung der Weltwirtschaft, Opladen (Leske und Budrich) 2002, S. 49 ff.

M3 Wirtschaftsleistung pro Kopf

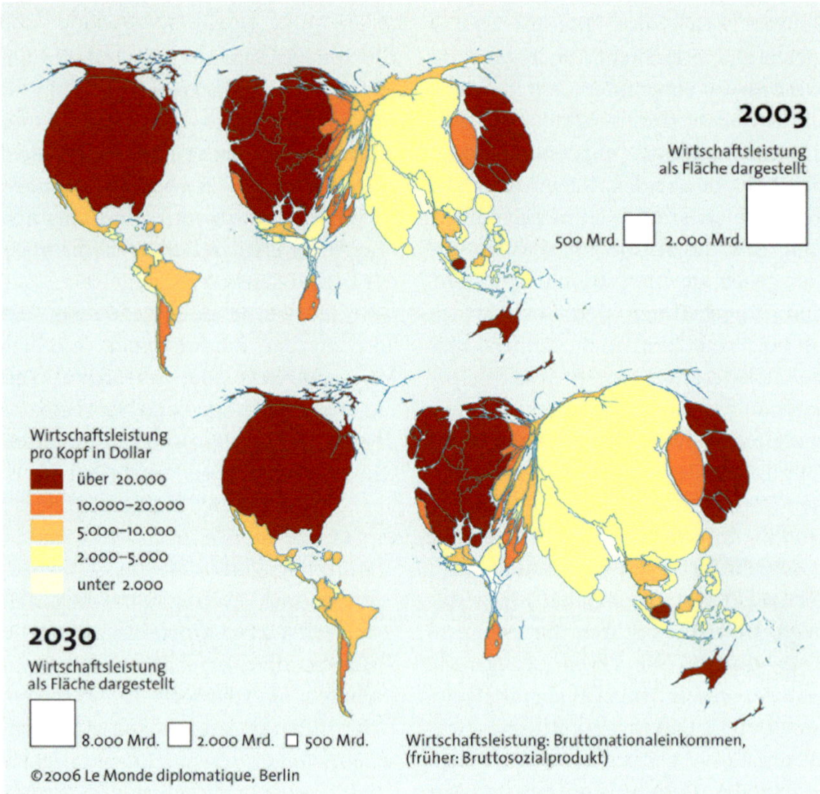

M4 Verflechtungen der Weltwirtschaft

Zentraler Befund bei der ökonomischen Globalisierung ist die Ablösung von Staatsräumen durch Wirtschaftsräume. Im ökonomischen Bereich hat insbesondere der rasante Aufstieg von China und Indien, aber auch die Integration der ehemaligen Ostblockstaaten in die Weltwirtschaft, zu erheblichen Veränderungen geführt. Um diese Dimension zu erfassen, muss Globalisierung in mehrere Unterdimensionen (Handel, Investitionen, Finanzmärkte, Akteure) unterteilt werden. Sie zeigt sich zunächst darin, dass sich die nationalen Volkswirtschaften immer stärker integrieren. Der Welthandel wächst seit Jahren stärker als die Weltproduktion, Investitionen werden weltweit geplant, eine zunehmende Zahl an transnationalen Konzernen, sogenannte „global players", gestalten den Wirtschaftsprozess, Produkte und Dienstleistungen werden für einen weltweiten Bedarf hergestellt, Kapital kann frei über den Globus fließen und sucht sich die günstigsten Anlagebedingungen.

Erstens: Handelsverflechtung

Schon Kurt Tucholsky bemerkte in den zwanziger Jahren des vergangenen Jahrhunderts, „was die Weltwirtschaft angeht, so ist sie verflochten". Allerdings ist die Reichweite der internationalen Handelsverflechtung auch heute keineswegs global. Allenfalls 20 Prozent der Güter und Dienstleistungen werden international gehandelt, nicht mehr als 30 Prozent der Weltbevölkerung sind in die Weltwirtschaft integriert. Regionalisierung/Internationalisierung ist zur Kennzeichnung dieser Unterdimension angemessener als Globalisierung. Eine Gruppe von Firmen aus 16 Staaten wickelt mehr als 70 Prozent aller Exporte ab. Diese Gruppe setzt sich ausschließlich aus westeuropäischen, nordamerikanischen und asiatischen Ländern zusammen, Schwellen- und Entwicklungsländer haben nur einen relativ geringen

Anteil am weltweiten Exportmarkt und kein südamerikanischer oder afrikanischer Staat gehört zur Gruppe der weltweit wichtigsten Exporteure. Gleichwohl verzehnfachte sich in den vergangenen 40 Jahren das weltweite Exportvolumen, währenddessen sich die weltweite Produktion nur verfünffachte. Innerhalb der vergangenen 20 Jahre hat sich der Anteil des weltweiten Warenexportes an der Weltgüterproduktion von etwa zehn auf 20 Prozent verdoppelt. Zwischen 1948 und 2000 nahm der Warenhandel jährlich real im Durchschnitt um 6,1 Prozent zu, während die Produktion lediglich um 3,9 Prozent zulegte. 23 Länder wickeln rund 75 Prozent des Welthandels ab, der Anteil des Handels der Industrieländer am Welthandel untereinander ist in den vergangenen 20 Jahren weiter gestiegen (von 45 Prozent 1980 auf fast 50 Prozent 2000).

Zweitens: Internationalisierung ausländischer Direktinvestitionen

Ein weiterer Beleg für die Internationalisierung der Ökonomie ist die Entwicklung der grenzüberschreitenden Direktinvestitionen, die permanent zunehmen. Die globalen Investitionsflüsse konzentrieren sich allerdings auf wenige Länder und fließen vor allem zwischen den OECD-Staaten. Obwohl die Entwicklungsländer ihren Anteil an den internationalen Direktinvestitionen auf über ein Drittel steigern konnten, entfällt der größte Teil dieser Investitionen auf die Industriestaaten. Innerhalb der Gruppe der Entwicklungsländer entfallen zudem rd. 95 Prozent auf 20 Staaten (inkl. China), während auf die übrigen Staaten unter fünf Prozent der Investitionen entfallen. Nur 1,5 Prozent der globalen Direktinvestitionen gehen nach Afrika. So haben sich die ausländischen Direktinvestitionen in den 1990er Jahren mehr als verfünffacht, die täglichen Umsätze an den Devisenmärkten liegen bei rd. 1,2 Billionen Dollar und sind damit um ein Vielfaches höher, als dies für die Abwicklung der Handelsströme erforderlich wäre. Die Finanzmärkte sind derartig verflochten, dass bei nationalen Wirtschafts- und Finanzkrisen – wie etwa in Mexiko (1994), Asien (1997/98), Brasilien (1999) oder Argentinien (2002/03) – die gesamte internationale Finanzarchitektur in Mitleidenschaft gezogen werden kann und sich die Frage nach einer Reform der internationalen Finanzarchitektur stellt.

Drittens: Globalisierung der Finanzmärkte

Die internationalen Finanzmärkte lassen sich unter den gegebenen technischen und organisatorischen Bedingungen nicht mehr kontrollieren und sind daher zunehmend krisenanfällig. Wächst der Welthandel schneller als die Weltproduktion, so wächst das Volumen der Finanztransfers nochmals um ein Vielfaches schneller als der Welthandel. Daraus folgt, dass sich die Finanzmärkte zunehmend von der realwirtschaftlichen Entwicklung entkoppeln. So sind von den rd. 2000 Mrd. US-Dollar, die täglich weitgehend computergesteuert an den Devisenmärkten bewegt werden, weniger als 15 Prozent für den Welthandel notwendig. Diese Entwicklung zu einem „Kasino-Kapitalismus“ kann als grundlegendes Kennzeichen der Globalisierung der Finanzmärkte gelten. So werden an den Börsen in San Francisco, New York, London, Frankfurt, Bahrain, Singapur, Hongkong und Tokio täglich und rund um die Uhr Summen bewegt, die mehr als doppelt so hoch sind wie die Währungsreserven aller Zentralbanken der Welt. Den Hauptanteil halten dabei kurzfristige Kapitalanlagen der rein spekulativen Art, sog. Derivate. Aus diesem Strukturwandel resultiert ein rasanter Bedeutungsverlust nationalstaatlicher Steuerungspotenziale.

Johannes Varwick: „Globalisierung“. In: Wichard Woyke (Hg.): Handwörterbuch Internationale Politik, 11. Aufl. Opladen 2008, S. 169 f.

Arbeitsvorschläge

1. Entwerfen Sie auf der Grundlage von M1 eine Mindmap zum Thema Globalisierung. Stellen Sie dabei Verbindungen zwischen verschiedenen Problemkreisen her.

G 2. Entwickeln Sie Hypothesen über Ursachen und Folgen sowie Chancen der Globalisierung (VT, M1).

3. Beschreiben Sie die regionale Verteilung der Waren- und Touristenströme und erklären Sie den Begriff „Triade“ (M2).

4. Vergleichen Sie die Wirtschaftsleistung in den verschiedenen Weltregionen und setzen Sie diese in eine Beziehung zum weltweiten Warenaustausch (M2, M3).

5. Fassen Sie die Befunde zur ökonomischen Globalisierung thesenförmig zusammen. Erläutern Sie, warum der Welthandel erheblich schneller wächst als die Weltmarktproduktion (M4).

6. Suchen Sie nach einer Erklärung, warum die täglichen Finanztransaktionen erheblich höher sind, als sie für den Welthandel tatsächlich nötig wären (M4).

Globale Verflechtungen

Wie entsteht eine Wirtschaftskrise?

Miniglossar

Bonität
Kreditwürdigkeit von Personen, Unternehmen oder Staaten

Finanzintermediär
Geldvermittler

Insolvenz
Zahlungsunfähigkeit einer Person oder eines Unternehmens

Liquidität, Illiquidität
Fähigkeit bzw. Unfähigkeit, die Zahlungsverpflichtungen fristgerecht zu erfüllen

M1 Fallende Preise am US-Immobilienmarkt

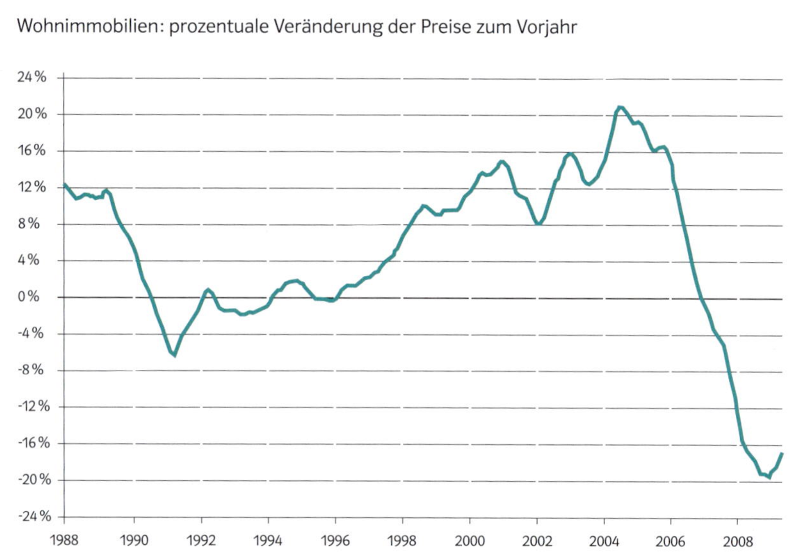

Standard & Poor's: S & P/Case-Shiller Home Price Indices, New York, 28.07.2009

Begriff

Zentral- oder Notenbanken verfügen über ausländische Währungen, Edelmetalle oder sonstige Mittel. Diese **Devisenreserven** dienen der Stabilitätspolitik und zur Finanzierung des Außenhandels. Sie entstehen durch einen Leistungsbilanzüberschuss, wenn eine Volkswirtschaft mehr einnimmt, als sie an andere Staaten zahlen muss. Zwei Drittel der heutigen Währungsreserven halten exportstarke asiatische Staaten. Die globalen Währungsreserven betrugen Anfang 2008 laut IWF rund 6,5 Billion US-Dollar. Die höchsten Reserven besitzt China gefolgt von Japan.

Zweckgesellschaften sind juristische Konstruktionen, die es Unternehmen erlauben, außerhalb ihrer ordentlichen Bilanzen Geschäfte zu erledigen. Weltweit nutzen z. B. Banken diese Gesellschaften, um ohne Kontrolle durch Aufsichtsorgane hier riskante Geschäfte vornehmen zu können. Oftmals sind diese Gesellschaften im Ausland angesiedelt und unterliegen nicht dem Recht des Heimatlandes der Bank.

VT

Wirtschaftskrisen gab es zu allen Zeiten. Mit den zunehmenden Verflechtungen der Weltwirtschaft treffen größere Wirtschaftskrisen nicht mehr nur einzelne nationale Ökonomien, sondern seit dem 20. Jahrhundert auch die Wirtschaft zahlreicher weiterer Staaten.
So hatte bereits die Weltwirtschaftskrise 1929 bis 1936 globale Auswirkungen. Das Deutsche Reich war massiv betroffen. Damals forderten amerikanische Banken ihre an Deutschland vergebenen Kredite rasch zurück. Der Produktionsrückgang in einer nationalen Wirtschaft löste einen Teufelskreis von Arbeitslosigkeit, Produktionsrückgang, Rückgang der staatlichen Steuereinnahmen und Staatsverschuldung auch in Ländern aus, die bislang eine „gesunde" wirtschaftliche Entwicklung erlebten.

Die Immobilienkrise in den USA löste in den Jahren 2006/2007 angesichts der internationalen Verflechtung der Kapitalmärkte eine globale Finanz- und Wirtschaftskrise im bisher nicht gekannten Ausmaß aus. Auch die Bundesrepublik Deutschland, als „Exportweltmeister" abhängig von der weltweiten und stetig wachsenden Nachfrage nach Gütern und Dienstleistungen, traf diese Krise hart. Die Bundesregierung griff zu drastischen wie umstrittenen Mitteln wie etwa Verstaatlichung von Banken und zu weitreichenden Eingriffen in das Marktgeschehen (z. B. „Abwrackprämie" für alte Pkw), die zu einer gewaltigen Steigerung der Staatsverschuldung beitrugen. Wer zahlt aber letztlich den Preis für Fehlspekulationen und Staatsverschuldung?

M2 US-Häuser zu Schleuderpreisen

Wer gehofft hat, die Krise auf dem US-Häusermarkt könnte überwunden sein, hat sich getäuscht. Nach neuesten Zahlen verschärfte sich die Lage sogar weiter. Eine baldige Besserung ist nicht in Sicht. Und auch ein Blick über die kalifornischen Staatsgrenzen hinweg macht klar: Die Immobilienkrise ist noch lange nicht ausgestanden.

Mit Ohren betäubendem Lärm demoliert ein Bulldozer 16 neue, teils noch nicht fertig gestellte Häuser im südkalifornischen Victorville. Die Neubauten dem Erdboden gleich zu machen, sei lukrativer als diese am aktuellen Markt weiter zum Verkauf anzubieten, sagt John Wessman, Sprecher der Garanty Bank of Austin, die den Abriss verantwortet. [...]

Im April 2009 verschärfte sich die Lage am US-Häusermarkt weiter: Die Zahl der Wohnbaubeginne brach aufs Jahr hochgerechnet um 12,8 Prozent auf 458 000 ein. Einen niedrigeren Wert hat es seit Einführung der Statistik 1959 noch nicht gegeben. Eine baldige Besserung ist nicht in Sicht, da auch die Zahl der Baugenehmigungen für Eigenheime auf ein Rekordtief fiel.

Nach Angaben der Immobilienverbände ebbte in den vergangenen zwei Monaten zumindest die Flut der Angebote auf dem Häusermarkt leicht ab. Mit 3,7 Millionen angebotenen Eigenheimen Anfang April waren es zehn Prozent weniger als im Vormonat. Der Chefökonom der National Association of Realtor, Lawrence Yun, sagt: „Auch die Verkaufszahlen bei eher günstigeren Wohnobjekten tendieren wieder nach oben." In Kalifornien stieg die Zahl der verkauften Einfamilienhäuser und Eigentumswohnungen im Vorjahresvergleich um rund 50 Prozent.

Dass jedoch auch die Preise in absehbarer Zeit wieder anziehen, darauf möchten sich in Kalifornien nur wenige verlassen: Steigende Verkaufszahlen sind vor allem ein Resultat der zahlreichen Notverkäufe von Häusern, die schon zurück in die Hände der Gläubiger gefallen sind. Zwei Drittel der im März abgeschlossenen Transaktionen waren Zwangsversteigerungen oder sonstige Notverkäufe. Die Verbandsstatistiken beinhalten solche zum Verkauf stehenden Pleitefälle selten. 765 500 Häuser aus Insolvenzen beziffert Barclays Capital zum April im Bankenbesitz – diese stehen meist zur Zwangsversteigerung an. Bis zum Herbst könnte diese Zahl laut Barclays auf 1,3 Millionen anschwellen, denn Experten prognostizieren steigende Arbeitslosenzahlen, so dass noch mehr Hausbesitzer ihren Hypothekenverpflichtungen nicht mehr nachkommen können. Bis heute kostete die Krise in den USA rund sechs Millionen Arbeitsplätze.

Krise auf dem US-Immobilienmarkt

Die Abrissaktion von Victorville zeigt, zu welchen Mitteln die Banken gezwungen sind, um ihre Verluste aus Immobilienfinanzierungen zu begrenzen. Vor anderthalb Jahren galt das Einzugsgebiet von Los Angeles noch als Boomregion. Damals kosteten Neubauten im Schnitt 325 000 Dollar, heute sind die Preise auf rund 150 000 Dollar kollabiert. Viele Käufer liegen mit ihren Hypotheken unter Wasser, das bedeutet, sie schulden der Bank teils deutlich mehr, als das Haus überhaupt noch wert ist. Zwischen 2000 und 2006 sind die Hauspreise laut Case-Shiller-Index in Kalifornien je nach Region um nahezu 300 Prozent gestiegen, heute liegen sie wieder auf dem Niveau von 2003. [...]

Kora-Cora Krause: US-Häuser zu Schleuderpreisen, Handelsblatt.com, 24.05.2009, http://www.handelsblatt.com/finanzen/immobilien/us-haeuser-zu-schleuderpreisen;2287754;2, Zugriff 30.06.2009

M3 Ein weltweites Monopoly-Spiel

Alles begann mit einer großen Geldschwemme. Um die Jahrtausendwende begannen viele Länder, Kapital anzuhäufen. Unter ihnen waren rohstoffreiche Staaten wie die Golfstaaten oder Russland, aber auch asiatische Volkswirtschaften, die sparten, weil sie noch unter dem Schock der Asienkrise standen und die Folgen eines erneuten Finanzkrachs vermeiden wollten. Die fortschreitende Globalisierung verhalf ihnen zu guten Geschäften. China sammelte als Werkbank der Welt ein besonders großes Vermögen an. Die Devisenreserven des Staates wuchsen gewaltig [...]. Weil aber die Finanzmärkte in den Ländern der neuen Reichen noch nicht ausreichend entwickelt waren, gab es dort kaum Möglichkeiten, das Geld anzulegen. Also transferierte man es in den Westen.

Besonders viel Geld floss nach Großbritannien und in die USA. [...] Die internationalen Finanzmärkte wurden überschwemmt von einer kaum vorstellbaren Menge an Kapital, das nach Anlage suchte. Das Überangebot ließ die Zinsen an den Kapitalmärkten sinken – die Investoren, die von der geringen Rendite enttäuscht waren, suchten nach neuen Anlagemöglichkeiten. Die Banken stellten sich darauf ein, indem sie neue Wertpapiere erfanden und handelten. Bis zu diesem Zeitpunkt bestand ihr Kreditgeschäft vorwiegend aus der Vergabe von Buchkrediten, die sie durch Spareinlagen refinanzierten. Jetzt begannen sie, die Darlehen zu verbriefen und weiterzuverkaufen.

Im Rausch des Booms expandierten die Banken. Sie gründeten Niederlassungen im Ausland und kaum regulierte Zweckgesellschaften, über die sie große Teile des Wertpapierhandels abwickelten. Solche Special Investment Vehicles sollten später einigen deutschen Landesbanken zum Verhängnis werden. Die Expansion steckte voller Risiken. Kredite wurden nicht mehr aufgrund langer Beziehungen zu gut bekannten Kunden vergeben; wichtig waren jetzt standardisierte, leicht nachprüfbare Bonitätskennziffern. Für die Banken gab es viele Gründe, Darlehensanträge nicht mehr allzu streng zu prüfen: Sie konnten das Ausfallrisiko der von ihnen vergebenen Kredite einfach weiterreichen. Die Zinsen und damit die Kosten im Falle eines Kreditausfalls waren gering, die Nachfrage nach verbrieften Krediten aber hoch. Damit lockten lukrative Gewinne. Zudem sorgten die Zweckgesellschaften und die komplizierte Konstruktion vieler Wertpapiere für eine zunehmende Intransparenz. Niemand konnte sagen, wie viel die neuartigen Papiere wirklich wert und wie sicher sie waren. [...]

Die US-Notenbank war mit schuld am großen Monopoly-Spiel. Sie hatte [...] die Zinsen radikal gesenkt, um die amerikanische Wirtschaft in Schwung zu halten. Jetzt waren Kredite leicht zu haben – ob für Immobilienbesitzer oder für Investoren, die mit geliehenem Geld ein großes Rad drehten und Unsummen scheffelten. Die politischen Vorgaben Washingtons waren klar: Privatleuten sollte es leicht gemacht werden, ein Eigenheim zu erwerben, selbst wenn ihre Vermögensverhältnisse dafür eigentlich nicht ausreichten. Um diesen Zweck zu erreichen, wurden kreative Finanzierungsmethoden zumindest in Kauf genommen. Das im Übermaß vorhandene, billige Geld ließ die Immobilienpreise in den USA steil ansteigen. Die mit Hypotheken beliehenen Häuser gewannen stetig an Wert. Ihre Besitzer nahmen deshalb neue Kredite auf, um ihren Lebensstil zu finanzieren; die Investoren wussten endlich, wohin mit ihrem Geld. [...]

Die Banken machten gute Geschäfte. Weil die Leitzinsen so niedrig waren, kamen sie auf dem Geldmarkt günstig an liquide Mittel. Zwar konnten sie von ihren Schuldnern ebenfalls nur geringe Zinssätze verlangen, doch sie verliehen hohe Summen, und die Masse allein brachte ihnen hohe Erträge. Es war die Zeit der billigen Kredite. [...] Die Banken mischten eifrig mit im großen Spiel und ließen sich zu gewagten Manövern verleiten: Sie nahmen am Kapitalmarkt kurzfristige Kredite auf, um die langfristigen Darlehen, die sie vergaben, zu refinanzieren. [...]

Dann kippte das Gleichgewicht. Im Juni 2004 begann die amerikanische Notenbank Federal Reserve, ihre Leitzinsen wieder zu erhöhen. Überall auf der Welt taten die Notenbanken es ihr nach. Zentralbankgeld wurde teurer. Das brachte das Geschäftsmodell der Banken ins Wanken. Die Institute konnten die Zinsen, die sie selbst zahlen mussten, bei ihren Kunden nicht mehr so einfach verdienen wie bisher: Zahlungskräftige Schuldner suchten auf den Kapitalmärkten, wo die Zinsen immer noch niedrig waren, nach preiswerteren Kreditmöglichkeiten. Weniger solvente [zahlungskräftige] Kunden konnten ihre Bankdarlehen nicht mehr bedienen, die Kredite wurden faul. Zugleich stiegen die Häuserpreise in Amerika kaum noch weiter. Damit wuchs auch die Zahl der Ausfälle am Hypothekenmarkt. Dann begannen die Immobilienpreise zu sinken. Spätestens jetzt, im Jahr 2006, war klar: Die Blase war geplatzt. [...]

Überall auf der Welt gerieten Banken in der Folge in Schieflage. Die globale Verflechtung der Branche trug zur Ausbreitung der beginnenden Krise bei. Die Krise breitete sich aus über alle Märkte: Vom Immobilienmarkt sprang sie über auf die Finanzwirtschaft und den Geldmarkt, sie erfasste mit Hypotheken und anderen Werten besicherte Papiere. Weil die amerikanischen Konsumenten plötzlich nicht mehr so viel einkauften und die Banken mit Unternehmenskrediten knauserten, erreichte sie schließlich die Realwirtschaft, in Industrie- wie Schwellenländern. [...]

Alexandra Endres: Die Seifenblasen-Bonanza, Zeit Online, 09.06.2009, http://www.zeit.de/online/2009/24/bg-blase, Zugriff, 30.06.2009

M4 Staatliches Vertrauens-Recycling

M5 Die Rolle der Geschäftsbanken

[...] Zu den Hauptakteuren in der Krise gehören auch die Geschäftsbanken: Sie wickeln den Zahlungsverkehr ab, nehmen Spareinlagen entgegen und vergeben Kredite. Aus diesen Grundfunktionen einer Bank ergibt sich ein brisantes Problem: Die Einlagen der Kunden (das Fremdkapital der Bank) sind in der Regel kleine Beträge, die jederzeit oder nach kurzer Frist wieder abgehoben werden können; die von der Bank vergebenen Kredite sind hingegen häufig dem Betrag nach relativ groß und haben eine vergleichsweise lange Laufzeit, können also nicht kurzfristig zurückgefordert werden. Aus dieser so genannten Fristentransformation folgt ein banktypisches Risiko: Wenn alle Kunden ihre Einlagen gleichzeitig abziehen (bank run), ist die Bank zahlungsunfähig, da das Geld ja langfristig als Kredit vergeben ist. Dieses Liquiditätsrisiko ist ein klassisches Dilemma, das jeder Finanzintermediär hat: Wer sich kurzfristig Geld leiht, um es langfristig zu investieren, läuft Gefahr, illiquide zu werden, wenn die kurzfristige Refinanzierung nicht mehr gelingt.
Das zweite banktypische Risiko besteht darin, dass vergebene Kredite nicht zurückgezahlt werden – in diesem Fall sind die Einlagen der Kunden verloren, die Bank ist insolvent (Kreditrisiko). Die Bank muss also bei der Kreditvergabe Vorsicht walten lassen. [...]
Die Produktentwickler der Banken versprachen, diesen scheinbar unlösbaren Konflikt zwischen Rendite und Sicherheit durch die Technik der Verbriefung und der Strukturierung aufzulösen – das klingt nach moderner Finanzalchemie. Wie funktionierte das? Über die Verbriefung werden nicht handelbare Kredite in Form eines Wertpapiers handelbar gemacht. Eine Bank „verpackt" die von ihr vergebenen Kredite in ein Wertpapier und verkauft Anteile an diesem Wertpapierportfolio an institutionelle Investoren wie Versicherungen oder Investmentfonds. Dieses Verfahren stellte eine revolutionäre Neuerung dar, denn traditionell hielten die Banken gewährte Kredite über die gesamte Laufzeit haftend in ihrer Bilanz. Jetzt verkaufte die Bank stattdessen die von ihr vergebenen Kredite an Nicht-Banken, was vier Folgen hatte: Erstens erhielten die Banken dadurch neue liquide Mittel, mit denen weitere Kredite vergeben werden konnten. Zweitens verdienten die mit der Verpackung der Kredite und dem Weiterverkauf befassten Investmentbanken attraktive Gebühren. Drittens wurden die Kredite nun von Institutionen gehalten, die keine Banken sind und nicht der staatlichen Bankenaufsicht und -regulierung unterlagen. Viertens regte die rasche Weitergabe des Kreditrisikos eine zunehmend sorglosere Kreditgewährung an. [...]

Hanno Beck/Helmut Wienert: Anatomie der Weltwirtschaftskrise. Ursachen und Schuldige. In: Aus Politik und Zeitgeschichte, 20/2009, S. 7–9

M6 Folgen der Finanzkrise

Arbeitsvorschläge

1. Beschreiben Sie die Entwicklung auf dem US-amerikanischen Immobilienmarkt. Stellen Sie dar, was diese Entwicklung für den Hauskäufer bedeutet, für die Banken sowie für den Arbeitsmarkt (M1, M2).

2. Stellen Sie die Entwicklung auf dem internationalen Kapitalmarkt (M3) grafisch (in einer Strukturskizze) dar. Beachten Sie dabei auch die Entwicklung der Kapitalmarktzinsen.

3. Erläutern Sie, warum Banken ihre Kredite „verbrieften" (M3, M5).

4. Erklären Sie die Folgen dieser „Verbriefung" (also der Weitergabe von Krediten) für die verkaufende Geschäftsbank sowie für die verbriefte Kredite kaufenden Banken bzw. Privatpersonen (M5).

5. Die Karikaturen (M4, M6) entlarven die ökonomische und finanzpolitische Naivität von Finanzmarktteilnehmern. Interpretieren Sie.

6. Begründen Sie zusammenfassend, warum die Immobilienkrise in den USA sich zu einer internationalen Finanz- und schließlich zu einer globalen Wirtschaftskrise ausweitete.

Neue mächtige Akteure

Wer steigt auf zur neuen Supermacht?

Miniglossar

Internationale Akteure
→ S. 14 f.

multipolar
mehrpolig, die Welt wird nicht von einem Zentrum („unipolar") beherrscht

Begriff

Die Theorie des **komparativen Kostenvorteils** meint, dass ein Handel zwischen zwei Ländern dann vorteilhaft ist, wenn erheblich unterschiedliche Produktionskostenstrukturen existieren. Entscheidend ist also nicht allein, ob ein Land ein Produkt billiger herstellen kann als ein anderes Land. Ein Interesse am Außenhandel besteht immer dann, wenn die absoluten Produktionskostenunterschiede bei einzelnen Gütern unterschiedlich sind. Länder sollten sich auf die Produktion von Gütern konzentrieren, bei denen der absolute Kostenvorteil gegenüber der Konkurrenz besonders groß ist. Wenn Land A erheblich preisgünstiger als Land B Maschinen herstellen kann, dann sollte es andere Produkte, bei denen dieser große Vorteil für A nicht besteht, durchaus im Ausland einkaufen, auch wenn es diese Produkte selbst geringfügig billiger produzieren könnte.

Die **Welthandelsorganisation** (WTO), regelt internationale Zoll- und Handelsabkommen. Ziel ist der Abbau von Handelsbarrieren und die Liberalisierung von Märkten. Kritiker der WTO-Politik behaupten, dass durch die WTO-Regelungen die am weitesten entwickelten Volkswirtschaften begünstigt würden.

M1 Die neuen Aufsteiger?

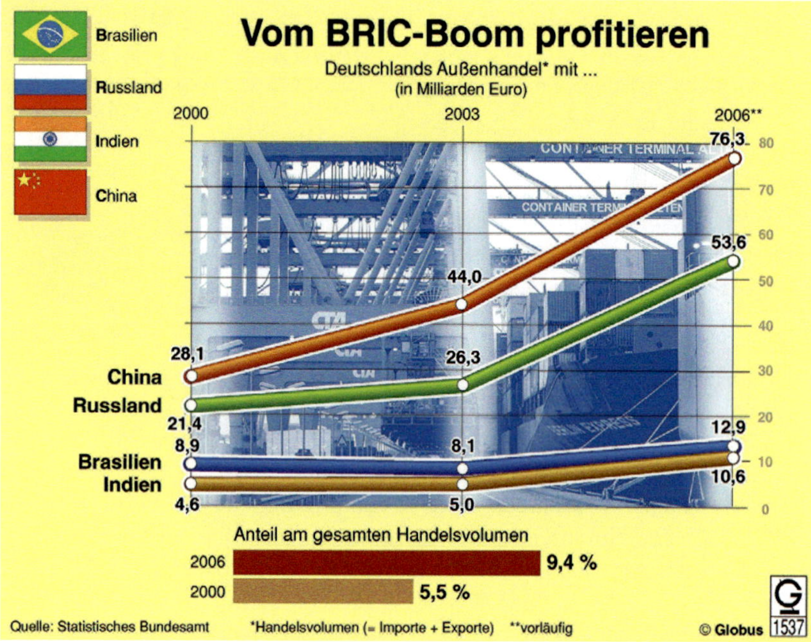

VT

In den letzten Jahrzehnten bildete sich eine Triade heraus, die aus Nordamerika, Westeuropa und Japan, Südkorea und Taiwan besteht. (→ S. 165) In diesen Regionen wird ein beachtlicher Teil des Bruttosozialprodukts erwirtschaftet. Sie wickelten ca. 75% des Welthandels ab und haben einen großen Einfluss auf die Welthandelsorganisation WTO und internationale Regelungen des Welthandels. In den letzten Jahren gesellten sich noch Indien und vor allem China hinzu, die im Welthandel eine immer größere Rolle spielen.
Im politischen Bereich spielen neben der UNO und anderen offiziellen weltumspannenden Organisationen auch die Nichtregierungsorganisationen eine größer werdende Rolle, ihre Stimmen werden zumindest gehört.
Und schließlich haben sich in den letzten Jahrzehnten transnationale Konzerne (TNK) gebildet, deren Zahl rasch angewachsen ist. Die Hälfte von ihnen stammt aus nur fünf Ländern (Deutschland, Frankreich, Japan, England und den USA). Diese TNK wickeln etwa zwei Drittel des Welthandels ab und die 20 größten TNK handeln mit Beträgen, die höher sind als das zusammengerechnete Bruttosozialprodukt der 80 ärmsten Staaten. Die Weltmachtkonkurrenz verschiebt sich von nationalstaatlichen zu transnationalen Akteuren, die die Nationen in einen Wettbewerb um die beste „Standortqualität" drängt.
Gewinne werden zunehmend dorthin veranlagt, wo die Steuersätze am niedrigsten sind. Verluste da geltend gemacht, wo es betriebswirtschaftlich zu einem gegebenen Zeitpunkt sinnvoll erscheint. Wer regiert denn: unsere demokratisch gewählten Regierungen oder eine Riege von Managern?

M2 Wer wird neue Supermacht?

Eine multipolare Welt, in der sich Wohlstand und Wirtschaftsmacht stark von Westen nach Osten verschoben haben und in der die USA zwar noch eine starke, aber nicht länger die dominante Supermacht sind – so stellt sich der National Intelligence Council (NIC) die Welt im Jahr 2025 vor. Der NIC ist die Arbeitsgruppe für global strategisches Denken der US-Geheimdienste. Deren letzter Bericht liegt vier Jahre zurück – vier Jahre, in denen sich, wie der nun veröffentlichte neue Bericht zeigt, das Denken in den USA stark verändert hat.

Der Bericht „Global Trends 2025: A transformed World" weist eine deutlich veränderte Wahrnehmung der Welt aus: Ging der NIC etwa 2004 noch davon aus, dass Energiereserven „im Boden" – gemeint war vor allem Öl – für die Deckung des weltweiten Bedarfs bis auf Weiteres ausreichen würden, so gilt die Transformierung der Energieversorgung weg von fossilen Brennstoffen im neuen Bericht als klare Notwendigkeit, wenn auch mit unklarem Zeitrahmen.

Während der Klimawandel noch vor vier Jahren in den wichtigen Grundannahmen des Berichts keine Rolle spielte [...], geht der neue Bericht vom Klimawandel und seinen Folgen für Küstenstaaten, Landwirtschaft und Wasserversorgung als unumstößlicher Tatsache aus. Unsicher sei lediglich, in welchem Zeitraum und wie heftig sich die Konsequenzen des Wandels zeigten. Ein mögliches Szenario sieht einen namenlosen US-Präsidenten im Oktober 2020 nach einer Sturmflut über Manhattan in sein Tagebuch schreiben: „Die Bilder gehen mir nicht aus dem Kopf. Ich denke, das Problem war, dass wir uns darauf verlassen haben, dass dies nicht passiert, zumindest noch nicht jetzt. Die meisten Wissenschaftler nahmen an, dass die schlimmsten Auswirkungen des Klimawandels erst später in diesem Jahrhundert auftreten würden [...]."

Doch der Bericht sieht auch Positives am Klimawandel: Als strategische Veränderungen einer abschmelzenden Arktis benennt der NIC etwa kürzere Schifffahrtsrouten zwischen Nordatlantik und Nordpazifik und sieht Kanada und Russland als Gewinner der Klimaerwärmung: Beide könnten neue Energiequellen erschließen, die jetzt durch Vereisung nicht zugänglich seien [...].

Die größten Veränderungen im globalen Kräftefeld aber verortet der NIC ökonomisch: Durch die Öleinnahmen einerseits und den komparativen Kostenvorteil bei den Produktionsstandorten sei ein Transfer von Wirtschaftskraft von West nach Ost im Gange, der historisch seinesgleichen suche. Wachstumsprognosen für Brasilien, Russland, Indien und China legten nahe, dass diese vier gemeinsam bis 2040 oder 2050 den gleichen Anteil am Weltsozialprodukt haben dürften wie die alten G7-Staaten. [...]

Terrorismus, in den Jahren nach dem 11. September 2001 größte Sorge der US-Außen- und Sicherheitspolitik, werde, so der NIC, „2025 kaum verschwunden sein, aber seine Anziehungskraft dürfte schwächer werden, wenn das Wirtschaftswachstum im Nahen und Mittleren Osten anhält und die Jugendarbeitslosigkeit abgebaut wird". Auch solche Ursachenforschung ist ein neuer Ton in der Welt der US-Geheimdienste.

Die künftige Rolle der USA beschreiben die Autoren zwiespältig: „Die Vereinigten Staaten werden in den nächsten 15 bis 20 Jahren mehr Einfluss auf die Entwicklung des internationalen Systems haben als irgendein anderer internationaler Akteur, aber sie werden in einer multipolaren Welt weniger Gewicht haben, als sie es viele Jahrzehnte lang gewöhnt waren." Wie genau die Zukunft aussehe, hänge wesentlich von den Entwicklungen im Rest der Welt ab, vor allem in China und Russland: [...].

Multipolarität bedeute im Übrigen keineswegs auch Multilateralismus, also eine bessere internationale Zusammenarbeit. Im Gegenteil sehen die Autoren eine Fragmentierung der Welt in staatliche und nichtstaatliche Akteure, unter Letzteren neben NGOs auch „Unternehmen, Volksstämme, religiöse Organisationen und selbst kriminelle Netzwerke" dürften immer mehr Einfluss gewinnen. Der Bedarf an „Global Government" wachse zwar – doch die bestehenden internationalen Institutionen seien dazu nicht mehr in der Lage.

[...] In seinem Bericht prognostiziert das National Intelligence Council (NIC) für Europa sogar noch einen größeren Bedeutungsverlust als für die USA. Ein Grund: Die auch in den nächsten Jahren zu erwartende Energieabhängigkeit von Russland. Zudem zweifelt der Thinktank, dass die EU ihre institutionellen Reformen rasch zu Ende bringen und eine globale Führungsrolle einnehmen kann. Skeptisch wird die Alterung der europäischen Bevölkerung betrachtet: „Schmerzvolle Reformen könnten Europa zu einem humpelnden Riesen machen, abgelenkt von internem Gezänk und konkurrierenden nationalen Zielen." [...]

Bernd Pickert: Schleichender Abstieg, Die Tageszeitung, 22./23.11.2008, S. 3

Arbeitsvorschläge

1.1 Stellen Sie die Befürchtungen des National Intelligence Council zusammen. Welche zentralen Akteure wird es diesem Bericht zufolge in Zukunft geben, welche Rolle werden die USA spielen?

1.2 Überlegen Sie, welche Globalisierungsfolgen hier thematisiert werden.

1.3 Welchen politischen Kurswechsel empfiehlt der Bericht den USA?

2. Welche Rückschlüsse erlaubt die Statistik M1 über die Bedeutung der BRIC-Staaten im internationalen Handel? Setzen Sie Ihre Beobachtungen in Beziehung zu M2.

Soziale und ökonomische Konflikte

Welche Chancen und Risiken birgt die Globalisierung?

Miniglossar

Diversifizierung
Ausweitung der Produktpalette eines Unternehmens

Klientelismus
Förderung oder Bevorzugung von Personen aus dem eigenen Bekanntenkreis etwa durch Staatsbeamte, wobei Qualifikation oder Eignung nur eine nachgeordnete Rolle spielen

M1 Helfen Regeln?

Begriff

Neoliberalismus – Form des Liberalismus, die eine marktwirtschaftliche Wirtschaftsordnung (vor allem: privates Eigentum an den Produktionsmitteln, freie Preisbildung, Wettbewerbs- und Gewerbefreiheit) befürwortet und staatliche Eingriffe (etwa um Monopole und Kartelle zu verhindern) auf ein Minimum begrenzt wissen will. Staatliche Maßnahmen, die dazu dienen, Konjunkturschwankungen auszugleichen oder einen gewissen sozialen Ausgleich entgegenzukommen, sollten eng begrenzt sein. – In der weltweiten Finanz- und Wirtschaftskrise der Jahre 2008 ff. rückten viele Befürworter des Neoliberalismus von ihren früheren Maximen deutlich ab.

Sonderwirtschaftszone (auch **Freihandelszone**) ist ein Gebiet innerhalb eines Staates, in dem ein anderes (für Unternehmen günstigeres) Wirtschafts- und Steuerrecht gilt als in den übrigen Landesteilen, teils gelten auch andere (niedrigere) Umweltauflagen. Damit sollen ausländische Investoren geworben werden.

VT

Der internationale Handel hat sich in den letzten Jahrzehnten dramatisch ausgeweitet. Allein Wal-Mart hat im Jahr 2004 für etwa 18 Milliarden Dollar Waren aus China importiert. Damit ist der weltgrößte Einzelhändler der achtgrößte Handelspartner des Reichs der Mitte, noch vor Großbritannien und Russland. Durch diese ökonomische Globalisierung hat die soziale Ungleichheit sowohl innerhalb einzelner Länder als auch im internationalen Ländervergleich drastisch zugenommen. Die Schere zwischen Arm und Reich hat sich weiter geöffnet. Allerdings garantieren auch manche arme Länder ihren Einwohnern einen günstigen Zugang zu Bildungs- und Gesundheitseinrichtungen. Die Privatisierung dieser und ähnlicher Dienstleistungen im Zuge der von der WTO erzwungenen Deregulierung hat die Lage in vielen hoch verschuldeten Ländern noch dramatisiert. Aber auch in so reichen Ländern wie Großbritannien, Niederlande oder Deutschland hat sich die Schere weiter geöffnet und die Zahl der unterhalb der Armutsgrenze lebenden Menschen ist größer geworden.
Um die Industrialisierung in ihrem Land voranzutreiben und um dem Teufelskreis der Verschuldung zu entkommen, werden von Entwicklungsländern transnationale Konzerne angelockt, indem sie in ihrem Land Freihandelszonen einrichten. Die Firmen werden von lästigen Umweltauflagen befreit, zahlen kaum oder gar keine Zölle und Steuern, Gewerkschaften, mit denen Tarifverträge ausgehandelt werden müssten, existieren nicht. Welchen Preis zahlen die Menschen dafür?

M2 Wettkampf um industrielle Produktion

Mit einem Container voller Nähmaschinen und einem Leitzordner voller Schnittmuster könne in asiatischen Billiglohnländern in kurzer Zeit eine konkurrenzfähige Produktion aufgebaut werden, erzählten Branchenexperten bereits in den siebziger Jahren. Inzwischen hat die Textilindustrie von dieser Möglichkeit großzügig Gebrauch gemacht. [...]
Doch längst werden nicht nur Joggingschuhe oder Elektrogeräte in Niedrig-Kosten-Ländern hergestellt. Auch Dienstleistungen der Informationstechnologie werden zunehmend verlagert. [...] Dieser Trend wird auch Deutschland erreichen, denn auch in der Informationstechnologie sind die Lohnunterschiede gravierend. Nach Angaben der Wirtschaftswoche verdient ein Programmierer in Deutschland etwa 45 000 Euro pro Jahr, im indischen Bangalore ist seine Arbeitskraft für rund 10 000 Euro zu haben.
Noch fürchten Unternehmen die geringere Produktivität sowie die Sprach- und Kommunikationsbarrieren bei der Verlagerung von Dienstleistungen in den Süden. Doch die moderne Technologie verringert den Produktivitätsvorsprung der Industrieländer – und die Kommunikationsprobleme lassen sich lösen, wenn sich zwischen beiden Seiten über eine mehrjährige Zusammenarbeit eine verlässliche Kultur des Gesprächs und des Vertrauens aufgebaut hat. Entsprechend sagen viele Fachleute eine schleichende Verlagerung auch von modernen Arbeitsplätzen in die Schwellenländer des Südens voraus.
[...]
Auch die Industrieländer untereinander stehen in einem harten Konkurrenzkampf. Ganze Regionen wetteifern um die Ansiedlung eines großen Industrieunternehmens und werfen dazu alles in die Waagschale, was sie haben: günstige und gute Arbeitskräfte und vor allem Subventionen. In diesem Konkurrenzkampf entschied sich DaimlerChrysler, den Kleinwagen Smart im französischen Lothringen zu bauen und nicht im badischen Rastatt. Die Zuschüsse in Frankreich waren höher, die Arbeitskosten sind geringer. Dadurch wurden in Lothringen 1 800 Arbeitsplätze geschaffen, die Deutschland auch gerne erhalten hätte.
Im Zuge dieser Entwicklung versuchen die unterschiedlichen Regionen in den verschiedenen Ländern, sich auf unterschiedliche Wirtschaftsbereiche zu spezialisieren. In Deutschland gelten Köln und seine Region als Film- und Medienstandort. Bayern versucht offensiv, Tradition mit exportorientierter Hightech-Wirtschaft zu verbinden – „Laptop und Lederhosen“ heißt es dort. Im Gegensatz dazu hat sich Frankfurt am Main als internationale Finanzdrehscheibe etabliert – die Einrichtung der Europäischen Zentralbank in dieser Stadt ist nur folgerichtig. Doch diese Spezialisierung hat auch ihre Schattenseiten. So hat die Rhein-Main-Region im vergangenen Jahrzehnt Tausende Arbeitsplätze in der industriellen Produktion eingebüßt – die betroffenen Beschäftigten mussten in andere Regionen ziehen, sich neu qualifizieren oder sind arbeitslos.

Wolfgang Kessler: Gesellschaften unter Globalisierungsdruck. In: Globalisierung, Informationen zur politischen Bildung, Heft 280, Bonn 2003, S. 28 f.

M3 Verlagerung von Arbeitsplätzen

M4 Freihandelszonen in Mittelamerika

Seit den 90er Jahren hat die Zahl der Freihandelszonen und der sich darin befindenden Zulieferbetriebe in ganz Mittelamerika (Costa Rica, El Salvador, Nicaragua, Honduras etc.) rapide zugenommen. Obwohl Zulieferbetriebe weitgehend von Zöllen und Steuern befreit sind, haben sie eine wichtige volkswirtschaftliche Bedeutung, da sie der beschäftigungsintensivste Industriesektor sind. Die nicaraguanische Regierung baut deshalb auf den weiteren Ausbau der Freihandelszonen, um die hohe Arbeitslosenquote zu reduzieren. Sie sieht darin den Motor für das nationale Wirtschaftswachstum. Der jetzige Präsident Bolaños hat versprochen, dass bis zum Ende seiner Amtszeit 100 000 Nicaraguaner in Freihandelszonen beschäftigt sein sollen.

Im Jahr 2003 waren in Nicaragua 60 000 Arbeiter und Arbeiterinnen in insgesamt 70 Zulieferbetrieben beschäftigt, von denen die meisten in der Hauptstadt Managua liegen. Aber auch in Cuidad Sandino, Mateare, León, Sebaco, Tipitapa Granada und Masaya gibt es solche Freihandelszonen. Die Produktion konzentriert sich hauptsächlich auf die Bekleidungs- und Tabakindustrie.

Der monatliche Mindestlohn in Zulieferbetrieben beträgt in Nicaragua 66 $US bei einer 48-Stunden-Woche. [...]

Um die Grundbedürfnisse decken zu können, würde es jedoch eines Mindestlohns von ca. 146 $US bedürfen. 46 % der Nicaraguaner lebt unter der nationalen Armutsgrenze.

Die Arbeitsbedingungen in den Maquilas sind nicht mit westlichen Standards vergleichbar. Zwar gelten offiziell sowohl die nationalen als auch die internationalen Arbeitsrechte auch in den Freihandelszonen, sie werden jedoch oft missachtet und von staatlicher Seite meistens nicht durchgesetzt. Die Gefahr, durch strengere Kontrollen und Sanktionen Investoren zu verlieren, wird von der nicaraguanischen Regierung sehr hoch bewertet und erlaubt somit einen größeren Raum für die Verletzung der Arbeits- und Menschenrechte in diesen Betrieben. Die Vernachlässigung dieser Rechte wird zum Teil sogar als Standortvorteil gegenüber Konkurrenten gehandelt. Gewerkschaftliche Zusammenschlüsse werden von den Betrieben unterdrückt, indem bei Mitgliedschaft mit Entlassung gedroht wird. Die Arbeiterinnen stehen unter großem psychischen und physischen Druck, leiden unter unzureichendem Arbeits- und Gesundheitsschutz, unter sexuellen Belästigungen und oft erzwungenen, z.T. unbezahlten Überstunden. Acht bis zwölf Stunden täglich sitzen die Frauen auf Holzbänken ohne Lehnen an den Nähmaschinen. Gearbeitet wird im Akkord unter Tempokontrolle und ständiger Überwachung durch die Werkmeisterinnen, die die Arbeiterinnen mit Beschimpfungen und z.T. mit Schlägen antreiben. Für einen Gang zur Toilette bedarf es einer Erlaubnis, die oft nur zweimal am Tag erteilt wird. Wegen des starken Drucks leiden viele Frauen an Migräne, Muskelschmerzen und Menstruationsausfall. Die Rate der Fehlgeburten bei den Maquila-Arbeiterinnen liegt über dem nationalen Durchschnitt. [...]

Da die Akkord-Entlohnung oft von überhöhten Zielvorgaben abhängt, sind unbezahlte Überstunden zur Erreichung der Stückvorgaben die Regel. Darüber hinausgehende Überstunden werden von den Beschäftigten bei guter Auftragslage verlangt, meist ohne dass die gesetzlich vorgeschriebenen Zuschläge ausgezahlt würden. Oft werden diese Überstunden jedoch auch „freiwillig" geleistet, da der Grundlohn kein Leben über der Armutsgrenze ermöglicht. Die niedrige Entlohnung und die häufigen Überstunden wirken sich direkt auf die Lebensbedingungen der Beschäftigten und ihrer Familien aus, zumal sich durch die oft große Distanz zwischen Wohnung und Arbeitsplatz die Abwesenheit von der Familie um durchschnittlich weitere zwei Stunden verlängert und bis zu 20 % des Einkommens für die Bezahlung öffentlicher Verkehrsmittel aufgebracht werden muss. Da viele Frauen alleinerziehend für die Versorgung ihrer Kinder verantwortlich sind, führen die überlangen Arbeitstage und die unzureichende Entlohnung zu einer Vernachlässigung der Kinder bei der Befriedigung elementarster Bedürfnisse.

EIRENE internationaler christlicher Friedensdienst, Neuwied, zitiert nach: http://www.eirene.org/fix/files/MOMEC.pdf, Zugriff 10.07.2009

Näherinnen in einer nicaraguanischen Fertigung

M5 Zur Problematik von Auslandsinvestitionen

Die Befürworter [...] erkennen die folgenden positiven Wirkungen von ausländischen Direktinvestitionen für die Gastländer:

- Zufuhr von Kapital, somit Verkleinerung der Kapitallücke und Entlastung der Zahlungsbilanz;
- Stimulanz für das Wirtschaftswachstum, Schaffung von Arbeitsplätzen und Ausbildung von Fachkräften;
- Schaffung von Kaufkraft, Erhöhung der Steuereinnahmen des Staates und seiner Deviseneinkünfte;
- Übertragung von technischem Know-how und betriebsorganisatorischen Managementfähigkeiten;
- Unterstützung der Importsubstitution (d. h. Ersetzung von Importen durch heimische Produktion) und Förderung von Exporten mit einer doppelten Entlastungswirkung für die Zahlungsbilanz;
- Vergrößerung des Handelsaustausches und Vertiefung der Einbindung in den Weltmarkt [...];
- Beitrag zur Diversifizierung der Wirtschafts- und Produktionsstruktur, zur Produktivitätssteigerung und Dynamisierung der Entwicklung;
- vielfältige Multiplikatoreffekte [...], beispielsweise durch die beschäftigungswirksame Nachfrage an Zulieferunternehmen.
- Zusammenfassend: Ausländische Direktinvestitionen übertragen Technologie und technisches Wissen, verringern also die technologische Lücke; sie ermöglichen die Steigerung der Produktivität und die Verbesserung der Wettbewerbsfähigkeit, [...] sie fördern das Wachstum und können zur Verringerung der Armut beitragen.

Die Kritiker stellen diesen vermuteten Gewinnen eine wesentlich längere Liste von Verlusten und Risiken gegenüber:

- Kreditfinanzierung der Auslandsinvestitionen auf dem heimischen Kapitalmarkt ohne oder mit nur geringer Kapitalzufuhr von außen bei gleichzeitiger Verengung des Kreditangebots für einheimische Unternehmen;
- Abwälzung der infrastrukturellen Vorkosten (für die Versorgung mit Transport, Energie und Wasser) auf das Gastland;
- Belastung der Zahlungsbilanz durch Abfluss von Gewinnen, Lizenz- und Patentgebühren sowie durch eine höhere Importnachfrage nach Vorprodukten;
- Gefahr des Kapitalabzuges und der Verringerung der Reinvestitionsraten bei Konjunktureinbrüchen, wie es z. B. im Verlauf der „Asienkrise" geschah;
- Steuereinbußen durch mehr oder weniger abgepresste Steuernachlässe oder konzerninterne Bilanzmanipulationen, indem die Konzernzentralen Tochtergesellschaften in Ländern mit hohen Steuersätzen überhöhte Einstandspreise und niedrige Abgabepreise berechnen, sodass die Gewinne künstlich gedrückt werden;
- Konzentration auf besonders profitable Branchen und auf industrielle Enklaven (wie Sao Paulo oder Shanghai), sodass regionale und sektorale Ungleichgewichte verstärkt werden;
- Herausbildung von oligopolistischen Markt- und Machtstrukturen und Verfestigung „monokultureller" Produktionsstrukturen; [...]
- Übertragung von kapitalintensiver Technologie mit geringen Beschäftigungseffekten [...];
- Verdrängung der technologisch unterlegenen heimischen Industrie und somit fortschreitende Überfremdung und Fremdbestimmung der Wirtschaft;
- Umweltzerstörung durch den kostensenkenden Verzicht auf Umweltschutz und durch den Raubbau an den natürlichen Ressourcen;
- Missbrauch der ökonomischen Macht zur politischen Einflussnahme.

Franz Nuscheler: Lern- und Arbeitsbuch Entwicklungspolitik, Bonn 2004, 5. Auflage, S. 544–545

Arbeitsvorschläge

1. Erläutern Sie, inwiefern die Globalisierung Arbeitsplätze schafft, aber zugleich auch Arbeitsplätze vernichtet (M 2). Welche Tendenzen beim „Export" von Arbeitsplätzen sind gegenwärtig erkennbar?

2. Entwickeln Sie ein Plädoyer, das Unternehmensvertreter den Karikaturisten von M 1 und M 3 entgegenhalten könnten.

3. Kommentieren Sie die politische Botschaft von M 1.

4. Entwickeln Sie ein Streitgespräch zwischen einem Regierungsvertreter von Nicaragua und einer Näherin in einer Sonderwirtschaftszone. Beide Seiten sollten möglichst überzeugend argumentieren (M 4, M 5).

5. Erläutern Sie die Argumente für und gegen Auslandsinvestitionen und nehmen Sie selbst Stellung (M 5).

Weltweite Migration

Wohin bewegen sich die Flüchtlingsströme?

Miniglossar

Xenophobie
Fremdenfeindlichkeit

Clandestini (ital.)
illegale Einwanderer

M1 Welche Rechte haben illegale Einwanderer?

[...] In Spanien werden die kleinen Boote, mit denen die Immigranten ankommen, Pateras genannt – Opferschalen. Ihre Bergung obliegt allein den polizeilichen und militärischen Behörden und geschieht im Kontext eines permanenten Ausnahmezustands in den sich räumlich ausdehnenden und diffundierenden Grenzregionen. Die Rettung von Bootsflüchtlingen durch zivile Organisationen wurde durch sich kontinuierlich und auf Druck der EU global verschärfenden Anti-Schleuser-Gesetze und am Fall der Kap Anamur spektakulär kriminalisiert. Der Umgang der Behörden mit den Angekommenen lässt sich nicht an Maßstäben der Menschenrechte messen oder beschreiben, ihre Rettung erscheint humanitär und der Umgang mit ihnen willkürlich. Das heißt nicht, dass er rein repressiv oder in erster Linie von Gewalt geprägt wäre, viele der Grenzbeamten und Soldaten können durchaus Mitleid mit den Clandestini aufbringen. Jedoch kann in diesem Kontext alles passieren: Sicherheitskräfte können die Menschen einfach ertrinken lassen und Hilferufe ignorieren, an den Grenzen auf sie schießen, wie es in Ceuta und Melilla geschehen ist. Sie können sie schlagen, demütigen und einsperren, massenhaft abschieben und in der Wüste aussetzen. Wenn sie dies nicht tun, den dem Tode entronnenen Immigranten eine Zigarette spendieren, Wasser und Nahrung austeilen, so erscheint dies humanitär. Humanität und Willkür weisen darauf hin, dass die Menschen im Augenblick ihrer Ankunft schlicht rechtlos sind – nacktes Leben. [...]

Christoph Marischka: Siamo tutti Clandestini! Das EU-Migrationsregime als Laboratorium der Entrechtung, IMI-Magazin, Informationsstelle Militarisierung e.V., Tübingen, Dezember 2006, S. 9

Begriff

Migration stammt vom lateinischen Wort migratio (Wanderung). Man unterscheidet zwischen Einwanderung (Immigration) und Auswanderung (Emigration). Dabei geht es nicht um einen vorübergehenden Wechsel des Wohnsitzes, sondern um einen dauerhaften. Migrationsgründe können sehr vielfältig sein: Krieg, Bürgerkrieg, Armut, Klimawandel, soziale Aufstiegshoffnungen, Familiennachzug, politische Motive, z.B. politische Verfolgung u.a.m. Die Migrationsforschung untersucht die Faktoren, die Migration verursachen, also die materiellen und sozialen Bedingungen in der Herkunfts- und der Ankunftsregion.

VT

Migration gibt es, solange es Menschen gibt. Allein im 19. Jahrhundert wanderten über sechs Millionen Deutsche in die USA, andere emigrierten auf den Balkan oder nach Russland. Seit der Globalisierung hat sich das Migrationsproblem indes erheblich verschärft, sowohl in quantitativer wie in qualitativer Hinsicht. Die modernen Verkehrs- wie Kommunikationstechnologien erleichtern immer mehr Menschen die Flucht aus Regionen, in denen sie unter Armut, Arbeitslosigkeit oder Hunger leiden oder aus ethnischen, religiösen oder politischen Gründen verfolgt werden.
In den Wanderungsströmen reflektieren sich bisweilen alte koloniale Verbindungen: Marokkaner und Algerier zieht es bevorzugt nach Frankreich, Inder wandern nach Großbritannien, viele Menschen aus Südostasien leben heute in den Niederlanden usw. Aus Ländern, in denen sich US-amerikanische Firmen oder das US-Militär niedergelassen haben, wandern viele Menschen in die USA. Neben den Migranten, die aus sozialen, politischen oder religiösen Gründen ihren Heimatstaat verlassen, gibt es auch – zumal in Afrika – Millionen von Binnenvertriebene, also Menschen, die aus Bürgerkriegsgebieten in benachbarte Regionen fliehen, vor Wüsten zurückweichen oder von ethnischen Säuberungen bedroht werden. In letzter Zeit verlagerte sich der Schwerpunkt der Einwanderung in Europa auf die ehemaligen Auswanderungsländer Italien und Spanien. Ferner gibt es eine innereuropäische Bevölkerungsbewegung von Ost nach West. Wie könnte Politik aussehen, die Immigration sinnvoll gestaltet?

M2 Die Ströme der Armuts- und Wirtschaftsflüchtlinge

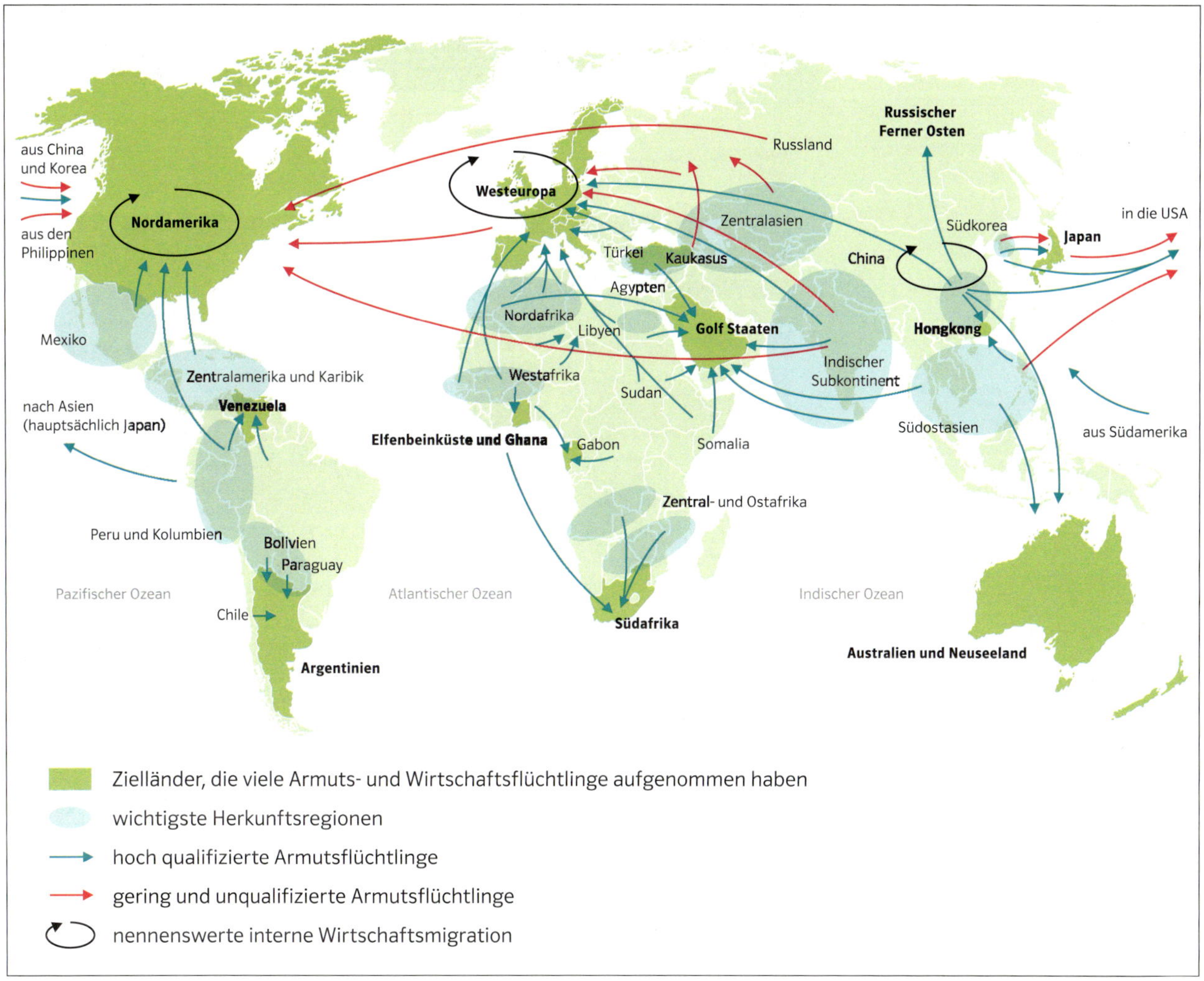

Atlas der Globalisierung, Le Monde diplomatique, Berlin 2006, S. 100

M3 Zu- und Abwanderung nach Weltregionen im Jahresdurchschnitt 2000 – 2005

Zuwanderung (netto)	
USA/Kanada	1 370 000
Europa	1 083 000
Ozeanien/Australien	103 000

Abwanderung (netto)	
Asien	1 297 000
Lateinamerika	804 000
Afrika	455 000

Wichard Woyke (Hg.): Handwörterbuch Internationale Politik, Opladen 2008, S. 337

Arbeitsvorschläge

G **1.** Untersuchen Sie die Flüchtlingsströme hinsichtlich der möglichen Motive und der Qualifikation der Flüchtlinge (M 2).

2. Vergleichen Sie Dimensionen der Zu- und Abwanderungen mit den Dimensionen der Binnenvertreibung (M 2, M 3).

3. Überlegen Sie, warum in bestimmten Regionen dieses Problem besonders dramatisch ist (M 3). Überschlagen Sie grob, welcher Anteil dieser Binnenflüchtlinge nach Europa gelangt und welche in Afrika oder Asien bleiben [müssen] (M 2, M 3).

4. Erläutern Sie anhand von M 1 das Spannungsverhältnis von „Humanität" und Rechtlosigkeit. Was könnte ein Innenminister aus den betroffenen EU-Staaten auf diese Kritik erwidern?

Folgen der Migration

Profitieren wir von der Zuwanderung?

Miniglossar

Humankapital
„menschliches Kapital", das Arbeitsvermögen sowie die Gesamtheit der verwertbaren Qualifikationen, Kenntnisse und Verhaltensweisen von Menschen

Diaspora
„Zerstreuung", Gebiet, in dem die Angehörigen einer Konfession (oder auch Nation) gegenüber einer anderen in der Minderheit sind.

M1 Auf dem Weg in eine bessere Zukunft?

Fast eine alltägliche Meldung: Flüchtlinge im Mittelmeer

Begriff

Der Begriff **Braindrain** wurde nach dem Zweiten Weltkrieg zunächst im Zusammenhang mit der Abwanderung von Fachkräften und Wissenschaftlern aus Großbritannien in die USA geprägt. In den 1960er- und 1970er-Jahren fand er Anwendung auf die Entwicklungsländer. [...] Der Terminus „Braindrain" ist heute aufgrund seiner negativen Konnotation eines stetigen Abflusses von „Gehirnen", also der Intelligenz einer Gesellschaft, umstritten. [...] Begriffe wie „brain gain" und „brain circulation" bzw. „zirkuläre Migration" spiegeln diese veränderte Wahrnehmung wider.
Langthaler: Brainddrain, a.a.O., S. 10

Die Europäische Agentur für die operative Zusammenarbeit an den Außengrenzen (**Frontex**) versucht den Grenzschutz der EU-Mitgliedstaaten zu koordinieren und zu verbessern, um die illegale Einreise in die EU weiter zu erschweren. Frontex selbst verfügt über keine eigenen Grenzschutzverbände.

VT

Betrachtet man Migration als einen zentralen Faktor im Kontext der internationalen Arbeitsteilung und des internationalen Waren- und Wissensaustauschs, so erscheint wachsende Migration in einem positiven Licht. Vor diesem Hintergrund bemühen sich auch viele Staaten und zumal Universitäten um Migration und entwickeln entsprechende Förderprogramme, um Studenten in fremde Länder zu vermitteln oder um ausländische Studenten anzuwerben.
Unternehmen suchen sich international hoch qualifizierte Mitarbeiter. Denn wirtschaftliche und wissenschaftliche Programme sind auf den internationalen Austausch angewiesen und gerade viele Migranten gelten als besonders arbeitswillig und innovationsfreudig.
Auch die Tourismusindustrie hat gegenüber Migranten keine Berührungsprobleme, sie befördert ja den kulturellen Austausch und wirbt mit der produktiven Fremderfahrung. Reisen bildet und fördert die heimische Ökonomie und Wissenschaft. Dafür gibt es unzählige Belege.
Einige Massenmedien und viele „Durchschnittsbürger" hingegen beklagen die negativen Folgen von Migration, auch und gerade dann, wenn Migranten in der eigenen lokalen Gemeinschaft nur eine kleine Minderheit bilden. Dabei werden „nationalstaatliche Identitäten" beschworen und Überfremdungsängste artikuliert oder die Belastung des Sozialstaates beklagt, wenn nicht gar terroristische Bedrohungen heraufbeschworen. Die ökonomische Gegenrechnung – Migranten sind schließlich auch wichtige Mieter, Konsumenten und damit auch Steuerzahler – wird dabei unterbelichtet oder ignoriert.
Warum fürchten sich Menschen vor „Migranten"? Benötigen wir nicht tatsächlich Verstärkung in Europa?

M2 Wenn Fachkräfte auswandern

Die Diskussion über die Zusammenhänge zwischen Migration und Entwicklung hat in den vergangenen Jahren stark an Raum gewonnen, wobei Migration zunehmend als Potenzial für alle Beteiligten angesehen wird. [...] Die Abwanderung von Fachkräften und hochqualifizierten Personen aus Entwicklungsländern, bekannt als „Braindrain", ist ein Teilaspekt von Migration und wird kontrovers diskutiert. Von der Abwanderung aus Entwicklungsländern ist insbesondere der Gesundheitssektor betroffen, darüber hinaus das Bildungswesen, der öffentlichen Sektor, die Industrie sowie Wissenschaft und Forschung. Die Regionen mit den höchsten Raten an qualifizierter Abwanderung sind der karibische und zentralamerikanische Raum, das subsaharische Afrika, Südostasien und der Pazifikraum.

Ursachen von Braindrain sind v.a. schlechte Arbeitsbedingungen, geringe Bezahlung, fehlende Karrieremöglichkeiten sowie die Instabilität der Herkunftsgesellschaft. Selten wird Braindrain in einem breiteren Kontext untersucht: Die Auswirkungen internationaler Handelspolitik, der Ökonomisierung von (höherer) Bildung oder der Strategien internationaler Finanzinstitutionen bleiben meist unberücksichtigt.

Stark unterschiedliche Einschätzungen gibt es bezüglich der Auswirkungen von Braindrain auf Entwicklungsländer. Als negativen Folgen gelten: Humankapitalverlust; Personalknappheit in strategischen Sektoren; Verlust von volkswirtschaftlichen Investitionen und Steuerzahlungen sowie Schwächung der Institutionen und der Innovationskraft des Landes.

Als positive Auswirkungen des Braindrain werden angesehen: Rücküberweisungen; Bildungsanreiz im Herkunftsland; Transfer von Wissen und Technologie („brain gain"); Diaspora-Gemeinden als Katalysatoren für unternehmerische Initiativen und Entwicklungsprojekte sowie die Entlastung des Arbeitsmarktes der Herkunftsländer, falls die Migrant/innen arbeitslos waren.

Ob Braindrain dem Abwanderungsland schadet oder nützt, ist stark kontextabhängig. Insgesamt scheinen kleine und arme Entwicklungsländer von Braindrain eher geschwächt zu werden, während größere Länder und solche mittleren Einkommens davon auch profitieren können.

Für die Erreichung [von Entwicklungszielen] wirkt sich insbesondere der Fachkräftemangel in Schlüsselsektoren wie Gesundheit und Bildung negativ aus. Vom verminderten Zugang zu Basisdienstleistungen sind v.a. arme Bevölkerungsschichten und die Landbevölkerung betroffen. Zudem schwächt die Abwanderung institutionelle Strukturen, sodass zielgerichtete Strategien schwer plan- und umsetzbar werden.

Margarita Langthaler: Braindrain und seine Auswirkungen auf Entwicklungsländer, Österreichische Forschungsstiftung für Internationale Entwicklung, Working Paper 20, Wien 2008; S. 3f.

M3 Ausländeranteile in Europa

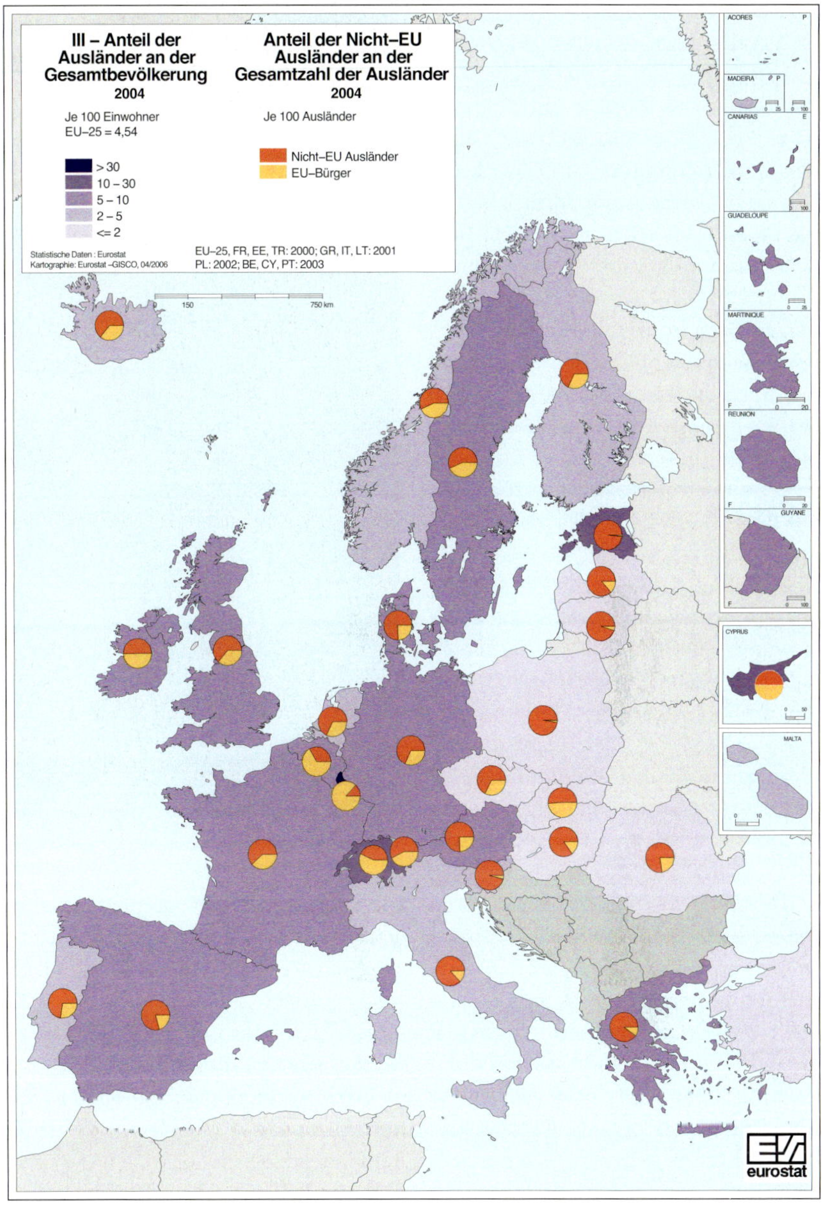

M4 Migration – auch ein Geschäft mit der Armut

[...] Parallel zum rasanten Wachstum der für viele Länder wichtigen Tourismusbranche nimmt im Rahmen dieser „Vergnügungsindustrie" auch der Menschenhandel zum Zweck der sexuellen Ausbeutung immer weiter zu. Dabei bilden sich ganz neue Handelskreisläufe heraus. So hat etwa der Aufschwung des Ferntourismus in einem Emigrationsland wie der Dominikanischen Republik den massenhaften „Import" von illegalen russischen Frauen nach sich gezogen. Manche Regionen mit besonders hoher Arbeitslosigkeit und großer Armut setzen sogar auf diesen Gewerbezweig als eine Art Entwicklungsstrategie.

Die von Emigranten nach Hause überwiesenen Ersparnisse, aber auch die Gewinne, die von den Schleusernetzen abfallen, stellen in manchen Staaten eine immer wichtigere Devisenquelle dar. Der Wert der Überweisungen von Emigranten in ihre Heimatländer ist zwischen 1999 und 2005 weltweit von 70 auf 230 Milliarden Dollar angestiegen. In Bangladesch, das sehr viele Arbeitskräfte in den Nahen und Mittleren Osten, nach Japan und nach Europa exportiert, beträgt der von den Emigranten bestrittene Anteil am staatlichen Devisenaufkommen inzwischen 30 Prozent. In der Dominikanischen Republik übersteigt er wertmäßig die Einnahmen aus dem Tourismus, der den größten Beitrag zum Wirtschaftswachstum des Landes leistet. In Mexiko sind die von Emigranten überwiesenen Dollars die zweitwichtigste Devisenquelle nach den Ölexporten.

Dass der illegale Export von Arbeitsemigranten ein profitabler Markt ist, gilt auch und vor allem für die professionellen Schleuser. Die verdienten nach Angaben der UN zwischen 1990 und 2000 jedes Jahr 3,5 Milliarden Dollar. Ihre Einnahmen im Jahr 2004 lagen nach Angaben des US-Außenministeriums bei stattlichen 7,5 Milliarden Dollar. Und während früher lokale Kleinkriminelle diesen Markt dominierten, ist er inzwischen von globalen Strukturen geprägt. Die organisierte Kriminalität drängt erst in jüngster Zeit auf diesen Markt. Und zwar mittels interkontinentaler Allianzen und ethnisch geprägter Netzwerke, die für die Kontakte vor Ort, den Transport, die Verteilung der Migranten sowie die Beschaffung gefälschter Papiere sorgen.

Der Handel mit Arbeitskräften ist in jedem Fall – ob legal oder illegal organisiert – ein lukratives Geschäft. Das gilt insbesondere für den Handel mit Frauen, die zur Prostitution bestimmt sind. Doch die Frauen sind auch insgesamt viel mehr vom Menschenhandel betroffen als Männer. Seit in den Großstädten und Ballungsräumen des Nordens neue Dienstleistungssektoren entstanden sind, arbeiten viele Migrantinnen als Haushaltshilfen, Reinigungskräfte, private Pflegekräfte und Kindermädchen. Sobald sich irgendwo eine Community von Immigranten etabliert hat, organisieren die Netzwerke der Schleuser in der Regel den Nachschub. Das Ergebnis ist eine Art Kettenmigration.

Le Monde diplomatique, Atlas der Globalisierung, Berlin 2006, S. 78 f.

Frontex-Grenzkontroll-Übung in einem Nachtzug an der moldavisch-rumänischen Grenze

M5 Die Erfindung des Fremden

Die Psychologieprofessorin Birgit Rommelspacher über die Gefühlsambivalenzen gegenüber Migranten

Glaubt man den Massenmedien, ist der Traum der multikulturellen Gesellschaft ausgeträumt. Anstatt Interesse aneinander und Neugier herrsche Krieg unter den verschiedenen ethnischen Gruppen. Und die Rechtsradikalen machen weiterhin Straßen und Jugendklubs unsicher für alle, die für sie nicht deutsch aussehen.

Auch die Politik hat deutlich härtere Töne angeschlagen. Wurden die Einwanderer und Einwanderinnen vor einigen Jahren noch differenziert

entsprechend ihrer Herkunftsländer etwa aus dem Iran, Palästina, oder der Türkei, werden sie heute alle mit dem Islam identifiziert und dieser wiederum mit Fanatismus und religiöser Militanz gleichgesetzt.
Warum werden die Konflikte primär als Konflikte zwischen unterschiedlichen Kulturen interpretiert? Warum wird gerade der Islam zum Gegenspieler, indem islamischer Religionsunterricht mit der Aufstachelung gegen die deutsche Gesellschaftsordnung gleichgesetzt und das Tragen des Kopftuches zum Widerstand gegen den gesellschaftlichen Grundkonsens aufgebauscht? Was ist der rationale Kern einer solchen Argumentation?
Es ist keineswegs zufällig, was wir als fremd im Sinne von bedrohlich erleben und was nicht. Womit sich die Menschen vertraut machen und was sie als fremd von sich weisen, hat sehr viel mit ihnen selbst zu tun. Das Fremde, so die Grundthese Freuds, ist eine Konstruktion des Subjekts. Im Fremden begegnen uns verdrängte Anteile, allerdings angstbesetzt und unheimlich. Die positiven Anteile aber bleiben beim Selbst und definieren das Eigene. So werden zum Beispiel Tüchtigkeit, Fleiß und Entscheidungskraft vielfach erkauft durch die Abspaltung passiver Versorgungs- und Verwöhnungswünsche. Diese abgespaltenen Wünsche werden dann auf die „Fremden“ projiziert. Wie viel Aggression dabei im Spiel ist, zeigt sich oft in dem Hass und der Bitterkeit, die in den Vorwürfen zum Beispiel gegen Asylbewerber zum Ausdruck kommen, dass sie sorglos in den Tag hinein lebten und alles umsonst bekämen. Diese Aggression spiegelt den Selbsthass, der aus der Unterdrückung der eigenen Verwöhnungswünsche resultiert.
In diesem Sinne kehrt Freud das übliche Argumentationsmuster um: Nicht Fremdheit macht aggressiv, sondern die eigenen Aggressionen machen die anderen zu Fremden. In der Feindseligkeit schieben wir die anderen von uns und machen sie uns fremd. [...]
Diese Spaltung der eigenen Gefühlsambivalenzen in das negative Fremde und das positive Eigene hat jedoch seinen Preis. Denn diese Konstruktion bedarf der Energie, um die Spaltungen aufrechtzuerhalten, und äußert sich in dem ständigen Bemühen, die eigenen Auffassungen sich und den anderen zu bestätigen. Je starrer dies System, desto mehr ist das Subjekt mit der Umdeutung und der ängstlichen Überwachung der so konstruierten Wirklichkeit beschäftigt. Diese Menschen sind unfähig, „Erfahrungen zu machen“. [...]
Bei den Bildern des Fremden spielen die tradierten Feindbilder eine zentrale Rolle. In ihnen verdichten sich Geschichte und Machtbeziehungen. So ist in den Bildern von Menschen mit dunkler Hautfarbe die Geschichte des Kolonialismus eingeschrieben, im Bild vom fanatischen und gefährlichen Moslem der jahrhundertlange Kampf um politische und kulturelle Hegemonie zwischen Morgen- und Abendland. In der Konstruktion von Fremdheit wird also in den Stereotypen und Feindbildern Geschichte fortgeschrieben und zugleich immer wieder neu die Grenzlinie gezogen, wer zu dieser Gesellschaft gehört und wer nicht. [...]
Distanzen sollen den Status quo aufrechterhalten. Die Verhältnisse sollen bleiben, wie sie sind. Das wird jedoch immer schwieriger, je stärker die inneren und äußeren Widersprüche werden – etwa die wachsende Kluft zwischen Arm und Reich sowohl innerhalb des Landes als auch zwischen reichen und armen Nationen. Angesichts von Hunger, Armut, Krieg und Gewalt fragt sich, warum haben bestimmte Leute ein Recht auf Reichtum und Sicherheit und andere nicht. Das sind irritierende Fragen. Denn einerseits gehen wir davon aus, dass alle Menschen gleich sind und gleichermaßen ein Recht auf ein menschenwürdiges Leben haben, und andererseits werden wir mit immer krasseren Unterschieden konfrontiert. Wer im Wohlstand lebt, muss also irgendwie erklären und zumindest sich vor sich selbst rechtfertigen, warum er privilegiert ist.

Birgit Rommelspacher: Die Erfindung des Fremden, taz, 27.11.1997, S. 12

Arbeitsvorschläge

1. Interpretieren Sie, warum Bilder wie das von M 1 möglicherweise ambivalente Gefühle auslösen.

2. Bestimmen Sie grob, in welchen europäischen Ländern
   a) der Ausländeranteil besonders niedrig/hoch ist und
   b) in welchen Ländern der Anteil der Nicht-EU-Ausländer auffällig hoch bzw. niedrig ist. Suchen Sie nach Erklärungen für diese Beobachtungen (M 3).

3. Stellen Sie positive und negative Folgen von Braindrain einander gegenüber (M 2). Suchen Sie in Ihrem Alltagsleben nach Beispielen für prekären bzw. für lohnenden Braindrain.

4. Rücküberweisungen von Migranten spielen eine erheblich bedeutsamere Rolle als die Entwicklungshilfe. Begründen Sie das anhand von M 4.

5. Stellen Sie zusammen, warum Migration auch ein „lohnendes Geschäft“ darstellt (M 4). Wie könnte man diesen Praktiken begegnen?

6. Fassen Sie die Überlegungen von Rommelspacher thesenartig zusammen und verfassen Sie hierzu einen Kommentar (M 5).

Entfesselte Mächte

Stößt nationale Politik an ihre Grenzen?

Miniglossar

erodieren
auswaschen, zerstören, sich auflösen

M1 Widerstand leisten

Begriff

Der **Internationale Währungsfonds** wurde 1944 gegründet. Er ist die Finanzorganisation der UNO. Der IWF zielt auf eine verstärkte internationale Zusammenarbeit im Bereich der Währungspolitik, fördert den weltweiten Handel und vergibt Kredite, die allerdings an bestimmte Auflagen (z.B. Abbau von Handelsbarrieren, staatliche Sparmaßnahmen etwa im sozialen Bereich u.Ä.) gebunden sind. Die Stimmrechte im IWF orientieren sich daran, welche Summen die Mitgliedsländer dem IWF zur Verfügung stellen.

VT

Die Globalisierung wird häufig in Verbindung gebracht mit einem zunehmenden Bedeutungsverlust der nationalen Politik. Diese These wird damit begründet, dass sich im Zuge der Globalisierung wirtschaftliche Strukturen und Prozesse immer stärker entgrenzen (z.B. durch die Strategien von multinationalen Unternehmen, Forschungsnetzwerke); die Reichweite der Politik unterliege aber einer territorialen, in der Regel nationalen Begrenzung. Zugleich werde die nationale Souveränität insbesondere durch internationale marktliberale Vereinbarungen eingeschränkt.
Die veränderte Marktmacht der Unternehmen verringert die staatlichen Möglichkeiten, die bei der Produktion von öffentlichen Gütern entstehenden Kosten auf alle Wirtschaftssubjekte (Erwerbstätige und Unternehmen) gleichmäßig zu verteilen, da transnational agierende Unternehmen die Möglichkeit haben, sich – etwa durch Produktionsverlagerung – dieser Verpflichtung zu entziehen. Auch können Unternehmen anderen Formen der staatlichen bzw. politischen Kontrolle entkommen, ohne dass sich die politischen oder rechtlichen Rahmenbedingungen geändert haben. Damit schwinden auch die Chancen und Möglichkeiten der Bürgerinnen und Bürger, Einfluss auf die nationalen ökonomischen Rahmenbedingungen zu nehmen. Auf trans- bzw. internationaler Ebene ist öffentliche (staatliche) Macht bislang wenig organisiert. Insofern entwickelte sich mit der Globalisierung eine nicht unerhebliche Machtverschiebung zuungunsten der öffentlichen, staatlich-politischen Gewalt.
Aber nicht mehr nur Unternehmen treten untereinander in einen Wettbewerb, sondern auch Staaten, die sich um „attraktive Rahmenbedingungen“ für ausländische Investitionen bemühen. Dies führt oft zu einer bemerkenswerten Vergeudung knapper öffentlicher Finanzressourcen. Wie lässt sich die Macht des Marktes eingrenzen?

M2 Geld ohne Grenzen

Die Folgen der Globalisierung sind [...] eine große Herausforderung für die Politik. Doch die Politik gerät durch die Globalisierung ihrerseits unter großen Druck. Während Gesetze an den nationalen Grenzen enden – im weitestgehenden Fall an den Grenzen der Europäischen Union –, überspringen Banken und andere Kapitalanleger nationale Grenzen in wenigen Minuten, Produktionsunternehmen in wenigen Monaten. Durch die Globalisierung sind Firmen entstanden, deren Umsätze die gesamtwirtschaftliche Leistung kleinerer Industrieländer wie der Niederlande oder Dänemarks übersteigen. Die Unternehmen schöpfen die Spielräume aus, die ihnen die Konkurrenz der weltweiten Produktionsstandorte bietet. Dabei können sie die Regierungen verschiedener Länder gegeneinander ausspielen – und dort investieren, wo die Bedingungen für sie am günstigsten sind.

Besonders stark stehen die Finanzminister von Bund und Ländern sowie die Stadtkämmerer unter Globalisierungsdruck. Der freie Fluss des Kapitals über die Landesgrenzen verbessert die Möglichkeiten für Kapitalanleger, ihr Geld vor dem Zugriff der deutschen Finanzämter zu schützen. Die Deutsche Steuergewerkschaft schätzt, dass deutsche Anleger 400 bis 500 Milliarden Euro auf ausländischen Konten horten, größtenteils in Luxemburg, der Schweiz, Österreich und Liechtenstein. [...].

Mindestens ebenso große Möglichkeiten, die Steuern zu senken, bietet die Globalisierung auch den Unternehmen. Völlig unbemerkt von der Öffentlichkeit haben sich in Europa Dienstleistungszentren etabliert, die nur damit beschäftigt sind, Vermögen, Aktien und Bargeld großer Unternehmen zu verwalten. Dieser Service bilanziert die Gewinne so, dass alle Steuerunterschiede in Europa genutzt werden. [...]

Die globalen Möglichkeiten für die Unternehmen, legal Steuern zu sparen, sind eine Ursache dafür, dass die Einnahmen aus der Körperschaftssteuer oder aus der Gewerbesteuer, die vor allem die Kassen der Gemeinden speisen soll, in den vergangenen Jahren zurückgegangen sind. Viele Großstädte wie Berlin, München oder Frankfurt leiden unter wachsender Finanznot und sehen sich gezwungen, Leistungen für ihre Bürgerinnen und Bürger zu verringern: Hallenbäder, Kulturzentren und Theater werden ebenso geschlossen wie Jugendhäuser, Kindergärten oder Spielplätze. Auch für Sozialarbeit und öffentliche Sicherheit ist weniger Geld vorhanden. Auf diese Weise hat die Globalisierung die öffentlichen Einnahmen reduziert – und trifft über die Hintertür der Sparpolitik von Bund, Ländern und Gemeinden gerade jene Bevölkerungsgruppen mit geringen Einkommen, die zum Teil auch zu den sozialen Verlierern der globalen Wirtschaftskonkurrenz zählen.

Fraglich ist, ob sich die sozial bedrohliche Finanznot des Staates, die auch durch die Globalisierung verursacht wird, durch einen Steuerwettbewerb nach unten beseitigen lässt, wie dies einige Regierungen in Europa praktizieren, um ihre Produktionsstandorte für die multinationalen Konzerne attraktiver und eine Steuerflucht weniger attraktiv zu machen. Es könnte ihnen ergehen wie dem Zuschauer in einem Fußballstadion, der aufsteht, um besser zu sehen. Für kurze Zeit sieht er oder sie auch besser – allerdings nur so lange, bis alle anderen Zuschauer auch aufgestanden sind. Dann sehen alle wieder gleich schlecht – aber alle stehen.

Eine Alternative zu diesem Steuerwettbewerb nach unten wäre die Verständigung der Finanzminister auf steuerliche Mindestsätze in allen Ländern der Europäischen Union, so wie sie derzeit bei der Besteuerung von Zinsen verfahren. Sie haben sich im Juni 2003 darauf geeinigt, dass ab 2005 alle Mitgliedsländer der Europäischen Union eine Mindeststeuer auf Zinsen erheben. Zwölf Länder, darunter auch Deutschland, tauschen außerdem Kontrollmitteilungen über Konten von EU-Ausländern aus, sodass Geldanlagen nicht mehr vor den Steuerbehörden verheimlicht werden können.

Wolfgang Kessler: Gesellschaften unter Globalisierungsdruck. In: Globalisierung, Informationen zur politischen Bildung, Heft 280, Bonn 2003, S. 30 f.

M3 Nokia schließt in Bochum, um in Rumänien zu produzieren

M4 Zivilisierung des entfesselten Kapitalismus

Wirtschaftliche Globalisierung (im Sinne von Entgrenzung und Internationalisierung von Produktion, Handel, Wissenschaft und Kommunikation) hat auf Staaten eine widersprüchliche Wirkung: Während sie durch Intensivierung des Handels zum einen mehr Wachstum, mehr Beschäftigung und höhere Abgaben an den Staat ermöglicht, schwächt sie zum anderen die Möglichkeiten von Regierungen, unerwünschte Effekte der Globalisierung vom nationalen Raum abzuhalten – z. B. unlautere Auslandskonkurrenz oder aber auch Drogengelder, Spekulationsgewinne oder Fluchtkapital. Besonders bezüglich der Steuerung von grenzüberschreitendem Kapitalverkehr hat der Nationalstaat in einer Weltwirtschaft, in der Deregulierung, Liberalisierung und Privatisierung zu verbindlichen Normen für „global players“ geworden sind, seine Souveränität stark eingebüßt. Sozialdemokratische Sozialpolitiken der Nachkriegsära und „dritte Wege“ werden tendenziell zu Auslaufmodellen – weil kaum noch finanzierbar bzw. weil wettbewerbsschädlich [...].

Je abhängiger eine Volkswirtschaft von Kapital- und Technologieimporten ist, desto schmerzlicher werden in Krisensituationen die Souveränitätsdefizite der Regierungen als politische Ohnmacht spürbar. [...] Was allen sich industrialisierenden Staaten Europas und Nordamerikas seit dem 18./19. Jahrhundert erlaubt war – die nationalen Grenzen politisch und rechtlich nach [...] Gutdünken (mittels „Erziehungszöllen“ etc.) zu kontrollieren oder zu öffnen –, genau das verwehrt heute das Globalisierungsregime der WTO (unterstützt vom IWF) den Schwellenländern der ehemals Zweiten und Dritten Welt. [...]

Daher sei hier die These zur Diskussion gestellt, dass Gesellschaften mit starker nationaler Identität wenigstens eine zentrale Voraussetzung mitbringen, jene systemischen Fähigkeiten zu erwerben, die zur aktiven, gewinnbringenden Bewältigung der permanenten Globalisierungsschocks notwendig sind – egal worauf diese Identitätskonstruktion im Einzelnen beruhen mag und wer sie braucht oder missbraucht.

Gestützt wird diese Vermutung durch die empirische Evidenz der erfolgreichen Spätentwickler unter den Nationalstaaten der Gegenwart: Überall dort, wo wir heute seit 1945 nachhaltige Entwicklungserfolge feststellen können (in Ostasien, Südeuropa, Mexiko, Chile, Nordafrika und Osteuropa), finden wir einen nationalen Staat mit wichtigen rechtlichen und politischen Steuerungsfunktionen für die nationale und regionale Marktwirtschaft vor. Es ist der Typ des intelligent intervenierenden Staates in die Privatwirtschaft, der Orientierungsdaten und Starthilfen gibt und gleichzeitig ergänzend Begleitfunktionen für mobilisierte urbane Mittel- und Oberschichten ausübt. [...]

Der Einfluss der Globalisierung auf solche Prozesse der Staatskonsolidierung (die meist mit solchen des „nation-building“ Hand in Hand gehen) sind prinzipiell ambivalent. Während sie einerseits den Aufstieg der asiatischen „Tigerstaaten“ zu prosperierenden leistungsstarken Schwellenländern begünstigt haben, haben global players des Finanz- und Wirtschaftsbereichs, darunter Spekulanten wie George Soros und die IWF-Expertokratie, in der „asiatischen Krise“ von 1997–2001 desintegrativ gewirkt. In der Krise wurden z. B. ethnische und sozio-ökonomische Minderheiten (wie die Chinesen in Indonesien) angegriffen und als Sündenböcke für die Verarmung des Mittelstandes ins Visier genommen. Ob jede ökonomische Krise dieser Art (die stets deklassierte und verarmte Gruppen produziert) die nationale Identität durch Abgrenzung nach außen fördert, ist heute nicht klar zu erkennen.

Rainer Tetzlaff (Institut für Politische Wissenschaft Universität Hamburg) auf dem SEF-Symposion in Bonn am 10.–11.12.2002, zitiert nach: www.sef-bonn.org/download/veranstaltungen/2002/2002_symp_textbeitrag_tetzlaff_de.pdf, Zugriff 30.06.2009

M5 Zahlenspiele

M6 Privatisierung des Krieges

Die europäischen Territorialstaaten waren, wie man weiß, alles andere als friedliebend, und den ewigen Frieden zu garantieren war in ihre Handlungslogik zunächst nicht eingeschrieben, aber sie verwandelten den Krieg in ein rein politisches Instrument, das nach kalkülrationalen Imperativen gebraucht wurde. [...]

Noch folgenreicher als für das Kriegsgeschehen war die staatliche Monopolisierung der legitimen physischen Gewalt für das europäische Wirtschaftsleben: Auf der klaren Trennung von Krieg und Frieden und der damit durchgesetzten Separierung von Gewaltanwendung und Erwerbsleben, die die Voraussetzung einer stabilen Friedensökonomie bildet, gründet sich jenes wirtschaftsrationale Verhalten, ohne das die Entwicklung kapitalistischer Gesellschaften nicht möglich gewesen wäre. [...] Längerfristige Investitionen sind nur möglich unter der Voraussetzung der Erwartungssicherheit, und die ist gebunden an Perioden sozioökonomischer Stabilität, wie sie nur eine Friedensökonomie zu bieten vermag. [...]

Aber gerade diese Voraussetzung ist inzwischen weitgehend erodiert. Selbst die OECD-Staaten, die Zentren der Verknüpfung von Staatlichkeit und Kapitalismus, sind sich ihrer nicht mehr sicher. Zunehmend haben Gewaltunternehmer den Staat als kriegsführende Partei verdrängt – von den Warlords, die mit militärischer Gewalt die Bevölkerung der von ihnen kontrollierten Gebiete auspressen, bis zu den Chefs in den Verknotungen terroristischer Netzwerke, von den Guerillagruppen, bei denen Rauschgifthandel und politische Emanzipationsversprechen ein ungutes Amalgam geworden sind, bis zu den Verzweigungen der international organisierten Kriminalität [...].

Das wohl bedrohlichste Konfliktszenario des 21. Jahrhunderts ist eine fortschreitende Entstaatlichung des Krieges, die schließlich in einer weitgehenden Privatisierung des Kriegsgeschehens endet. Und diese neuerliche Privatisierung des Krieges beruht auf einer Ökonomie, in der Gewaltanwendung und Erwerbsleben wieder miteinander verschmolzen sind. Das heißt: Die Akteure des Krieges haben kein rationales Interesse an seiner Beendigung. [...]

Es sind vorwiegend indirekte Effekte, die von den Strategen des Terrors angezielt werden. Zu diesen indirekten Effekten gehört vor allem, dass sich der angegriffene Staat unter dem Schock des Anschlags und in dem Dilemma, schnell reagieren zu müssen, aber keine geeigneten Ziele für Gegenschläge zu finden, zu Reaktionen verleiten lässt, die genau das bestätigen, was die Strategen des Terrors zwecks Legitimation ihrer Gewaltstrategie immer schon unterstellt haben. [...]

Aber bei aller Entterritorialisierung terroristischer Netzwerke [...] sind diese doch darauf angewiesen, über einige wenige territoriale Rückzugsbasen zu verfügen, so wie auch Rankpflanzen einige Stellen der Verwurzelung brauchen. Diese Verwurzelungen terroristischer Netzwerke finden sich bevorzugt dort, wo die staatliche Ordnung weithin zerstört ist: also in Bürgerkriegsgebieten wie dem Libanon, Somalia oder auch Afghanistan. [...] Die Herstellung eines Mindestmaßes an Staatlichkeit überall auf der Erde könnte langfristig darum ein wirksamerer Schlag gegen den Terrorismus sein als Luftangriffe auf Gebiete, in denen es kaum noch Ziele gibt. [...]

Prinzipiell jedenfalls kann nicht ausgeschlossen werden, dass die Staaten wieder die Herren des Krieges werden. Aber dazu bedarf es einer Reihe erheblicher Anstrengungen. Dazu gehören zunächst eine strikte Kontrolle des Waffenhandels, die auch Handfeuerwaffen und Tretminen umfasst. Dazu gehört die Bereitschaft, beginnende Bürgerkriege notfalls auch mit den Mitteln der militärischen Intervention zu stoppen. Dazu gehört die Fähigkeit, die Geschäfte mit illegalen Gütern, aus denen Bürgerkriegsparteien wie Terroristen ihre Ressourcen beziehen, effektiv zu unterbinden. Und schließlich gehört dazu eine größere Kontrolle der Finanzmärkte. Das Wahrscheinlichere freilich sind weitere Schritte zur Privatisierung des Krieges.

Herfried Münkler: „Die brutale Logik des Terrors", Süddeutsche Zeitung, 29./30.09.2001, Beilage – SZ Am Wochenende, S. 1

Arbeitsvorschläge

1. Setzen Sie die Karikatur (M 1) in eine Beziehung zum VT. Wie kommentiert der Karikaturist das Verhältnis von nationaler Politik und Globalisierung?

2. Stellen Sie zusammen, welche konkreten Folgen die Globalisierung für Nationen haben kann. Entwickeln Sie eine kritische Gegenposition, denken Sie dabei auch an die Exportchancen (M 2).

3. Informieren Sie sich über die Standortverlagerung von Nokia und kommentieren Sie die Firmenentscheidung (M 3, M 5).

4.1 Erläutern Sie Tetzlaffs Thesen und konkretisieren Sie diese durch Bezüge auf das aktuelle Tagesgeschehen (M 4).
4.2 Begründen Sie, warum der Autor den Einfluss der Globalisierung auf die Staatskonsolidierung auch als ambivalent ansieht.

G **5.1** Die Globalisierung begünstigt die „Privatisierung des Krieges". Begründen Sie diese Einschätzung (M 6).
5.2 Erörtern sie, warum der Autor den Präventionschancen gegenüber „privaten Kriegen" skeptisch gegenübersteht.

Die Welt wird demokratischer ...
... oder gibt es ein Demokratiedefizit?

Miniglossar

Apologet
Vertreter oder Verteidiger einer Auffassung

Autokratie
Regierungsform, bei der der Herrscher unbeschränkt regiert

Kosmopolit
Weltbürger

Liberalisierung
hier: Öffnung der Märkte für den Welthandel, Abbau von Handelsbeschränkungen

M1 Trend zur Demokratie?

Die Welt wird immer demokratischer. Dies zeigt der Bertelsmann Transformation Index 2006 (BTI) [...] „Zwar vollziehen sich die Fortschritte deutlich langsamer als noch in den 90er-Jahren", heißt es in der Studie. Fast überall hätten sich aber bestehende demokratische Errungenschaften bewährt. Zudem erfasse die Demokratisierung immer mehr Länder, sagte Werner Weidenfeld [...] „In den vergangenen zwei Jahren sind 18 Länder deutlich demokratischer geworden, das ist ein Sprung nach oben." Zu diesen Ländern zählt der BTI das EU-Neumitglied Slowakei sowie die Beitrittskandidaten Kroatien und Türkei. Insgesamt werden dem Bericht zufolge mittlerweile 62 Prozent der Weltbevölkerung demokratisch regiert. Vor allem weltweiter Wettbewerb und technischer Fortschritt erweisen sich dabei als treibende Kräfte. „Globalisierung und moderne Kommunikationstechnologien erzeugen Modernisierungsdruck", so Weidenfeld: „Kein Land kann sich davon abschirmen."

Der BTI wird zum zweiten Mal nach 2003 veröffentlicht. Die Studie untersucht, ob und wie sich 119 Schwellen- und Entwicklungsländer in Richtung marktwirtschaftlicher Demokratie entwickeln. Dabei berücksichtigen die Bertelsmann-Forscher nicht nur den bereits erreichten Stand der Transformation: Mit ihrem „Managementindex" beurteilen sie darüber hinaus die Reformbemühungen von Regierungen – und berücksichtigen dabei ausdrücklich die Rahmenbedingungen. [...] Dramatische Umbrüche mit Dominoeffekten wie in Osteuropa im Jahr 1989 werden immer seltener, argumentieren die Autoren des BTI. Umso mehr seien Fortschritte auf dem Weg zu Demokratie und Marktwirtschaft von gezielter Reformpolitik abhängig. Die Studie fordert daher, die Entwicklungspolitik in Zukunft stärker auf Länder auszurichten, die aus eigenem Antrieb einem Liberalisierungskurs folgen. [...]

Nikolaus Röttger: Globalisierung stützt Trend zur Demokratie, Financial Times Deutschland, 06.10.2005, S. 16

Begriff

Seit der UNO-Konferenz in Stockholm (1972) wurden auf internationaler Ebene Korrelationen zwischen Lebensqualität und Umweltschädigung sowie die Begrenztheit der natürlichen Ressourcen thematisiert. Um diese Debatten zu intensivieren, rief die UNO eine Konferenz für Umwelt und Entwicklung (UNCED) 1992 in Rio de Janeiro ein. Hier wurden vor allem das Nachhaltigkeitsprinzip als realistische Zielsetzung für das Wohlergehen der Menschheit entwickelt, als Aktionsprogramm die **Agenda 21** proklamiert und von zahlreichen Staaten verabschiedet. Die Agenda 21 enthält eine Fülle von konkreten Aktionsschritten und Handlungsaufträgen, um eine nachhaltige Nutzung der natürlichen Ressourcen zu gewährleisten, ferner Zielvorstellungen u. a. zur Energienutzung, Bevölkerungs-, Umwelt-, Abfall-, Klima- und Landwirtschaftspolitik. In den Folgejahren wurden diese Ziele teilweise weiterentwickelt, konkretisiert und auch praktisch-politisch im lokalen wie auch im globalen Maßstab umgesetzt.

VT

Apologeten der Globalisierung behaupten, dass mit der Durchsetzung des liberalen Prinzips auch die Tendenz einer weltweiten Demokratisierung verbunden sei. Das ökonomische Konkurrenzprinzip verlagere sich auch in den politischen Bereich, fördere also die Demokratie. Durch die weltweiten Kommunikationsmöglichkeiten gerieten autoritäre Regime in die Defensive, demokratische Kräfte könnten sich besser organisieren und weltweit vernetzen. Auf diese Weise entstünden bei den Betroffenen neue Formen von Partizipation und damit von Legitimität von politischen Entscheidungen.

Skeptiker betonen demgegenüber, dass demokratische Entscheidungen nur innerhalb von Nationalstaaten getroffen werden könnten, die Demokratie ende an den Grenzen. Politische Entscheidungen in supranationalen Gremien, in denen bestimmte Staaten (USA, China, Russland) dominieren, seien kaum demokratisch legitimiert. Die Globalisierung führe zu einem Demokratiedefizit, denn transnationale bzw. kosmopolitische Demokratiemodelle bedürften einer gemeinsamen Wertebasis. Solange es diese aber nicht gibt, seien demokratische Verfahren zum Scheitern verurteilt. Sie seien auch nicht effektiv.

M2 Globalisierung und Demokratie – ein Widerspruch?

Die umfassende Liberalisierung der Wirtschaft sei Garant für allgemeinen Wohlstand, Freiheit und Demokratie weltweit. Heißt es. Doch die Realität zeigt, dass immer mehr Entscheidungsgewalt von den politischen Institutionen auf transnationale Unternehmen verlagert wird. Die schrankenlose weltweite Liberalisierung der wirtschaftlichen Beziehungen orientiert [sich] an den Entfaltungsbedürfnissen transnationaler Unternehmen: Das wird heute unter Globalisierung verstanden. Noch Anfang der Neunzigerjahre – als die Weltkonferenz für Umwelt und Entwicklung in Rio de Janeiro stattfand – stand der Begriff für die allseitige Mitverantwortung insbesondere für die globale Umwelterhaltung. Erst seit der WTO-Vertragskonferenz in Marrakesch im April 1994 setzte sich die Okkupation dieses Begriffs für die transnationale Wirtschaftsliberalisierung durch. [...] Der WTO-Vertrag wird als globaler Obervertrag angesehen, obwohl das Völkerrecht keine Hierarchien zwischen seinen Verträgen kennt. WTO-Regeln beanspruchen, den Spielraum nationaler Verfassungen vielfach einschränken zu dürfen. [...] Immer mehr Spielraum für transnationale Unternehmen, immer weniger für innerstaatliche Institutionen – dieser Primat der Wirtschaft ist nicht mehr nur de facto, sondern zunehmend auch de jure international verankert worden.

Hermann Scheer: Globalisierung und Demokratie – ein Widerspruch?, Le monde diplomatique, 22.09.2001

M3 Demokratische Verfahren

[...] Lassen sich demokratische Verfahren nun auf transnationale Organisationszusammenhänge übertragen, oder nur innerhalb des Territorialstaats verwirklichen? In der sozialwissenschaftlichen Debatte tun sich zwei Lager auf, die sich als staats- und als problemzentriert charakterisieren lassen. Die Mehrzahl der Demokratietheoretiker meint, dass kosmopolitische Demokratiemodelle zum Scheitern verurteilt sind, da der Erfolg demokratischer Verfahren einer gemeinsamen Kultur, Identität und Öffentlichkeit bedarf. Nur kollektive Identität schaffe Solidarität und Vertrauen in demokratische Verfahren. Solange es keine Weltgesellschaft mit einer globalen Öffentlichkeit und Identität gibt, kann es auch keine transnationale Demokratie geben, lautet ein häufiges Argument.

Kritiker dieses staatszentrierten Demokratiemodells argumentieren, dass die Demokratietheorie immer in Spannung zur politischen Praxis gestanden hat. [...]

Entgegen den Annahmen des territorialen Politikmodells wird unter den Anhängern des problemzentrierten Demokratiekonzepts verstärkt darauf hingewiesen, dass Demokratie als ein unvollendetes Projekt zu verstehen sei, das sich auch künftig kontinuierlich weiterentwickeln werde. Damit einhergehend ist ein wachsendes Interesse an neuen Formen grenzüberschreitender Willensbildung zu beobachten. [...]

In globalen Demokratiemodellen entsteht Zugehörigkeit über thematische Betroffenheit. Eine der zentralen Herausforderungen transnationaler Demokratiemodelle ist in dem Umstand zu suchen, dass sich Partizipationsrechte auf globaler Ebene nicht aus der territorialen Zugehörigkeit, sondern aus der „Betroffenheit" ergeben. Betroffen sind diejenigen, die die Folgen politischer Entscheidungen tragen sollen und sich dessen bewusst sind. Diese vage Bestimmung gehört zu den Grundproblemen nicht-territorialer Politikmodelle. Weil Mehrheitsentscheidungen unter diesen Bedingungen schwer durchsetzbar sind, müssen neue legitimitätsstiftende Willensbildungsverfahren entwickelt werden. [...]

Der hohe Verhandlungsbedarf konsensorientierter Problemlösungsverfahren hat transnationale Demokratieprojekte dem Verdacht ausgesetzt, Legitimität auf Kosten von Effizienz zu erreichen: „Die Entgrenzung der Demokratie erschwert die Prozesse der demokratischen Willensbildung und politischen Identifikation", sagt Ulrich Beck. [...] Demnach sind politische Problemlösungen entweder effizient oder demokratisch. Allerdings wird davor gewarnt, Effizienz und Demokratie als bloße Gegensätze in der Bewertung von Problemlösungsverfahren zu betrachten. Politik, verstanden als Ermutigung von Akteuren, ihre Interessen zu artikulieren, sei Teil der Lösung, nicht Teil des Problems [...]. Effektiv sei die Integration von betroffenen Akteuren.

Jeanette Hofmann: Globalisierung und Demokratie? In: http://www.bpb.de/themen/OHUKMO,,0,Globalisierung_und_Demokratie.html, Zugriff 10.06.2009

Arbeitsvorschläge

G 1. Erläutern Sie, unter welchen Kriterien der BTI den Transformationsprozess beurteilt (M1). Kommentieren Sie den behaupteten Zusammenhang von Marktöffnung und Demokratisierung.

2. Erklären Sie die Argumente der Gegenposition von Hermann Scheer (M2).

3. Erläutern Sie, wie Hofmann das Spannungsverhältnis zwischen Globalisierung und Demokratisierung deutet. Bewerten Sie den Lösungsweg, den die Autorin entwickelt (M3).

Weltweite Umweltprobleme
Warum dienen arme Staaten als Mülldepot?

Miniglossar

Biodiversität
Artenvielfalt

Desertifikation
Vordringen der Wüste aufgrund von Übernutzung oder Klimaänderung

Degradation/Degradierung
Veränderung eines ursprünglich guten Bodens zu einem schlechten, unfruchtbaren

M1 Umweltfolgen der Globalisierung

Hartmann Wunderer

M2 Giftmüllkippe Dritte Welt

Andreas Bernstorff kann Geschichten erzählen, die stinken zum Himmel. Sie handeln von rostigen Fässern, aus denen schleimige Flüssigkeiten sickern, von Dämpfen, die Luftröhre und Lunge verätzen, und von skrupellosen Geschäftsleuten, die sich mit giftigem Dreck eine goldene Nase verdient haben. Und sie spielen alle in Afrika, so wie die Geschichte von dem italienischen Händler, der 2000 undichte Fässer mit chlorhaltigen Lösemitteln im nigerianischen Hafen Koko abstellen ließ. Anwohner kamen mit dem Gift in Berührung. Sie husteten, spuckten Blut und bekamen Nasenbluten. Als

Begriff

Die **Deutsche Gesellschaft für Technische Zusammenarbeit (GTZ)** ist ein weltweit tätiges Bundesunternehmen. Die GTZ arbeitet im Wesentlichen im Auftrag des Bundesministeriums für wirtschaftliche Zusammenarbeit und Entwicklung. Sie erhält aber auch Aufträge von der EU, Weltbank oder UN-Organisationen. In mehr als 130 Ländern beschäftigt das gemeinnützige Unternehmen rund 13 000 Mitarbeiterinnen und Mitarbeiter; davon sind fast 10 000 einheimische Kräfte. Die GTZ ist in 87 Ländern mit eigenen Büros vertreten. Ihr Ziel ist es, die Lebensbedingungen der Menschen nachhaltig zu verbessern.

VT

Allmählich setzt sich das Bewusstsein durch, dass Umweltschutz und Umweltpolitik nicht nur Kosten verursachen. In Umweltpolitik investierte Gelder stellen sinnvolle und lukrative Zukunftsinvestition dar. Dass lokales Handeln auch globale Auswirkungen hat, wird vielen Bürgern immer klarer.
Umweltprobleme machen nicht an Grenzen Halt. Die Beispiele Müllentsorgung und Recycling zeigen, dass der Globalisierungsprozess auch außerordentlich prekäre Seiten aufweist: Wachsende industrielle Produktion geht nicht nur mit wachsendem Wohlstand einher, sondern – fast zwangsläufig – auch mit wachsender Müllproduktion. Seit in den 1980er-Jahren die Umweltbestimmungen erheblich verschärft worden waren, expandierte auch der illegale Export von gefährlichem Müll. Der Mülltransfer stieg von insgesamt zwei Millionen Tonnen im Jahr 1993 auf 8,5 Millionen Tonnen im Jahr 2001. Drei Viertel dieses Müllvolumens wurden zwischen den Industrieländern bewegt. Große Mengen dieses Abfalls werden offiziell als „gefährlich" eingestuft, aber auch ungefährliche Abfälle können bei unsachgemäßer Entsorgung zu Schadstoffen oder bedrohlichen Altlasten werden.

der Fall öffentlich wurde, zog die nigerianische Regierung ihren Botschafter in Rom ab, setzte ein italienisches Frachtschiff fest und zwang so Italien, den Giftmüll abzuholen.
Dieser Fall aus dem Jahr 1988 galt bislang als größter bekannt gewordener Giftmüllskandal in Afrika. Jetzt gibt es einen größeren. Wieder husten Menschen, wieder erbrechen sie sich und bekommen Nasenbluten. Und wieder haben skrupellose Geschäftsleute den giftigen Dreck einfach abgekippt, ohne sich für die Folgen zu interessieren.
Rund 30000 Menschen mussten sich in Abidjan, der größten Stadt der Elfenbeinküste, wegen Vergiftungserscheinungen behandeln lassen, sieben sind gestorben. „Ich dachte, so etwas gehört der Vergangenheit an. Aber dieser Fall toppt die Koko-Geschichte", sagt Bernstorff, der früher für Greenpeace arbeitete und heute diverse Umwelt- und Hilfsorganisationen bei ihrer Arbeit berät.
Begonnen hat der Skandal Mitte August, als mehr als 500 Tonnen Giftmüll an Bord des Containerschiffes Probo Koala im Hafen Abidjan angelandet wurden. Das zu einer griechischen Firma gehörende Schiff war von dem niederländischen Unternehmen

M3 Entwicklung des Hausmülls, der Bevölkerung und des Nationaleinkommens

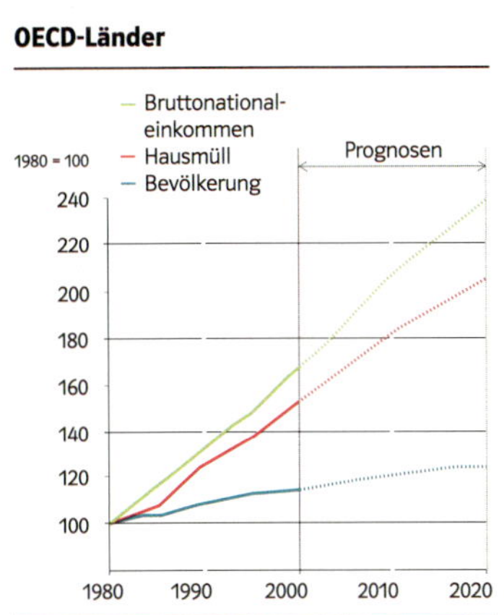

Le Monde diplomatique: Atlas der Globalisierung, Berlin 2006, S. 27

Trafigura Beheer BV gechartert worden. Die Firma zeigt sich in einem Statement nun „besorgt" über die „Berichte zu der gesundheitlichen Situation der Bewohner Abidjan", behauptet aber, internationale Konventionen beachtet und den Müll ordnungsgemäß an die ivorische Entsorgungsfirma Tommy weitergegeben zu haben: „Die Papiere waren korrekt."
Bei der inzwischen an mehreren Stellen der Stadt aufgetauchten, schwarzen, schleimigen Masse, die chlorhaltige Lösemittel und Schwefelwasserstoffe enthält, handelt es sich offenbar um Reste aus der Tankreinigung. Nach Ansicht von Experten hätten die Abfälle niemals Europa verlassen dürfen. „Dafür darf grundsätzlich keine Genehmigung erteilt werden", sagt Michael Dreyer, Experte für Chemikaliensicherheit bei der Gesellschaft für Technische Zusammenarbeit (GTZ).
Nach Ansicht Bernstorffs hat die niederländische Firma gleich gegen mehrere internationale Konventionen verstoßen, die als Folge der Giftmüllskandale in den achtziger Jahren vor allem auf Bestreben der Entwicklungsländer und gegen den Widerstand vieler Industriestaaten auf den Weg gebracht worden sind.
„Die eine ist die so genannte Baseler Konvention", sagt Bernstorff, der bei der Aushandlung des Konventionstextes mitgewirkt hat. Die Konvention von 1989 war 1995 noch einmal verschärft worden. Nach ihr ist es ausnahmslos verboten, Giftmüll in Entwicklungsländer zu exportieren. Das gilt für die EU seit 1998.
Den afrikanischen Ländern reichte die Baseler Konvention jedoch nicht. Afrika trotzte der EU 1990 außerdem im Abkommen von Lomé die Verpflichtung ab, absolut keinen Müll nach Afrika zu transportieren. Und 1991 gab es dann noch die Konvention von Bamako, in der die afrikanischen Staaten selbst den Abfallimport unter Strafe stellten.
Das Abladen von giftigen Chemikalien im großen Stil konnte mit Hilfe dieser Konventionen weitgehend eingedämmt werden. Eine Dunkelziffer gebe es freilich immer, sagt Dreyer: „Dass jemand in Somalia durch Bestechung eines Warlords seinen Giftmüll loswird, kann man natürlich nicht ausschließen."
Die meisten giftigen Chemikalien, die die afrikanischen Länder heute entsorgen müssen, sind allerdings Altlasten. Dass sie existieren, weiß man, nur wo sie liegen, ist noch nicht vollständig geklärt. Giftige Überraschungen gibt es immer wieder. Im Jahr 2004 wurden nach dem großen Tsunami zum Beispiel aus den Küstengewässern vor Somalia mehrere große Giftbehälter an Land gespült. Nach wie vor lagern nach Schätzung der Ernährungs- und Landwirtschaftsorganisation der Vereinten Nationen (FAO) rund 50000 Tonnen Pestizide und Insektizide auf dem Kontinent. In Fässern oder Säcken gammeln DDT, Lindan, Chlordan, Dieldrin oder Heptachlor irgendwo vor sich hin.
Diese Chemikalien wurden einst von den reichen Ländern geliefert. „Der Giftmüll entstand durch Missmanagement oder dadurch, dass die Mittel wegen ihrer gesundheitsschädlichen Wirkung verboten wurden oder einfach nicht mehr gegen die Schädlinge wirkten", sagt Mark Davis, der bei der FAO das Altpestizidprogramm koordiniert. Bis der Abfall beseitigt sei, werde noch dauern. „Dieses Problem ist aber erkannt, und wir wissen, wie wir es angehen müssen."
Dies gilt jedoch nicht für andere Bereiche des globalen Müllhandels. Vor allem die Entsorgung von Elektroschrott und ausrangierten Schiffen ist zu einem lohnenden Geschäft geworden.
Computer, Handys, Drucker – der Müllberg, der in Entwicklungsländern entsorgt wird, wächst. Zwar seien die Hersteller inzwischen verpflichtet, die Geräte zurückzunehmen, aber das echte Recycling „ist sicher teurer als eine graue Entsorgung", sagt der GTZ-Experte Dreyer. Der Trick geht so: Alte Computer werden nicht als Müll, sondern als Nutzware deklariert, die zur Reparatur oder zur Wiederverwendung für den Export vor allem in Westafrika und Asien fertig gemacht werden.

M4 Kein Platz für Umweltschutz?

Allein in der nigerianischen Hauptstadt Lagos kommen nach Recherchen der amerikanischen Nichtregierungsorganisation Basel Action Network jeden Monat rund 500 mit alten Computern, Handys oder Bildschirmen gefüllte Container an. Drei Viertel der Elektroteile seien reiner Elektroschrott, der auf Müllkippen lande und dort verbrannt werde, schreibt die Organisation in einer Studie. Wieder entsteht dabei hochgiftiger Müll, der Blei, Quecksilber und Cadmium enthält. „Das ist ein zunehmendes Problem, um das wir uns schnellstens kümmern müssen", mahnt Dreyer.

Auch Asien wird von Schrott aus den Büros und Wohnzimmern der hoch industrialisierten Länder überschwemmt. Asiatische Entwicklungsländer sind überdies wichtige Abnehmer für ausrangierte Frachter und Tanker. Seitdem der Stahlpreis in die Höhe geschnellt ist, ist der Handel mit schrottreifen Schiffen zu einem lukrativen Geschäft geworden – vor allem für jene, die die Rostkähne loswerden wollen. „Alte Schiffe werden nach Stahlpreis verkauft. Wenn sie einen Standardfrachter mit 10 000 Tonnen Stahl verkaufen, dann können sie schon mal vier Millionen Dollar einstecken", so Bernstorff.

Nach Angaben von Greenpeace werden Jahr für Jahr bis zu 800 Schiffe abgewrackt. Die meisten in China und Indien, sehr viele aber auch in Bangladesch, Pakistan oder in der Türkei. „Kein Hochseeschiff der Welt wird in irgendeinem Industriestaat verschrottet", sagt Andreas Bernstorff.

Warum das so ist, wird beispielsweise in Alang im Nordwesten Indien deutlich. 45 000 Wanderarbeiter zerlegen am Strand mit Hilfe von Schneidbrennern die ausrangierten Kolosse. Die Arbeiter atmen bleihaltige Dämpfe ein, die bei der Verbrennung der Farben entstehen. Außerdem stecken die Schiffe, die meist noch aus den siebziger Jahren stammen, voller Asbest.

Nach einer aktuellen Studie der indischen Regierung leidet jeder sechste Arbeiter in Alang an Asbestose. Ihre Folge ist zunächst Atemnot und Husten, schließlich Invalidität und Lungenkrebs. Und am Ende der Tod.

Steffen Leidel: Giftmüllkippe Dritte Welt, Die Zeit, 21.09.2006, Nr. 39, zitiert nach: http://www.zeit.de/2006/39/Giftentsorgung-Dritte-Welt?page=1, Zugriff 10.06.2009

M5 Die Preise müssen die Wahrheit sagen

Die immer massiver einsetzende Rezession [gemeint ist die der Jahre 1992 ff.], die anschwellende Arbeitslosigkeit, der betriebliche Zwang zur Kosteneinsparung führten genau zu der befürchteten verbreiteten Meinung, dass man sich Zusatzkosten für den Umweltschutz jetzt nicht mehr leisten könne. Der Umweltschutz wird allgemein als Kostenfaktor wahrgenommen. Jetzt gilt es, den Umweltschutz durch elegantere und zugleich radikalere Instrumente zum Nutzenfaktor zu machen. Zugleich müssen all diejenigen, die Lasten zu tragen haben, die Gewissheit haben, dass alles getan wird, um unfaires Trittbrettfahren zu verhindern. [...]

Dabei wird sich in der Tat zeigen, dass unsere bisherige Wahrnehmung der „Kosten des Umweltschutzes" teilweise verkehrt war. Ein tiefer ansetzender ökologischer Strukturwandel, verbunden mit einer „Effizienzrevolution" wird unserer Gesellschaft nicht „Kosten" verursachen, sondern er wird in erster Linie als „Nutzen" in Erscheinung treten. [...] Der Markt wurde seit Adam Smith als Motor für mehr Wohlstand angesehen. Solange mehr Wohlstand unweigerlich mehr Umweltzerstörung bedeutete, konnte es für Umweltschützer so aussehen, als sei die Marktwirtschaft Hauptfeind der Umwelt und als könne nur der Staat die Umwelt vor dem Markt schützen. Diese früher häufig anzutreffende Auffassung verband sich oft mit Vorstellungen von scharfen und detaillierten Staatseingriffen zum Schutz der Umwelt.

Diese Vorstellungen sind obsolet. Erstens erwiesen sich die staatssozialistischen Länder mit zum Teil guten Umweltgesetzen in der Realität als unfähig, die katastrophale Verschlechterung der Umweltsituation aufzuhalten. Zweitens haben wir noch in keinem Land der Erde eine staatliche Detaillenkung erlebt, die wirklich zu einer umweltfreundlichen Wirtschaft geführt hätte. Und drittens ist

wirtschaftstheoretisch zu erwarten, dass der optimale Mitteleinsatz für vorbeugenden und sanierenden Umweltschutz nicht durch Detailregelungen, sondern durch Rahmenregelungen erreicht wird.
In der Theorie wird dann das wirtschaftliche und ökologische Optimum erreicht, wenn die Preise die volle wirtschaftliche und ökologische Wahrheit sagen. Dann wird jeder Verbraucher und jeder Hersteller in Verfolgung seines eigenen Vorteils diejenigen Wahlentscheidungen treffen, die unter den gegebenen Umständen auch für die Umwelt das erträglichste sind. [...]
Die heutigen Preise sagen teilweise die ökonomische Wahrheit (von Verzerrungen durch Subventionen und wenige andere staatliche Eingriffe abgesehen). Von der ökologischen Wahrheit sind die Preise noch weit entfernt. Es gelingt den Verursachern von Umweltschäden weiterhin, einen erheblichen Teil der Last nach „draußen" abzuschieben. Die Ökonomie nennt dieses Nachdraußen-Abschieben „externalisieren", und das Ergebnis des Abschiebens nennt sie „externe Kosten". [...]

Ernst Ulrich von Weizsäcker: Erdpolitik. Ökologische Realpolitik an der Schwelle zum Jahrhundert der Umwelt, 4. Aufl., Wiss. Buchgesellschaft, Darmstadt 1994, S. 141 – 145

M6 Asien – Lagerplatz für den Müll der Welt?

Le Monde diplomatique: Atlas der Globalisierung. Die neuen Daten und Fakten zur Lage der Welt, Berlin 2006, S. 26

Arbeitsvorschläge

1. Erläutern Sie die Zusammenhänge des Schaubilds M1.

2. Suchen Sie nach Ursachen für die Entwicklung des Mülls vor dem Hintergrund der Entwicklung der Bevölkerung und des Nationaleinkommens (M3).

3. Der dargestellte Müllskandal steht für zahllose weitere. Recherchieren Sie eigene Beispiele und entwickeln Sie Hypothesen über die Ursachen des Müllexports zumal in arme Länder (M2).

4. Untersuchen Sie vor diesem Hintergrund die Karte M6. Nennen Sie Gründe, warum gerade in einigen Länder Südostasiens besonders intensiv Schrott entsorgt wird.

5. Erläutern Sie den Begriff „Externalisierung von Kosten" (M5). Zeigen Sie an den Fallbeispielen (M2), inwiefern hier Umweltkosten auf andere abgewälzt werden.

6. Die politische Botschaft der Karikatur (M4) ist nicht mehr ganz aktuell. Recherchieren Sie, weshalb in zunehmendem Maße Müll erfolgreich kommerziell verwertet werden kann.

Klimawandel als politisches Thema

Bewirkt lokales Handeln globale Veränderungen?

Miniglossar

fossile Brennstoffe
enstammen der erdgeschichtlichen Vergangenheit: Kohle, Erdgas, Erdöl und Torf

Konflikte durch Klimawandel
→ S. 102 f.

M1 On the bright side of life?

Begriff

Im Dezember 1997 wurde im Rahmen der Klimarahmenkonferenz der UNO in der japanischen Stadt Kyoto ein Programm beschlossen, das dem globalen Klimaschutz dienen sollte. Es legte völkerrechtlich verbindliche Zielwerte für den Ausstoß von Treibhausgasen in Industrieländern fest, die hauptsächlich für die globale Erwärmung verantwortlich gemacht werden. Das Programm (**Kyoto-Protokoll**) trat 2005 in Kraft und endet im Jahr 2012.

Der **ökologische Fußabdruck** gibt an, welche Fläche ein bestimmter Lebensstandard beansprucht. Der Fußabdruck einer Bevölkerung bezeichnet die Fläche an Böden und Gewässern, die nötig ist, um die Ressourcen für ihren Lebensstil bereitzustellen und die anfallenden Abfälle und Rückstände aufzunehmen.

VT

Das Thema „Klima" verdeutlicht in drastischer Weise das Problem der Globalisierung: Lokales Handeln und lokale Veränderungen haben globale Ursachen und Folgen, die Folgen des Klimawandels können nur durch lokales wie globales Handeln bewältigt werden. Wenn in Brasilien der Regenwald abgeholzt wird, dann ist das nicht nur ein Thema für die dort lebenden Indianer, ebenso wenn eine kleine Kommune in Süddeutschland beschließt, den Individualverkehr aus der Innenstadt zu verbannen oder verstärkt Solarenergie einzusetzen. Hierzu sind Bewusstseinsveränderungen und Entscheidungen nötig, die über den lokalen oder nationalen Tellerrand hinausreichen.
Der Ausstoß von Treibhausgasen in den letzten Jahrzehnten führte dazu, dass sich die Erdatmosphäre erwärmt hat und weiter erwärmt, was weitreichende Folgen für das Erdklima, den Wasserkreislauf und klimatisch bedingte Wetterextremereignisse auslöste. Diese verändern nicht nur das Ökosystem, sondern haben auch gravierende soziale und ökonomische Folgen.
Während bislang vorwiegend die energiehungrigen Industrieländer für die Treibhausgase verantwortlich sind und ihr Wohlstand unmittelbar mit dem gewaltigen Energieverbrauch verknüpft ist, stehen nun auch viele Schwellen- und Entwicklungsländer, die erheblich stärker als die entwickelten Länder vom Klimawandel betroffen sind, davor, ebenfalls in beträchtlichem Ausmaß fossile Energien, etwa für den Individualverkehr, zu verbrauchen. Die Folgen könnten außerordentlich fatal sein.
Der Klimawandel – wahrscheinlich das größte und wichtigste politische Thema des 21. Jahrhunderts – stellt daher alle Menschen, Ökonomien und Regierungen vor die gewaltige Aufgabe, bisher beschrittene Pfade im Umgang mit fossilen Energien, dem Treibhauseffekt und dem Ökosystem Erde rasch und grundsätzlich zu überdenken.

M2 CO_2-Emissionen in Deutschland

Seit 1990 gehen die CO_2-Emissionen nahezu kontinuierlich zurück. Die Minderungen sind etwa gleichgewichtig auf die wirtschaftliche Umstrukturierung in den neuen Ländern mit vermindertem Braunkohleeinsatz und die aktive Klimaschutzpolitik der Bundesregierung zurückzuführen. Kalte Winter führten zwischenzeitlich zu leichten Anstiegen. Auch der Anstieg der Emissionen in den Jahren 1996 und 2001 war witterungsbedingt.

Die im Folgenden angeführten Emissionsangaben berücksichtigen keine CO_2-Mengen der Quellgruppe Landnutzung, Landnutzungsänderung und Forstwirtschaft. Den größten Anteil an den CO_2-Emissionen hatte 2007 wie bisher die Energiewirtschaft mit 45,8 %. Aus diesem Bereich wurden im Jahr 2007 rund 386 Mio. t CO_2 freigesetzt. In den Jahren von 1976 bis 1991 wurden wegen Produktionssteigerungen sowie ungünstiger Brennstoff- und Anlagenstruktur sogar bis über 400 Mio. t im Jahr ausgestoßen. Die Quellkategorien Haushalte/Kleinverbraucher (15,2 %) und Straßenverkehr/übriger Verkehr (18,1 %) sowie Verarbeitendes Gewerbe/Industrieprozesse mit zusammen 20,5 % besitzen hinsichtlich der CO_2-Emissionen derzeit eine ähnliche Bedeutung. [...]

Die gesamtwirtschaftliche Emissionsintensität, d.h. die auf die inländische Wirtschaftsleistung – ausgedrückt durch das Bruttoinlandsprodukt – bezogene Emission, sank zwischen 1990 und 2008 um rund 40 %, wobei die stärkste Minderung im Verarbeitenden Gewerbe und die geringste Minderung im Verkehr erreicht wurde.

Kohlendioxid (CO_2) ist das bei weitem bedeutendste Klimagas. Bezogen auf die gesamten Treibhausgas-Emissionen betrug der CO_2-Anteil 2008 etwa 88 %. Seit dem Basisjahr 1990 geht der Anteil von CO_2 leicht hoch. Diese Zunahme resultiert aus einer im Vergleich zu CO_2 erheblich stärkeren Minderung der Emissionen von Methan (CH_4) und Distickstoffoxid (N_2O).

Kohlendioxid entsteht fast ausschließlich bei den Verbrennungsvorgängen in Anlagen und Motoren. Darüber hinaus treten Emissionen vor allem im Bereich Steine und Erden durch das Brennen von zur Zement- und Baustoffherstellung verwendetem Kalk auf. Die Emissionen entstehen somit auch in Deutschland entsprechend dem Energieverbrauch unter Berücksichtigung der Anteile der Brennstoffgruppen. Bezogen auf die Einheit der eingesetzten Energie sind die Emissionen am höchsten für feste Brennstoffe, die überwiegend aus Kohlenstoff bestehen. Für gasförmige Brennstoffe sind sie wegen ihres beträchtlichen Gehaltes an Wasserstoff am niedrigsten. Eine Zwischenstellung nehmen die flüssigen Brennstoffe ein.

Umweltbundesamt, Berlin: CO_2-Emissionen nach Quellkategorien, zitiert nach: www.umweltbundesamt-umwelt-deutschland.de/umweltdaten/public/theme.do?nodeIdent=2842, Zugriff 10.07.2009

M4 Ursachen und Folgen des Klimawandels

erwartete Folgen	gestörte Ökosysteme	gefährdete Wasserversorgung	gefährdete Ernährungssicherung
	Gesundheitsgefahren	steigende Meeresspiegel	bedrohte Küstenstädte
	kulturelle Verluste		
Ursachen	CO_2-Emissionen/ fossile Brennstoffe	Methan	Verkehr
	Landwirtschaft		
Warnzeichen	polare Veränderungen	Gletscherrückgang	Wetterextreme

Hartmann Wunderer, 2009

M3 Der ökologische Fußabdruck

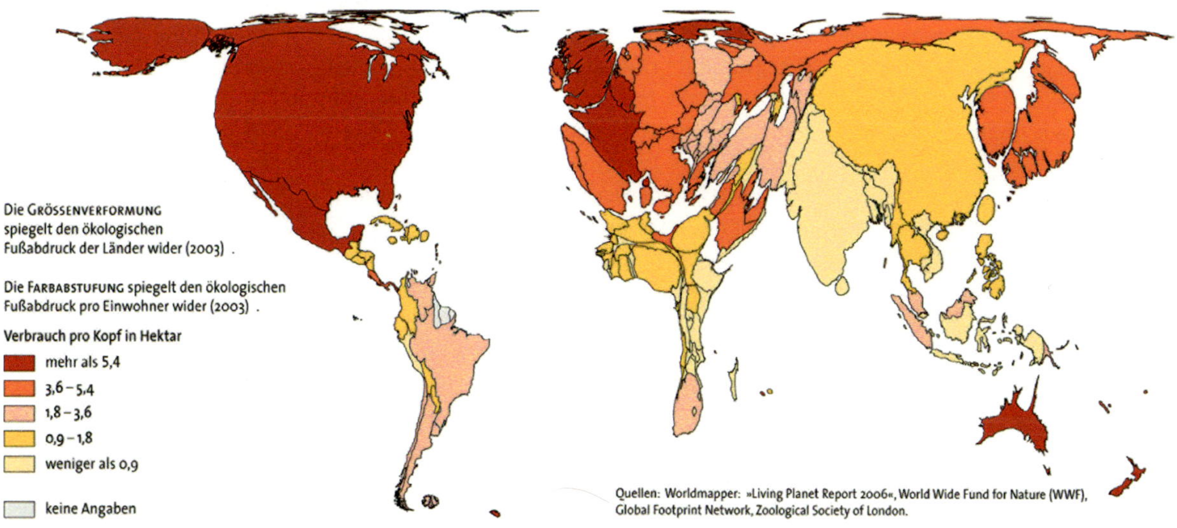

M5 Tödliche Folgen des Klimawandels

Einem Umweltschutzbericht zufolge gehen etwa 315 000 Tote pro Jahr auf den Klimawandel zurück. Zudem leiden weltweit über 300 Millionen Menschen unter der Erderwärmung. Das ist die erschreckende Bilanz des von Ex-UN-Generalsekretär Kofi Annan geleiteten Global Humanitarian Forums (GHF). In 20 Jahren soll sich sowohl die Zahl der Opfer als auch die Anzahl bedrohter Menschen dem Bericht zufolge verdoppeln. Demnach würden rund 660 Millionen Menschen von den Folgen des Klimawandels betroffen sein, etwa weil sie ihre Häuser durch Unwetter verlieren oder weil sie unter Wasserknappheit, Hunger oder Krankheiten leiden.

Der wirtschaftliche Schaden durch Dürre, Überschwemmungen, Stürme oder dem Anstieg des Meeresspiegels mache pro Jahr mehr als 125 Milliarden Dollar aus. Bis 2030 wird der Klimawandel der Prognose zufolge weit mehr als 200 Milliarden Euro pro Jahr kosten.

Der Klimawandel sei die größte Herausforderung für die Menschheit, erklärte Annan. Hunderte Millionen Menschen müssten unter ihnen leiden. „Die, die es als erstes und am schlimmsten trifft, sind die ärmsten Gruppen der Welt." Doch gerade sie hätten am wenigsten Schuld an dem Problem.

Durch eine zerstörte Umwelt und daraus folgender Mangelernährung und Krankheiten kann der Klimawandel bis zum Jahr 2030 jährlich den Tod einer halben Million Menschen verursachen, wie aus dem Bericht zu den Auswirkungen des Klimawandels hervorgeht.

Insgesamt seien von einem Anstieg des Meeresspiegels oder Naturkatastrophen wie Überflutungen, Stürmen und Dürren rund vier Milliarden Menschen bedroht. Viele von ihnen lebten in den ärmsten Gegenden der Welt in Afrika und Asien. Um das Schlimmste zu vermeiden, müsse die Hilfe für diese Menschen in Entwicklungsländern um das Hundertfache steigen.

M6 Folgen des Klimawandels in Europa

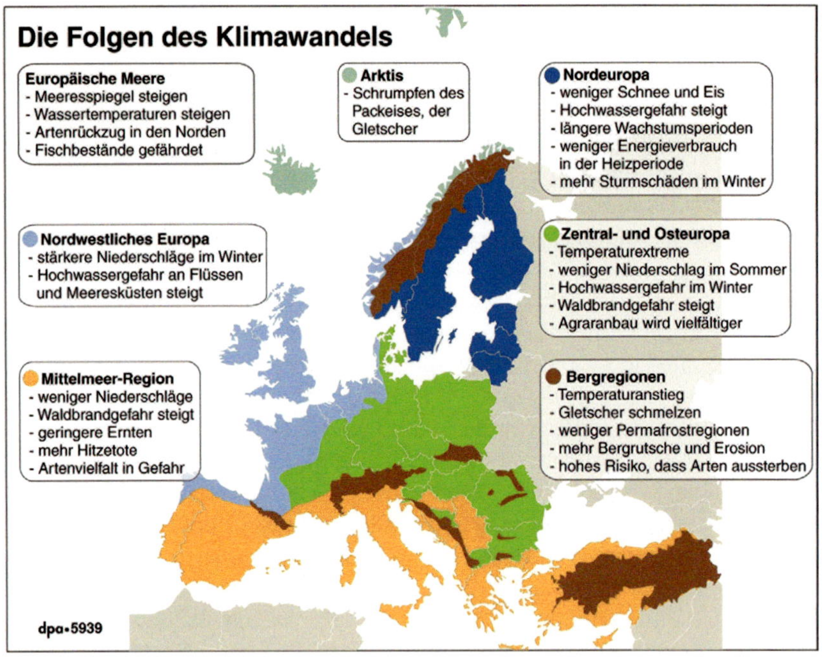

Annan forderte die Regierungen auf, sich im Dezember bei einer in Kopenhagen anberaumten Konferenz für das angestrebte Nachfolgeabkommen des Kyoto-Protokolls einzusetzen, das Maßnahmen zur Bekämpfung der Erderwärmung vorsieht. […]

ZEIT ONLINE, sh, dpa, Reuters, 29.05.2009, http://www.zeit.de/online/2009/23/klimawandel-tote-studie?page=1, Zugriff 12.06.2009

M7 Wie kann man dem Klimawandel begegnen?

Die Maßnahmen zur Schadensbegrenzung und Anpassung an den globalen Klimawandel sind außerordentlich vielfältig und immer mehr Staaten, Institutionen, Unternehmen, Kommunen wie Einzelpersönlichkeiten stellen sich den Herausforderungen, den Energieverbrauch zu reduzieren. Auf internationaler Ebene spielt das Kyoto-Protokoll, das Vereinbarungen zur CO_2-Reduktion enthält, und der damit verbundene Emissionshandel, eine zentrale Rolle. Selbst in den USA und in Australien, die sich den Verpflichtungen des Kyoto-Protokolls nicht verpflichtet haben, gibt es Kommunen und Unternehmen, die eine ehrgeizige Emissionsreduktion organisieren und damit auch politischen Druck erzeugen. Die Behauptung, dass die Sicherung von Arbeitsplätzen, des Lebensstandards etc. nur durch immer mehr Wirtschaftswachstum und den dazu aufzuwendenden Energieverbrauch gewährleistet wird, wird zunehmend bezweifelt. Investitionen in erneuerbare, nicht-fossile Energiequellen (Wasserkraftwerke, Biomasse, Windkraft, Solarenergie usw.) werden weltweit vorangetrieben. Und viele Unternehmen sparen erhebliche Kosten und sichern sich künftige Märkte, wenn sie umweltfreundliche, effizientere Technologien einsetzen. Viele Kommunen entwickeln kreative Modelle für eine Verkehrsinfrastruktur, die nicht dem energieaufwendigen Individualverkehr Vorrang einräumt. Und immer mehr Menschen erkennen, dass sie Kosten sparen, wenn sie umweltfreundliche Produkte erwerben, ihre Lebensweise oder Gewohnheiten überdenken: Müll reduzieren, Stand-by-Modus vermeiden, Recycling-Papier nutzen. […]

Hartmann Wunderer, 2009

M8 Schmelzendes Eis, steigender Meeresspiegel

Im 20. Jahrhundert ist der Meeresspiegel um 17 Zentimeter gestiegen, und er steigt weiter. Das Klimagremium der Vereinten Nationen (IPCC) sagt einen Anstieg des weltweiten Meeresspiegels von bis zu einem Meter bis zum Ende des 21. Jahrhunderts voraus. Davon gehen allein 20 Zentimeter auf das Konto der Gletscherschmelze. Selbst bei sofort wirksamen Klimaschutzmaßnahmen wird sich der Meeresspiegelanstieg in den nächsten Jahrzehnten kaum aufhalten lassen, denn durch die Vermischung des wärmeren Oberflächenwassers mit den tieferen kühleren Schichten erwärmen sich die Ozeane weiter. Wenn wir es schaffen, die Lufttemperaturen zu stabilisieren, werden sich die Ozeane erst mit einer Verzögerung von Jahrhunderten nicht weiter erwärmen.

Heute lebt circa die Hälfte der Weltbevölkerung in Küstenregionen. Allein in Bangladesch ist die Heimat von 17 Millionen Menschen von einem Anstieg des Meeresspiegels bedroht. Arme Staaten wie Bangladesch können sich überhaupt keinen Katastrophenschutz leisten. Denn Vorsorgemaßnahmen sind teuer: Eine amerikanische Studie hat errechnet, dass Schutzmaßnahmen gegen einen Meeresspiegelanstieg von einem Meter die USA 156 Milliarden Dollar kosten würde.

Einige kleine Länder im Pazifischen Ozean müssen fürchten, dass sie aufgrund ihrer sehr geringen Höhe in den nächsten Jahrzehnten im Meer versinken, falls der Meeresspiegelanstieg sich nicht verlangsamt. Die Inselgruppe Tuvalu ist in diesem Zusammenhang bekannt geworden, denn ihr höchster Punkt liegt nur wenige Meter über dem Meeresspiegel. Ein weiterer Anstieg des Meeresspiegels könnte bald zum Untergang des Inselstaats führen. Die Regierung von Tuvalu hat deshalb für ihre 11 000 Menschen umfassende Bevölkerung im Jahre 2001 vorsorglich ein Asylbegehren an Neuseeland gerichtet.

Der steigende Meeresspiegel bedroht nicht nur die Menschen in unmittelbarer Nähe, sondern auch den Nahrungsmittelanbau. In Indien und Bangladesch beispielsweise versalzt der steigende Meeresspiegel die Reisfelder. Ein Anstieg des Meeresspiegels um einen Meter würde 17 Prozent der Fläche Bangladeschs überfluten. Die Hälfte der Ackerfläche wäre betroffen – in einem der ärmsten Länder der Welt. [...]

Greenpeace Redaktion: Schmelzendes Eis – steigende Meeresspiegel, 19.04.2007, http://www.greenpeace.de/tip/themen/klima/folgen_der_erwaermung/artikel/schmelzendes_eis_steigende_meeresspiegel/, Zugriff 12.06.2009

M9 CO_2-Quelle Individualverkehr

Arbeitsvorschläge

1. Erläutern Sie die Aussagekraft des „ökologischen Fußabdrucks". Stellen Sie zentrale Ursachen für die weltweiten Verzerrungen zusammen (M3).

2. Formulieren Sie auf der Basis des Berichts des Umweltbundesamts politische Forderungen und diskutieren Sie diese (M2).

3. Untersuchen Sie die Karikaturen. Problematisieren Sie, was diese Künstler jeweils anprangern (M1, M9).

4. Informieren Sie sich arbeitsteilig über den Gletscherrückgang, die Veränderung der Polarkappen, das Steigen der Meeresspiegel und Wetterextreme im letzten Jahrzehnt. Recherchieren Sie, was diese Veränderungen für Staaten wie z. B. Bangladesch konkret bedeuten (M4 bis M6).

5. Befragen Sie Lokalpolitiker, welche konkreten Maßnahmen in Ihrer Kommune veranlasst wurden oder geplant werden, mit denen auf den Klimawandel reagiert wird (M7).

6. Welche Maßnahmen wurden in Ihrer Schule ergriffen, welche klimafreundlichen Veränderungen könnten ohne großen Aufwand realisiert werden (M7)?

Gefahren des Terrors

Muss Globalisierung gerecht sein?

Miniglossar

Attentäter
→ S. 110 f.

Ziele des Terrorismus
→ S. 112 f.

Begriff

Die Islamische Gemeinschaft **Milli Görüs** (IGMG) ist die größte in Deutschland vertretene islamistische Organisation. Nach eigenen Angaben soll die IGMG über 87 000 Mitglieder und 323 Moscheen in Deutschland verfügen. Seit 1969 ist Necmettin Erbakan, Gründer der Milli-Görüs-Bewegung, in der türkischen Politik aktiv. Er stellte seine ideologischen Grundpositionen zunächst in einem „Milli Görüs" betitelten Buch in den 1970er-Jahren dar. Leitmotiv ist die Forderung nach Überwindung der als „religiös nichtig" bezeichneten säkularen Demokratie und ihre Ersetzung durch eine am Islam orientierte Herrschaftsordnung.

Die **Muslimbruderschaft** wurde 1928 in Ägypten gegründet. Ihr Ziel war neben dem antikolonialen Kampf die Propagierung islamischer Moralvorstellungen und die Einrichtung karitativer Organisationen. Sie bekämpfte auch die eigene Regierung, die sich zu wenig von der „britisch-westlichen Dekadenz" distanzierte.

Bei mehreren **Terroranschlägen in London** am 7. Juli 2005 auf die Londoner U-Bahn und Busverbindungen starben 56 Menschen und über 700 wurden schwer verletzt – durch vermutlich islamistisch motivierte Selbstmordattentäter. Die genauen Hintergründe blieben ungeklärt.

M1 Deutschland bedroht?

Der Verfassungsschutz sieht eine neue Qualität der islamistischen Bedrohung. Im Internet verbreitete Drohvideos in deutscher Sprache zielten direkt auf Deutschland. „Die Bedrohung geht für Deutschland von Islamisten mit Bezug zu unserem Land aus", sagte Bundesinnenminister Wolfgang Schäuble (CDU) am Dienstag in Berlin bei der Vorlage des Verfassungsschutzberichts 2008. [...]

Nach Worten von Verfassungsschutz-Präsident Heinz Fromm steht Deutschland im Zielspektrum islamistischer Terroristen. Zum Glück habe es bislang keine Anschläge gegeben, sagte Schäuble. „Aber wir sind nicht aus dem Visier gewaltbereiter Islamisten gerückt." Eine besondere Gefahr geht dem Bericht zufolge von einer Gruppe von Männern aus, die der zweiten Einwanderergeneration angehören und in Deutschland aufgewachsen sind. Solche Leute reisten ins afghanisch-pakistanische Grenzgebiet, verübten dort Anschläge und kehrten noch radikalisierter zurück. „Deshalb sind terroristische Ausbildungslager eine reale Gefahr für Deutschland", sagte Schäuble. [...]

Das Potenzial der 29 bundesweit agierenden islamistischen Organisationen gibt der Verfassungsschutzbericht mit 34 720 Personen an, 1 550 mehr als im Vorjahr. 28 580 gehören zu türkischen Gruppierungen, darunter die „Islamische Gemeinschaft Milli Görüs" mit 27 500 Mitgliedern. Die größte Organisation aus dem arabischen Raum ist die „Muslimbruderschaft" mit 1 300 Anhängern. [...]

dpa, zitiert nach: http://www.focus.de/politik/deutschland/innere-sicherheit-verfassungsschutz-islamisten-zielen-auf-deutschland_aid_400548.html, Zugriff 27.06.2009)

VT

Terroranschläge sind so alt wie die Menschheitsgeschichte, sie erlangten aber durch die Globalisierung eine neue Qualität. Auch durch das Ende des Kalten Krieges wurde die Welt nicht friedlicher. Es gingen zwar die bewaffneten Auseinandersetzungen in der Welt zurück, aber viele Konflikte, die durch den Ost-West-Konflikt gleichsam gebändigt wurden, eskalierten seit den 1990er-Jahren zu ethnisch, religiös oder sozial motivierten Kämpfen und Bürgerkriegen.

In diesem Kontext kam es in den letzten Jahren zu einer Vielzahl von terroristischen Anschlägen. Sie fanden ihren vorläufigen Höhepunkt am 11. September 2001 in New York und Washington. Dabei sollte aber nicht übersehen werden, dass sich terroristische Anschläge – zumal islamistisch motivierte – nicht pauschal gegen den „Westen" richten, wie oft behauptet wird, sondern wie etwa im Irak, Pakistan oder Nordafrika gegen die jeweils herrschenden und vom „Westen" unterstützten, oft korrupten lokalen Herrschercliquen.

Die Globalisierung begünstigte terroristische Gruppierungen ganz erheblich: Terrorgruppen können sich mühelos international vernetzen und kommunizieren und sich über die neuen Informationsmedien rasch Öffentlichkeit sowie politisch-ideologische Rückendeckung verschaffen, denn die Globalisierung bedroht die materielle Existenz von Völkern und von immer größer werdenden sozialen Gruppen. Die Rekrutierung von Attentätern erfolgt ebenfalls international, Ähnliches gilt für die Beschaffung von Kapital, Know-how, Kommunikationsmedien und Waffentechnologien.

M2 Die Sicht des deutschen Verfassungsschutzes

Zur herausragenden Bedrohung auch für die Innere Sicherheit Deutschlands hat sich der Islamismus entwickelt, insbesondere in seiner terroristischen Ausprägung. Der Islamismus ist eine – in sich heterogene – politische, zumeist sozialrevolutionäre Bewegung, die von einer Minderheit der Muslime getragen wird. Ihre Anhänger, die Islamisten, fordern unter Berufung auf den Ur-Islam des 7. Jahrhunderts die „Wiederherstellung“ einer „islamischen Ordnung“ als der nach ihrem Verständnis einzig legitimen Staats- und Gesellschaftsform, die alle anders geprägten Ordnungssysteme ersetzen soll. In dieser „islamischen Ordnung“ sollen alle Lebensbereiche so gestaltet sein, wie es von Gott durch den Koran und das Vorbild des Propheten und der frühen Gemeinde (Sunna) verbindlich vorgegeben sei.

Militante Islamisten glauben sich legitimiert, die „islamische Ordnung“ mit Gewalt durchzusetzen. Sie beziehen sich dabei auf die im Koran enthaltene Aufforderung zum „Jihad“ (eigentlich: Anstrengung, innerer Kampf, auch: „heiliger Krieg“), die sie – abweichend von anderen Muslimen – als heilige Pflicht zum unablässigen Krieg gegen alle „Feinde“ des Islam sowohl in muslimischen als auch in nichtmuslimischen Ländern ansehen.

Ungeachtet ideologischer Übereinstimmungen unterscheiden sich die islamistischen Organisationen deutlich in ihrem Verhältnis zur Gewalt. Die Extrempositionen markieren die Organisation „al-Qaida“ von Osama bin Laden, die sich offen zur Ermordung westlicher Bürger bekennt, und die in Deutschland ansässige türkische IGMG, die ihren Einfluss vorrangig auf geistig-kultureller Ebene ausdehnen möchte.

Die verschiedenen islamistischen Organisationen lassen sich folglich nach den Methoden und Mitteln unterscheiden, derer sie sich zur Erreichung ihrer Ziele bedienen. [...]

Vor diesem Hintergrund wird deutlich, dass die Auseinandersetzung mit dem Islamismus auf sehr unterschiedliche Art und Weise zu führen ist. Es soll ausdrücklich betont werden, dass nicht der Islam als Religion Gegenstand der Beobachtungen der Verfassungsschutzbehörden ist; weder der persönliche Glaube der Muslime, noch ihre religiöse Praxis, die durch das in Art. 4 Grundgesetz verbriefte Grundrecht der Religionsfreiheit als Teil der freiheitlichen demokratischen Grundordnung geschützt ist. Diese Religionsfreiheit für alle Bürgerinnen und Bürger – auch für die Muslime – zu erhalten, ist Teil des Auftrags der Verfassungsschutzbehörden.

Bundesamt für Verfassungsschutz, Köln, zitiert nach: http://www.verfassungsschutz.de/de/arbeitsfelder/af_islamismus/, Zugriff 02.07.2009

M3 Globalisierung in Gefahr

Bei allem, was über die vereitelten Terroranschläge von London noch herauskommen mag, eines steht fest: Sie haben etwas mit der Globalisierung zu tun. Nicht in dem Sinne, dass die mutmaßlichen Täter Verlierer der Globalisierung wären – eher im Gegenteil: Zumindest deren Eltern haben als Migranten von der ökonomischen Verflechtung der Welt profitiert.

Aber der islamistische Terror nutzt die Globalisierung für seine Zwecke und er trifft gleichzeitig die Globalisierung ins Mark. Die Zusatzkosten für Sicherheit im Flugverkehr, die nun erneut steigen werden, wirken wie eine Steuer auf die internationale Arbeitsteilung, hat ein kluger Ökonom schon nach dem 11. September 2001 gesagt.

Der Terror hat aber auch ideell mit der Globalisierung zu tun. Der Hass, der die Islamisten zu ihren monströsen Verbrechen treibt, richtet sich gegen – in der Propagandasprache – „Kreuzfahrer und Zionisten“. Allgemeiner gesprochen: gegen „den“ Westen, gegen die kapitalistischen Demokratien, die für ihre Institutionen und ihr Wertesystem universelle Geltung beanspruchen.

Der globale Kapitalismus wird nicht nur in islamischen Ländern als demütigend und bedrohlich wahrgenommen. Auch in Lateinamerika und in den alten Industriestaaten sehen sich viele als Verlierer der Globalisierung. Selbst wenn diese Analyse meist nicht stimmt – der globale Kapitalismus ist ein Hassobjekt rund um den Globus.

Wer also davon überzeugt ist, dass die möglichst ungehinderte internationale Arbeitsteilung bei offenen Grenzen – und nichts anderes ist Globalisierung – zum Segen der Menschheit gereicht, der muss hier handeln. Er muss dafür sorgen, dass Globalisierung gerecht ist und auch so wahrgenommen wird. [...]

Nikolaus Piper: Globalisierung in Gefahr, Süddeutsche Zeitung, 12.08.2006, zitiert nach: http://www.sueddeutsche.de/politik/169/353999/text/, Zugriff 27.06.2009

Arbeitsvorschläge

1.1 Erläutern Sie das Bedrohungsszenario, das der deutsche Verfassungsschutz entwirft (M 1, M 2).

1.2 Stellen Sie Aspekte zusammen, inwiefern der Globalisierungsprozess den terroristischen Kampf begünstigt.

2. Erklären Sie, warum der Globalisierungsprozess den Terror auch „ideell“ fördert (M 3). Inwiefern stellt der Terrorismus auch eine Gefahr für den Globalisierungsprozess dar?

3. Informieren Sie sich im Internet über die IGMG (Begriff). Stellen Sie Argumente zusammen, die für oder gegen eine Beobachtung dieser Organisation durch staatliche Behörden sprechen.

Methode

In Gruppen diskutieren

World-Café, Fishbowl und magische runde Tische

World-Café

Für ein World-Café sollte man mindestens ein bis eineinhalb Stunden zur Verfügung haben. Diese Methode bietet die Möglichkeit, auch sehr große Gruppen schnell miteinander in ein Gespräch zu bringen. Bei einem World-Café werden drei verschiedene Fragen in drei Runden á 20 bis 30 Minuten von den Teilnehmenden diskutiert. Die Szenerie ist die eines Cafés.

Vorbereitung

Hierzu werden mehrere Tische in einem großen Raum verteilt. An jedem Tisch werden später vier bis fünf Gäste Platz nehmen. Zum Gelingen des World-Cafés trägt auch die Atmosphäre bei, also das Schaffen eines Café-Ambientes. Die Tische werden mit Packpier überspannt (zweilagig). Der Tisch muss vollständig abgedeckt sein, da die Gäste ihre Ideen und Gedanken mit dicken Stiften direkt auf den Tisch schreiben werden. An jedem Tisch gibt es einen Gastgeber. Hierbei handelt es sich in der Regel ebenfalls um einen Teilnehmenden. Ihre Aufgabe ist insbesondere, die Gäste an ihrem Tisch zu begrüßen, die Diskussionen zu leiten und dafür zu sorgen, dass alle zu Wort kommen. Die Fragen sollten das Interesse der Teilnehmenden und ihre Lust am Debattieren wecken. Für eine allgemeine Diskussion zum Thema Globalisierung können z. B. die folgenden drei Fragen dienen: Was ist Globalisierung? Wo begegnet sie uns im Alltag? Wie kann man Globalisierung gestalten?

Ablauf

Nachdem der Gastgeber die erste Frage gestellt hat, schreibt nun jeder Gast zunächst seine eigenen Gedanken zu dieser Frage auf den Tisch. Hierfür sollten aber nicht mehr als zwei bis drei Minuten Zeit gegeben werden. Anschließend findet eine gemeinsame Diskussion zu dieser Frage statt, die vom Gastgeber geleitet wird und in der jeder seine Position erklären darf. Am Ende der ersten Runde werden die wesentlichen Gedanken der Diskussion (Ergebnisse, offene Fragen) in zwei bis drei Sätzen zusammengefasst und in ein Feld geschrieben, das in die Mitte des Tisches gezeichnet wurde. Damit ist die erste Runde des Word-Cafés vorbei.
Die Gäste stehen nun auf und suchen sich für die Diskussion über die zweite Frage einen neuen Tisch, an dem sie der Gastgeber begrüßt, der die ganze Zeit seinem Tisch treu bleibt. Er fasst zunächst mit einigen Worten die vorangegangene Diskussion am Tisch zusammen, bevor dann die zweite Frage vorgelesen wird. Der weitere Ablauf ist identisch mit der ersten Runde.
Für die dritte Runde können die Teilnehmenden sich entweder an einen Tisch setzen, an dem sie bisher noch nicht saßen, oder an ihren Ursprungstisch zurückkehren.

Auswertung

An das Ende des World-Cafés kann sich eine Diskussion im Plenum anschließen, um die Gedanken der einzelnen Tische zusammenzubringen. Eine geeignete Frage, zu der die Gastgeber der einzelnen Tische Stellung nehmen können, ist zum Beispiel: „Was war für euch in den Diskussionen überraschend?“ Die Plakate auf den Tischdecken sollten hinterher möglichst im Raum visualisiert werden.

adaptiert nach Juanita Brown u. David Isaacs

Fishbowl-Diskussion

Für eine Fishbowl-Diskussion werden sechs Stühle in einem Kreis aufgestellt. Um diese herum werden – mit einem gewissen Abstand – die anderen Stühle in einem äußeren (Halb-) Kreis aufgebaut. Redebeiträge können nur von Personen abgegeben werden, die im inneren Stuhlkreis sitzen. Der Fishbowl ist ein Diskussionsformat, das weitgehend ohne Moderation auskommt. Der Zeitbedarf beträgt 45 bis 60 Minuten, drei Diskussionsthemen á 15 bis 20 Minuten sind möglich. Diese Methode eignet sich auch für große Gruppen.
Eine Variante kann sein, einen oder mehrere Experten in die Runde mit einzubringen. Hierbei kann es sich z. B. um Dozenten, Politiker, Vertreter einer NGO oder „jemand aus der Praxis“ handeln. Ihnen kann insofern ein Sonderstatus gegeben werden, als sie die ganze Zeit im inneren Kreis bleiben dürfen (ggf. kann die Anzahl der Sitze dort leicht erhöht werden). Die Zweiminutenregel gilt allerdings auch für sie.

Ablauf

Die Moderation wirkt im Hintergrund und ist zum einen dafür verantwortlich, in die Diskussion einzuführen, also die Regeln zu erklären, die jeweilige Diskussionsfrage zu erläutern und später zur nächsten Frage überzuleiten. Zum anderen ist ihre Aufgabe, dafür zu sorgen, dass die beiden wichtigsten Regeln eines Fishbowls von den Teilnehmenden beachtet werden:

1. Es muss immer ein Stuhl im Innenkreis frei bleiben.
2. Niemand darf länger als zwei Minuten am Stück reden.

Am Anfang sitzen fünf Teilnehmende im Stuhlkreis. In der Mitte liegen auf einem kleinen Tisch zwei Mikrofone (oder entsprechende Symbole). Wer in der Runde etwas sagen möchte, benötigt dafür eines der beiden Mikrofone. Nach einer Wortmeldung ist das Mikrofon stets wieder in die Mitte zu legen, so dass es von einem anderen Diskutanten genommen werden kann.

Für Teilnehmende des äußeren Kreises besteht jederzeit die Möglichkeit, in den inneren Kreis – die Diskussionsrunde – zu wechseln. Da stets ein Platz frei bleiben muss, muss nun jemand den inneren Kreis verlassen. Er/Sie kann jedoch später wieder in den inneren Kreis zurückkehren. Die Frage, wer den Kreis verlässt, wird von den Diskussionsteilnehmenden selber geregelt. Dabei sollte jedoch berücksichtigt werden, dass Teilnehmende nicht die ganze Zeit im inneren Kreis sitzen bleiben sollten.

Wenn jemand die maximale Redezeit von zwei Minuten überschreitet, wird ihm dies durch die Moderation in Form eines dezenten Signals (z. B. ein leichtes Klopfen gegen ein Glas) signalisiert. Der Teilnehmende darf nun (nur) noch seinen Satz zu Ende bringen und legt dann das Mikrofon zurück in die Mitte.

Magische runde Tische

Magische runde Tische ist ein Diskussionsformat, das sich an den Interessen und Erfahrungen der jeweiligen Kleingruppe orientiert und bei dem Jede/r Teilnehmende (formal) die gleiche Redezeit erhält, über deren Verwendung er/sie selbst entscheidet. Das Thema der Diskussion kann entweder eine sehr konkrete Fragestellung oder bewusst breit gefasst sein, um den Teilnehmenden einen möglichst großen Spielraum zu geben. Der Zeitbedarf beträgt mindestens 45 Minuten.

Ablauf

1. An jedem Tisch nehmen etwa sechs bis acht Diskussionsteilnehmende Platz.
2. An jedem Tisch gibt es einen Moderator (ebenfalls ein Teilnehmender). Seine Aufgabe ist es, für die Einhaltung der Gesprächsregeln zu sorgen sowie hinterher (sofern Zeit) kurz im Plenum den Verlauf und die Themen der Gesprächsrunde zusammenzufassen.
3. Jeder Teilnehmende erhält vor Diskussionsbeginn z. B. sieben „Zeiteinheiten" (z. B. Holzklötzchen, Gummibärchen oder Nudeln). Jedes dieser Symbole steht für eine Minute Redezeit.
4. Die Diskussionsrunde beginnt mit einer Vorstellungsrunde, bei der jeder Teilnehmende kurz den Aspekt präsentiert, über den er im Rahmen dieser Gesprächsrunde gerne reden möchte.
5. Im Anschluss daran können die Teilnehmenden untereinander Zeiteinheiten verschenken (wenn sie möchten) und so Teile ihrer eigenen Redezeit in „Zuhörzeit" umwandeln.
6. Die Person mit den meisten Zeiteinheiten wird in der Regel beginnen (dies muss aber nicht zwangsläufig sein). Sie kann so lange sprechen, wie sie möchte und Zeit besitzt. Jeweils am Anfang einer Minute entfernt der Spielleiter eine Zeiteinheit aus dem Budget der Person. Die Teilnehmenden können jederzeit Teile ihrer (Rede-)Zeit an andere verschenken.

Regeln

Es darf jeweils nur eine Person sprechen. Kurze Zwischenfragen sind möglich, sollten aber nicht überhandnehmen. Wenn sich jemand äußern möchte, dann sollte er seinerseits eine Zeiteinheit investieren.

Die Teilnehmenden sind frei in der Gestaltung ihrer Redezeit, sie können also auch beliebig das Thema wechseln. Jeder Teilnehmende ist frei in seiner Zeitpolitik. Er kann seine ganze Zeit auf einmal verwenden, mehrmals kurze Interventionen machen oder aber auch seine gesamte Zeit an andere verschenken. Es ist möglich, ein Zeitsymbol (z. B. ein Klötzchen) in eine Parkposition in der Mitte zu schieben. Wenn der Redner aufhört, ist dann diese Person als Nächste an der Reihe (man kann sein Symbol jedoch auch wieder zurückziehen). Es darf sich stets nicht mehr als ein solches Symbol zur selben Zeit dort befinden. Wer keine Zeiteinheiten mehr besitzt, kann lediglich weiter zuhören, es sei denn, er bekommt von einem anderen Teilnehmenden Zeit geschenkt.

adaptiert nach „Magic Round Tables" von Open Forum

Sascha Meinert/Michael Stollt: Alternative Dialog- und Diskussions-Formate, Team Global, Bundeszentrale für politische Bildung, Bonn, zitiert nach: http://www.bpb.de/veranstaltungen/BTRSME,0,0,Alternative_Dialog_und_DiskussionsFormate.html, Zugriff 26.04.2009

Wiederholen und anwenden

Kennzeichen der Globalisierung

Der Begriff Globalisierung steht ursprünglich für die weltweite Verflechtung der Wirtschaft. Damit geht eine globale Arbeitsteilung und Arbeitsplatzkonkurrenz einher. Möglich wird dies auch, weil Informationen per Internet weltweit zeitgleich zur Verfügung stehen. Die Informationstechnologie ist sozusagen das Schmiermittel der Globalisierung.
Heutzutage bezeichnet der Begriff Globalisierung daneben auch, dass weltweite Prozesse miteinander verbunden sind: Lokale Geschehen haben sehr rasch globale Folgen.
Kritiker der Globalisierung wie z. B. die Organisation Attac setzen sich für stärkere politische Regulierungen ein, um die Auswirkungen besser steuern zu können.

Nord-Süd-Konflikt

Noch nie in der Menschheitsgeschichte hat es so viel Reichtum, Wissen und technologische Möglichkeiten gegeben wie heute. Doch die Chancen, daran Teil zu haben, sind sehr ungleich in der Welt verteilt. Heute wird deshalb vom „Nord-Süd-Konflikt" gesprochen.
Die reichen Industriestaaten der Nordhalbkugel haben jahrhundertelang die Länder des Südens ausgebeutet. Mit dem Ende der Kolonialzeit schafften die meisten armen Länder es nicht, sich aus eigener Kraft zu entwickeln. Die Mehrzahl der Bevölkerung lebt dort bis heute in ärmlichsten Verhältnissen. Schwierigkeiten haben die Länder auch auf dem Weltmarkt. Ihnen gelingt es kaum, ihre Agrarprodukte abzusetzen. Die Industriestaaten begrenzen die Einfuhr der Agrarerzeugnisse durch Zölle und Subventionen der eigenen Erzeugnisse. Auf internationalen Konferenzen wird versucht, faire Handelsbeziehungen zwischen Entwicklungsländern und den reichen Staaten zu schaffen.
Auf der Gewinnerseite der Globalisierung stehen die Industrienationen, die zwar einen geringeren Anteil der Weltbevölkerung stellen, dafür aber über 80 Prozent der gesamten Weltwirtschaftsleistung erbringen. Die Hilfen, die Industriestaaten armen Länder gewähren, sind gering. Zum Beispiel sind die Ausgaben der Industrienationen für Rüstung und Militär wesentlich größer als die Ausgaben für Entwicklungshilfe.

Entwicklungspolitische Ziele zu Beginn des 21. Jahrhunderts

United Nations: The millennium Development Goals Report 2006, zit. nach: Herbert Uhl (Hg.): Grundwissen Politik, Stuttgart, 2007, S. 336

Umwelt- und Klimawandel

Die Probleme der Welt lassen sich nicht von einem Staat allein lösen. Das gilt im Besonderen für Fragen des Umweltschutzes. Unter dem Dach der Vereinten Nationen finden regelmäßig Konferenzen statt. Neben der Sicherung des Friedens, der Bekämpfung der Armut steht der Klimawandel als weitere große Aufgabe auf der Tagesordnung.
Die armen Länder und die weiterentwickelten Schwellenländer müssen ihre Industrien ausbauen. Dabei verbrauchen sie viel Energie und Rohstoffe. Sie verlangen von den entwickelten Staaten, dass diese verstärkt neue Technologien einsetzen, um das Klima zu schonen. Das globale Ziel ist es, Wirtschaftswachstum und den vermehrten Ausstoß von Emissionen zu entkoppeln. Die armen Länder drängen zur Eile, weil sie es sind, die zuerst unter den Folgen der Erwärmung zu leiden haben.

Weltweite Migration

Migration ist kein neues Phänomen. Relativ neu ist für uns, in welch großem Ausmaß Europa zum Einwanderungsland geworden ist. Fluchtmotive der Menschen aus Afrika oder Asien können soziale, politische oder religiöse Gründe sein. Die weitaus meisten Flüchtlinge erreichen uns allerdings nicht, denn es sind Binnenvertriebene. Das sind Menschen, die z. B. vor einem Bürgerkrieg oder aus ihrem verwüsteten Lebensraum fliehen und an einem anderen Ort innerhalb des Staates bleiben. Für die EU stellt sich die Aufgabe, Zuwanderung sinnvoll zu regeln. Eine Politik der geschlossenen Grenzen verhindert die Chancen, die in geregelter Zuwanderung ruhen. Warum sollen im Zuge der Globalisierung nur der Waren- und Kapitalverkehr freizügig sein?

Welthandel und Weltwirtschaft

Der weltweite Handel hat in den letzten Jahrzehnten stark zugenommen. Die Volkswirtschaften einzelner Länder sind heute weltweit vernetzt. Durch Innovationen im Transport (z. B. Container) wandern alle möglichen Produkte und gewaltige Finanzströme rund um den Globus. Unternehmen beschränken sich nicht mehr auf einen Standort, sondern handeln weltweit. Auf dem Weltmarkt suchen sie die günstigsten Rohstoffe, durch Standortverlagerungen die billigsten Arbeitskräfte. Sie bieten ihre Ware auf dem gesamten Erdball an. Längst sind es nicht nur Produkte, die gehandelt werden, auch Dienstleistungen wurden zu einem bedeutenden Wirtschaftsfaktor. Man spricht heute von einer internationalen Arbeitsteilung.
Doch nicht alle profitieren gleichermaßen von dieser Entwicklung. Die Verdienst- und Gewinnmöglichkeiten sind ungleich verteilt. Kritische Stimmen behaupten, die Welt entwickelt sich auseinander: Die reichen Staaten werden immer reicher und die armen Länder immer ärmer.

Grenzen nationalstaatlichen Handelns

Wenn Konzerne auf internationaler Ebene wirtschaften, also Standorte in verschiedenen Ländern besitzen, können sie sich lästigen Regeln der Sozial-, Umwelt- oder Steuerpolitik relativ leicht entziehen. Sie verlagern einzelne Unternehmen oder die Konzernzentrale in Länder, in denen für sie günstigere Bedingungen herrschen. Der Handel innerhalb der globalen Konzerne macht ein Drittel des gesamten Weltexports aus. Aufgrund solcher Größe und Bedeutung haben diese „Global Player“ auch einen erheblichen politischen Einfluss.
Staaten müssen, wenn sie solche Globalisierungsprozesse beeinflussen wollen, andere Staaten für ihre Sache gewinnen und Bündnisse – häufig einzelfall- oder zweckbezogen – eingehen. Überstaatliche Vereinbarungen ermöglichen Politik auf internationaler Ebene. Damit wird aber auch nationalstaatliche Souveränität eingeschränkt.

Check it

Sportschuh-Produktion in Vietnam

Der Begriff Globalisierung hat für viele einen sehr negativen Beiklang, das beginnt bei Billigflugreisen und weltweitem Massentourismus und endet beim Verlust des Arbeitsplatzes durch die Verlagerung von Betriebsstätten in das Ausland. Der Schuldige ist klar: Die Globalisierung! Dazu kommt, dass sie nahezu alle Bereiche unseres Lebens zu beeinflussen scheint.

- Stellen Sie eine Liste Ihrer Lebensbereiche auf, die von der Globalisierung betroffen sind. Finden Sie einen, der nichts damit zu tun hat? Wenn ja: Warum ist das Ihrer Meinung nach so?
- Erstellen Sie eine Bilanz: Was kostet mich/uns die Globalisierung, was bringt sie mir persönlich ebenso wie der Gesellschaft?

Sachregister/Stichwortverzeichnis

Bildnachweis

Cover.oben VISUM Foto GmbH (Björn Göttlicher), Hamburg; **Cover.unten** vario images GmbH & Co.KG (vario images (Juice Images), Bonn), Bonn; **8** imago (imagebroker), Berlin; **9** Picture-Alliance (dpa/Oliver Berg), Frankfurt; **14.M1** Picture-Alliance (Peer Grimm dpa), Frankfurt; **18.M1** Picture-Alliance (Globus Infografik), Frankfurt; **20.M1** Le Monde diplomatique, Berlin; **22.M1** Picture-Alliance (EPA/Stephen Morrison), Frankfurt; **27** ddp images GmbH (Mario Vedder/ddp), Hamburg; **28** Corbis (Katarina Stoltz/Reuters), Düsseldorf; **29** CCC, www.c5.net (Mester Karikatur), Pfaffenhofen a.d. Ilm; **30.M1** CCC, www.c5.net (Wiedenroth Karikatur.), Pfaffenhofen a.d. Ilm; **32.M5** Picture-Alliance (Globus Infografik), Frankfurt; **34.M1** Picture-Alliance (dpa-infografik), Frankfurt; **36** vario images GmbH & Co. KG (Ulrich Baumgarten), Bonn; **38.M1** Picture-Alliance (Globus Infografik), Frankfurt; **41.M9** Gerhard Mester/www.c5.net; **42.M1** nach Bergmoser + Höller Verlag, Aachen; **43** Bergmoser + Höller Verlag (nach Erich Schmidt Verlag), Aachen; **44.M4** Bundeszentrale für politische Bildung, Bonn; **46.M1** Reuters (Thierry Roge – Reuters), Frankfurt; **47** inter TOPICS (Wiktor Dabkowski), Hamburg; **48.M3** Erich Schmidt Verlag GmbH, Berlin; **49.M7** Picture-Alliance (Globus Infografik), Frankfurt; **53.M4** Picture-Alliance (dpa/Armin Weigel), Frankfurt; **56.M4** Picture-Alliance (Globus Infografik), Frankfurt; **58.M1** Picture-Alliance (Globus Infografik), Frankfurt; **62.M1** CCC, www.c5.net (Mester), Pfaffenhofen a.d. Ilm; **66.M1** Picture-Alliance (Photoshot), Frankfurt; **68.M5** ddp images GmbH (Marcus Brandt), Hamburg; **72.M1** Picture-Alliance (Globus Infografik), Frankfurt; **74.M1** nach Globus Infografik, dpa Picture-Alliance, Frankfurt; **75.M2** Klaus Stuttmann, Berlin; **77.M7** European Communities, Luxembourg; **78.M1** Klaus Stuttmann, Berlin; **79.M4** Erich Schmidt Verlag GmbH, Berlin; **81.M8** Picture-Alliance (Globus Infografik), Frankfurt; **83** vario images GmbH & Co. KG (Cultura/vario images), Bonn; **85** Kostas Koufogiorgos, Stuttgart; **86** Imago, Berlin; **87** Keystone (Topham Picturepoint/Keystone Pressedienst), Hamburg; **88.M1** HIIK e.V., Heidelberg; **92.M1** Picture-Alliance, Frankfurt; **95.M6** SPIEGEL-Verlag Rudolf-Augstein GmbH & Co. KG, Hamburg; **96.M1** Getty Images (Keystone/Hulton), München; **97.M3** Picture-Alliance (Picture-alliance – dpa Grafik), Frankfurt; **98** Picture-Alliance (Picture-alliance – dpa), Frankfurt; **99.M7** Ullstein Bild GmbH (SIPA), Berlin; **100.M1** Picture-Alliance (dieKLEINERT.de), Frankfurt; **102.M1** Heiko Sakurai, Köln; **103.M3** Picture-Alliance, Frankfurt; **104.1** VISUM Foto GmbH (Panos Pictures/VISUM), Hamburg; **104.2** mediacolor's P & F Müller (Roth/mediacolors), Zürich; **104.3** Ullstein Bild GmbH (Still Pictures), Berlin; **106.M1** Getty Images (Georg Schönharting/VISUM), München; **108.M6** Picture-Alliance (Globus Infografik), Frankfurt; **109** Picture-Alliance (Picture-alliance/dpa), Frankfurt; **110.M1** Picture-Alliance (Picture-alliance/dpa), Frankfurt; **112.M1** Picture-Alliance, Frankfurt; **113.M4** CCC, www.c5.net (Horst Haitzinger), Pfaffenhofen a.d. Ilm; **114** Keystone (Topham Picturepoint – Keystone Pressedienst), Hamburg; **115** Keystone (Topham Picturepoint – Keystone Pressedienst), Hamburg; **116.M1** CCC, www.c5.net (CCC/Mester), Pfaffenhofen a.d. Ilm; **118.M1** Erich Schmidt Verlag GmbH, Berlin; **119.M3** Erich Schmidt Verlag GmbH, Berlin; **120.M4** Josta Stapper Cartoons + Illustrationen, Köln; **122.M1** CCC, www.c5.net (Hanel), Pfaffenhofen a.d. Ilm; **123.M2** Picture-Alliance (Globus Infografik), Frankfurt; **124.M6** Picture-Alliance (EPA/Shawn Thew), Frankfurt; **126.M1** Wolfgang Horsch Cartoonist, Niedernhall; **127** EPD-GEP (Stefan Trappe), Frankfurt; **128.M4** Deutsche Gesellschaft für Auswärtige Politik e.V., Berlin; **131.M8** Wolfgang Horsch Cartoonist, Niedernhall; **132.M1** Ivan Steiger, Frankfurter Allgemeine Zeitung; **134.M1** Picture-Alliance (Globus-Infografik), Frankfurt; **135** Picture-Alliance (dpa/Gero Breloer), Frankfurt; **141** M.G.M./Album/AKG; **142** Picture-Alliance (Picture-alliance/dpa), Frankfurt; **143** Picture-Alliance (Picture-alliance/dpa), Frankfurt; **146.M1** CCC, www.c5.net (Oliver Schopf), Pfaffenhofen a.d. Ilm; **150.M1** Klett-Archiv (Statistisches Bundesamt), Stuttgart; **151** Picture-Alliance (Picture-alliance/dpa), Frankfurt; **152.M1** Wolfgang Horsch Cartoonist, Niedernhall; **155** VISUM Foto GmbH (Panos Pictures/VISUM), Hamburg; **156.M1** Ullstein Bild GmbH (Ullstein bild – phototthek), Berlin; **159** Action Press GmbH (Georg Hilgemann), Hamburg; **160** Picture-Alliance (Klaus-Dietmar Gabbert), Frankfurt; **161** Picture-Alliance (Peer Grimm – dpa Picture – Alliance GmbH), Frankfurt; **162** Photothek.net Gbr (Thomas Koehler), Radevormwald; **163** CCC, www.c5.net (Plaßmann), Pfaffenhofen a.d. Ilm; **165.M2** Le Monde diplomatique (Atlas der Globalisierung spezial: Klima), Berlin; **166.M3** Le Monde diplomatique (Atlas der Globalisierung spezial: Klima), Berlin; **168.M1** Standard & Poor's Index Services, New York; **169** Picture-Alliance (EPA/Tannen Maury), Frankfurt; **170.M4** CCC, www.c5.net (Götz Wiedenroth), Pfaffenhofen a.d. Ilm; **171.M6** Klaus Stuttmann, Berlin; **172.M1** Picture-Alliance (Globus Infografik), Frankfurt; **174.M1** CCC, www.c5.net (Mester), Pfaffenhofen a.d. Ilm; **175.M3** Picture Press (Til Mette – Stern), Hamburg; **176** VISUM Foto GmbH (Panos Pictures/VISUM), Hamburg; **179.M2** taz Verlags- und Vertriebsges. mbH, Berlin; **180.M1** Picture-Alliance (dpa Picture – Alliance GmbH), Frankfurt; **181.M3** Statistische Daten: © Europäische Gemeinschaften 1995-2006. Quelle: Eurostat. Verwaltungsgrenzen: © Eurogeographics. Kartographie: Eurostat, GISCO; **182** VISUM Foto GmbH (Carsten Koall), Hamburg; **184.M1** CCC, www.c5.net (Burkhard Mohr), Pfaffenhofen a.d. Ilm; **185.M3** Grafik Atelier Steven Flier (Steven Flier), Stuttgart; **186.M5** Klaus Stuttmann, Berlin; **191.M3** Le Monde diplomatique, Berlin; **192.M4** CCC, www.c5.net (Mester), Pfaffenhofen a.d. Ilm; **193.M6** Le Monde diplomatique (Atlas der Globalisierung spezial: Klima), Berlin; **194.M1** Klaus Stuttmann, Berlin; **195.M3** in: Atlas der Globalisierung. Spezial: Klima, 2008, S. 11 © Le Monde Diplomatique/taz Verlags- und Vertriebsges. mbH, Berlin; **196.M6** Picture-Alliance (Globus Infografik), Frankfurt; **197.M9** CCC, www.c5.net (Gerhard Mester), Pfaffenhofen a.d. Ilm; **203** ddp images GmbH (ddp/Ulrich Meyer), Hamburg

Sollte es in einem Einzelfall nicht gelungen sein, den korrekten Rechteinhaber ausfindig zu machen, so werden berechtigte Ansprüche selbstverständlich im Rahmen der üblichen Regelungen abgegolten.